高 等 职 业 教 育
电子商务类专业
新形态一体化教材

U0360807

电子商务
物流管理

庄小将 吕现伟 主编

祝方珍 吴秋月 孙培英 白晓慧 张艳艳 副主编

清華大學出版社
北 京

内 容 简 介

电子商务物流管理是一门跨电子商务类和物流类两个专业领域的综合性、交叉性新兴学科,是融电子商务与物流专业知识和专业技能为一体的实践性较强的课程。本教材打破传统学科体系,采用倒推的方式,遵循实用、够用的原则构建教材体系,按照项目—任务—实训的方式编写,以电子商务物流主要活动划分项目,以项目为载体、任务为驱动、实训为落脚点,强调岗位综合能力训练,实现实践能力和理论知识一体化。全书包括电子商务物流管理基本框架、电子商务物流技术、电子商务物流成本管理、电子商务采购管理、电子商务仓储管理、电子商务搬运装卸与运输管理、电子商务配送与配送中心管理、电子商务与低碳物流、电子商务供应链管理、电子商务与第三方物流十个项目。本教材在超星学习通建有在线课程,并精选优质资源做成二维码在书中进行了关联标注。

本教材体系完整、内容新颖、体例生动,突出实用性、引导性、创新性和前沿性特点,可作为高等职业院校电子商务类、物流类、工商管理类等相关专业的学生教材,也可用于企业电子商务从业者的岗位培训教材,对从事电子商务工作的人员也有较高的参考价值。

图书在版编目(CIP)数据

电子商务物流管理/庄小将,吕现伟主编. --北京:清华大学出版社,2023.4
高等职业教育电子商务类专业新形态一体化教材
ISBN 978-7-302-62074-7

Ⅰ. ①电… Ⅱ. ①庄… ②吕… Ⅲ. ①电子商务-物流管理-高等职业教育-教材 Ⅳ. ①F713.365.1

中国版本图书馆 CIP 数据核字(2022)第 195098 号

责任编辑:左卫霞
封面设计:傅瑞学
责任校对:李 梅
责任印制:宋 林

出版发行:清华大学出版社
    网 址:http://www.tup.com.cn,http://www.wqbook.com
    地 址:北京清华大学学研大厦 A 座   邮 编:100084
    社 总 机:010-83470000   邮 购:010-62786544
    投稿与读者服务:010-62776969,c-service@tup.tsinghua.edu.cn
    质量反馈:010-62772015,zhiliang@tup.tsinghua.edu.cn
    课件下载:http://www.tup.com.cn,010-83470410
印 装 者:北京国马印刷厂
经 销:全国新华书店
开 本:185mm×260mm 印 张:16.25   字 数:394 千字
版 次:2023 年 4 月第 1 版   印 次:2023 年 4 月第 1 次印刷
定 价:56.00 元

产品编号:087692-01

21 世纪是移动互联网时代,更是电子商务时代。伴随着现代社会的快速发展,电子商务不断更新迭代,社交电商、直播电商、垂直电商等不同场景下的电子商务对物流管理活动也提出了更高的要求。因此,建立现代物流体系,加强物流现代化管理,提高物流信息化、智能化程度,使其能够更好地服务并促进电子商务的发展,已成为当前电子商务和物流领域理论和实践中的一个重要课题。随着电子商务的快速发展,社会对电子商务及物流管理的人才需求缺口越来越大。因此,如何培养出能够适应社会变化的新型电子商务及物流综合型人才,已成为一项十分迫切的任务。

本教材在充分吸收和借鉴国内外电子商务物流相关文献的新成果及企业成功案例的基础上,系统阐述了电子商务物流的基本概念、基本理论和方法技巧。教材在编写中秉持"紧跟前沿、夯实理论、提升技能、实践为本"的原则,在结构安排和内容选取上满足高等职业院校电子商务类、物流类专业及相关专业的教学要求。

本教材主要特点如下。

1. 课程思政,紧跟前沿

深入学习贯彻党的二十大精神,本教材将提升电子商务物流系统规划设计水平、减少资源浪费的绿色发展理念、逆向物流、应急物流等思政元素融入课程学习单元中。优化课程内容及教材体系,课程内容紧贴时代发展特点,将新的科学技术、科学方法和管理创新纳入课程内容,将我国"碳达峰、碳中和"承诺与课程内容相结合,充分做到科学、前沿、实用。

2. 项目引领,任务驱动

本教材以项目为引领,以任务为导向,以知识点为纽带,将教学内容设计成一个或多个具体的、实践性较强的任务。每个项目包含学习目标和案例导入,在每个项目之后还有项目小结、思考题、案例分析和实训演练。学生紧密围绕任务活动,在教师引导下,通过自主学习、合作探究,实现知识的内在建构,提高学生自主学习能力和创新能力。

3. 案例解析,问题导向

本教材从案例解读切入,对电子商务物流各环节涉及的问题进行了较为全面的剖析。针对每个项目单元需要解决的具体问题,引入企业或行业的具体案例,以学生为中心,让学生去发现问题,并思考可能的解决方法,从而提高学生主动发现问题、分析问题、解决问题的能力。

本教材由江苏商贸职业学院庄小将和吕现伟担任主编,国家能源集团黄骅港务有限责任公司经理祝方珍、广东科技学院吴秋月、安徽商贸职业技术学院孙培英、包头轻工职业技术学院白晓慧、青岛恒星科技学院张艳艳担任副主编。具体编写分工如下：庄小将负责编写项目一、项目三，吕现伟负责编写项目二、项目六，祝方珍负责编写项目四、项目五，吴秋月负责编写项目七，孙培英负责编写项目八，白晓慧负责编写项目九，张艳艳负责编写项目十。本教材由江苏财经职业技术学院刘亚教授审阅。

　　本教材作为新形态教材配套开放式的云学习平台，在超星学习通建有在线课程，扫描本页下方二维码即可在线学习该课程。该平台为读者提供学习指南、电子课件、电子教案、实训手册、案例资源库、视频资源库、教学微视频、在线测试等大量资源，所有资源均可免费下载。

　　本教材在编写过程中，借鉴了大量国内外学者的学术观点，参阅了大量专业教材、期刊、网络资料，还得到同仁和企业专家的倾心帮助，在此一并致以衷心的感谢。由于编者水平有限，教材难免有不足之处，恳请各位专家、同行、广大读者批评指正并提出宝贵意见。

编　者
2022 年 10 月

电子商务物流管理在线课程

CONTENTS

目 录

电子商务物流管理基本框架

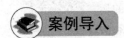 学习目标

知识目标

1. 掌握电子商务物流的概念、特征与流程,熟悉电子商务与物流两者之间的关系,了解电子商务环境下物流业的发展趋势;

2. 掌握电子商务物流管理的含义、目的及内容,理解电子商务物流管理的职能,了解电子商务物流管理的作用;

3. 掌握电子商务物流的第三方物流模式,理解企业自营物流模式,了解电子商务物流需求与供给的差距。

能力目标

1. 熟练掌握电子商务物流的基本原理和方法,具备运用所学理论知识对现实物流活动进行案例分析的能力;

2. 能结合物流企业实际情况,选择恰当的物流模式。

素养目标

1. 培养勇于创新、吃苦耐劳的精神,形成客户至上的服务理念;

2. 养成善于观察思考、精研业务、认真工作的习惯;

3. 树立系统工程、成本效益、团队合作、技术创新的意识。

案例导入

电商智慧物流打通西藏芒康县"任督二脉"

芒康县地处川、滇、藏三省(直辖市、自治区)交会处,这里农牧产品资源丰富,既有国家地理标志产品索多西辣椒酱、盐井葡萄酒,也有林下菌类松茸、盐井藏香猪、藏香鸡、古盐等农牧特色产品。

以前,农牧产品要运输到外地,存在乡下收货不易、物流运费贵、运输时间长、对外发货不便等问题,这在一定程度上影响了芒康县农牧经济发展的脚步。

2020 年 8 月,芒康县正式启动了电商智慧物流工程。该工程立足芒康县发展实情,以市场化运营为导向,整合县域多种物流资源,分两期建设,新设立多个子项目。随着各子项目陆续完成并投入运营,电商智慧物流工程解决了芒康县农牧产品上行的物流瓶颈问题,让县城居民能够使用自提柜轻松取件;畅通了县、乡、村三级物流,使农牧民生活更加便利。

在电商智慧物流工程一期中,芒康县采购了一台电商快递智能分拣设备,该设备能对接各家快递公司系统,把每天到芒康的快递进行智能化入库、快速分拣,不仅降低了快递作业的出错率,也提升了"四通一达"等快递公司的作业效率。同时,芒康县农牧产品电子商务集配送中心改建工程完工后,将为芒康县分散在乡村的农牧产品发挥集中仓储、配送和运输功能。根据物流运营的需要,电商物流分拨中心配置了七辆不同类型的物流运输车辆,具备覆盖"近、中、远"快递配送和货物运输的能力。

最让芒康县群众感到方便的是,在县城六个人口集中区域,县电商各设置了一组快递自提柜,覆盖县城1万多名居民,为他们消除了取快递不方便的烦恼。

位于四川省成都市双流区广履路122号的西藏芒康县电商物流成都分拨中心不仅开通了成都至芒康快运专线,使成都至芒康、芒康至成都的小件货物能够次日到达,还能帮助芒康县辣椒酱、葡萄酒、藏香猪肉等农牧产品从成都代发至全国各地,极大降低了农牧产品上行物流成本。同时,该中心还自建冷冻库、保鲜库,芒康县新鲜松茸、藏香猪肉等已实现了成都冷链仓储,并发往全国各地。

如今,芒康县电商通过自营,与快递、快运、邮政、公交、物流等灵活合作,实现了市场化转型,为县域开辟了六条快递下乡线路,覆盖11个乡镇20多个行政村。目前,如美镇、嘎托镇、措瓦乡、洛尼乡、纳西族乡、徐中乡电商服务站通过快递收发等服务,每月均有可持续收入,电商快递下乡实实在在便利了农牧民生活。

芒康县电商智慧物流工程的建设和运营,促使芒康县农村快递服务能力显著增强,县、乡、村快递物流体系逐步建立,城乡之间流通渠道基本畅通,农村综合物流服务供给力度明显加大,不仅破解了地方农牧产品上行的物流瓶颈,还可有效助推乡村振兴。

资料来源:http://xz.people.com.cn/n2/2022/0323/c138901-35187845.html.

思考与分析:电子商务与物流之间存在怎样的联系?

任务一　电子商务与物流

电子商务物流主要研究物流在电子商务和现代科学技术条件下的运作和管理。电子商务物流的目标是在电子商务条件下,通过现代科学技术的运用,实现物流的高效化和低成本化,促进物流产业的升级以及电子商务和国民经济的发展。电子商务物流的本质是实现物流的信息化和现代化。

电子商务物流
概述

一、电子商务物流的概念及特征

1. 电子商务物流的概念

电子商务物流就是在电子商务的条件下,依靠计算机技术、互联网技术、电子商务技术及信息技术等进行的物流(活动)。

2. 电子商务物流的特征

电子商务物流的特征主要表现在以下几个方面。

1) 物流信息化

在电子商务时代,要提供最佳的物流服务,物流系统必须有良好的信息处理和信息传输能力。计算机的普遍应用提供了更多的需求和库存信息处理的手段,并提高了信息管理的水平。此外,电子数据交换技术与互联网的拓展与应用,进一步提升了物流整体效率。物流的信息化使对商品流动的管理更加方便、准确和迅速,从而保证了商品与生产要素在全球范围内高效率的流通。

在物流信息化比较先进的国家,商品进出口的报关公司与码头、机场、海关之间建立信息联网系统,当货物从世界某地起运,客户便可以从该公司获得到达口岸的准确位置和时间,使收货人与各仓储、运输公司等做好准备,可以使商品在几乎不停留的情况下,快速流动直达目的地。可以说,现代化的信息管理是现代化物流的基础和保证。

物流信息化既是电子商务的必然要求,也是物流现代化的基础。没有信息化,任何先进的技术设备都不可能应用于物流领域。物流信息化具体表现为物流信息的商品化、物流信息收集的数据库化和代码化、物流信息处理的电子化和计算机化、物流信息传递的标准化和实时化、物流信息存储的数字化等。在物流信息化过程中,将涉及许多信息技术的应用。因此,条码技术、数据库技术、电子订货系统、电子数据交换、快速反应及有效的客户反应、企业资源计划等技术与观念在我国现代物流发展中将会得到普遍的应用。

2)物流自动化

物流自动化是以信息化为基础,以机电一体化为核心,以无人化为外在表现,以扩大物流作业能力、提高劳动生产率、减少物流作业差错和实现省力化为其效果的最终体现。物流自动化的设施非常多,如条码/语音/射频自动识别系统、自动分拣系统、自动存取系统、自动导引车、货物自动跟踪系统等。随着我国物流科技领域的不断创新与优化,自动化水平也在不断提高,更好地助力我国物流业的蓬勃发展,体现出物流从业人员百折不挠、精益求精的精神。

3)物流网络化

物流网络化已成为电子商务背景下物流活动不可阻挡的发展趋势,同时,互联网的发展及网络技术的普及也为物流网络化提供了良好的外部环境。物流网络化包括两层含义:①物流配送系统的计算机通信网络,借助增值网上的电子订货系统和电子数据交换技术自动实现配送中心与供应商和下游顾客之间的通信联系;②组织的网络化,即利用内部网(intranet)采取外包的形式组织生产,再由统一的物流配送中心将商品迅速发给客户,这一过程离不开高效的物流网络的支持。例如,我国台湾地区的计算机业在20世纪90年代创造出了"全球运筹式产销模式",这种模式的基本特点是按照客户订单组织生产,生产采取分散形式,即利用全球计算机资源,采取外包的形式将一台计算机的所有零部件、元器件、芯片外包给世界各地的制造商去生产,然后通过全球的物流网络将这些零部件、元器件和芯片发往同一个物流配送中心进行组装,由该物流配送中心将组装的计算机迅速发给预订的用户。

4)物流智能化

由于物流作业中大量的运筹和决策(如库存水平的确定、运输路径的选择、自动分拣机的运行等)都需要借助于大量的专业知识才能解决,所以,物流智能化已成为电子商务物流发展的一个新趋势。同时,物流智能化作为自动化、信息化的一种高层次应用,还存在着一些技术难题,它的实现离不开专家系统、机器人等相关技术的支持。

5)物流柔性化

柔性化本来是为实现"以顾客为中心"理念而在生产领域提出的,但要真正做到柔性化,即能真正地根据消费者的需求变化来灵活调节生产工艺,没有配套的柔性化物流系统是不可能达到目的的。柔性化物流是配合生产领域中的柔性制造而提出的一种新型物流模式。物流柔性化对配送中心的要求就是根据多品种、小批量、多批次、短周期的全新消费需求,灵活有效地组织和实施物流作业。

电子商务的发展,对物流配送环节提出了更高的要求,从原材料的采购供应到产成品的销售运输以及最终顾客的配送服务,都需要一个完善的物流体系来支撑整个商务流程的交易活动,做到及时准确的物流服务、简捷快速的配送效率、尽可能低的成本费用和良好的顾客满意度。在这样的需求下,要想与电子商务发展的要求相协调,物流需向以下几个方面发展:①运作方式信息化、网络化;②作业流程标准化、自动化;③反应能力快速化、系统化;④动态的调配能力个性化、柔性化;⑤经营形态社会化、全球化。

二、电子商务与物流的关系

电子商务是 20 世纪信息化、网络化的产物。电子商务作为在互联网上最大的应用领域,已引起了世界各国政府的广泛重视和支持、企业界和民众的普遍关注,并得到了快速的发展。

1. 电子商务对物流的影响

电子商务是以信息网络技术为手段,以商品交换为中心的商务活动;也可理解为在互联网(internet)、企业内部网(intranet)和增值网(value added network,VAN)上以电子交易方式进行交易活动和相关服务的活动,是传统商业活动各环节的电子化、网络化、信息化。

为进一步加快电商物流发展,我国面临六大主要发展任务与要求:①建设支撑电子商务发展的物流网络体系;②围绕电子商务需求,构建统筹城乡、覆盖全国、连接世界的电商物流体系;③依托全国物流节点城市、全国流通节点城市和国家电子商务示范城市,完善优化全国和区域电商物流布局;④根据城市规划,加强分拨中心、配送中心和末端网点建设;⑤探索“电商产业园＋物流园”融合发展新模式,加强城际运输与城市配送的无缝对接,推动仓配一体化和共同配送;⑥发展多式联运、甩挂运输、标准托盘循环共用等高效物流运作系统。

电子商务对物流的影响,主要表现在以下几个方面。

(1) 改变人们传统的物流观念。电子商务作为一个新兴的商务活动,为物流创造了一个虚拟性的运动空间。在电子商务的状态下,人们在进行物流活动时,物流的各种职能及功能可以通过虚拟化的方式表现出来,在这种虚拟化的过程中,人们可以通过各种组合方式寻求物流的合理化,使商品实体在实际的运动过程中,达到效率最高、费用最省、距离最短、时间最少的目的。

(2) 改变物流的运作方式。首先,电子商务可使物流实现网络的实时控制。传统的物流活动在其运作过程中,无论是以生产为中心,还是以成本或利润为中心,实质都是以商流为中心,从属于商流活动,因而物流的运作方式是紧紧伴随着商流来运动的(尽管其也能影响商流的运动)。而在电子商务下,物流的运作是以信息为中心的,信息不仅决定了物流的运动方向,而且也决定着物流的运作方式。在实际运作过程中,通过网络上的信息传递,可以有效地实现对物流的实施控制,实现物流的合理化。其次,网络对物流的实时控制是以整体物流来进行的。在传统的物流活动中,虽然也有依据计算机对物流进行实时控制的,但这种控制都是以单个的运作方式来进行的。例如,在实施计算机管理的物流中心或仓储企业中,所实施的计算机管理信息系统,大都是以企业自身为中心来管理物流的。而在电子商务时代,网络全球化的特点,可使物流在全球范围内实施整体的实时控制。

(3)改变物流企业的经营形态。首先,电子商务将改变物流企业对物流的组织和管理。在传统经济条件下,物流往往是从某一企业的角度来进行组织和管理的,而电子商务则要求物流以社会的角度来实行系统的组织和管理,以打破传统物流分散的状态。这就要求企业在组织物流的过程中,不仅考虑本企业的物流组织和管理,而且更重要的是考虑全社会的整体系统。其次,电子商务将改变物流企业的竞争状态。在传统经济活动中,物流企业之间存在激烈的竞争,这种竞争往往是通过本企业提供优质服务、降低物流费用等方面来进行的。在电子商务时代,这些竞争内容虽然依然存在,但有效性却大幅降低了。其原因在于电子商务需要一个全球性的物流系统来保证商品实体的合理流动,对于单一企业来说,即使它的规模再大,也难以达到这一要求。这就要求物流企业相互联合起来,在竞争中形成一种协同竞争的状态,实现物流高效化、合理化、系统化。

(4)促进物流基础设施的改善和物流技术与物流管理水平的提高。首先,电子商务将促进物流基础设施的改善。电子商务高效率和全球性的特点,要求物流企业必须达到这一目标。而物流企业要想达到这一目标,良好的交通运输网络、通信网络等基础设施则是最基本的保证。其次,电子商务将促进物流技术的进步。物流技术主要包括物流硬技术和软技术。物流硬技术是指在组织物流过程中所需的各种材料、机械和设施等;物流软技术是指组织高效率的物流所需的计划、管理、评价等方面的技术和管理方法。从物流环节来考察,物流技术包括运输技术、保管技术、装卸技术、包装技术等。物流技术水平的高低是实现物流效率高低的一个重要因素,要建立一个适应电子商务运作的高效率的物流系统,加快提高物流的技术水平则有着重要的作用。最后,电子商务将促进物流管理水平的提高。物流管理水平的高低直接决定和影响着物流效率的高低,也影响着电子商务高效率优势的实现问题。只有提高物流的管理水平,建立科学合理的管理制度,将科学的管理手段和方法应用于物流管理当中,才能确保物流的畅通进行,实现物流的合理化和高效化,促进电子商务的发展。

(5)对物流人才提出了更高的要求。电子商务要求物流管理人员不仅具有较高的物流管理水平,而且具有一定的电子商务专业知识,并在实际的运作过程中能有效地将两者有机结合在一起。

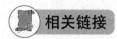 **相关链接**

国务院办公厅印发《关于推进电子商务与快递物流协同发展的意见》(节选)

近年来,我国电子商务与快递物流协同发展不断加深,推进了快递物流转型升级、提质增效,促进了电子商务快速发展。但是,电子商务与快递物流协同发展仍面临政策法规体系不完善、发展不协调、衔接不顺畅等问题。为全面贯彻党的十九大精神,深入贯彻落实习近平新时代中国特色社会主义思想,落实新发展理念,深入实施"互联网+流通"行动计划,提高电子商务与快递物流协同发展水平,经国务院同意,现提出以下意见。

1. 强化制度创新,优化协同发展政策法规环境

(1)深化"放管服"改革。简化快递业务经营许可程序,改革快递企业年度报告制度,实施快递末端网点备案管理。优化完善快递业务经营许可管理信息系统,实现许可备案

事项网上统一办理。加强事中、事后监管,全面推行"双随机、一公开"监管。(国家邮政局负责)

(2)创新产业支持政策。创新价格监管方式,引导电子商务平台逐步实现商品定价与快递服务定价相分离,促进快递企业发展面向消费者的增值服务。(国家发展改革委、商务部、国家邮政局负责)创新公共服务设施管理方式,明确智能快件箱、快递末端综合服务场所的公共属性,为专业化、公共化、平台化、集约化的快递末端网点提供用地保障等配套政策。(国土资源部、住房和城乡建设部、国家邮政局负责)

(3)健全企业间数据共享制度。完善电子商务与快递物流数据保护、开放共享规则,建立数据中断等风险评估、提前通知和事先报告制度。在确保消费者个人信息安全的前提下,鼓励和引导电子商务平台与快递物流企业之间开展数据交换共享,共同提升配送效率。(商务部、国家邮政局会同相关部门负责)

2. 强化规划引领,完善电子商务快递物流基础设施

(1)加强规划协同引领。综合考虑地域区位、功能定位、发展水平等因素,统筹规划电子商务与快递物流发展。针对电子商务全渠道、多平台、线上线下融合等特点,科学引导快递物流基础设施建设,构建适应电子商务发展的快递物流服务体系。快递物流相关仓储、分拨、配送等设施用地须符合土地利用总体规划并纳入城乡规划,将智能快件箱、快递末端综合服务场所纳入公共服务设施相关规划。加强相关规划间的有效衔接和统一管理。(各省级人民政府、国土资源部、住房和城乡建设部负责)

(2)保障基础设施建设用地。落实好现有相关用地政策,保障电子商务快递物流基础设施建设用地。在不改变用地主体、规划条件的前提下,利用存量房产和土地资源建设电子商务快递物流项目的,可在 5 年内保持土地原用途和权利类型不变,5 年期满后需办理相关用地手续的,可采取协议方式办理。(各省级人民政府、国土资源部负责)

(3)推进园区建设与升级。推动电子商务园区与快递物流园区发展,形成产业集聚效应,提高区域辐射能力。引导国家电子商务示范基地、电子商务产业园区与快递物流园区融合发展。鼓励传统物流园区适应电子商务和快递业发展需求转型升级,提升仓储、运输、配送、信息等综合管理和服务水平。(各省级人民政府、国家发展改革委、商务部、国家邮政局负责)

3. 强化规范运营,优化电子商务配送通行管理

(1)推动配送车辆规范运营。鼓励各地对快递服务车辆实施统一编号和标识管理,加强对快递服务车辆驾驶人交通安全教育。支持快递企业为快递服务车辆统一购买交通意外险。规范快递服务车辆运营管理。(各省级人民政府负责)引导企业使用符合标准的配送车型,推动配送车辆标准化、厢式化。(国家邮政局、交通运输部、工业和信息化部、国家标准委、各省级人民政府负责)

(2)便利配送车辆通行。指导各地完善城市配送车辆通行管理政策,合理确定通行区域和时段,对快递服务车辆等城市配送车辆给予通行便利。推动各地完善商业区、居住区、高等院校等区域停靠、装卸、充电等设施,推广分时停车、错时停车,进一步提高停车设施利用率。(各省级人民政府、交通运输部、国家邮政局、公安部负责)

4. 强化服务创新,提升快递末端服务能力

(1)推广智能投递设施。鼓励将推广智能快件箱纳入便民服务、民生工程等项目,加快社区、高等院校、商务中心、地铁站周边等末端节点布局。支持传统信报箱改造,推动邮政普遍服务与快递服务一体化、智能化。(国家邮政局、各省级人民政府负责)

(2)鼓励快递末端集约化服务。鼓励快递企业开展投递服务合作,建设快递末端综合服务场所,开展联收联投。促进快递末端配送、服务资源有效组织和统筹利用,鼓励快递物流企业、电子商务企业与连锁商业机构、便利店、物业服务企业、高等院校开展合作,提供集约化配送、网订店取等多样化、个性化服务。(国家邮政局会同相关部门负责)

5. 强化标准化智能化,提高协同运行效率

(1)提高科技应用水平。鼓励快递物流企业采用先进适用技术和装备,提升快递物流装备自动化、专业化水平。(工业和信息化部、国家发展改革委、国家邮政局负责)加强大数据、云计算、机器人等现代信息技术和装备在电子商务与快递物流领域应用,大力推进库存前置、智能分仓、科学配载、线路优化,努力实现信息协同化、服务智能化。(国家发展改革委、商务部、国家邮政局会同相关部门负责)

(2)鼓励信息互联互通。加强快递物流标准体系建设,推动建立电子商务与快递物流各环节数据接口标准,推进设施设备、作业流程、信息交换一体化。(国家标准委、国家发展改革委、工业和信息化部、商务部、国家邮政局负责)引导电子商务企业与快递物流企业加强系统互联和业务联动,共同提高信息系统安全防护水平。(商务部、国家邮政局负责)鼓励建设快递物流信息综合服务平台,优化资源配置,实现供需信息实时共享和智能匹配。

各地区、各有关部门要充分认识推进电子商务与快递物流协同发展的重要意义,强化组织领导和统筹协调,结合本地区、本部门、本系统实际,落实本意见明确的各项政策措施,加强对新兴服务业态的研究和相关政策储备。

资料来源:http://www.chinawuliu.com.cn/zcfg/201801/24/328109.shtml.

2. 物流在电子商务中的地位

物流在电子商务中的地位主要表现在以下几个方面。

1)物流是电子商务概念的重要组成部分

虽然对于电子商务的定义,至今也没有最终的标准定论,但可以从物流的角度出发,将现有的电子商务定义归为两大类。

第一类定义是由美国一些IT厂商提出的,将电子商务定位于"无纸贸易"。

(1)IBM对电子商务的定义包括企业内部网、企业外部网和电子商务(e-commerce)三个部分。它所强调的是网络计算环境下的商业应用,不仅是硬件和软件的结合,也不仅是通常意义下所强调的交易意识的狭义的电子商务,而是把买方、卖方、厂商及合作伙伴在互联网、企业内部网和企业外部网结合起来的应用。

(2)康柏公司在其电子商务解决方案中定义电子商务:"电子商务就是引领客户、供应商和合作伙伴业务操作的流程连接。"

(3)电子商务是通过电子方式在网络上实现物资与人员流程的协调,以实现商业交换活动的过程。

(4)电子商务是一种商务活动的新形式,它通过采用现代信息技术手段,以数字化通信网络和计算机装置替代传统交易过程中纸介质信息载体的存储、传递、统计、发布等环节,从而实现商品和服务交易以及交易管理等活动的全过程无纸化,并达到高效率、低成本、数字化、网络化、全球化等目的。

无论从电子化工具还是从电子化对象来看,这类定义都没有将物流包含在内,其原因主要在于美国在电子商务概念推出之初,就拥有强大的现代化物流作为支撑,只需将电子商务与其进行对接即可,而并非意味着电子商务不需要物流的电子化。事实上,如果电子商务不能涵盖物流,甚至将货物的送达过程排除在外,那么这样的电子商务就不是真正意义上的电子商务。

因此,国内一些专家在定义电子商务时,已经注意到将国外的定义与我国的现状相结合,扩大了定义的范围,提出了包括物流电子化在内的第二类电子商务定义。

(1)电子商务是实施整个贸易活动的电子化。

(2)电子商务是一组电子工具在商务活动中的应用。

(3)电子商务是电子化的购物市场。

(4)电子商务是从售前到售后支持的各个环节实现电子化、自动化。

在第二类电子商务定义中,电子化的对象是整个交易过程,不仅包括信息流、商流、资金流,而且包括物流;电子化的工具也不仅指计算机和网络通信技术,还包括叉车、自动导引车、机械手臂等自动化工具。可见,从根本上来说,物流电子化应是电子商务概念的组成部分,缺少了现代化的物流过程,电子商务过程就不完整。

2)物流是电子商务的基本要素之一

电子商务概念模型中物流的地位,可以将实际运作中的电子商务活动过程抽象描述成电子商务的概念模型。电子商务的概念模型由电子商务实体、电子市场、交易事务和商流、物流、信息流及资金流等基本要素构成,如图1-1所示。

在电子商务的概念模型中,企业、银行、商店、政府机构和个人等能够从事电子商务的客观对象被称为电子商务实体。电子市场是电子商务实体在网上从事商品和服务交换的场所,在电子市场中,各种商务活动的参与者利用各种通信装置,通过网络连接成一个统一的整体。交易事务是指电子商务实体之间所从事的如询价、报价、转账支付、广告宣传、商品运输等具体的商务活动内容。

电子商务的任何一笔交易都由商流、物流、信息流和资金流四个基本部分组成,在电子商务的概念模型的建立过程中,强调商流、信息流、资金流和物流的整合。其中,信息流十分重要,它在一个更高的位置上实现对流通过程的监控。

(1)“四流”构成流通体系。近年来,人们提到物流时,常与商流、信息流和资金流联系在一起,这是因为从某种角度讲,商流、物流、信息流和资金流是流通过程中的四大相关部分,由这“四流”构成了一个完整的流通活动,如图1-2所示。将商流、物流、信息流和资金流作为一个整体来考虑和对待,会产生更大的能量,创造更大的经济效益。

商流:商品在购、销之间进行的交易和商品所有权转移的运动过程,具体是指商品交易的一系列活动。

物流:交易的商品或服务等物质实体的流动过程,具体包括商品的运输、储存、装卸、保管、流通加工、配送、物流信息管理等各种活动。

信息流:商品信息的提供、促销行销、技术支持、售后服务等内容,也包括询价单、报价单、付款通知单、转账通知单等商业贸易单证以及交易方的支付能力和支付信誉。

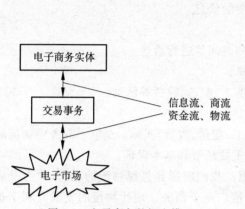

图 1-1 电子商务的概念模型

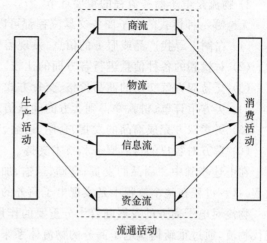

图 1-2 流通活动中的商流、物流、信息流、资金流

资金流：资金流主要是指交易的资金转移过程，包括付款、转账等。

（2）"四流"的相互关系。"四流"互为依存，密不可分，相互作用。它们既有独立存在的一面，又有互动的一面。通过商流活动发生商品所有权的转移，商流是物流、资金流和信息流的起点，也可以说是后"三流"的前提，一般情况下，没有商流，就不太可能发生物流、资金流和信息流。反过来，没有物流、资金流和信息流的匹配和支撑，商流也不可能达到目的。同时，商流、物流、信息流、资金流各有独立存在的意义，并各有自身的运行规律，"四流"是一个相互联系、互相伴随、共同支撑流通活动的整体。

例如，A 企业与 B 企业经过商谈达成了一笔供货协议，确定了商品价格、品种、数量、供货时间、交货地点、运输方式并签订了合同，也可以说商流活动开始了。要认真履行这份合同，下一步就要进入物流过程，即货物的包装、装卸搬运、保管、运输等活动。如果商流和物流都顺利进行了，接下来进入资金流的过程，即付款和结算。无论是买卖交易，还是物流和资金流，这三个过程都离不开信息的传递和交换，没有及时的信息流，就没有顺畅的商流、物流和资金流。没有资金的支付，商流就不成立，物流也就不会发生。

在电子商务中，交易的无形商品如各种电子出版物、信息咨询服务以及有价信息软件等可以直接通过网络传输的方式进行配送；而对于大多数有形的商品和服务来说，物流仍然要由物理的方式进行传输。电子商务环境下的物流，通过机械化和自动化工具的应用和准确、及时的物流信息对物流过程的监控，将使物流的速度加快、准确率提高，能有效地减少库存，缩短生产周期。电子商务交易过程的实现，自始至终都需要这"四流"的协调配合。对电子商务的理解不应该仅停留在对前"三流"的重视上，在强调前"三流"的电子化、网络化的同时，还应加强物流过程的电子化。在电子商务的概念模型中，强调信息流、商流、资金流和物流的整合，而信息流作为连接的纽带贯穿于电子商务交易的整个过程中，起着串联和监控的作用。事实上，随着互联网技术和电子银行的发展，前"三流"的电子化和网络化已可以通过信息技术和通信网络来实现了。而物流，作为"四流"中最为特殊和必不可少的一项，其过程的逐步完善还需要经历一个较长的时期。

3）物流是电子商务流程的重要环节

无论哪一种模式的电子商务交易流程都可以归纳为以下六个步骤。

（1）在网上寻找产品或服务的信息，发现需要的信息。

（2）对找到的各种信息进行各方面的比较。

（3）交易双方就交易的商品价格、交货方式和时间等进行洽谈。

（4）买方下订单、付款并得到卖方的确认信息。

（5）买卖双方完成商品的发货、仓储、运输、加工、配送、收货等活动。

（6）卖方对客户的售后服务和技术支持。

在上述步骤中，"商品的发货、仓储、运输、加工、配送、收货"实际上是电子商务中物流的过程，这一过程在整个流程中是实现电子商务的重要环节和基本保证。

物流对电子商务的发展起着十分重要的作用。我们应摒弃忽视物流的观念，大力发展现代物流，通过重新构筑电子商务的物流体系来推广电子商务。现代物流的发展有利于扩大电子商务的市场范围，协调电子商务的市场目标；物流技术的研究和应用有利于实现基于电子商务的供应链集成，提高电子商务的效率与效益，有效支持电子商务的快速发展，使电子商务成为最具竞争力的商务形式。

3. 电子商务与物流的相互制约与促进

1）物流对电子商务的制约与促进

没有一个完善的物流体系，电子商务特别是网上有形商品的交易就难以得到有效的发展。反过来，一个完善的物流体系是电子商务、特别是网上有形商品交易发展的保障。

有形商品的网上交易活动作为电子商务的一个重要构成方面，在近几年中也得到了迅速的发展。在这一发展过程中，没有一个高效的、合理的、畅通的物流系统，电子商务所具有的优势就难以得到有效的发挥；没有一个与电子商务相适应的物流体系，电子商务就难以得到有效的发展。

2）电子商务对物流的制约与促进

电子商务对物流的制约主要表现在当网上有形商品的交易规模较小时，不可能形成一个专门为网上交易提供服务的物流体系，这不利于物流的专业化和社会化的发展。电子商务对物流的促进主要表现在两个方面：一是网上交易规模较大时，会有利于物流的专业化和社会化的发展；二是电子商务技术会促进物流的发展。

在人类社会经济的发展过程中，物流的每一次变革都是由其活动的客观环境和条件发生变化所引起的，并由这些因素来决定其发展方向。在人类迈入 21 世纪的信息化、知识化社会之际，作为以信息化和知识化为代表的电子商务正是在适应这一趋势的环境下产生的，它具有传统商务活动所无法比拟的许多优势，代表了商务活动的发展方向和未来，具体体现在以下几个方面。

（1）电子商务所具备的高效率的特点，是人类社会经济发展所追求的目标之一。

（2）电子商务所具备的个性化的特点，是人类社会发展的一个方向。

（3）电子商务所具备的费用低的特点，是人类社会进行经济活动的一个目标。

（4）电子商务所具备的全天候的特点，使人们解除了交易活动所受的时间束缚。

（5）电子商务所具备的全球性的特点，使人们解除了交易活动所受的地域束缚，大幅地拓宽了市场主体的活动空间。

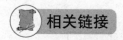

优拼汇：抓住电商发展新机遇

新冠感染疫情给众多行业带去重创之时，一个新兴行业却异军突起，那就是"电商"。由于新冠感染疫情的影响，出行的限制进一步打开了广大居民在家消费、线上消费的欲望。线上买菜、买水果等成为更多人的选择，而这也为电商与农业发展增强了动力。

很多农业特色地区，依托众多电商平台，上线本地特色产品，通过直播、视频等线上方式进行"带货"，不仅是当地果农、菜农、群众，甚至是乡长、县长亲自上阵，走进直播间，为本地农副产品代言，收获舆论高度认可和好评。更重要的是，新模式作为新动能，帮助农民增收，助力共同富裕，取得了非常显著的经济和社会效果。

而这一趋势的发展，也为广大消费者提供了在疫情时代进行资产增值和发展副业的良机。优拼汇作为北京篋品网络科技有限公司的新平台，抓住电商发展的新机遇，结合社交新特色，以拼团引流为手法，为消费赋能。

优拼汇作为新型移动电商平台，采用 S2C 商业模式，将品牌供应商（S）和消费者（C）直接连接，实现了"技术＋运营＋供应链"的一站式服务。优拼汇作为品牌特卖平台正在打造与时俱进的营销模式，通过多样化的趣味式营销方式以及营销玩法赋能，旨在为消费者打造舒适、好玩的购物体验。它是一个趣味拼团活动营销功能模块，在这个平台上赚钱才是电商平台的最大价值。同时因为极具分享功能和社交属性，使趣味拼团摆脱传统电商拉人卖货，让你不需要拉人、不需要卖货，也能轻轻松松赚到钱，实现创业梦想。

优拼汇以行业内首创的"消费持股＋平台 CPS＋分销事业制"模式，抓住机遇，领先于行业。优拼汇通过让用户消费持股，依靠股票的持续成长性，使用户所获收益极有可能超过当初的花费，这极大地拓展了居民收入渠道，为助力实现共同富裕提供了一个极为有益的探索和渠道。

资料来源：https://news.iresearch.cn/yx/2021/09/398011.shtml.

三、电子商务物流的一般流程

电子商务的优势之一就是能优化业务流程，降低企业运作成本。而电子商务下企业成本优势的建立和保持必须以可靠的和高效的物流运作作为保证，这也是现代企业在竞争中取胜的关键。

1. 普通商务物流业务流程

在普通商务物流业务流程中，物流作业流程与商流、信息流和资金流的作业流程综合在一起，更多地围绕企业的价值链，从而实现价值增值的目的，安排每一个配送细节，如图 1-3 所示。

2. 电子商务物流业务流程

电子商务的发展及对配送服务体系的配套要求，极大地推动了物流的发展。与普通商务物流业务流程相比，电子商务物流业务流程在企业内部的微观物流流程上是相同的，都具有从进货到配送的物流体系。然而，在电子商务环境下，借助电子商务信息平台（包括会员管理、订单管理、产品信息和网站管理），有利于企业提高采购效率，合理地规划配送路线，实现电子商务物流业务流程和配送体系的优化,如图 1-4 所示。

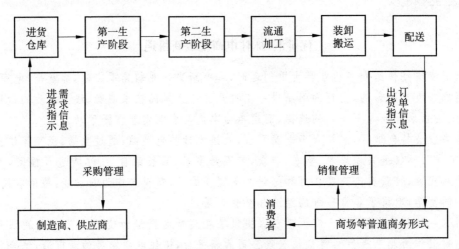

图 1-3　普通商务物流业务流程

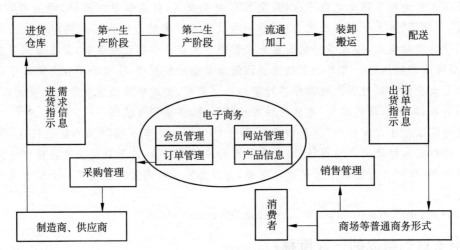

图 1-4　电子商务物流业务流程

四、电子商务与现代物流的关系

电子商务与现代物流业是一种互为条件、互为动力、相互制约的关系。关系处理得当,采取措施得力,二者可以相互促进,共同加快发展;反之也可能互相牵制。

1. 现代物流是电子商务发展的必备条件

(1) 现代物流技术为电子商务快速推广创造条件。一笔电子商务交易一般需要具备三项基本要素:物流、信息流、资金流,其中,物流是基础,信息流是桥梁,资金流是目的。每一笔商业交易的背后都伴随着物流和信息流,贸易伙伴需要这些信息以便对产品进行发送、跟踪、分拣、接收、存储、提货以及包装等。在信息化的电子商务时代,物流与信息流的配合越来越重要,所以电子商务的发展必须借助现代物流技术。

物流技术是指与物流活动相关的所有专业技术的总称,包括各种操作方法、管理技能等,如流通加工技术、物品包装技术、物品标识技术、物品实时跟踪技术等。随着计算机网络技术的应用普及,物流技术中综合了许多现代信息技术,如 GIS(地理信息系统)、GPS(全球卫星定位)、EDI(电子数据交换)、BAR CODE(条码)技术等。物流业加快应用现代信息技术,为电子商务的推广铺平道路。

(2) 物流配送体系是电子商务的支持系统。现代物流配送可以为电子商务客户提供服务,根据电子商务的特点,对整个物流配送体系实行统一的信息管理和调度,按照用户要求在物流基地完成理货,并将配好的货物送交收货人。这一现代物流方式对物流企业提高服务质量、降低物流成本、提高企业经济效益及社会效益具有重要意义。

(3) 物流配送系统提高了社会经济运行效率。物流配送企业采用网络化的计算机技术和现代化的硬件设备、软件系统及先进的管理手段,严格按用户的订货要求进行分类、编配、整理、分工、配货等一系列理货工作,定时、定点、定量地交给各类用户,满足其对商品的需求。物流配送以一种全新的面貌,成为流通领域革新的先锋,代表了现代市场营销的新方向。新型物流配送比传统物流方式更容易实现信息化、自动化、现代化、社会化、智能化、简单化,使货畅其流,物尽其用,既减少了生产企业库存,加速资金周转,提高物流效率,降低物流成本,又刺激了社会需求,促进经济健康发展。

2. 电子商务为现代物流业的发展提供了技术条件和市场环境

物流系统中货物的快速移动完全依赖信息,物流信息系统缺乏精确性是当今物流渠道集成的最大障碍。目前,多数公司仍把主要精力集中在交易系统上,虽然交易系统对公司的日常操作也十分重要,但它们不能解决快速反应和战略决策的问题,而快速反应能力是物流企业高水平管理和高效率运作的重要标志。

电子商务的兴起,为物流产业带来了更为广阔的增值空间,网络技术为物流企业建立高效、节省的物流信息网提供了最佳手段。当然,目前物流业因不能适应电子商务快速发展而暴露出了种种不尽如人意之处,但这恰恰是现代物流服务产业无限商机的源泉。

(1) 电子商务为物流功能集成化创造了有利条件。电子商务的发展必将加剧物流业的竞争,竞争的主要方面不是硬件而是软件,是高新技术支持下的服务。电子商务可以表现为很多技术的应用,但只有通过技术和业务的相互促进,才能实现形式与内容的统一。电子商务公司希望物流企业提供的配送不仅是送货,而是最终成为电子商务公司的客户服务商,协助电子商务公司完成售后服务,提供更多增值服务内容,如跟踪产品订单、提供销售统计、代买卖双方结算货款、进行市场调查与预测,提供采购信息及咨询服务等系列化服务,增加电子商务公司的核心服务价值。

(2) 电子商务为物流企业实现规模化经营创造了有利条件。电子商务为物流企业实施网络化与规模化经营搭建了理想的业务平台,便于物流企业建立自己的营销网、信息网、配送网。当然网络化经营的运作方式不一定全部由物流企业完成,第三方物流企业更多的应是集成商,通过对现有资源的整合完善自己的网络,实现物流功能的集成化。现在越来越多的企业认识到物流是获得竞争优势的重要手段,把价值链的概念引入物流管理,称物流为一体化供应链,物流系统的竞争优势主要取决于一体化,即功能整合与集成的程度。

(3) 电子商务的虚拟技术为物流企业提高管理水平创造了有利条件。虚拟化与全球化发展趋势促使物流企业加强自身网络组织建设,电子商务的发展要求物流配送企业具备在短时间内完成广阔区域物流任务的能力,同时保持合理的物流成本。物流企业应该通过互联网整合现有的物流手段,加强与其他物流服务商的联系,加快海陆空一体化物流平台建设,拓展物流网上交易市场,从而提高物流资源综合利用率和服务水平。

五、电子商务环境下物流业的发展趋势

电子商务时代,由于企业销售范围的扩大,企业和商业销售方式及最终消费者购买方式的转变,使送货上门等业务成为一项极为重要的服务业务,促使了物流行业的兴起。物流行业,即能完整提供物流机能服务,以及运输配送、仓储保管、分装包装、流通加工等服务以收取报酬的行业。主要包括仓储企业、运输企业、装卸搬运企业、配送企业、流通加工企业等。信息化、多功能化、一流服务和全球化已成为电子商务环境下的物流企业的发展目标。

1. 信息化——现代物流业的必由之路

在电子商务时代,要提供最佳的服务,物流系统必须要有良好的信息处理和传输系统。另外,还有一个信息共享问题。企业有内部商业机密,物流企业很难与之打交道,因此,如何建立信息处理系统,以及即时获得必要的信息,对物流企业来说是一个难题。同时,在将来的物流系统中,能否做到尽快将货物送到客户手中,是提供优质服务的关键之一。

商品与生产要素在全球范围内以空前的速度自由流动。EDI与互联网的应用,使物流效率的提高更多地取决于信息管理技术,电子计算机的普遍应用提供了更多的需求和库存信息,提高了信息管理科学化水平,使产品流动更加容易和迅速。

2. 多功能化——物流业发展的方向

在电子商务的环境下,物流向集约化阶段发展。其要求物流业不仅提供仓储和运输服务,还必须进行配货、配送和各种提高附加值的流通加工服务项目,或者按客户的特别需要提供其他的特殊服务。电子商务使流通业经营理念得到了全面的更新,现代物流业从以往商品经由制造、批发、仓储、零售等环节,最终到消费者手中的多层次复杂途径,简化为从制造商经配送中心送到各零售点。从而使未来的产业分工更加精细,产销分工日趋专业化,大大提高了社会的整体生产力和经济效益,也使物流业成为整个国民经济活动的重要组成部分。

作为一种战略概念,供应链也是一种可增值的产品。其目的不仅是降低成本,更重要的是提供用户期望以外的增值服务,以产生和保持竞争优势。从某种意义上讲,供应链是物流系统的充分延伸,是产品与信息从原料到最终消费者之间的增值服务。这种配送中心与公用配送中心不同,它是通过签订合同,为一家或数家企业(客户)提供长期服务,而不是为所有客户服务。供应链系统物流完全适应了流通业经营理念的全面更新。因为,以往商品经由制造、批发、仓储、零售各环节间的多层次复杂途径,最终到达消费者手里。而现代流通业已简化为由制造经配送中心送到各零售点。它使未来的产业分工更加精细,产销分工日趋专业化,大幅提高了社会的整体生产力和经济效益,使流通业成为整个国民经济活动的中心。在这个阶段有许多新技术与方法的应用,如准时制系统(just in time,JIT)、销售时点系统(point of sale,POS)。商店将销售情况及时反馈给工厂的配送中心,有利于厂商按照市场调整生产,以及同配送中心调整配送计划,使企业的经营效益跨上一个新台阶。

3. 一流服务——物流企业追求的服务目标

在电子商务环境下,物流企业是介于买卖双方之间的第三方,以服务作为第一宗旨。客户对于物流企业所提供服务的要求是多方面的,因此,如何更好地满足客户不断提出

的服务需求,始终是物流企业管理的中心课题。如物流配送中心,开始时可能提供的只是区域性物流服务,以后应客户的要求发展到提供长距离服务,再后来可提供越来越多的服务项目,包括到客户企业"驻点",直接为客户发货;有些生产企业把所有物流工作全部委托给配送中心,使配送中心的工作延伸到生产企业的内部。最终,物流企业所提供的优质和系统的服务使之与客户企业结成了双赢的战略伙伴关系:一方面,由于物流企业的服务使客户企业的产品迅速进入市场,提高了竞争力;另一方面,物流企业本身也有了稳定的资源和效益。美国、日本等国物流企业成功的要诀,就在于它们十分重视对客户服务的研究。

4. 全球化——物流企业的竞争趋势

电子商务的发展加速了全球经济一体化的进程,其结果将使物流企业向跨国经营和全球化方向发展。全球经济一体化使企业面临着许多新问题,要求物流企业和生产企业更紧密地联系在一起,形成社会大分工。对于生产企业,要求集中精力制造产品、降低成本、创造价值;而对于物流企业,则要求花费大量时间和精力更好地从事物流服务,客户对物流企业的需求比原来更高了。例如,在物流配送中心,要对进口的商品代理报关业务、暂时储存、搬运和配送,进行必要的流通加工等,完成从商品进口到送交消费者手中的一条龙服务。

任务二　电子商务物流管理概述

一、电子商务物流管理的含义

电子商务是 20 世纪信息化、网络化的产物,由于其日新月异的发展,已广泛引起了人们的注意。不能否认,电子商务中的任何一笔交易,都包含着几种基本的"流",即商流、物流、资金流和信息流。电子商务发展初期,人们十分强调电子商务中信息流和资金流的电子化、网络化,而忽视了物流的电子化过程,认为对于大多数商品和服务来说,物流仍然可以经由传统的渠道来完成和实现。但随着电子商务的进一步推广与应用,物流的重要性和其对电子商务活动的影响日益突显。试想,消费者在天猫浏览并选定一款产品,通过第三方支付平台完成了网上支付,但所购货物迟迟不能送达,甚至出现了买电视送来空调的张冠李戴的情况,这有悖于电子商务的快捷、高效、绿色、低碳的特点,额外给消费者带来的不便及麻烦是消费者无法忍受的,这将严重影响电商的信誉与效率。

电子商务物流管理包括两个层面的含义,即服务于电子商务的物流管理和电子商务时代的物流管理。服务于电子商务的物流管理主要从物流对电子商务的支撑作用的角度,探讨电子商务的物流需求,寻求如何让物流管理更好地服务于电子商务,减缓物流对电子商务的制约,甚至是通过物流的发展来促进电子商务的发展。电子商务时代的物流管理则从物流自身发展、物流对社会经济活动的支持作用的角度,探讨网络经济、知识经济时代的社会物流需求特点,寻求如何让物流管理更好地服务于整个社会再生产,通过发展现代物流来推动社会经济的快速、健康发展。简单来说,电子商务物流管理是探讨物流管理问题,它一方面以电子商务发展为目标(即服务于电子商务的物流管理);另一方面以电子商务发展为背景(即电子商务时代的物流管理),以社会经济发展为目标。

电子商务物流管理这两个层面的含义并不矛盾。电子商务作为新商业文明,是社会经济的一个组成部分,因此可以说,服务于电子商务本身就是服务于社会经济,服务于社会经济包含了服务于电子商务的内容。从这一点上来讲,服务于电子商务的物流管理可以理解为狭义的电子商务物流管理,而电子商务时代的物流管理则可以理解为广义的电子商务物流管理。服务于电子商务的物流管理强调,物流的规划与运作要充分适应电子商务的特点,特别是电子商务跨越时间和空间的特性、电子商务个性化服务的特性等。也就是说,服务于电子商务的物流在时间上强调快速服务,在空间上强调广泛、大范围(如全球化)的服务,在具体运作上要能适应多品种、小批量、多批次的服务需求。当然,电子商务的物流需求特性不局限于这几方面,这些特性在后面进行分析,但更多的特性还有待学术界和产业界在不断的实践中去总结和证实。

电子商务时代的物流管理强调,物流的规划与运作要充分应用现代科学技术与现代管理思想,如现代信息技术、系统化管理思想、供应链管理思想等。电子商务时代的物流管理需要将物流的不同环节、不同要素放在一个大系统中进行考虑,从总体的角度来进行物流规划,以整体优化为目标来安排具体的物流运作。特别是供应链管理思想更是强调将整个供应链作为一个整体进行优化,这就提出了跨组织物流优化的问题。而要实现这些系统化管理思想,缺乏现代信息技术的支持是不可能实现的。因此,电子商务时代的物流管理从形式上十分重视现代信息技术的应用。当然,不可否认的是,现代信息技术的运用只是一种手段,需要运用何种信息技术、开发什么程度的信息技术要根据管理的需要,切不可盲目堆砌信息技术。

二、电子商务物流管理的目的及内容

1. 电子商务物流管理的目的

电子商务物流管理的目的就是使各项物流活动实现最佳的协调与配合,以降低物流成本,提高物流效率和经济效益。电子商务物流管理就是研究并应用电子商务物流活动规律对物流全过程、各环节、各方面进行管理。

2. 电子商务物流管理的内容

1) 电子商务物流过程

电子商务物流过程包括运输、保管、装卸、包装、流通加工以及与其相联系的物流信息处理,它们相互联系,构成物流系统的功能组成要素。电子商务物流的五个过程为电子商务的起点:商品包装;电子商务的动脉:商品运输;电子商务的中心:商品存储;电子商务的接点:商品装卸;电子商务的中枢神经:物流信息。

电子商务物流在物流过程中的管理具体表现在以下方面。

(1) 运输管理:运输方式及服务方式的选择;运输路线的选择;车辆调度与组织。

(2) 储存管理:原料、半成品和成品的储存策略;储存统计、库存控制、养护。

(3) 装卸搬运管理:装卸搬运系统的设计、设备规划与配置和作业组织等。

(4) 包装管理:包装容器和包装材料的选择与设计;包装技术和方法改进;包装系列化、标准化、自动化等。

(5) 流通加工管理:加工场所的选定;加工机械的配置;加工技术与方法的研究和改进;加工作业流程的制定与优化。

(6) 配送管理:配送中心选址及优化布局;配送机械的合理配置与调度;配送作业流程

的制定与优化。

（7）物流信息管理：对反映物流活动内容的信息、物流要求的信息、物流作用的信息和物流特点的信息所进行的搜集、加工处理、存储和传输等。

（8）客户服务管理：对物流活动相关服务的组织和监督，如调查和分析顾客对物流活动的反映，决定顾客所需要的服务水平、服务项目等。

2）电子商务物流技术

物流技术是指与物流要素活动有关的所有专业技术的总称，包括各种操作方法、管理技能等，如流通加工技术、物品包装技术、物品标识技术、物品实时跟踪技术等；物流技术还包括物流规划、物流评价、物流设计、物流策略等；计算机网络技术应用普及后，物流技术综合了多种现代信息技术，如 GIS（地理信息系统）、GPS（全球定位系统）、EDI（电子数据交换）、BAR CODE（条码）等。

3）电子商务物流管理信息系统

电子商务物流管理信息系统（LMIS）是一个由人和计算机网络等组成的能进行物流相关信息的收集、传送、储存、加工、维护和使用的系统。由于电子商务物流是信息网络和传统物流的有机结合，物流企业本身正以崭新的模块化方式进行要素重组，所以，电子商务不仅是一个管理系统，更是一个网络化、智能化、社会化的系统。

三、电子商务物流管理的特点

电子商务与现代物流的集成，形成了一种新型的物流，即电子商务物流。电子商务物流是一种高度发达的物流形式，它是建立在现代信息技术、自动化技术和先进的管理思想基础上的集成化物流运作模式，信息渠道通畅的电子商务成为其主要支撑。基于电子商务物流基础，电子商务物流管理应运而生。电子商务物流管理具有以下几个特征。

1. 强调关系管理

普通物流管理着重开展企业内部作业和组织结构的整合，对下游顾客的管理仍以服务质量控制为主要管理重心。因此，大多数应用订单周转时间和供货率等指标来评价管理绩效。然而，在电子商务物流管理模式下，企业逐渐转向强调跨企业界限的整合，使顾客关系的维护与管理变得越来越重要。随着电子商务时代中客户关系管理理念的出现，物流管理已从物的处理提升到物的增值方案的管理。客户关系管理、供应商关系管理及各类关系的综合管理成为电子商务物流管理体系的管理重心。

2. 注重联合

在广泛的电子商务信息资源和追求更大竞争力的利益驱动下，许多企业跨越企业边界进行全球化整合，通过联合规划与整体运营，形成高度整合的电子商务物流渠道体系，不仅使社会资源得到了充分运用，而且使渠道整体绩效大幅提升。

3. 程序化整合

在竞争日趋激烈的环境中，供应链必须更快地响应顾客的需要，才能在激烈的竞争中获得优势，因此，为实现快速响应，必须以程序化的方式整合供应链成员的物流功能，实现程序化的运营。电子商务建立的信息渠道，成为程序化整合跨功能、跨企业物流活动的纽带，并传递着协调物流功能程序化运营的信息。

4. 虚拟式整合

电子商务物流管理体系为企业提供了大量的管理决策信息,有助于企业将非核心业务委托给专业公司进行管理,形成虚拟式整合体系,为企业提供更好的产品和服务。在虚拟式整合趋势下,供应链体系得以成功发展,物流产业也得到很大支持,得以配合核心企业物流需求,不断挖掘新的增值服务项目,形成更加专业化的第三方物流,为市场提供更加优质、更加丰富和更有价值的服务。

5. 实现信息共享

在电子商务物流管理体系中,必须将电子商务集聚的信息资源与供应链成员企业进行共享,才能实现信息资源集聚的价值,提高物流流动的效率和可靠性,否则不仅无法实现电子商务,而且无法建立有效的供应链体系。因此,在电子商务物流管理体系中,信息共享成为推动供应链成员发展、提升核心竞争力的重要途径。

除上述五个特点外,电子商务物流管理还具有其他不同于普通物流管理的特点,如快速反应能力、物流信息的可溯源性等。

四、电子商务物流管理的原则

1. 系统效益原则

系统效益原则也称整体效益原则,这是管理原理的基本思想。物流管理也不例外,它不仅要求物流活动本身效益最大化,而且要求与物流相关的系统整体效益最大化,包括当前与长远效益、财务与经济效益、经济与社会效益、经济与生态效益等。因此,物流管理人员和部门要确立可持续发展的观念,处理好物流与社会需求、物流耗费与有限资源、当前与可持续发展的关系。

2. 标准化原则

电子商务物流按其重复性可分为两大类:一类为重复发生的常规性活动,如物料的领用、发出,配送的路线,搬运装卸等。另一类为一次性或非常规性的活动,如用户需求的随时变化、运输时间的不确定性等。物流管理的标准化要求常规活动按标准化原则实施管理,实现自动化、智能化,以提高效率,降低成本。随着物流技术的不断更新[如人工智能模拟、物料需求计划(MRP)],电子商务物流信息技术的广泛应用[如 GIS(地理信息系统)、GPS(全球卫星定位系统)、EDI(电子数据交换)等],对随机性活动也可逐步标准化。

3. 服务原则

服务原则是指在物流管理的全过程中,努力促使各级员工牢固树立服务观念,恪守职业道德,严格执行服务标准;通过内强分工体系的协同效应和外塑物流企业的整体形象,提供文明、高效、优质的服务,确保企业经济效益和社会效益同步提高。

五、电子商务物流管理的职能

电子商务物流管理和其他管理活动一样,其职能也包括组织、计划、协调、控制、激励和决策。

1. 组织职能

确定物流系统的机构设置、劳动分工、定额定员;配合有关部门进行物流的空间组织和时间组织的设计;对电子商务中的各项职能进行合理分工,各个环节的职能进行专业化协调。

2. 计划职能

编制和执行年度物流的供给和需求计划、月度供应作业计划、物流各环节的具体作业计划（如运输、仓储等）、物流营运相关的经济财务计划等。

3. 协调职能

协调职能对电子商务物流尤其重要，除物流业务运作本身的协调功能外，更需要物流与商流、资金流、信息流相互之间的协调，才能保证电子商务用户的服务要求。

4. 控制职能

物流过程是物资从原材料供应者到最后的消费者的一体化过程，控制就是物流供应管理的基本保证，它涉及物流管理部门直接指挥的下属机构和直接控制的物流对象，如产成品、在制品、待售和售后产品、待运和在运货物等。由于电子商务涉及面广，其物流活动参与人员众多、波动大，所以，物流管理的标准化、标准的执行与督查、偏差的发现与矫正等控制职能相应具有广泛性、随机性。

5. 激励职能

物流系统内职员的挑选与培训、绩效的考核与评估、工作报酬与福利、激励与约束机制的设计等。

6. 决策职能

物流管理的决策更多与物流技术挂钩，如库存合理定额的决策、采购量和采购时间决策等。

六、电子商务物流管理的作用

与普通物流管理相比，电子商务物流管理更多地利用电子商务等信息技术和信息资源进行物流管理，不仅有助于减少人工操作、提高工作效率，而且有助于充分利用来自供应商和客户的信息资源，提高决策的效率和准确性。很多行业正是看中了电子商务物流管理带来的信息技术变革能力，纷纷将电子商务物流管理应用到企业的业务流程中，以提高业务操作的信息化水平。

电子商务物流管理的运用提高了整个供应链物流运营的效率，为供应链成员企业带来了巨大的效益。一方面很多供应链成员企业尝试将电子商务与物流管理集成，以推动企业物流运营的信息化进程；另一方面，电子商务与物流管理的集成也给企业物流管理带来了一场变革。

电子商务物流管理的目标是实现企业在交易结束后的产品从原材料组织、生产、库存、运输全过程的一体化管理，在更加开放、透明、丰富的信息资源支持下，创造电子商务物流管理的集成优势。

电子商务物流管理的作用主要表现在以下几个方面。

1. 整合现有物流资源，提供集成化的物流服务

电子商务物流管理体系在整合零散的物流资源基础上，不仅能够提供仓储、运输、搬运装卸、包装、流通加工、信息处理等基本物流服务，而且能够提供诸如订单处理、物流方案的选择与规划、货款代收与结算、物流系统规划与设计方案的制订等增值性服务，以及按客户定制的业务流程，设计一整套完善的供应链解决方案的个性化定制服务，更好地为客户服

务,提供完整的物流产品或服务,增加交易和服务的透明度。

2. 实现"一站式"的无缝物流服务运营

借助于互联网技术和信息平台,电子商务物流管理体系通过标准、规范、制度等机制要素,将供应链成员企业内部的业务流程和供应链成员企业之间的业务流程有机地整合起来,在一个品牌的基础上,实行信息共享化、管理一体化、服务标准化和业务规范化,从而构筑一个无缝连接的运营整体,通过企业之间的协作共同获得更大的利益。因此,在电子商务物流管理体系中,强调商流、物流、信息流和资金流的整合,实现"一站式"的无缝物流服务运营。

3. 有效实现全球化物流运营服务

在电子商务物流管理体系中,供应链成员全球化合作的趋势将更加强烈,来自全球化市场的竞争压力也将进一步加剧。尽管在供应链物流体系中仍然存在着营销与竞争壁垒、金融壁垒和配送渠道壁垒,经济增长、供应链理念、地区化、技术和解除管制等主要动力始终推动着企业的全球化物流运营的进程。借助于全球化的电子商务平台,有效扩展了电子商务物流管理的活动范围和生存空间,能实现全球范围内的物流服务。无论电子商务物流管理提供何种层次和水平的物流服务,都具备了达到国际化水准的潜力。

4. 完善综合化的管理体系

在信息及时、准确传输的电子商务物流管理体系的支持下,供应链成员企业能够快速地组织产品的生产及销售,实现对物流活动的综合化管理。物流系统是由物流活动的各个环节组成的统一的、有机联系的整体,物流管理的目的是实现总体效益最佳。因此,电子商务物流管理不仅涉及物流系统中不断转移的物质实体,也涉及使物质实体发生运动的手段与所使用的材料、设施、设备的规划、设计、选择、使用以及与此有关的经济、技术和劳务等方面的问题,还涉及电子商务物流与物质实体流通的技术、经济、信息和网络关系。

任务三　电子商务物流运作模式

一、企业自营物流模式

企业自身经营物流又称自营物流。一般来说,企业自身组织物流,自己掌握经营的重要环节,有利于控制交易时间,在市场竞争中占据主动,更全面地了解其所属市场的情况与特点,保证企业的运作质量。从企业竞争战术的角度考虑,物流系统最重要的决策变量有两个:①是否能够提高企业运营效率;②是否能够降低企业运营成本。前提是社会物流企业的服务是否能够满足所要求的物流服务标准。很多跨国公司在开拓中国市场时,之所以要从本土带物流企业甚至是配套企业到我国为其提供物流服务,主要就是因为我国的物流企业在服务理念和服务水平上无法达到客户所要求的服务标准。在我国也存在自营物流的合理性。

电子商务物流
运作模式

自营物流通常有两种方法:自行筹建或是依托原有局部区域单一业务的物流系统加以改造,其代表分别有亚马逊和上海梅林正广和。

1. 自营物流的优势

自营物流可以使企业对供应链有较强的控制能力,容易与其他业务环节紧密配合,即自营物流可以使企业的供应链更好地保持协调、简捷与稳定。

（1）保持协调。供应链的协调包括利益协调和管理协调。利益协调必须在供应链组织构建时将链中各企业之间的利益分配加以明确。管理协调则要求适应供应链组织结构要求的计划和控制管理以及信息技术的支持，协调物流、信息流的有效流动，降低整个供应链的运行成本，提高供应链对市场的响应速度。企业自营物流，企业内部的供应链是企业内部各个职能部门组成的网络，每个职能部门不是独立的利益个体，有共同的目标，比较容易协调。

（2）简化供应链。供应链中每一个环节都必须是价值增值的过程，非价值增值过程不仅增加了供应链管理的难度，增加了产品（服务）的成本，而且降低了供应链的柔性，影响供应链中企业的竞争实力。由于一个企业的物流流程相对比较简单，因此，自营物流在设计供应链的组织结构时，可以根据公司的具体情况，简化供应链。

（3）组织结构稳定。供应链是一种相对稳定的组织结构形式。从供应链的组织结构来看，供应链的环节过多，信息传导中就会存在信息扭曲，造成整个供应链的波动，稳定性就差。自营物流使企业对供应链有更多的监控与管理能力，可以更容易地保持供应链的稳定。还有一个信息安全问题，很多企业都有企业内部的秘密，自营物流可以使企业保证自己的信息安全，避免内部物流与外部物流交叉过多造成企业机密的泄露。

2. 自营物流的劣势

（1）投入成本过大。自营物流的建设增加了企业的投资负担，削弱了企业抵御市场风险的能力。企业为了实现对物流的直接组织和管理，就需要投入较多的资金，配备相应的物流人员，削弱企业的市场竞争力。

（2）缺乏物流管理能力。一个庞大的物流体系建成之后，管理人员要有专业化的物流管理能力，否则仅靠硬件是无法经营的。目前，我国的物流理论与物流教育严重滞后，物流师的资格认证刚开始，这都导致了我国物流人才的严重短缺。企业内部从事物流管理的人员的综合素质也不高，面对复杂多样的物流问题，经常是凭经验来解决问题，这是企业自营物流一大亟待解决的问题。

3. 企业自营物流需要的条件

（1）业务集中在企业所在城市，送货方式比较单一。由于业务范围不广，企业独立组织配送所耗费的人力不是很大，所涉及的配送设备也仅限于汽车以及人力车而已，如果交由其他企业处理，反而浪费时间、增加配送成本。

（2）拥有覆盖面很广的代理、分销、连锁店，而企业业务又集中在其覆盖范围内的。这样的企业一般是从传统产业转型或者依然拥有传统产业经营业务的企业，如计算机生产商、家电企业等。

（3）对于一些规模比较大、资金比较雄厚、货物配送量巨大的企业来说，投入资金建立自己的配送系统以掌握物流配送的主动权也是一种战略选择。例如亚马逊网站已经斥巨资建立遍布美国重要城市的配送中心，准备将主动权牢牢地掌握在自己手中。

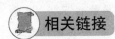 相关链接

自营物流的代表：京东物流，十年磨一剑

京东物流萌芽于京东集团，是京东集团三大事业部之一。2007 年，京东宣布成立京东

物流子集团,定位为京东旗下内部物流服务部门,建立初期旨在为京东商城自营店铺提供专业的物流解决方案。

经过多年运营后,在最近几年实现了市场化和资本化的转型。2017年,京东物流开始社会化运营,并开始为外部客户提供服务。2018—2019年,由于广阔的前景和市场,京东物流多次获得各路资本青睐,2021年5月在香港上市。

如今,京东物流的业务辐射范围也越来越广。业务网络以仓运配网络为主,再加上大件网络、冷链网络及跨境网络。仓运配网络由仓储、运输和配送三大网络配合建成,以此形成京东物流的基础。配合大件、冷链和跨境业务,京东物流构造了相对独立的大件、冷链和跨境网络。

截至2021年6月30日,京东物流已经运营约1 200个仓库,包含京东物流管理的云仓面积在内,京东物流仓储总面积约2 300万平方米。一年间,京东物流运营的仓库数量增加了450个,这个数字相当于京东从2007年开始自建物流到2017年10年间的仓库增长总量。

从财报看,近期活跃用户数增长创单季新高。截至2021年6月30日,京东过去12个月的活跃购买用户数达到5.32亿,较2020年同期净增了1.15亿,单季新增3 200万,创下历史最高增量。这其中,超过70%的活跃用户所购买的商品被送达三至六线城市。

京东的"好刀"

京东物流取得了一定的市场成就,作为京东集团的重要组成部分,充分吸收了京东的优势,在长期经营中构建起了自己的经营壁垒。

首先是优质的配送能力。京东物流体系包含仓储网络、综合运输网络、配送网络、大件网络、冷链网络及跨境网络在内的高度协同的六大网络,六大网络相辅相成,让京东送货速度有了保证,一体化业务模式能够一站式满足客户供应链需求。

其次是在细分市场上具有优势。借助京东集团在3C家电领域的渠道优势,京东快运在家电、家具等电商大件领域具备较强的竞争力。根据全国家用电器工业信息中心数据,2021年京东商城在家电零售全渠道份额为16.9%,仅次于苏宁,而线上渠道份额超过37%,排名第一。

最后是数字化技术优势的赋能。京东物流凭借专有软硬件技术,构建了一套全面的智能物流系统,实现服务自动化、运营数字化及决策智能化。截至2020年年末,京东物流已拥有超过4 400项专利及计算机软件版权,其中超过2 500项涉及自动化及无人技术。

挑战扑面而来

不过从当下的发展来看,也有挑战摆在京东物流面前,可能会对京东物流后期发展造成一定的影响。

一方面是激烈的市场竞争。提起快递行业的竞争,就不得不提极兔速递,极兔速递对快递业的搅动是2020年以来快递行业最大基本面变化。极兔速递于2015年在东南亚成立,2020年进军中国市场,截至2021年1月,公司在全球拥有超过240个大型转运中心、600组智能分拣设备、8 000辆自有车辆,同时还运营超过23 000个网点,员工数量近35万人。

极兔速递2020年"双11"实现日均单量2 000万件,在高快递日均件量的情况下,极兔速递仍然保持着较好的快递服务质量。未来可以判断的是,极兔速递依靠挤压其他同行市场份额成功站上快递业务前八强。

另一方面是京东物流巨大的开支压力。京东物流的日常经营和业务拓展都需要大量的资本开支,这将直接挑战京东物流的账面资金和现金流。2020年京东物流经营性现金流达到102亿元,接近2019年的4倍,而2020年净亏损40.7亿元。

而京东物流的扩张还在进行中,为了更好地布局无人送货技术,在技术上的投入也越来越多,后期财务压力会是京东物流一个重要的挑战。

天高任鸟飞

挑战只是京东物流需要面对的一面,京东物流自身也在进行更加有意义的业务布局,并且从宏观环境来看,未来业绩表现还有一定的想象空间。

一方面中国有世界最大物流市场,物流需求还在持续增长。根据市场公开报告,中国是世界最大的物流市场,物流支出世界领先。在以"内循环"为主的"双循环"背景下,我国内需高速增长,将拉动更多货物运输的物流需求。

2020年,中国物流支出总额达14.9万亿元,2020—2025年复合增长率将达5.3%。其中,根据中商产业研究院预测,2021年全国将完成快递业务量955亿件,快递业务收入9 800亿元,分别同比增长15%和12%。

另一方面则是新的业务布局。为了完善供应链,京东将加大投入在新项目——"京东航空"上。这是继顺丰航空、圆通航空后的第三家民营货运航空公司,同时也是第一家由电商平台成立的货运航空公司。

有了"京东航空"之后,京东物流可以减少对第三方航空运力的依赖,加快综合物流服务商转型。为国内外业务运输增速,加快拓展海外市场的步伐,提高市场竞争力。节约租赁飞机的成本,继续完善其供应链条线。

京东物流脱胎于京东集团,凭借着出色的业务能力在物流市场站稳脚跟,但物流业重资产的性质也让京东物流无法快速实现盈利,随着市场竞争的加剧,未来京东物流能否有苦尽甘来的一天还有待观察。

资料来源:https://column.iresearch.cn/b/202108/919230.shtml.

二、物流联盟模式

物流联盟是指企业在物流方面通过签署合同形成优势互补、要素双向或多向流动、相互信任、共担风险、共享收益的物流伙伴关系。一般来说,组成物流联盟的企业之间具有很强的依赖性,物流联盟的各个组成企业明确自身在整个物流联盟中的优势及担当的角色,内部的对抗和冲突减少,分工明晰,使物流商把注意力集中在提供客户指定的服务上,最终提高了企业的竞争能力和效率,满足企业跨地区、全方位物流服务的要求。

1. 物流联盟的形式

物流战略联盟有各种各样的形式,一个极端是正式的一体化组织;另一个极端则是在组织之间形成非常松散的协作关系,不涉及所有权的转移或股权的分配。

2. 联盟时应注意的问题

选择联盟伙伴时,要注意物流服务提供商的种类及经营策略。多功能的服务企业,其类型及经营策略是多种多样的,表现为市场主体也是多元化的。一般可根据企业物流服务的范围大小和物流功能的整合程度这两个标准,确定物流企业的类型。物流服务的范围主要是指业务服务区域的广度、运送方式的多样性、保管和流通加工等附加服务的广度;物流功能的整合程度是指企业自身拥有的提供物流服务所必要的物流功能的多少,必要的物流功能是指包括基本的运输功能在内的经营管理、集配、配送、流通加工、信息、企划、战术、战略等各种功能。

三、第三方物流模式

第三方物流(third party logistics,3PL)是指由物流的实际需求方(第一方)和物流的实际供给方(第二方)之外的第三方部分或全部利用第三方的资源通过合约向第一方提供的物流服务,也称合同物流、契约物流。

1. 第三方物流的优势

第三方物流企业所追求的最高境界应该体现为物流企业对于其所面对的可控制资源与可利用资源进行最大限度地合理化开发与利用。这种合理化表现为物流企业对于自身物流能力的客观评估与正确定位,对外部环境与市场需求的深刻了解与合理预期,对企业自身发展方向与发展时机准确把握,使物流企业能够将可控制资源与可利用资源进行有机融合,并在市场运作中以各类有效方法与措施使上述两种资源始终处于相互协调、相互支持的动态平衡状态,使之成为推动和促进物流企业实现其总体发展战略目标的重要原动力。

(1) 节约成本。对于企业来说,自营物流会有很多隐性成本,公司自行承担物流功能需要车辆、仓库、办公用房等固定资产占用,要负担相应的维修及折旧费用,要负担有关人员的工资、奖金费用。而将物流业务外包给第三方物流公司,就可以享受全套物流服务。如果把外包与自营物流的总成本加以对比的话,一般来说外包物流的成本是相对低廉的。物流外包可以使企业不必把大批资金投入物流的基础设施上,而投入能产生高效益的主营业务上。

(2) 提高服务质量。企业与第三方物流公司进行供应链的优化组合,可以使物流服务功能系列化,在传统的储存、运输、流通加工服务的基础上,增加了市场调查与预测、采购及订单处理、配送、物流咨询、物流解决方案的选择与规划、库存控制的策略建议、货款的回收与结算、教育培训等增值服务。这种快速、高质量的服务,必然会塑造企业的良好形象,提高企业的信誉,提高消费者的满意程度,使产品的市场占有率提高。

2. 第三方物流的劣势

物流外包给第三方物流公司,需要注意以下两个问题。

(1) 所选择的第三方物流企业是否成熟。我国第三方物流企业大多尚未成熟,没有达到一定的规模化与专业化,成本节约、服务改进的优势在我国并不明显,而且常常会造成外包物流的失败。外包物流的失败有以下三个原因。

① 物流公司缺乏合格的专业人员。物流公司既然得到报酬,理应聘任合格专家来管理物流的具体操作。在中国高素质的物流专家非常少,虽然一些物流商声称专门聘请专业顾问设计物流作业流程,但事实是将客户要求的物流规划交给了资质很差的人来做,导致物流效率较低。

② 第三方物流商一旦获得客户,保质保量完成合同的动力就消失了,导致物流外包项目实施到后来,服务质量越来越差。

③ 合同不规范或双方都不知道怎样规定合同条款中的服务要求。缺少明确的服务要求的合同已经成为导致物流外包失败因素中的关键因素。在中国,企业对外包物流没有经验,而第三方物流企业也没有经验,双方签订的合同对很多条款的规定是模糊的,这就导致以后的纠纷,或者是物流商没能提供企业满意的服务。有过丰富物流外包操作经验的惠普公司要求供应商签署两个合同:第一个合同是一般性项目及一些非操作性的法律问题,如赔

偿、保险、不可抗力、保密等。第二个合同是服务的具体内容,是服务要求的体现,使物流商非常清楚需要完成项目中规定的哪些具体的服务以及出现失误后应做出的赔偿。

(2) 容易受制于人。如果合作的第三方物流不成熟,企业过分依赖供应链伙伴,容易受制于人。例如第三方物流公司送货不及时、送错货物、损坏货物,会使委托企业在供应链关系中处于被动地位。

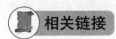 相关链接

自营物流与第三方物流,如何抉择

在选择自营物流或是第三方物流的时候,企业需要进行详尽的分析,以做出更加准确的判断。接下来看看自营物流与第三方物流有何区别,企业在考量的时候需要审查哪些因素。

1. 企业规模或实力

大中型企业由于规模较大,实力雄厚,有能力建立自己完善的物流系统,并且还可以利用过剩的物流资源服务于其他企业,从而拓展利润空间,如海尔物流、安吉物流,除服务于本集团外,还向其他企业提供第三方物流服务。而小企业由于规模小且受资金、人员的限制,规模效益难以发挥出来。此时借助于第三方物流企业的物流资源,在原有资产的基础之上,大幅度提高物流效率。

2. 物流对企业的影响程度

如果物流对企业影响比较强,而企业自身处理物流能力又比较低,最好选择第三方物流,如果物流对企业的影响比较弱,而企业自身处理物流能力又比较强,可以选择自营物流,加强对物流的管理,从而提升企业形象。

3. 企业对物流的控制力的要求

对于竞争激烈的市场,出于安全考虑,企业必须强化对于采购和分销渠道的控制,此时最好选择自营物流,反之,如果企业对物流的控制力的要求较弱的话,可选择第三方物流模式。

4. 企业产品自身的物流特点

对于食品类产品的分销,利用专业的第三方物流服务上比较适合,第三方物流企业可以实现准时、准点配送,提高效率并能降低企业物流成本,如冠生园集团,对于食品的配送全部外包给虹鑫物流;对于市场覆盖面比较大的产品分销,可以"入乡随俗"采用地区性的专业物流公司提供支援,可以有效保证企业货源供应,并降低企业的固定资产投资;对于技术性强的物流服务,企业应采用委托代理的方式,借助第三方物流企业的专业优势。例如,奥运物流是特有的短期行为,在短短17天内,要将来自全世界200多个参赛国和地区的上百万运动员、各国代表成员、媒体记者、工作服务人员、观众,将超过100多万件自备比赛器材进行汇集、运送、安置,还包含从赛事筹备到进行阶段,再到比赛结束的回收阶段,雅典奥组委将主要仓库的物流业务外包给第三方物流公司,自身不参与具体的物流业务,通过签订详细的协议,对奥运物流起到协调、监督和管理的作用,沿袭现代奥运物流的成功经验,2008年北京奥运会也将奥运物流全部外包给国际第三方物流巨头UPS。

5. 物流系统总成本

在物流领域,各功能成本之间存在着二律背反的现象,例如包装问题,在产品销售市场和销售价格不变的前提下,假定其他成本因素也不变,那么,包装方面每少花一分钱,其包装

收益就多一分钱,包装越省,利润则越高。但是,一旦商品进入流通领域之后,简省的包装降低了产品的保护效果,必然会造成大量损失,会造成储存、装卸效益的降低。显然,包装活动的效益是以其他活动的损失为代价的。我国流通领域每年因包装不善会造成上百亿元的商品损失;又如,运输和仓储成本之间,在保障货源满足的前提下,减少库存数量时,可降低保管费用,但需要以增加配送频率或运输费用为代价,反之,仓储面积和费用就需要增加,只有在两项或多项物流成本达到平衡时,才能够保证物流总成本最低,所以在选择自营物流或第三方物流时,必须能清楚两种模式下物流系统总成本的情况,通过对物流系统总成本加以论证,选择成本最小的物流模式。

对于企业的长远发展而言,物流模式的选择对企业发展起到至关重要的作用,企业在进行物流模式抉择时,无论是选择第三方物流,还是自营物流,都应该结合自身企业的特点,慎重进行考量。

资料来源:https://www.56tim.com/archives/51662.

四、第四方物流模式

第三方物流实现了物流一体化的基本目标,但只能在局部范围内提高物流效率,无法综合利用社会所有的物流资源,缺乏综合技能、集成技术、战略和全球扩展能力。为了克服这些局限性,安德森咨询公司提出了第四方物流(fourth party logistics,4PL)的模式。安德森咨询公司把第四方物流定义为"一个供应链集成商,它调集和管理组织自身的以及具有互补性的服务提供商的资源、能力和技术,以提供一个综合的供应链解决方案"。第四方物流可以通过整个供应链的影响力,提供综合的供应链解决方案,也为其客户带来比第三方物流更大的价值。

全国首家能够提供供应链管理、物流咨询等高端增值服务的第四方物流公司广州安得供应链技术有限公司已正式成立。该公司将自己的业务范围定位于供应链和物流管理咨询、系统实施及物流培训三大块,包括物流管理的战略性咨询,涉及战略采购、供应链重组、物流网络规划等,并向第三方物流企业提供一整套完善的供应链解决方案。

1. 第四方物流的功能

(1) 供应链管理即管理从货主到客户的整个供应链的全过程。

(2) 运输一体化即负责管理运输公司、物流公司之间在业务操作上的衔接与协调问题。

(3) 供应链再造即根据货主在供应链战略上的要求,及时改变或调整战略战术,使其保持高效率运作。

2. 第四方物流的优势

(1) 提供综合性供应链解决方案。第四方物流向客户提供了综合性供应链解决方案,通过供应链的参与者将供应链规划与实施同步进行,或利用独立的供应链参与者之间的合作提高规模和总量;通过业务流程再造,将客户与供应商信息和技术系统一体化,把人的因素和业务规范有机结合起来,使整个供应链规划和业务流程能够有效地贯彻实施,使物流的集成化上升为供应链的一体化。

(2) 整体功能转化。通过战略调整、流程再造、整体性改变管理和技术,使客户间的供应链运作一体化;通过改善销售和运作规划、配送管理、物资采购、客户响应以及供应链技术等,有效地适应需方多样化和复杂的需求,提高了客户的满意度和忠诚度。

（3）降低物流成本。利用运作效率提高、流程增加和采购成本降低实现物流企业的低成本策略。流程一体化、供应链规划的改善和实施将使运营成本和产品销售成本降低。通过采用现代信息技术、科学的管理流程和标准化管理，使存货减少而降低成本，使物流企业的综合经济效益得到大幅度提高。

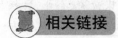　**相关链接**

我国第四方物流企业的发展模式

第四方物流是当今物流发展的趋向，它是现代物流、供应链管理高度发展的产物，它体现了企业在竞争日益激烈的环境中，系统控制成本和管理运作的努力，代表了未来物流发展的方向。目前，我国第四方物流企业的发展模式主要有以下四种。

1. 第三方物流企业直接演化成第四方物流企业

遵循现代物流发展理念，在短短不到十年的时间内，宝供物流完成了从储运、第三方物流到第四方物流的三级跳，一跃成为国内领先的现代化物流企业集团。宝供物流的发展大致分为三个阶段：1994—1997年，宝供从一家传统储运企业转变为提供一体化物流服务的专业公司；1997—2000年，宝供逐步发展成为一家较为成熟的第三方物流企业；2000年至今，则是宝供向提供供应链一体化物流服务转型的阶段，并取得了良好的效果。

在完成向第三方物流的转变后，近年来，宝供物流开始向提供增值化的供应链一体化物流服务方向努力，并将物流基地的建设作为提高供应链服务能力的重要突破点。宝供建设中的物流基地，将是集采购、配送、分拣、拼装、简单加工、保税、通关、检验检疫和国际金融结算等功能为一体的一站式物流中心。利用这些基地，宝供为客户减少了大量的搬运环节，降低了物流成本，自身也通过增值服务获取更多的利润。2002年，宝供向外界宣称与IBM合作进军供应链服务领域。向供应链方向转型，意味着宝供的主要业务变成了两个方面：一是与需要服务的企业一起制订合理的供应链解决方案，不仅涉及它们的产品物流，还要将其销售、生产、采购的各个环节的物流业务做综合性的规划，提供整体优化方案；二是通过物流服务来确保这个方案的实施。目前，宝供的转型已取得了一定的成绩：联合利华整个工厂的仓库管理都在由宝供来做，像飞利浦照明、红牛饮料的整个供应链业务更是交给了宝供物流。

2. 行政性物流信息平台演化成第四方物流企业

从2006年开始实施的中国电子口岸已经实现了发改委、公安、商务、铁道、海关、税务、工商、质检、环保、外汇、贸促会11个部门，我国香港工业贸易署和澳门特别行政区经济局，以及13家商业银行的联网，应用项目达32个，入网企业超过23万家。地方电子口岸则共有上海、宁波、广州等19个平台已上线运行。电子口岸已逐步发展成为一个跨部门、跨地区、跨行业，集口岸通关执法管理及物流服务为一体的大通关统一信息平台。宁波国际物流发展股份有限公司则是在电子口岸平台上逐步建立起来的第四方物流企业。

宁波国际物流发展股份有限公司由宁波市政府、宁波交通投资集团、宁波海关、宁波国检、宁波港集团、中国电子口岸数据中心宁波分中心等单位共同出资组建，注册资本3 300万元，旗下有宁波电子口岸和第四方物流市场两大平台。2009年3月19日，国内首个由双运营主体组建的第四方物流交易平台——四方物流市场正式开展第四方物流实际交易与运作。

第四方物流市场通过政府管理部门法律、政策、制度、环境的有力保障，应用现代化信息技术,整合港口 EDI 公共服务功能,实现电子政务与电子商务的有机结合,形成物流电子政务服务、物流电子商务、运输物流服务、信用体系、门户服务、营运管理和数据交换模块等功能,吸引货运物流市场中的各种资源要素利用信息平台进行信息发布、信息查询、信誉咨询、网上交易、网上支付等市场行为;依托数据平台,对货运市场信息进行采集和挖掘分析,实现行业主管部门在市场管理、市场服务领域的职能创新和手段延伸。同时,以政府、企业、银行相结合,创新第四方物流市场管理运营模式,优化第四方物流市场制度和流程,实现第四方物流市场的高效、安全、可控。

3. 行业物流信息化平台演化成第四方物流企业

近年来,行业物流信息平台如雨后春笋般建立起来,成为产业供应链整合的重要力量。菜鸟网络作为一家以大数据技术为核心的科技公司,实质上是定位于国内最大的第四方物流公司(4PL)。菜鸟网络是 2013 年 5 月 28 日,阿里巴巴集团、银泰集团联合复星集团、富春集团、顺丰集团、三通一达(申通、圆通、中通、韵达),以及相关金融机构合作各方共同组建、合作、改造等多种模式,在全国范围内形成一套开放的社会化仓储设施网络。同时利用先进的互联网技术建立开放、透明、共享的数据应用平台,为电子商务企业、物流公司、仓储企业、第三方物流服务商、供应链服务商等各类企业提供优质服务,支持物流行业向高附加值领域发展和升级。最终促使建立社会化资源高效协同机制,提升中国社会化物流服务品质。

4. 物流枢纽信息平台演化成第四方物流企业

南京王家湾物流信息网络系统有效地把上游供应商、中间制造商和下游物流服务商有机地结合起来,并通过与相关政府部门及其他物流服务商的连接,为企业提供快捷通畅的信息服务。王家湾物流中心目前业务辐射范围是南京经济圈内的 14 个城市。通过信息平台提供的物流信息服务对第三方物流资源加以系统整合,以道路货物运输为切入点开展服务,通过物流信息平台对物流信息的收集、处理、发布及交易,以及在此过程各物流信息反馈,为客户提供货物采购、运输、仓储、加工、装卸配送及信息服务,将国内物流、国际物流与电子商务连接起来,成为第四方物流平台。

此外,天津港综合物流信息服务系统通过优化和整合港口、船公司、船代、检验检疫局、海关、海事局等用户的信息资源,建立"一站式"对外信息服务窗口。广州市经贸委支持建设的商务领航泛珠三角物流信息平台启用,广州市已有 300 多家大中型物流企业加盟该平台,物流企业可实施跨区域的即时管理。苏州物流中心在园区内建立信息平台,让进驻的企业共享信息。浙江传化物流基地以园区复制的模式,把成功的园区模式复制到其他区域,并开展联网经营。这些物流枢纽信息平台通过不断整合各种物流和供应链资源逐步向第四方物流演化。

虽然第四方物流有广阔的发展前景,但是目前市场上的第四方物流公司的发展还存在很多的问题,例如市场份额低、基础设施落后、管理体制不完善、人才缺乏等,可见第四方物流公司未来发展任重而道远。

资料来源:https://www.56tim.com/archives/55092。

任务四　电子商务的物流需求

一、服务于电子商务的物流管理

电子商务是开放式的市场,会延伸到全世界有购买需求和上网(互联网)条件的每一个角落。网上大量分散化的商品需求都要通过送货公司来满足。这就使得配送业务的市场极大地扩展，面向最终消费者的业务大量增加。电子商务为物流提供广阔的市场、带来新的发展机遇的同时，对物流也提出了更高的要求。

1. 物流速度更加快捷

电子商务环境下，在商流和支付都实现了数字化传输后，物流也必然要求提高效率、加快速度。只有具备与电子商务相匹配的物流处理能力及速度，才能适应电子商务的发展。

2. 在物流领域运用电子商务手段，改进物流和配送服务

电子商务要求配送手段更加先进。电子商务环境下，先进的技术设备如计算机技术、通信技术、机电一体化技术、语音识别技术等得到普遍应用。世界上先进的物流系统运用了全球卫星定位系统、卫星通信、射频识别装置、机器人，从而实现了物流和配送的自动化、机械化、无纸化和智能化。利用网络技术、互联网来改善物流企业的信息系统，实现包括从原材料采购、加工生产、运输、销售，直至废旧商品回收全过程的一体化控制，并在改善信息处理系统的基础上，实现物流目标系统化、物流功能集成化、物流过程自动化，从而提供更完善的物流配送服务。物流企业可以利用互联网的巨大优势开展网上业务，建立物流网站。物流中心可与海关、码头、航空机构实现联网，充分利用现有的社会物流设施，建立和完善与铁路、公路、水运、空运等联网配套的综合运输体系，实现网络化管理，开展综合物流服务。在物流策略方面，有条件的大企业可以利用网络技术和通信技术整合传统的销售网络或营销结构等物流资源，建立自己的物流体系。没有条件、没有能力建立自己物流体系的小企业和电子商务企业，则可以充分利用第三方物流系统来提高物流效率，降低物流成本。

3. 物流管理信息化

首先，应实现物流信息收集的数据库化、物流信息处理的电子化和计算机化、物流信息传递的标准化和实时化、物流信息存储的数字化。其次，通过建立企业内部网络，实现企业内部各成员、各部门之间双向的实时联系，销售点和企业各成员可以从总部或职能部门获取管理信息和反馈管理信息，这样废除了制约企业运作效率的中间环节，从而大幅提高了信息的反馈速度。同时，在保证安全的前提下，还可以通过企业内部网进行票证单据的传递，实现异地分销配送。再次，通过建立企业外部网络，加强企业与供货商、合作伙伴、客户的联系和交往。利用信息管理系统，实现自动订货管理、自动化库存管理、分类管理、供应商管理、促销管理、财务结算管理、例外事件管理、调度管理，还可进行信息查询，库存信息实时跟踪。最后，通过认址系统、卫星定位系统等现代物流技术，根据车辆实时动态、路线和进程，经济合理地安排车货衔接，实现货运受理、发送、中转、仓储、配送、交接等电子单据传输与车辆实时监控相结合，客户可以随时随地查询货物所处的地点、到货时间。

4. 物流渠道网络化

商品与服务可以有形和无形两种形式存在，物流也可通过网络和现实两种途径来进行。对于数字化产品（如软件、信息和服务等），完全可以通过网络来完成其"配送过程"，这将会极大地提高物流的速度。即使是对于一些实物性商品来说，发达的网络信息管理系统也提高了其物流效率。电子商务要求物流网络更加健全，物流服务更加完善，物流管理更加科学。物流要有完善、健全的网络体系，才能满足电子商务环境下生产与流通的需要。电子商务要求物流功能集成化、物流作业规范化、物流信息电子化、物流管理法制化。此外，除传统

的物流服务外,电子商务物流服务还应包括市场调查与预测、采购及订单处理、物流咨询、物流方案的选择与规划、库存控制策略建议、货款回收与结算、教育培训等增值服务。

5. 物流体系柔性化

20 世纪 90 年代以来,国际生产领域纷纷推出了柔性制造系统,它要求在现代的市场竞争条件下,生产企业要将其生产与流通进行集成,实现根据需求端的需求进行组织生产、安排物流活动,适应社会需求的"多品种、小批量、多批次、短周期"的特点。这种柔性的生产模式是基于现代的网络经济与电子商务环境的,所以物流系统也要建立一种与柔性生产相适应的柔性物流体系,以对柔性生产模式做出积极的反应。

6. 物流空间扩大化,物流国际化

第二次世界大战以后,经济全球化,许多国家都被纳入一定的国际分工体系中。1994 年全球多边贸易谈判获得成功,一个更为开放的世界经济体系开始形成。占到全球贸易总量 4/5 的跨国集团公司为了发挥地区优势、降低成本,日益把以往的综合生产过程分散到全球各地,而电子商务的出现又进一步加速了全球经济的一体化,国际物流已经成为物流系统的一个重要组成部分。传统的物流和配送企业需要置备大面积的仓库,而电子商务企业可将分布在各地分属不同所有者的仓库通过网络系统连接起来,使之成为"虚拟仓库",进行统一管理和调配使用,服务半径和货物集散空间也变大了。这样的企业在组织资源的速度、规模、效率和资源的合理配置方面都是传统的物流和配送不能比拟的,相应的物流观念也是全新的。由于信息流的快速、准确传递,物流和配送的持续时间在网络环境下会大幅缩短,物流和配送过程相应得到简化。

二、电子商务物流需求与供给的差距

电子商务的发展,给传统的流通过程带来了新的革命,传统的业务模式和流通过程发生了根本性变化,网上购物冲破了传统的地域限制,使企业市场范围扩至全国甚至全世界,逐步向一体化过渡。电子商务给人们带来了意想不到的方便和快捷,但是我国物流发展却相对落后,物流不畅也成为电子商务发展的瓶颈。我国电子商务物流存在的主要问题是电子商务对物流的需求与物流企业的物流提供能力不匹配,具体表现在以下几个方面。

1. 物流服务网络问题

国际互联网的无边界性特点导致了电子商务客户区域的分散性与不确定性,而过于分散的物流网络不利于物流企业降低成本。过于分散的配送网络与过低的配送价格容易导致电子商务企业与物流企业之间的矛盾激化,这也是电子商务尚未达到规模效益的另一种表现。从电子商务企业角度来看,电子商务企业应从区域与市场上进行对客户服务网络定位与相对集中,指定配送的地区与服务对象,这样有利于物流企业将配送资源适度集中进而降低配送成本。很多电子商务企业选择一个相对集中的细分市场开展业务也是基于这种考虑。另外,一些电子商务企业虽然市场分布在空间上十分广阔,但由于其所从事的业务附加值较高,因而具有承受较高物流成本的能力,这也是一种有效的商业经营模式。从物流企业角度来看,整合物流资源、建立虚拟物流网络也十分重要。我国物流资源(如货运车辆和库房等)总体上比较充足,结构上呈现出过剩的态势,与此同时,一些企业的物流服务需求却得不到满足,究其原因,就是因为物流资源的组织并没有得到优化。虚拟物流网络就是要利用这些分散的物流资源,将它们组织起来,提供市场需要的物流服务。这对物流企业来讲是减少投

资和控制成本的一个有效途径。国内一些物流企业已经在这方面进行了一些有益的尝试。

2. 物流需求规模问题

我国电子商务物流需求基本没有达到物流企业规模化运作的最低要求。在物流需求数量(单位时间和空间范围内的物流需求量)有限的条件下,物流企业无法分摊较高的固定成本,从而难以降低服务价格。这也是物流企业参与电子商务物流积极性不高的原因之一。当然,物流企业也不应等到电子商务达到规模经济以后再参与其物流服务,而是应及早地介入电子商务以抢得商机,当前阶段可采用创新性的商业模式来缓解成本压力,例如,一些企业将传统物流需求与电子商务的物流需求结合起来运作,一些物流企业将多家电子商务企业的物流需求综合在一起来开展运作。

3. 物流服务费用问题

对电子商务企业与物流企业来说,物流的需求与供给之间的协议价格差距仍然较大,物流成本过高加剧了电子商务与物流企业之间在费用分摊方面的矛盾。电子商务企业的物流活动不仅面向批发商和零售商,还要直接面对大量的最终消费者,况且电子商务不受时间、地域上的限制,一般难以形成集中的、有规模的物流量,由此造成物流管理和物流作业任务复杂而琐碎,成本居高不下。尽管电子商务免除了店面成本,但是商品的存储费用仍然是一笔很大的开支。电子商务企业想把主要的精力投入技术更新和市场开发上,而把商品存储等传统业务外包给其他企业,但第三方物流企业不能满足电子商务的要求,从而使电子商务企业不得不投入大量的人力与物力去开拓其本身并不熟悉的仓储业务,从而增加了电子商务的运作成本。

4. 物流服务内容问题

电子商务企业希望物流企业提供的物流服务不仅是送货,而是最终成为电子商务企业的客户服务商,协助电子商务企业完成售后服务,提供更多增值服务内容,如跟踪产品订单、提供销售统计和报表等,进一步增加电子商务企业的核心服务价值。国内的一些新型物流企业一般都能够不同程度地提供增值物流服务,但传统物流企业还需要改变单一的送货观念,提供一些衍生性的物流服务。

应该看到,电子商务企业对物流的理解是从电子商务本身需求的角度来提出的,对物流企业来说则是市场机会。解决电子商务的物流环节中的问题不仅是物流企业的责任,更需要电子商务企业的积极参与和协助。

项目小结

随着电子商务的发展与应用,物流在电子商务中的重要性日益显现。物流的功能是通过信息、运输、仓储等的协调以及装卸搬运、包装、流通加工、配送、信息处理等活动来实现的。物流是电子商务的支点,电子商务是信息传送的保证,物流是执行的保证。电子商务为物流业的发展提供了新的机遇。电子商务物流管理就是研究并应用电子商务物流活动规律对物流全过程、各环节和各方面的管理。它具有强调关系管理、注重联合、程序化整合、虚拟式整合、实现信息共享等特征。电子商务物流管理的作用主要表现在:整合现有物流资源,提供集成化的物流服务;实现"一站式"的无缝物流服务运营;有效实现全球化物流运营服务;完善综合化的管理体系等方面。电子商务物流管理包括对电子商务下的物流系统、物流过程、物流技术、物流费用的管理以及电子商务下的物流管理方法等基本内容。

思考题

1. 什么是电子商务物流管理？为什么说广义的理解和狭义的理解不矛盾？
2. 为什么说物流是电子商务的重要组成部分？
3. 物流在实现电子商务过程中的作用有哪些？
4. 试述电子商务物流管理的特点与作用。
5. 电子商务物流管理的基本内容有哪些？

 **案例分析**

第四方物流：物流供应商中的"超级经理人"

物流作为供应链中重要的一环，对零售、制造等重头产业起到不可或缺的桥梁作用。因需求扩张，快速发展的物流行业催生出的第三方物流在供应链运营中成为主导力量。然而，在经济新常态下，经济增速回落，第三方物流在降低企业运营成本和优化企业运营管理上的作用力不从心。企业如想进一步提升竞争力，则需要从上层供应链设计方案出发，进行根本性变革。基于这样的市场需求，能为客户提供创新供应链解决方案并创造出更大商业价值的第四方物流服务应运而生。

为了更好地展示制造与零售业对物流服务的需求已不同于以往，以及第四方物流为何能在未来的物流市场发展中得以快速崛起，埃森哲与宝供物流研究院针对制造与零售企业在选择物流服务供应商（LSP）时的关键价值驱动因素进行了专项调研。

通过收集和整理在实际业务过程中客户端反馈的重要信息，埃森哲与宝供物流研究院提出以下六大 LSP 关键价值驱动因素：策略能力与客户协同，规划能力与经验，运作效率与成本，信息整合能力，资源供应整合能力，服务可靠性以及人员能力。其中，策略能力与客户协同，规划能力与经验，资源供应整合能力是传统第三方物流企业所不具备的能力，也是第四方物流与第三方物流的不同之处，这充分显示出了第四方物流在市场竞争中所具备的优势。

区别于第三方物流，第四方物流供应商对企业供应链的服务范围更广泛，并且能针对不同客户的需求提供客制化解决方案。第四方物流供应商与企业在供应链方面的合作深度和广度是第三方物流供应商所不能企及的，例如第四方物流可以与客户共享物流服务过程中的收益，共享同一个信息系统所提供的完整数据流，第四方物流供应商更像是一个并肩作战的长期战略合作伙伴。

国外物流市场的发展表明，要想进入第四方物流领域，物流企业必须在某一个或几个方面具备很强的业务核心能力，并且有能力进入其他领域。在中国，第四方物流的发展已经出现了一批先行者和一些试点行动。在市场发展过程中，中国的第四方物流公司有以下几个来源：由原有的第三方物流公司转型，具有供应链专业人才和背景的咨询公司；大型综合集团的物流团队；具有大数据分析和供应链系统优化等核心竞争能力的互联网物流公司。

作为需求方，企业在开展第四方物流合作模式时有必要对合作伙伴进行适当的挑选。因为即便同为第四方物流服务供应商，各家专长不一，企业需要按照自身的实际情况进行选择以便取长补短。

物流供应商一定是基于双方能力与资源的契合度挑选出合适的、长期合作的伙伴，在业务目标、运营方式乃至组织文化、管理体系各方面都能契合,才能在合作中达成双赢。

第一个需要考虑的是策略层因素。基于核心竞争力的定位,企业首先需要做出物流环节是自有或者外包的战略决策。在每一家企业考虑建立自身的物流能力时,无论是选择外包或者自建都需要对企业的内外部条件进行统一的设计和规划。所以并非所有企业都适合选择第四方物流进行合作。

第二个需要考虑的是模式层因素,即合作模式的选型。企业与第四方物流的合作模式可以有单纯的业务合作关系,也可以选择例如财务资讯共享管理、利润共享、成立合资企业等形式,这需根据双方对业务目标的认同达成一致。多数第四方合作模式是基于长期互信的战略合作伙伴关系。

第三个需要考虑的是支持层因素,从信息、流程和组织入手。在数字化时代,企业物流能力乃至整个供应链能力的构建,都离不开信息流的界线区隔与整合。数据信息是企业的核心资源之一,其安全性需要重点保障,特别是在与第四方物流服务供应商的合作过程中,信息流界线需要科学、合理划分,明确信息共享权限,规范信息流动,既不泄露额外保密信息,也能保证物流信息流的顺畅运转。

随着国内外市场竞争的日益加剧,需要企业在能够快速响应市场变化的同时,持续降低供应链整体成本,有鉴于此,我们可预见一个能够实现各种物流服务功能的供应链集成商,能够调集和管理组织各种所需资源、能力和技术,以提供综合供应链解决方案,并显著提高营运效率的"物流超级经理人"——第四方物流供应商,将在接下来的商业时代中大放异彩。

资料来源:https://www.iyiou.com/analysis/2018010663708.

思考与分析:

(1) 第四方物流为何是物流供应商中的"超级经理人"?

(2) 第三方物流与第四方物流有什么区别和联系?

(3) 第四方物流在未来发展中具备哪些重要优势?

 **实训演练**

物流企业类型调研

(1) 实训目的:通过实训,了解学校周边物流企业的类型。

(2) 实训内容:对学校所在地物流市场进行调研,了解物流企业类型,分析不同类型物流企业特征。

(3) 实训要求:将参加实训的学生分组,在教师指导下进行调研,完成实训报告。

电子商务环境下快递业物流发展现状调研

(1) 实训目的:通过实训,了解电子商务环境下快递业物流发展现状。

(2) 实训内容:对当地快递物流市场进行调研,分析快递行业存在的问题,了解快递业物流对于电子商务发展的影响。

(3) 实训要求:将参加实训的学生分组,在教师指导下进行调研,完成实训报告。

项目二

电子商务物流技术

 学习目标

知识目标

1. 掌握物流技术的概念与组成，了解物流信息的分类；

2. 掌握电子数据交换系统（EDI）与电子自动订货系统（EOS）概念、构成与流程，理解销售时点信息系统（POS）运行步骤，熟悉条码技术的概述与分类。

能力目标

1. 能有效运用 BC、EDI、GPS、GIS 等物流信息应用及手段；

2. 能利用信息技术手段收集、跟踪、处理以及管理物流信息；

3. 能熟练使用网络资源与物流公共信息平台。

素养目标

1. 使学生具备较强的逻辑思维能力和判断分析能力；

2. 培养学生的团队协作精神与良好的职业道德；

3. 培养学生勇于创新、敬业乐业的工作作风与社会责任心。

📖 案例导入

湖南交通物流有限公司：信息化平台共建、共享

湖南交通物流信息服务有限公司是湖南省交通运输厅批准成立的，以物流信息平台相关技术研发和服务为主业的国有企业。公司主要负责湖南交通物流信息共享平台的建设、运营和管理，以先进的 IT 技术为核心，以物联网和智能物流为基础，着力打造物流信息应用服务的综合型平台。

湖南交通物流信息共享平台作为国家交通运输物流信息交换网络的省级区域平台，承担国家物流信息基础交换网络节点的数据交换和服务交换工作。平台全面整合交通运输的公路、水运、铁路、航空及邮政物流等物流信息资源，通过推进物流信息标准化建设，提供物流信息共享及应用服务，帮助物流产业链各个环节实现数据交换与共享，提高物流企业信息化水平，推动物流行业升级和转型。

基于市场综合分析，湖南交通物流信息共享平台应该是一个综合应用型的物流公共信息平台。具体主要体现在实现资源信息共享，提供企业应用服务，建设互联及通道，做好政

务监管的桥梁四个层面。

其服务内容包括：提供物流资源信息共享池,促进物流资源的开放共享;提供物流SAAS系统服务,解决中小企业信息化需求;建设平台级行业应用,推动物流创新;建立行业交换通道及接口标准,实现行业互联互通;打通政府与企业间信息通道,透明物流政务信息;落实物流行业动态及信用监测,提供规划及决策支持。

物流公共信息服务平台是一个有机体,以标准和通道中心、智能大数据中心建设为主体。并以这两大中心作为其他应用服务的基础性支撑,发挥公共平台巨大整合效应。平台整体技术架构分物联网技术层、物流要素对象层、基础设施层、数据交换层、应用支撑层、应用层、展现层。

通过实施湖南交通物流信息共享平台,建立了全省物流基础信息共享平台,物流企业、物流园区、物流从业人员,都可以充分共享物流基础信息,实现了物流信息的开放、公平、公正。远洋集运通过实施平台后,可以更好地高效服务湖南省出口型企业,帮助企业更好地拓展海外市场,助力湘江经济带建设。湖南交通物流信息共享平台作为国家交通运输物流信息的区域公共平台,致力于物流基础信息平台的建设,物流信息互联互通标准体系的推广,努力构建物流信息大数据服务能力,为绿色智慧物流作出突出贡献。

资料来源:http://www.chinawuliu.com.cn/xsyj/201808/30/334532.shtml.

思考与分析:信息化平台共建、共享对于物流企业发展有什么作用?

任务一　物流技术概述

一、物流技术的概念与组成

1. 物流信息技术的概念

物流信息技术(logistics information technology,LIT)是指运用于物流领域的信息技术。

物流信息技术是物流现代化的重要标志,也是物流技术中发展最快的领域之一。从物流数据自动识别与采集的条码系统到物流运输设备的自动跟踪,从企业资源的计划优化到各企业、单位间的电子数据交换,从办公自动化

物流技术概述

系统中的微型计算机、互联网、各种终端设备等硬件到各种物流信息系统软件都在日新月异地发展。同时,随着物流信息技术的不断发展,产生了一系列新的物流理念和物流经营方式,推进了物流的变革。

物流信息技术的应用,可为传统的运输企业带来以下实效:降低空载率15%～20%;提高对在途车辆的监控能力,有效保障货物安全;网上货运信息发布及网上下单可增加商业机会20%～30%;无时空限制的客户查询功能,有效满足客户对货物在运情况的跟踪监控,可提高业务量40%;对各种资源的合理综合利用,可减少运营成本15%～30%。对传统仓储企业带来的实效表现在:配载能力可提高20%～30%;库存和发货准确率可超过99%;数据输入误差减少,库存和短缺损耗减少;可降低劳动力成本约50%,提高生产力30%～40%,提高仓库空间利用率20%。

因此,物流信息技术在现代企业的经营战略中占有越来越重要的地位。建立物流信息

系统,充分利用各种现代化信息技术,提供迅速、及时、准确、全面的物流信息是现代企业获得竞争优势的必要条件。

　　2. 物流信息技术的组成

　　根据物流的功能以及特点,现代物流信息技术主要包括自动识别类技术(如条码技术与射频技术、自动语音识别技术等)、自动跟踪与定位类技术(如全球卫星定位技术、地理信息技术等)、物流信息接口技术(如电子数据交换等)、企业资源信息技术(如物料需求计划、制造资源计划、企业资源计划、分销资源计划等)、数据管理技术(如数据库技术、数据仓库技术等)和计算机网络技术等现代高端信息科技。

　　在这些高端技术的支撑下,形成了由移动通信、资源管理、监控调度管理、自动化仓储管理、运输配送管理、客户服务管理、财务管理等多种业务集成的现代物流一体化信息管理体系。

　　现代信息技术是物流信息平台建设的基础,也是物流平台的组成部分。当越来越多的现代物流信息技术进入物流领域后,必然使物流企业构架出更完善的物流管理体系,达到进货、加工、仓储、配车、配送等活动的高效运行,进一步推动物流业的高效率化,从而使其真正成为现代物流企业。

　　从构成要素上看,物流信息技术作为现代信息技术的重要组成部分,本质上都属于信息技术范畴,只是因为信息技术应用于物流领域而使其在表现形式和具体内容上存在一些特性,但其基本要素仍然同现代信息技术一样,可以分为以下四个层次。

　　(1) 物流信息基础技术。有关元件、器件的制造技术,它是整个信息技术的基础。例如微电子技术、光子技术、光电子技术、分子电子技术等。

　　(2) 物流信息系统技术。有关物流信息的获取、传输、处理、控制的设备和系统的技术,它是建立在信息基础技术之上的,是整个信息技术的核心。其内容主要包括物流信息获取技术、物流信息传输技术、物流信息处理技术及物流信息控制技术。

　　(3) 物流信息应用技术。基于管理信息系统(MIS)技术、优化技术和计算机集成制造系统(CIMS)技术而设计出的各种物流自动化设备和物流信息管理系统,例如自动化分拣与传输设备、自动导引车(AGV)、集装箱自动装卸设备、仓储管理系统(WMS)、运输管理系统(TMS)、配送优化系统、全球定位系统(GPS)、地理信息系统(GIS)等。

　　(4) 物流信息安全技术。确保物流信息安全的技术,主要包括密码技术、防火墙技术、病毒防治技术、身份鉴别技术、访问控制技术、备份与恢复技术和数据库安全技术等。

二、电子商务物流技术的层次与作用

　　1. 电子商务物流信息技术的层次

　　一类信息流先于物流的产生,它们控制着物流产生的时间、流动的大小和方向,引发、控制、调整物流,例如,各种决策、计划、用户的配送加工和分拣及配货要求等;另一类信息流则与物流同步产生,它们反映物流的状态,例如,运输信息、库存信息、加工信息、货源信息、设备信息等。前者被称为计划信息流或协调信息流,而后者则被看作是作业信息流。图 2-1中的各种计划(如战略计划、物流计划、制造计划、采购计划)、存货配置以及预测产生的信息都是计划信息流,而运输信息、库存信息、加工信息、货源信息、设备信息等则是作业信息流。

　　因此,物流信息除反映物品流动的各种状态外,更重要的是控制物流的时间、方向和发展进程。无论是协调流,还是作业流,物流信息的总体目标都是要把物流涉及企业的各种具

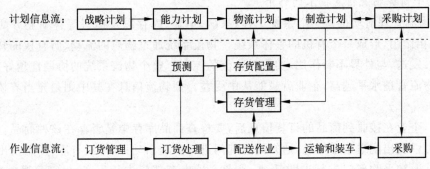

图 2-1 物流业务流程中的信息流

体活动综合起来,加强整体的综合能力。

物流管理需要大量准确、及时的信息和用以协调物流系统运作的反馈信息。任何信息的遗漏和错误都将直接影响物流系统运转的效率和效果,进而影响企业的经济效益,物流系统产生的效益来自整体物流服务水平的提高和物流成本的下降,而物流服务水平与畅通的物流信息在物流过程中的协调作用是密不可分的。

物流信息系统是把各种物流活动与某个一体化过程连接在一起的通道。一体化过程建立在三个层次上:作业层、管理控制层、战略管理层。图 2-2 说明了在信息功能各层次上的物流活动和决策。正如该金字塔形状所显示,物流信息管理系统管理控制、决策分析以及战略计划指定的强化需要以强大的作业层为基础。

第一层次是作业层,是用于启动和记录个别物流活动的最基本的层次。作业层的活动包括记录订货内容、安排存货任务、作业程序选择、装船、定价、开发票以及消费者查询等。在这一层次中,要求信息的特征是格式规则化、通信交互化、交易批量化及作业规范化。结构上的各种过程和大批量交易相结合主要强调了信息系统的效率。

第二层次是管理控制层,要求把主要精力集中在功能衡量和分析报告

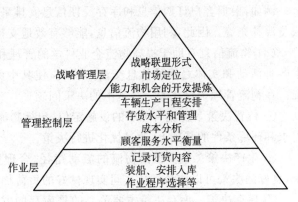

图 2-2 物流信息在各层次上的作用

上。功能衡量对于提供有关服务水平和资源利用等的管理反馈来说是必要的。因此,管理控制以可估价的、策略上的、中期的焦点问题为特征,它涉及评价过去的功能和鉴别各种可选方案。普通功能的衡量包括金融、顾客服务、生产率及质量指标等。

第三层次是战略管理层,要求把主要精力集中在信息支持上,以期开发和提炼物流战略。这类决策往往是决策分析层次的延伸,但通常更加抽象、松散,并且注重于长期。决策中包括通过战略联盟使协作成为可能、厂商的能力和市场机会的开发、提炼,以及顾客对改进的鼓舞所做的反应。物流信息系统的制定和战略层次,必须把较低层次的数据结合进范围很广的交易计划中去,以及结合数据分析进而有助于评估应用到各种战略概率和损益的决策模型中。

2. 电子商务物流信息技术的作用

(1) 物流管理活动也是一个系统工程,采购、运输、库存以及销售等各项业务活动在企业内部互相作用,形成一个有机的整体系统。物流系统通过物质的流动、所有权的转移和信息的接收、发送,与外界不断作用,实现对物流的控制。整个物流系统的协调性越好,内部损耗越低,物流管理水平越高,企业就越能从中受益。而物流信息在其中则是充当着桥梁和纽带的作用。

例如,企业在接收到商品的订货信息后,要检查商品库存中是否存在该种商品。如果有库存,就可以发出配送指示信息,通知配送部门进行配送活动;如果没有库存,则发出采购或生产信息,通知采购部门进行采购活动,或者安排生产部门进行生产,以满足顾客的需要。在配送部门得到配送指示信息之后,就会按照配送指示信息的要求对商品进行个性化包装,并反馈包装完成信息;同时,物流配送部门还要开始设计运输方案,进而产生运输指示信息,对商品实施运输;在商品运输的前后,配送中心还会发出装卸指示信息,指导商品的装卸过程;当商品成功运到顾客手中之后,还要传递配送成功的信息。因此,物流信息的传送连接着物流活动的各个环节,并指导各个环节的工作,起着桥梁和纽带的作用。

(2) 物流信息可以帮助企业对物流活动的各个环节进行有效的计划、组织、协调和控制,以达到系统整体优化的目标。物流活动的每一个步骤都会产生大量的物流信息,而物流系统则可以通过合理应用现代信息技术(EDI、MIS、POS、电子商务等)对这些信息进行挖掘和分析,从而可以得到对于每个环节之后下一步活动的指示性信息,进而能够通过这些信息的反馈,对各个环节的活动进行协调与控制。

例如,根据客户订购信息和库存反馈信息安排采购或生产计划;根据出库信息安排配送或货源补充等。因此,利用物流信息,能够有效地支持和保证物流活动的顺利进行。

(3) 物流信息有助于提高物流企业科学的管理和决策水平。物流管理通过加强供应链中各种活动和实体之间的信息交流与协调,使其中的物流和资金流保持畅通,实现供需平衡。在物流管理中存在着一些基本的决策问题。

① 位置决策。物流管理中的设施定位,包括物流设施、仓库位置和货源等,在综合考虑需求和环境条件的基础上,通过优化进行决策。

② 生产决策。主要根据物流的流动路径,合理安排各生产成员之间的物流任务的分配,良好的决策可以使各成员之间实现良好的负荷均衡,从而保持物流的畅通。

③ 库存决策。库存决策主要关心的是库存的方式、数量和管理方法,是降低物流成本的重要依据。

④ 采购决策。根据商品需求量和采购成本合理确定采购批次、时间间隔和采购批量,以确保在不间断供应的前提下实现成本最小化。

⑤ 运输配送决策。它包括运输配送方式、批量、路径以及运输设备的装载能力等。

通过运用科学的分析工具,可以对物流活动所产生的各类信息进行科学分析,从而获得更多富有价值的信息。通过物流系统各节点之间的信息共享,能够有效地缩短订货提前期,降低库存水平,提高搬运和运输效率,减少传递时间,提高订货和发货精度,以及及时高效地响应顾客提出的各种问题,从而极大地提高顾客满意度和企业形象,提高物流系统的竞争能力。

物流系统是由多个子系统组成的复杂系统,物流信息成为各个子系统之间沟通的关键,在物流活动中起着中枢神经系统的作用。多个子系统是通过物质实体的运动联系在一起的，一个子系统的输出就是另一个子系统的输入。加强对物流信息的研究才能使物流成为一个有机的系统，而不是各自孤立的活动，物流系统的信息模型如图 2-3 所示。

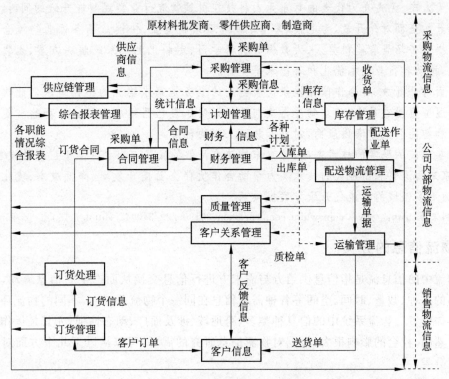

图 2-3　物流系统的信息模型

相关链接

京东物流以技术驱动服务社会，创造全面价值

2019 年 5 月 28 日，中国国际服务贸易交易会在国家会议中心正式举行。中国国际服务贸易交易会是全球唯一的国家级、国际性、综合型的服务贸易平台，获得世界贸易组织、联合国贸发会议、经合组织三大国际组织的永久支持，是目前全球唯一涵盖服务贸易 12 大领域的综合型服务贸易交易会，已逐渐成为全球优质创新服务展示的舞台。

京东集团以"数字京东助力实体经济"为主题参加会议，聚焦智能供应链、物联网、云计算、AI 等领域，全面展现京东自主研发的全球领先的科技成果，立体呈现了京东通过"技术创新引领世界变革"，以及为助力实体经济发展所贡献的力量。

从专注物流基础设施与技术自主研发到智能物流解决方案对外开放，转型的背后是京东物流坚持全面开放的必然结果。近两年来，京东物流迅速完成从企业物流向物流企业的战略转型，全力打造全球智能供应链基础网络（GSSC），为客户、行业、社会创造价值。

物流技术投入带来的丰硕成果也为京东成为全球物流及零售基础设施服务商打下了坚实基础，尤其在物流层面，AI、IoT、大数据、自动驾驶、区块链等技术创新推动智能物流成为现代物流的核心基础设施，无人车、无人机、无人仓布局全国并代表中国物流先进技术落地海外,无人重卡、无人货运支线飞机相继投入测试,在形成软硬件一体的物流技术体系的基础上,京东物流倡导提出的全球智能供应链基础网络正在持续搭建。

以无人车、无人仓为代表的京东无人科技在引领物流行业实现智能升级的同时,也从内部应用开始全面对外开放,为电商、零售、物流、3C、制造业、快消品等各行业物流仓储及效率提升提供多场景智能机器人、大数据与机器学习、定制化无人系统解决方案、无界零售解决方案,推动各行业成本优化和智能水平提升。

全面对外开放,为合作伙伴提供优质创新的服务是京东物流的不懈追求。此次亮相中国国际服务贸易交易会,京东物流再次向业界证明了自己已经成为行业认可的智能机器人制造商和智能仓储方案供应商,对外开放迈上新的台阶。

多年积淀的坚实的技术基础,让京东物流有足够的底气走出去探索更广阔的发展空间。未来,京东物流将利用强大的技术实力帮助合作伙伴全面提升效率、降低成本、优化用户体验,成为更多领域的智能化升级方案提供商。

资料来源:http://www.chinawuliu.com.cn/zixun/201905/29/340942.shtml.

三、物流信息的分类

物流中的信息流是指信息供给方与需求方进行信息交换从而产生的信息流动,它表示了产品的品种、数量、时间、空间等各种需求信息在同一个物流系统内、不同的物流环节中所处的具体位置。物流系统中的信息种类多、跨地域、涉及面广、动态性强,尤其是运作过程中受到自然的、社会的影响很大,根据对物流信息研究的需要,可以从以下几个方面对物流信息进行分类。

1. **按照信息沟通联络方式分类**

(1)口头信息。通过面对面交谈所进行交流的信息。它可以迅速、直接地传播,但容易失真,与其他传播方式相比速度较慢。物流活动的各种现场调查和研究,是获得口头信息最简单、直接的方法。

(2)书面信息。物流信息表示的书面形式,可以重复说明或进行检查,各种物流环节中的报表、文字说明、技术资料等都属于这类信息。

2. **按照信息来源分类**

(1)外部信息。在物流活动以外发生但提供给物流活动使用的信息,包括供货人信息、客户信息、订货合同信息、交通运输信息、市场信息、政策信息;还有来自企业内生产、财务等部门的与物流有关的信息。通常外部信息是相对而言的,对物流子系统,来自另一个子系统的信息也可称为外部信息。例如,物资储存系统从运输系统中获得的运输信息,也可相对称为外部信息。

(2)内部信息。来自物流系统内部的各种信息的总称,包括物流流转信息、物流作业层信息、物流控制层信息和物流管理层信息。这些信息通常是协调系统内部人、财、物活动的重要依据,也具有一定的相对性。

3. **按照物流信息变动度分类**

(1)固定信息。这种信息通常具备相对稳定的特点,它有以下三种表述形式:①物流生产标准信息,这是以指标定额为主体的信息,如各种物流活动的劳动定额、物资消耗定额、固定资产折旧等。②物流计划信息,物流活动中在计划期内一定任务所反映的各项指标,如物资年计划吞吐量、计划运输量等。③物流查询信息,在一个较长的时期内很少发生变更的信息。如国家和各主要部门颁布的技术标准,物流企业内的职工人事制度、工资制度、财务制度等。

(2) 流动信息。与固定信息相反,流动信息是物流系统中经常发生变动的信息。这种信息以物流各作业统计信息为基础,如某一时刻物流任务的实际进度、实际完成情况、各项指标的对比关系等。

任务二 物流信息技术介绍

一、条码技术(BC)

1. 条码的概念

在流通和物流活动中,为了能迅速、准确地识别商品、自动读取有关商品信息,条码技术被广泛应用。条码是用一组数字来表示商品的信息,是目前国际上物流管理中普遍采用的一种技术手段。条码技术对提高库存管理的效率是非常显著的,是实现库存管理的电子化的重要工具手段,它使对库存控制可以延伸到销售商的 POS 系统,实现库存的供应链网络化控制。

条码概述

条码是有关生产厂家、批发商、零售商、运输业者等经济主体进行订货和接受订货、销售、运输、保管、出入库检验等活动的信息源。条码是表示 ID 代码的一种图形符号,是对 ID 代码进行自动识别且将数据自动输入计算机的方法和手段,条码技术的应用解决了数据录入与数据采集的"瓶颈",为物流管理提供了有力支持。

条码(bar code)是由一组规则排列的条、空及对应字符组成的标记,用以表示一定的信息[《条码术语》(GB/T 12905—2019)]。图 2-4 所示为 EAN 商品条码字符结构实例。条码由若干个黑色的"条"和白色的"空"所组成,其中,黑色的条对光的反射率低而白色的空对光的反射率高,再加上条与空的宽度不同,就能使扫描光线产生不同的反射接收效果,在光电转换设备上转换成不同的电脉冲,形成了可以传输的电子信息。由于光的运动速度极快,所以能准确无误地对运动中的条码予以识别。

图 2-4 EAN 商品条码字符结构实例

在流通和物流活动中，为了能够迅速准确地识别商品、自动读取有关商品的信息，条码技术被广泛运用。由于在活动发生时点能及时自动读取信息，因此便于及时捕捉到消费者的需要、提高商品销售效果，也有利于促进物流系统提高效率。

2. 条码的类别

条码可分为一维条码和二维条码，一维条码按照应用可分为商品条码和物流条码，二维条码可分为行排式二维条码和矩阵式二维条码两类。本书主要介绍一维条码。

1) 商品条码

商品条码(bar code for commodity)是由国际物品编码协会(EAN)和统一代码委员会(UCC)规定的、用于表示商品标识代码的条码，包括 EAN 商品条码(EAN-13 商品条码和EAN-8 商品条码)和 UPC 商品条码(UPC-A 商品条码和 UPC-E 商品条码)。国际物品编码协会和统一代码委员会宣布从 2005 年 1 月 1 日起，全球范围内统一以 EAN/UCC-13 作为代码标识。下面主要介绍 EAN 商品条码。

EAN 商品条码是国际上通用的、企业最常用的商品代码，通常情况下，不选用 UPC 商品条码。当产品出口到北美地区并且客户指定时，才申请使用 UPC 商品条码。EAN 商品条码主要是由 13 位数字及相应的条码符号组成，在较小的商品上也采用 8 位数字码及相应的条码符号。

(1) 前缀码。前缀码由 2～3 位数字($X_{13}X_{12}$ 或 $X_{13}X_{12}X_{11}$)组成，是国际物品编码协会EAN 分配给国家(或地区)编码组织的代码。前缀码由 EAN 统一分配和管理，截至目前，共有 99 个国家和地区编码组织加入 EAN，成为 EAN 的成员组织。

需要指出的是，前缀码并不代表产品的原产地，而只能说明分配和管理有关厂商识别代码的国家(或地区)编码组织。EAN 分配给中国大陆使用的前缀码为"690～695"。

(2) 厂商识别代码。厂商识别代码由 7～9 位数字组成，由中国物品编码中心负责分配和管理。

由于厂商识别代码是由中国物品编码中心统一分配、注册，因此编码中心有责任确保每个厂商识别代码在全球范围内的唯一性。

(3) 商品项目代码。商品项目代码由 3～5 位数字组成，由厂商自己负责编制。

厂商在编制商品项目代码时，产品的基本特征不同，其商品项目代码不同，具体要求见"编码规则"。

(4) 校验码。校验码为 1 位数字，用来校验 $X_{13}\sim X_2$ 的编码正确性。校验码是根据 $X_{13}\sim X_2$ 的数值按一定的数学算法计算而得。厂商在对商品项目编码时，不必计算校验码的值。该值由制作条码原版胶片或直接打印条码符号的设备自动生成。

2) 物流条码

物流条码包括二五条码、三九条码、交叉二五条码、EAN-128 码、库德巴条码、ITF码等。

(1) 二五条码。二五条码是一种只有条表示信息的非连续型条码。每一个条码字符由规则排列的五个条组成，其中有两个条为宽单元，其余的条和空，以及字符间隔是窄单元，故称为"二五条码"。

二五条码的字符集为数字字符 0～9。图 2-5 是表示"123458"的二五条码结构。

(2) 三九条码(Code 39)。三九条码能够对数字、英文字母及其他字符等 44 个字符进

图 2-5　表示"123458"的二五条码结构

行编码。三九条码有自检验功能,使三九条码具有误读率低等优点,首先在美国国防部得到应用。目前广泛应用在汽车行业、材料管理、经济管理、医疗卫生和邮政、储运单元等领域。我国于 1991 年研究制定了三九条码标准(GB/T 12908—1991),推荐在运输、仓储、工业生产线、图书情报、医疗卫生等领域应用 39 条码。

三九条码是一种条、空均表示信息的非连续型、非定长、具有自校验功能的双向条码。图 2-6 是表示"B2C3"的三九条码实例。

图 2-6　表示"B2C3"的三九条码实例

（3）交叉二五条码(Interleaved 2 of 5 Bar Code)。交叉二五条码是在二五条码的基础上发展起来的,由美国的 Intermec 公司于 1972 年发明。它弥补了二五条码的许多不足之处,不仅增大了信息容量,而且由于自身具有校验功能,还提高了交叉二五条码的可靠性。交叉 25 条码起初广泛应用于仓储及重工业领域,1987 年开始用于运输包装领域。1987 年日本引入了交叉二五条码,用于储运单元的识别与管理。1997 年我国也研究制定了交叉二五条码标准(GB/T 16829—1997),主要应用于运输、仓储、工业生产线、图书情报等领域的自动识别管理。图 2-7 是表示"3185"的交叉二五条码实例。

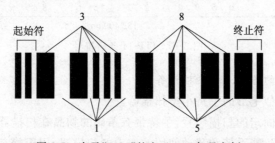

图 2-7　表示"3185"的交叉二五条码实例

（4）EAN-128 码。EAN-128 码是 128 码的一个子集,是 1989 年由 EAN 与 UCC 共同合作开发的码制,广泛应用于物流领域。图 2-8 是表示 GTIN(全球贸易项目代码)、保质期、批号的一个 UCC/EAN-128 条码符号。

（5）库德巴(Codabar)条码。库德巴条码是 1972 年研制出来的,它广泛应用于医疗卫生和图书馆行业,也用于邮政快件上。美国输血协会还将库德巴条码规定为血袋标识的

图 2-8　UCC/EAN-128 条码符号实例

代码,以确保操作准确,保护人类生命安全。

库德巴条码是一种条、空均表示信息的非连续型、非定长、具有自校验功能的双向条码。它由条码字符及对应的供人识别字符组成。图 2-9 是表示"A 12345678B"的库德巴条码实例。

图 2-9　表示"A12345678B"的库德巴条码实例

(6) ITF 码。ITF 码有 ITF-14 和 ITF-6 两种,主要用在储运领域。图 2-10 为 ITF-14 条码符号。

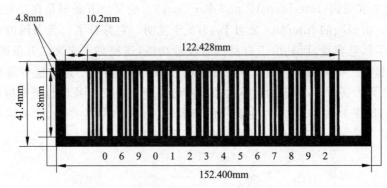

图 2-10　ITF-14 条码符号

3. 条码识别采用的各种光电扫描设备

(1) 光笔扫描器,似笔形的手持小型扫描器。

(2) 台式扫描器,固定的扫描装置,手持带有条码的物品在扫描器上移动。

(3) 手持式扫描器,能手持和移动使用的较大的扫描器,用于静态物品扫描。

(4) 固定式光电及激光快速扫描器,是现在物流领域应用较多的固定式扫描设备。

各种扫描设备都和后续的光电转换、信息信号放大及与计算机联机形成完整的扫描阅读系统,完成电子信息的采集。

4. 条码在物流中的应用

由条码与扫描设备构成的自动识别技术在物流管理中有很多好处。对托运人来说,它能改进订货准备和处理,排除航运差错,减少劳动时间,改进记录保存,减少实际存货时间。

对承运人来说，它能保持运费账单信息完整，顾客能存取实时信息，改进顾客装运活动的记录保存，可跟踪装运活动，简化集装箱处理，监督车辆内的不相容产品，减少信息传输时间。对仓储管理来说，它能改进订货准备、处理和装置，提供精确的存货控制，顾客能存取实时信息，考虑安全存取信息，减少劳动成本，入库数精确。对批发商和零售商来说，它能保证单位存货精确，销售点价格精确，增加系统灵活性。

目前条码和扫描技术在物流方面主要有两大应用：第一种应用于零售商店的销售点（POS 系统）。除在现金收入机上给顾客打印收据外，在零售销售点应用是在商店层次提供精确的存货控制。销售点可以精确地跟踪每一个库存单位出售数，有助于补充订货，因为实际的单位销售数能够迅速地传输到供应商处。实际销售跟踪可以减少不确定性，并可去除缓冲存货。除提供精确的再供给和营销调查数据外，销售点还能向所有的渠道内成员提供更及时的具有战略意义的数据。第二种应用是针对物料搬运和跟踪的。通过扫描枪的使用，物料搬运人员能够跟踪产品的搬运、储存地点、装船和入库。虽然这种信息能够用手工跟踪，但却要耗费大量的时间，并容易出错。因此，在物流应用中更广泛使用的是扫描仪，以便提高作业效率，减少差错。

二、电子数据交换系统（EDI）

1. 电子数据交换系统的概念

EDI(electronic data interchange)即电子数据交换，是指通过电子方式，采用标准化的格式，利用计算机网络进行结构化数据的传输和交换。

EDI 系统是按照统一规定的一套通用标准格式，将标准的经济信息，通过通信网络传输，在贸易伙伴的电子计算机系统之间进行数据交换和自动处理，俗称"无纸化贸易"，被誉为一场"结构性的商业革命"。

2. 物流管理中电子数据交换系统的构成

构成 EDI 系统的三个要素是 EDI 软件和硬件、通信网络以及数据标准化。一个部门或企业若要实现 EDI，首先，必须有一套计算机数据处理系统；其次，为使本企业内部数据比较容易地转换为 EDI 标准格式，必须采用 EDI 标准；另外，通信环境的优劣也是关系到 EDI 成败的重要因素之一。

EDI 是为了实现商业文件、单证的互通和自动处理，采用的是不同于人机对话方式的交互式处理，而是计算机之间的自动应答和自动处理，因此文件结构、格式、语法规则等方面的标准化是实现 EDI 的关键。世界各国开发 EDI 得出一条重要经验，就是必须把 EDI 标准放在首要位置。EDI 标准主要包括基础标准、代码标准、报文标准、单证标准、管理标准、应用标准、通信标准、安全保密标准。

3. 物流管理中电子数据交换系统的一般流程

物流管理中 EDI 的一般流程：发送货物业主（如生产厂家）在接到订货后制订货物运送计划，并把运送货物的清单及运送时间安排等信息通过 EDI 发送给物流运输业主和接收货物业主（如零售商），以便物流运输业主预订制订车辆调配计划和接收货物业主制订货物接收计划。

随后发送货物业主依据顾客订货的要求和货物运送计划下达发货指令，分拣配货，打印出物流条形码的货物标签并贴在货物包装箱上，同时把运送货物品种、数量、包装等信息通过 EDI 发送给物流运输业主和接收货物业主,据此请示下达车辆调配指令。

然后,物流运输业主在向发送货物业主取运货物时,利用车载扫描读数仪读取货物标签的物流条形码,并与先前收到的货物运输数据进行核对,确认运送货物。物流运输业主在物流中心对货物进行整理、集装,制作送货清单并通过 EDI 向接收货物业主发送发货信息,在货物运送的同时进行货物跟踪管理,并在货物交给接收货物业主之后,通过 EDI 向发送货物业主发送完成运送业务信息和运费请示信息。

最后接收货物业主在货物到达时,利用扫描读数仪读取货物标签的物流条形码,并与先前收到的货物运输数据进行核对确认,开出收货发票,货物入库;同时通过 EDI 向物流运输业主和发送货物业主发送收货确认信息。

在物流管理中,运用 EDI 系统的优点在于供应链组成各方基于标准化的信息格式和处理方法,通过 EDI 共同分享信息,提高流通效率,降低物流成本。

EDI 的好处已日益明显,运费和海关单据使用 EDI,使承运人、货运代理和跨国的产品流大大受益。在零库存的作业中使用 EDI,使运作效率有了很大的提高,在销售环节中使用 EDI 能减少交易费用并降低存货,这在欧美等一些发达国家尤为明显。目前,EDI 对采购业务有着很重要的影响,它不仅是一种通信用的业务交易工具,也是一种联合设计、计划、交换预测数据等与其他组织协调的方式。

EDI 的竞争优势不仅在于作为通信工具的运用,而且在于它使组织内部和组织之间的竞争结构发生变化。EDI 的交互效用可以分成与供应商有关的、内部的和与客户有关的三个方面。在买方为主导的市场上,EDI 迫使它们整合成较少的客户;而在卖方为主导的市场上,EDI 可以为市场设计一些附加超值服务,例如通过监控客户存货而自动地追加订货,收集即时市场信息为生产计划增加灵活性和提高反应能力等。

EDI 对于组织供应链的意义表现为在不必连续接触的情况下,EDI 能加强组织内部的协调。

三、电子自动订货系统(EOS)

1. 电子自动订货系统的概念及分类

EOS(electronic ordering system)即电子自动订货系统,又称电子订货系统,是指不同组织之间利用通信网络和终端设备以在线联结方式进行订货作业与订货信息交换的体系。电子订货系统是将批发、零售商场所发生的订货数据输入计算机,即可通过计算机通信网络连接的方式将资料传送至总公司、批发商、商品供货商或制造商处。因此,EOS 能处理从新商品资料的说明直到会计结算等所有商品交易过程中的作业,可以说 EOS 涵盖了整个商流。

EOS 按应用范围可分为三类:企业内的 EOS(如连锁店经营中各个连锁分店与总部之间建立的 EOS 系统),零售商与批发商之间的 EOS 系统,以及零售商、批发商和生产商之间的 EOS 系统。在当前竞争的时代,若要有效管理企业的供货、库存等经营管理活动,并且能使供货商及时补足售出商品的数量且不能缺货,就必须采用 EOS 系统。EDI/EOS 因丰富了许多先进的管理手段和方法,因此在国际上使用非常广泛,随着普及面的不断推广,就使得我们更有必要对其进行全面的分析与掌握。

2. 电子订货系统的构成

EOS 系统并非单个的零售店与单个的批发商组成的系统,而是由许多零售店和许多批发商组成的大系统整体运作方式。电子订货系统结构如图 2-11 所示。

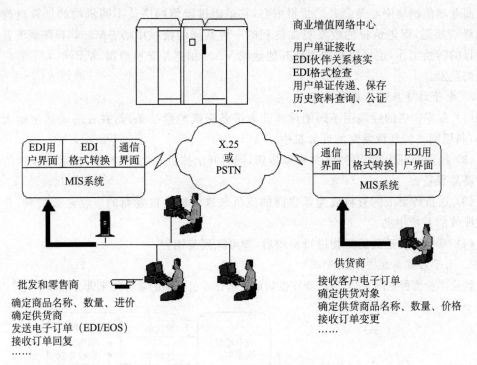

商业增值网络中心

用户单证接收
EDI伙伴关系核实
EDI格式检查
用户单证传递、保存
历史资料查询、公证
……

EDI用户界面　EDI格式转换　通信界面

MIS系统

X.25
或
PSTN

通信界面　EDI格式转换　EDI用户界面

MIS系统

批发和零售商

确定商品名称、数量、进价
确定供货商
发送电子订单（EDI/EOS）
接收订单回复
……

供货商

接收客户电子订单
确定供货对象
确定供货商品名称、数量、价格
接收订单变更
……

图 2-11　电子订货系统结构

1）电子订货系统的作用

从图 2-11 中可以看出，电子订货系统的批发和零售商、供货商、商业增值网络中心在商流中各有其角色和作用。

（1）批发和零售商。采购人员根据 MIS 系统提供的功能，收集并汇总各机构要货的商品名称、要货数量，根据供货商的可供商品货源、供货价格、交货期限、供货商的信誉等资料，向指定的供货商下达采购指令。采购指令按照商业增值网络中心的标准格式进行填写，经商业增值网络中心提供的 EDI 格式转换系统而成为标准的 EDI 单证，经由通信界面将订货资料发送至商业增值网络中心，然后等供货商发回有关信息。

（2）商业增值网络中心（VAN）。不参与交易双方的交易活动，只提供用户连接界面，每当接收到用户发来的 EDI 单证时，自动进行 EOS 交易伙伴关系的核查，只有互有伙伴关系的双方，才能进行交易，否则视为无效交易。确定有效交易关系后，还必须进行 EDI 单证格式检查，只有交易双方均认可的单证格式，才能进行单证传递，并对每笔交易进行长期保存，供用户今后查询，或在交易双方发生贸易纠纷时，根据商业增值网络中心所储存的单证内容作为司法证据。

（3）供货商。根据商业增值网络中心转来的 EDI 单证，经商业增值网络中心提供的通信界面和 EDI 格式转换系统而成为一张标准的商业订单，根据订单内容和供货商的 MIS 系统提供的相关信息，供货商可及时安排出货，并将出货信息通过 EDI 传递给相应的批发、零售商场，从而完成一次基本的订货作业。

当然，交易双方交换的信息不仅是订单和交货通知，还包括订单更改、订单回复、变价通知、提单、对账通知、发票、退换货等许多信息。

2）商业增值网络中心

商业增值网络中心是公共的情报中心，它是通过通信网络让不同机构的计算机或各种连线终端相通，促进情报的收发更加便利的一种共同的情报中心。VAN 不只是负责资料或情报的转换工作，也可以与国内外其他地域 VAN 相连并交换情报，从而扩大了客户资料交换的范围。

3. 电子订货系统的基本流程

（1）在零售店的终端用条码阅读器获取准备采购的商品条码，并在终端机上输入订货材料，利用网络传到批发商的计算机中。

（2）批发商开出提货传票，并根据传票，同时开出拣货单，实施拣货，然后依据送货传票进行商品发货。

（3）送货传票上的资料成为零售商的应付账款资料及批发商的应收账款资料，并接到应收账款的系统中去。

（4）零售商对送到的货物进行检验后，即可陈列与销售。

4. 电子订货系统与物流管理

物流作业流程见图 2-12，该流程将供货商发运作业过程中的业务往来划分成以下几个步骤。

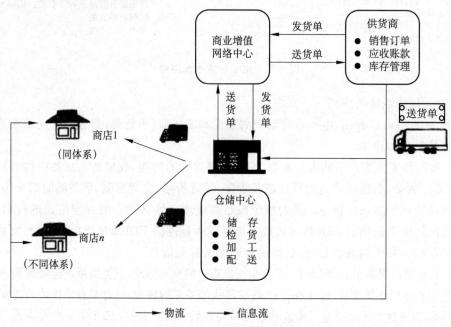

图 2-12　物流作业流程

（1）供货商根据采购合同要求将发货单通过商业增值网络中心发给仓储中心。

（2）仓储中心对从商业增值网络中心传来的发货单进行综合处理，或要求供货商送货至仓储中心或发送至批发、零售商场。

（3）仓储中心将送货要求发送给供货商。

（4）供货商根据接收到的送货要求进行综合处理，然后根据送货要求将货物送至指定地点。

上述几个步骤完成了一个基本的物流作业流程，通过这个流程，将物流与信息流牢牢地结合在一起。

四、销售时点信息系统（POS）

1. 销售时点信息系统的概念

POS(point of sale)系统即销售时点信息系统，它包含前台 POS 系统和后台 MIS 系统两大基本部分。POS 系统最早应用于零售业，以后逐渐扩展至金融、旅馆等服务性行业，利用 POS 信息的范围也从企业内部扩展到整个供应链。现代 POS 系统已不仅局限于电子收款技术，它要考虑将计算机网络、电子数据交换技术、条形码技术、电子监控技术、电子收款技术、电子信息处理技术、远程通信、电子广告、自动仓储配送技术、自动售货、备货技术等一系列科技手段融为一体，从而形成一个综合性的信息资源管理系统。同时，它必须符合和服从商场管理模式，按照对商品流通管理及资金管理的各种规定进行设计和运行。

前台 POS 系统是指通过自动读取设备（如收银机），在销售商品时直接读取商品销售信息（如商品名、单价、销售数量、销售时间、销售店铺、购买顾客等），实现前台销售业务的自动化，对商品交易进行实时服务管理，并通过通信网络和计算机系统传送至后台，通过后台计算机系统(MIS)的计算、分析与汇总等掌握商品销售的各项信息，为企业管理者分析经营成果、制订经营方针提供依据，以提高经营效率的系统。

后台 MIS 系统(management information system)又称管理信息系统。它负责整个商场进、销、调、存系统的管理以及财务管理、库存管理、考勤管理等。它可根据商品进货信息对厂商进行管理，又可根据前台 POS 提供的销售数据，控制进货数量，合理周转资金，还可以分析统计各种销售报表，快速准确地计算成本与毛利，也可对售货员、收款员业绩进行考核，是分配职工工资、奖金的客观依据。因此，商场现代化管理系统中前台 POS 系统与后台 MIS 系统是密切相关的，两者缺一不可。

2. 销售时点信息系统的运行步骤

以零售业为例，POS 系统的运行有以下五个步骤。

(1) 店头销售商品都贴有表示该商品信息的条形码或 OCR 标签(optical character recognition)。

(2) 在顾客购买商品结账时，收银员使用扫描器自动读取商品条码或 OCR 标签上的信息，通过店铺内的微型计算机确认商品的单价，计算顾客购买总金额等，同时返回收银机，打印出顾客购买清单和付款总金额。

(3) 各个店铺的销售时点信息通过 VAN 以在线联结方式即时传送给总部或物流中心。

(4) 在总部、物流中心和店铺之间利用销售时点信息来进行库存调整、配送管理、商品订货等作业。通过对销售时点信息进行加工分析来掌握消费者购买动向，找出畅销商品和滞销商品，以此为基础，进行商品品种配置、商品陈列、价格设置等方面的作业。

(5) 在零售商与供应链的上游企业（批发商、生产商、物流作业等）结成协作伙伴关系（也称战略联盟）的条件下，零售商利用 VAN 以在线联结的方式把销售时点信息即时传送给上游企业，这样上游企业可以利用销售现场的最及时准确的销售信息制订经营计划、进行决策。例如，生产厂家利用销售时点信息进行销售预测，掌握消费者购买动向，找出畅销商品和滞销商品，把销售时点信息（POS 信息）和订货信息（EOS 信息）进行比较分析来把握零售商的库存水平,以此为基础制订生产计划和零售商库存连续补充计划 CRP(continuous replenishment program)。

3. 销售时点信息系统的特征

(1) 单品管理、职工管理和顾客管理。零售业的单品管理是指对店铺陈列展示销售的商品以单个商品为单位进行销售跟踪和管理的方法。由于 POS 信息即时、准确地反映了单个商品的销售信息,因此 POS 系统的应用使高效率的单品管理成为可能。

职工管理是指通过 POS 终端机上的计时器的记录,依据每个职工的出勤状况、销售状况(如以月、周、日甚至时间段为单位)进行考核管理。

顾客管理是指在顾客购买商品结账时,通过收银机自动读取零售商发行的顾客 ID 卡或顾客信用卡来把握每个顾客的购买品种和购买额,从而对顾客进行分类管理。

(2) 自动读取销售时点的信息。在顾客购买商品结账时,POS 系统通过扫描器自动读取商品条码标签或 OCR 标签上的信息,在销售商品的同时获得实时的销售信息(real time),这是 POS 系统的最大特征。

(3) 信息的集中管理。在各个 POS 终端机获得的销售时点信息以在线联结方式汇总到企业总部,与其他部门的有关信息一起由总部的信息系统汇总并进行分析加工,如把握畅销商品以及新商品的销售倾向,对商品的销售量和销售价格、销售量和销售时间之间的关系进行分析,对商品店铺陈列方式、促销方式、促销时间、竞争商品的影响进行相关分析。

(4) 连接供应链的有力工具。供应链与各方合作的主要领域之一是信息共享,而销售时点信息是企业经营中最重要的信息之一,通过它能及时把握顾客的需要信息,供应链的参与各方可以利用销售时点信息并结合其他的信息来制订企业的经营计划和市场营销计划。目前,领先的零售商正在与制造商共同开发一个整合的物流系数 CFAR(collaboration forecasting and replenishment,整合预测和库存补充系统),各方利用该系统不仅分享 POS 信息,而且一起联合进行市场预测,分享预测信息。

4. 应用销售时点信息系统的效果

(1) 营业额及利润增长。采用 POS 系统的企业供应商品众多,其单位面积的商品摆放数量是普通企业的 3 倍以上,吸引顾客,且自选率高,这必然会带来营业额及利润的相应增长,仅此一项,POS 系统即可给企业带来可观的收益。

(2) 节约大量的人力、物力。由于仓库管理是动态管理,即每卖出一件商品,POS 的数据库中就相应减少该件商品的库存记录,免去了商场盘存之苦,节约了大量人力、物力;同时,企业的经营报告、财务报表及相关的销售信息,都可以及时提供给经营决策者,以保持企业的快速反应。

(3) 有效库存增加,资金流动周期缩短。由于仓库采用动态管理,仓库库存商品的销售情况,每时每刻都一目了然,商场的决策者可将商品的进货量始终保持在一个合理的水平,可提高有效库存,使商场在市场竞争中占据更有利的地位。据统计,在应用 POS 系统后,商品有效库存可增加 35%～40%,缩短资金的流动周期。

(4) 提高企业的经营管理水平。首先可以提高企业的资本周转率,在应用 POS 系统后,可以提前避免出现缺货现象,使库存水平合理化,从而提高商品周转率,最终提高企业的资本周转率。其次,在应用了 POS 系统后,可以进行销售促进方法的效果分析,把握顾客购买动向,按商品品种进行利益管理,基于销售水平制订采购计划,有效地进行店铺空间管理和基于时间段的广告促销活动分析等,从而使商品计划效率化。

五、地理信息系统(GIS)

1. 地理信息系统的概念

GIS(geographical information system)即地理信息系统,是指以地理空间数据为基础,采用地理模型分析方法,适时地提供多种空间的和动态的地理信息,是一种为地理研究和地理决策服务的计算机技术系统。

GIS系统是20世纪60年代开始迅速发展起来的地理学研究新成果,是多种学科交叉的产物。其基本功能是将表格型数据(无论它是来自数据库、电子表格文件,还是直接在程序中输入)转换为地理图形显示,然后对显示结果进行浏览、操作和分析。其显示范围可以从洲际地图到非常详细的街区地图,显示对象包括人口、销售情况、运输线路及其他内容。

2. 地理信息系统的应用

GIS应用于物流分析,主要是指利用GIS强大的地理数据功能来完善物流分析技术。国外公司已经开发出利用GIS为物流提供专门分析的工具软件。完整的GIS分析软件集成了车辆路线模型、网络物流模型、分配集合模型、设施定位模型和最短路径模型等。

(1) 车辆路线模型。用于解决一个起始点、多个终点的货物运输中如何降低物流作业费用,并保证服务质量的问题,包括决定使用多少辆车、每辆车的路线等。

(2) 网络物流模型。用于解决寻求最有效的分配货物路径问题,也就是物流网点布局问题。如将货物从 N 个仓库运往到 M 个商店,每个商店都有固定的需求量,因此需要确定由哪个仓库提货送给那个商店,使运输代价最小。

(3) 分配集合模型。分配集合模型可以根据各个要素的相似点把同一层上的所有或部分要素分为几个组,用以解决确定服务范围和销售市场范围等问题。如某一公司要设立 X 个分销点,要求这些分销点要覆盖某一地区,而且要使每个分销点的客户数目大致相等。

(4) 设施定位模型。设施定位模型用于确定一个或多个设施的位置。在物流系统中,仓库和运输线共同组成了物流网络,仓库处于网络的节点上,节点决定着线路,根据供求的实际需要并结合经济效益等原则,在既定区域内设立多少个仓库,每个仓库的位置,每个仓库的规模,以及仓库之间的物流关系等问题,运用此模型就能很容易地得到解决。

六、全球定位系统(GPS)

1. 全球定位系统的概念

GPS(global positioning system)即全球定位系统,是指具有在海、陆、空进行全方位实时三维导航与定位能力的系统。

近10年来,我国测绘等部门使用GPS的经验表明,GPS以全天候、高精度、自动化、高效益等显著特点,赢得广大测绘工作者的信赖,并成功地应用于大地测量、工程测量、航空摄影测量、运载工具导航和管制、地壳运动监测、工程变形监测、资源勘察、地球动力学等多种学科,从而给测绘领域带来一场深刻的技术革命。

2. 全球定位系统在物流领域的应用

(1) 用于汽车自定位、跟踪调度。日本车载导航系统的市场在1995—2000年平均每年增长35%以上,全世界在车辆导航上的投资平均每年增长60.8%。因此,车辆导航将成为未来全球卫星定位系统应用的主要领域之一。我国已有数十家公司在开发和销售车载导航系统。

（2）用于铁路运输管理。我国铁路开发的基于GPS的计算机管理信息系统，可以通过GPS和计算机网络实时收集全路列车、机车、车辆、集装箱及所运货物的动态信息，可实现列车、货物追踪管理。只要知道货车的车种、车型、车号，就可以立即从近10万千米的铁路网上流动着的几十万辆货车中找到该货车，还能得知这辆货车现在何处运处或停在何处，以及所有的车载货物发货信息。

铁路部门运用GPS技术可大幅提高路网及运营的透明度，为货主提供更高质量的服务。

（3）用于军事物流。全球卫星定位系统最初是因为军事目的而建立的。在军事物流中，如后勤装备的保障等方面，应用相当普遍。在海湾战争中，全球卫星定位系统发挥了较大的作用。在我国的军事和国防建设中，已经开始重视和应用全球卫星定位系统，随着全球卫星定位系统在军事物流方面的全面应用，国防后勤装备的保障将更加可靠。

任务三　电子商务物流信息技术在实践中的应用

各种物流信息应用技术已经广泛应用于物流活动的各个环节，对企业的物流活动产生了深远的影响。

1. 物流自动化设备技术的应用

物流自动化设备技术的集成和应用的热门环节是配送中心，其特点是每天需要拣选的物品品种多、批次多、数量大。因此在国内超市、医药、邮包等行业的配送中心部分地引进了物流自动化拣选设备。一种是拣选设备的自动化应用，如北京市医药总公司配送中心，其拣选货架（盘）上配有可视的分拣提示设备，这种分拣货架与物流管理信息系统相连，可动态地提示被拣选的物品和数量，指导着工作人员的拣选操作，提高了货物拣选的准确性和速度。另一种是一种物品拣选后的自动分拣设备。用条码或电子标签附在被识别的物体上（一般为组包后的运输单元），由传送带送入分拣口，然后由装有识读设备的分拣机分拣物品，使物品进入各自的组货通道，完成物品的自动分拣。分拣设备在国内大型配送中心有所使用。但这类设备及相应的配套软件基本上是由国外进口，也有进口国外机械设备、国内配置软件的。立体仓库和与之配合的巷道堆垛机在国内发展迅速，在机械制造、汽车、纺织、铁路、卷烟等行业都有应用。例如昆船集团生产的巷道堆垛机在红河卷烟厂等多家企业应用了多年。近年来，国产堆垛机在其行走速度、噪声、定位精度等技术指标上有了很大的改进，运行也比较稳定。但是与国外著名厂家相比，在堆垛机的一些精细指标如最低货位极限高度、高速（80m/s以上）运行时的噪声，电动机减速性能等方面还存在不小差距。

2. 物流设备跟踪和控制技术的应用

物流设备跟踪主要是指对物流的运输载体及物流活动中涉及的物品所在地进行跟踪。物流设备跟踪的手段有多种，可以用传统的通信手段（如电话等）进行被动跟踪，可以用射频识别（RFID）手段进行阶段性的跟踪，但目前国内用得最多的还是利用GPS技术跟踪。GPS技术跟踪是指利用GPS物流监控管理系统进行的跟踪，它主要跟踪货运车辆与货物的运输情况，使货主及车主随时了解车辆与货物的位置与状态，保障整个物流过程的有效监控与快速运转。物流GPS监控管理系统的构成主要包括运输工具上的GPS定位设备、跟踪服务平台(含地理信息系统和相应的软件)、信息通信机制和其他设备(如货物上的电子标签或条码、报警装置等)。在国内,部分物流企业为了提高企业的管理水平和提升对客户的服务能力也应用这项技术,例如,沈阳等地方政府曾要求下属交通运输部门对营运客车安装GPS设备工作进行了部署,从而加强了对营运客车的监管。

3. 物流动态信息采集技术的应用

企业竞争的全球化发展、产品生命周期的缩短和用户交货期的缩短等都对物流服务的可得性与可控性提出了更高的要求,实时物流理念也由此诞生。如何保证对物流过程的完全掌控,物流动态信息采集应用技术是必需的要素。动态的货物或移动载体本身具有很多有用的信息,例如货物的名称、数量、重量、质量、出产地或者移动载体(如车辆、轮船等)的名称、牌号、位置、状态等一系列信息。这些信息可能在物流中反复地使用,因此,正确、快速地读取动态货物或载体的信息并加以利用可以明显地提高物流的效率。目前流行的物流动态信息采集技术应用中,一、二维条码技术应用范围最广,其次还有磁条(卡)、声音识别、视觉识别、接触式智能卡、便携式数据终端、射频识别等技术。

(1)一维条码技术。一维条码是由一组规则排列的条和空、相应的数字组成,这种用条、空组成的数据编码可以供机器识读,而且很容易译成二进制数和十进制数。因此此技术广泛地应用于物品信息标注中。因为符合条码规范且无污损的条码的识读率很高,所以一维条码结合相应的扫描器可以明显地提高物品信息的采集速度。加之条码系统的成本较低,操作简便,又是国内应用最早的识读技术,所以在国内有很大的市场,国内大部分超市都在使用一维条码技术。但一维条码表示的数据有限,条码扫描器读取条码信息的距离也要求很近,而且条码上损污后可读性极差,所以限制了它的进一步推广应用,同时信息存储容量更大、识读可靠性更好的识读技术开始出现。

(2)二维条码技术。由于一维条码的信息容量很小,如商品上的条码仅能容纳几位或者十几位阿拉伯数字或字母,商品的详细描述只能依赖数据库提供,离开了预先建立的数据库,一维条码的使用就受到了局限。基于这个原因,人们发明一种新的码制,除具备一维条码的优点外,同时还有信息容量大(根据不同的编码技术,容量是一维的几倍到几十倍,从而可以存放个人的自然情况及指纹、照片等信息)、可靠性高(在损污50%时仍可读取完整信息)、保密防伪性强等优点。这就是在水平和垂直方向的二维空间存储信息的二维条码技术。二维条码继承了一维条码的特点,条码系统价格便宜,识读率强且使用方便,所以在国内银行、车辆等管理信息系统上开始应用。

(3)磁条(卡)技术。磁条(卡)技术以涂料形式把一层薄薄的由定向排列的铁性氧化粒子用树脂黏合在一起并粘在诸如纸或塑料这样的非磁性基片上。从本质意义上讲,磁条和计算机用的磁带或磁盘是一样的,它可以用来记载字母、字符及数字信息。优点是数据可多次读写,数据存储量能满足大多数需求,由于黏附力强的特点,使之在很多领域得到广泛应用,如信用卡、机票、公共汽车票、自动售货卡、会员卡等。但磁条卡的防盗性能、存储量等性能比起一些新技术(如芯片类卡技术)还是有差距的。

(4)声音识别技术。这是一种通过识别声音达到转换成文字信息的技术,其最大特点就是不用手工录入信息,这对那些采集数据同时还要完成手脚并用的工作场合或在键盘上打字能力低的人尤为适用。但声音识别的最大问题是识别率,要想连续地高效应用有难度。目前更适合语音句子量集中且反复应用的场合。

（5）视觉识别技术。视觉识别系统是一种通过对一些有特征的图像分析和识别的系统，能够对限定的标志、字符、数字等图像内容进行信息的采集。视觉识别技术的应用障碍也是对于一些不规则或不够清晰图像的识别率低的问题，而且数据格式有限，通常要用接触式扫描器扫描，随着自动化的发展，视觉技术会朝着更细致、更专业的方向发展，并且还会与其他自动识别技术结合起来应用。

（6）接触式智能卡技术。智能卡是一种将具有处理能力、加密存储功能的集成电路芯板嵌装在一个与信用卡一样大小的基片中的信息存储技术，通过识读器接触芯片可以读取芯片中的信息。接触式智能卡的特点是具有独立的运算和存储功能，在无源情况下，数据也不会丢失，数据安全性和保密性都非常好，成本适中。智能卡与计算机系统相结合，可以方便地满足对各种各样信息的采集传送、加密和管理的需要，它在国内外的许多领域（如银行、公路收费、水表煤气收费等）得到了广泛应用。

（7）便携式数据终端。便携式数据终端（PDT）一般包括一个扫描器、一个体积小但功能很强并有存储器的计算机、一个显示器和供人工输入的键盘。所以是一种多功能的数据采集设备，PDT是可编程的，允许编入一些应用软件。PDT存储器中的数据可随时通过射频通信技术传送到主计算机上。

（8）射频识别（RFID）。射频识别技术是一种利用射频通信实现的非接触式自动识别技术。RFID标签具有体积小、容量大、寿命长、可重复使用等特点，可支持快速读写、非可视识别、移动识别、多目标识别、定位及长期跟踪管理。RFID技术与互联网、通信等技术相结合，可实现全球范围内物品跟踪与信息共享。从上述物流信息应用技术的应用情况及全球物流信息化发展趋势来看，物流动态信息采集技术应用正成为全球范围内重点研究的领域。我国作为物流发展中国家，已在物流动态信息采集技术应用方面积累了一定的经验，例如条码技术、接触式磁条（卡）技术的应用已经十分普遍，但在一些新型的前沿技术，例如RFID技术等领域的研究和应用方面还比较落后。

 **相关链接**

京东物流 RFID 智能仓储解决方案在重庆大件仓全面应用

据京东物流方面消息，2021年1月26日，继5G智能物流园区在北京亚一落地之后，京东在智能物流领域的另一项自主创新技术——RFID智能仓储解决方案在重庆渝北大件自动化仓全面应用。

接下来，该项技术将在包括亚洲一号在内的上百个大件仓进行复制推广，同时，该项技术将向家电家具领域的品牌商全面开放共享，应用于新仓规划及旧仓改造，为大件物流领域提供了数智化升级的路径。

京东物流方面称，RFID无线射频识别是一种非接触式的自动识别技术，该项技术采用RFID电子标签替换原有的商品条码，基于RFID批量、射频非视距读取能力，实现批量盘点及批量复核，可应用于各种复杂环境。

据预测，RFID智能仓储解决方案将使仓内盘点效率提升10倍以上，复核效率提升5倍，仓库运营的整体效能将增长300%。

在智能物流方面，《电商报》了解到，京东物流曾携手北京科技大学、广东联通、河南电信等,探索和建设 5G 智能物流园区。

2019 年 3 月,京东物流就宣布率先在上海嘉定建设国内首个 5G 智能物流示范园区。之后,京东物流 CEO 王振辉透露,随着 5G 时代到来,将在 2019 年 11 月前投用国内首个 5G 智能物流示范园区。

资料来源:http://lcn2000.com/gongsi/11656.html.

 **项目小结**

物流信息技术是物流现代化的重要标志,也是物流技术中发展最快的领域之一。物流信息技术包括计算机技术、网络技术、信息分类编码技术、条码技术、射频识别技术、电子数据交换技术、全球定位系统(GPS)、地理信息系统(GIS)等。利用信息技术可提高供应链活动的效率性,增强整个供应链的经营决策能力。

思考题

1. 什么是信息,它有哪些性质?
2. 什么是物流信息?它具有哪些特点?
3. 物流信息的作用有哪些?
4. 什么是物流信息技术?它主要应用在哪些领域?
5. 物流信息技术由哪些内容构成?
6. 常用的物流信息技术有哪些?
7. 信息技术对物流的发展有哪些影响?
8. 物流信息技术在国内的应用状况如何?
9. 物流信息技术的发展将会呈现出哪几种趋势?

案例分析

EDI 可以为京东物流供应链带来哪些帮助

在全球经济一体化的趋势下,供应链水平正在影响着企业甚至是国家在全球的竞争力。当前我国的物流企业发展迅速,完善物流供应链网络,不仅可以拓展国际市场份额,也进一步整合资源提升了物流服务质量和能力。

对于物流行业,目前面临的主要问题是供需双方的信息不同步、供应链各环节之间难以协调以及管理效率等问题。我国供应链场景的复杂性与多样性为物流企业在模式创新以及新技术引入带来了发展机遇,促进全球智能供应链建设,有效地推动产业升级以及降本增效。近年来,国内物流行业开始在其供应链中引入 EDI(电子数据交换)技术,通过知行 EDI 解决方案传输供应链中交互的业务数据,助力供应链的自动化建设,有效地解决了以上难题。

1. 供需双方的信息不同步

EDI 可以实现企业供应链管理的自动化,例如,生成、发送和记录任何电子交易;集成企业管理系统(ERP 系统);实现在无人工干预的情况下,处理订单、发货通知及发票等业务数据。

2. 供应链各环节之间难以协调

无论是海运、空运,还是陆运,所有的物流信息均可在 EDI 系统中进行统一管理,并且可针对当前收到的业务文件自动生成和发送不同类型的商业文件,如订单、发货通知或送货单等,协调供应链各环节,确保整个物流体系的准确、高效。

3. 供应链管理效率与成本

交易双方进行一次物流交易需要传输大量的数据,通过使用 EDI,完全不需要人工重新核对数据,不仅提高数据处理效率,而且大幅减少了数据错误的概率。大多数的交易都可以使用 EDI 集成业务系统的方式进行自动化处理,减少人力投入,缩短处理时间,提高整个供应链的透明度,从而降低成本,提高服务质量。

数据显示,2020 年京东物流与来自快消、服饰、家电、家居、汽车等多个行业的客户建立合作,企业客户甚至超过 19 万家。其中一体化供应链客户数达到 5.27 万家,相比 2018 年增长 62%。2020 年京东物流总收入达到 734 亿元,来自一体化供应链客户的收入占总收入的比重已经达到 75.8%。

尽管国内物流市场规模庞大,但与欧美发达国家相比,仍然面临着成本高、效率低、体系化程度不高以及供应链服务不足等问题。近年来,国内零售市场的线上份额不断提升,实体产品大力开展线上零售模式,传统线下行业开始向线上转型。市场向线上的转型打开了供应链物流服务商的缺口,这对物流服务商而言,既是机遇,也是挑战。数据量激增致使物流服务商尽快提高供应链管理水平。EDI 的引入将帮助京东物流等物流服务提供商优化供应链,从而实现线上与线下供应链无缝对接的需求。

在数字化方面,EDI 系统不仅可以集成企业的 ERP 系统,还可以集成专有仓库管理系统(WMS)及专有运输管理系统(TMS)等企业管理系统,更加全面、系统地优化物流供应链。专业的 EDI 解决方案将帮助京东物流供应链保持库存水平最小化以及人力成本最优化和提高库存处理效率之间取得平衡,从而获得供应商和客户的更优体验。

当下,无论是消费者还是企业用户,都比以往任何时候期望自己的订单能够得到快速响应,随着客户期望值的不断提高,传统的物流模式正在被不断更新,EDI+供应链的模式将彻底改变物流供应链中数据处理和执行的工作方式。

资料来源:https://www.163.com/dy/article/GNB7O6TC0552F72I.html.

思考与分析:

(1) EDI(电子数据交换)技术的应用对于供应链发展有哪些作用?

(2) 未来 EDI 技术应用与发展,如何助力京东物流的进一步提升?

**实训演练**

实训项目　物流企业信息技术应用调研

(1) 实训目的:通过实训,了解物流企业信息技术应用情况。

(2) 实训内容:通过调研了解物流企业信息技术应用情况,了解物流信息技术在物流企业是如何实施,了解各种物流信息应用技术如何应用于物流活动的各个环节,对企业的物流活动产生了深远的影响。

(3) 实训要求:将参加实训的学生分组,在教师指导下进行调研,完成实训报告。

项目三

电子商务物流成本管理

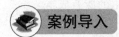 学习目标

知识目标

1. 掌握物流成本及管理的概念,了解物流成本影响的因素;
2. 熟悉物流成本构成,理解物流成本的项目、范围及支付形态;
3. 掌握物流成本计算的目的与方法,熟悉企业物流成本计算表。

能力目标

1. 能够结合成本核算的方法,对企业物流进行成本核算、预算与决策;
2. 能够用物流成本管理理论说明和解释相关物流实务,并进行评价和指导。

素养目标

1. 具备良好的职业道德修养,能遵守职业道德规范;
2. 树立自由、平等、公正与法制意识,确保物流成本考核的公正性。

案例导入

越南物流成本居高不下,占 GDP 16.8%～17%

2020 年 11 月 19 日,越南物流服务企业协会统计数据显示,越南物流成本占 GDP 的 16.8%～17%,相当于 420 亿美元的规模,物流成本远远高于地区周边国家。

对于越南的物流成本,越南工商会主席武晋禄表示,这仍然是一个"瓶颈",降低了企业尤其是整个经济的竞争力。越南需克服物流"瓶颈",通过应用信息技术和数字化在物流发展上取得突破。

据统计,目前越南有 4 000～4 500 家企业直接提供物流服务,其中九成属于中小企业。在物流企业的数字化转型方面,越南政府已发布多项指示和决定,目前约有 40%的物流企业已经实施了数字化转型。

另外,越南物流协会表示,越南物流业的国际运输能力仍非常薄弱。当前,越南没有海运公司能承运国内货物到国际市场。同时,越南的货运飞机运输发展也很薄弱。据悉,越南政府也正同步完善物流发展机制,并吸引投资发展公路、铁路、海港和机场交通基础设施等。

结合"一带一路"经济共同发展、合作共赢战略,我国圆通、顺丰、中通、百世在内的企业纷纷在越南布局快递物流业务。其中,百世集团于 2019 年 10 月正式启动在越南的快递业务,2020年9月,该集团还发布了东南亚"自邮寄"服务产品,主要提供中国与泰国、越南、马来西亚、柬埔寨、新加坡五国之间的跨境物流服务。2019年11月,圆通国际正式开通越南国际快递包裹业务,为中越及国际客户提供全方位的快递和物流解决方案。

资料来源:http://lcn2000.com/wlnews/10450.html.

思考与分析:物流活动包含哪些重要的成本项目与费用?

任务一 电子商务物流成本概述

一、物流成本的概念

1956年,物流成本理论最先在美国形成,斯蒂尔和刘易斯·克林顿认为因物流活动而发生的费用即是物流成本。生产企业的物流成本是由商品生产所需物料采购到商品运送至消费者手中的过程中,发生全部物流活动产生的费用。在日本出版的《物流手册》中,用消耗的数额来评价物流活动的实际情况。在我国物流成本管理理论的发展过程中,在《企业物流成本构成与计算》(GB/T 20523—2006)中定义了物流成本,物流成本是指随企业的物流活动而发生的费用,是物流活动中耗用的物化劳动和活劳动的货币表现,是物品在实物运动过程中,如运输、仓储、装卸搬运、包装、流通加工、配送、物流管理、物流信息处理等各个环节支出的人力、财力和物力的总和以及与保证生产有关的库存成本。

物流成本根据使用的范围有广义和狭义之分。狭义的物流成本主要是指流通企业的物流成本,包括由于物品移动而产生的运输、包装、装卸等费用。广义的物流成本主要是生产企业的物流成本,包括生产、流通、消费全过程的物品实体与价值变化而发生的全部费用。它具体包括生产企业内部原材料的采购、供应,经过生产制造中的半成品的仓储、搬运、装卸、包装、运输以及在消费领域发生的验收、分类、仓储、保管、配送、废品回收等环节发生的所有成本。

物流成本按不同的标准有不同的分类,按产生物流成本主体的不同,可以分为企业自身物流成本和委托第三方从事物流业务所发生的费用(即委托物流费)。按物流的功能不同,可以对物流成本做以下分类。

(1)运输成本。其主要包括人工费用,如运输人员工资、福利、奖金、津贴和补贴等;营运费用,如营运车辆燃料费、折旧、维修费、养路费、保险费、公路运输管理费等;其他费用,如差旅费、事故损失、相关税金等。

(2)仓储成本。其主要包括建造、购买或租赁等仓库设施设备的成本和各类仓储作业带来的成本,如出入库作业、理货作业、场所管理作业、分区分拣作业中的人工成本和相关机器设备费用。

(3)流通加工成本。其主要包括流通加工设备费用、流通加工材料费用、流通加工劳务费用及其他(如在流通加工中耗用的电力、燃料、油料等)费用。

(4)包装成本。其包括包装材料费用、包装机械费用、包装技术费用、包装人工费用等。

(5)装卸与搬运成本。其主要包括人工费用、资产折旧费、维修费、能源消耗费及其他相关费用。

(6)物流信息和管理费用。其包括企业为物流管理所发生的差旅费、会议费、交际费、管理信息系统费及其他杂费。

需要指出的是,广义的仓储费用包括流通加工成本及装卸搬运成本,由于这两者在整个仓储成本中占有较大的比例,所以单独列出,以加强物流成本管理。

二、物流成本的影响因素

影响物流成本的因素很多,主要涉及以下几个方面。

(1)产品因素。企业的产品是企业的物流对象。因此,企业的产品是影响物流成本的首要因素。不同企业的产品,在产品的种类、属性、重量、体积、价值和物理、化学性质方面都可能不同,这些对企业的物流活动(如仓储、运输、物料搬运的成本问题)均会产生不同的影响。

(2)物流服务。物流服务对企业物流成本也是有影响的。随着市场竞争的加剧,物流服务越来越成为企业创造持久竞争优势的有效手段。更好的物流服务会增加收入,但同时也会提高物流成本。例如,为改进顾客服务水平,通常使用溢价运输,这对总成本的影响是双方面的:运输成本曲线将向上移动,以反映更高的运输费用;库存费用曲线将向下移动,以反映由于较低的临时库存而导致平均库存的减少。

(3)核算方式。各企业不同的会计记账需要导致了对于物流成本目前存在着很多不同的核算方式,从而使各企业的物流成本除"量"的差异外,还存在着"质"的差异。我国尚未建立起企业物流成本的核算标准。在日本,虽然对物流成本的核算已经有了一套成型的标准,但该标准并不是只统一了一种标准,而是提供了三种不同类别的核算方式的标准,从不同角度对物流成本进行归集和对比,以指导和适应不同企业对于物流成本核算的要求。

(4)物流运作方式。企业的物流运作方式分为自营物流和外包物流两种。随着市场竞争的加剧,企业的物流运作方式从最初的所有物流业务全部自营,逐渐发展为部分物流业务的外包直至全部外包。其重要原因就是希望通过外包寻求企业物流成本的降低。

三、物流成本管理的概念

物流成本管理是对物流相关费用进行的计划、协调与控制。物流成本管理是通过成本去管理物流,即管理的对象是物流而不是成本。物流成本管理可以说是以成本为手段的物流管理方法。物流成本管理的意义在于,通过对物流成本的有效把握,利用物流要素之间的效益背反关系,科学、合理地组织物流活动,加强对物流活动过程中费用支出的有效控制,降低物流活动中的物化劳动和活劳动的消耗,从而达到降低物流总成本,提高企业和社会经济效益的目的。

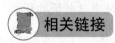 相关链接

新疆 31 条举措降低物流成本

为落实国家关于进一步降低物流成本的工作部署,优化新疆物流运行环境,新疆维吾尔自治区发展改革委、交通运输厅发布《关于进一步降低物流成本的实施意见》(简称《意见》),围绕"进一步降低物流成本、提升物流效率",发布 7 个方面 31 条举措。

"十三五"时期,新疆物流产业规模快速扩张,多种运输方式协同发展,物流运行效率有所提升。此外,铁路货运量增速明显高于公路运输,货运结构调整效果显著,而且社会物流

费用水平持续下降，物流总费用与 GDP 的比率已下降到 16％。但新疆物流产业总体发展基础还比较薄弱，物流成本高、效率低的问题仍然突出。

《意见》提出了七个方面政策措施，推进物流基础设施建设，构建高效物流运行网络。促进乌鲁木齐、哈密、库尔勒、霍尔果斯等市的国家物流枢纽、冷链物流以及应急物流设施建设，完善城乡配送设施。

推动物流设施设备高效衔接，降低物流联运成本，促进多式联运设施设备发展，推进铁路专用线及货运设施建设。推广"一单制"，有效运用物流标准化设施及装卸器具。

深化改革降低物流制度成本，完善证照和许可办理程序，科学推进治理车辆超限超载，维护道路货运市场正常秩序，优化城市配送管理，推进通关便利化，深化铁路市场化改革。

加强土地和资金保障，降低物流要素成本，保障物流用地需求，完善物流用地考核，拓宽融资渠道，完善风险补偿分担机制。

深入落实减税降费措施，降低物流税费成本，落实物流领域税费优惠政策，降低货运车辆公路通行成本，健全物流领域收费调节机制，规范沿边口岸收费，加强物流领域收费行为监管。

加强物流信息资源开放共享，降低物流信息成本，减轻货运车辆定位信息成本负担。推动物流业提质增效，降低物流综合成本，推进中欧班列高质量开行，培育骨干物流企业，提高现代供应链发展水平，加快发展智慧物流，积极发展绿色物流。

《意见》要求，各地各部门要加强政策统筹协调，切实落实工作责任，结合本地区本部门实际认真组织实施。新疆维吾尔自治区发展改革委和交通运输厅要会同有关部门建立自治区物流降本增效联席会议工作机制，加强工作指导，及时总结典型经验做法，确保各项政策措施落地见效。

资料来源：https://www.56tim.com/archives/171217.

任务二 物流成本构成

我国生产企业物流成本的构成根据国家标准《企业物流成本构成与计算》（GB/T 20523—2006）的要求划分，包括企业物流成本项目构成、企业物流成本范围构成和企业物流成本支付形态构成三种类型。不同的物流成本项目有不同的支付形态，也存在于不同的物流范围阶段，所以我国物流成本是企业物流成本各个项目成本的总和。物流成本的消耗主要发生在三个方面：①伴随着物资的物理性流通活动发生的费用以及从事这些活动所必需的设备、设施费用；②完成物流信息的传送和处理活动所发生的费用以及从事这些活动所必需的设备和设施费用；③对上述活动进行综合管理所发生的费用。

一、物流成本项目构成

按成本项目划分，物流成本由物流功能成本和存货相关成本构成。其中物流功能成本包括物流活动过程中所发生的包装成本、运输成本、仓储成本、装卸搬运成本、流通加工成本、物流信息成本和物流管理成本，存货相关成本包括企业在物流活动过程中所发生的与存货有关的资金占用成本、物品损耗成本、保险和税收成本。企业物流成本项目构成见表 3-1。

表 3-1　企业物流成本项目构成

成本分类	成本项目		内 容 说 明
物流功能成本	物流运作成本	运输成本	一定时期内,企业为完成货物运输业务而发生的全部费用,包括从事货物运输业务的人员费用、车辆(包括其他运输工具)的燃料费、折旧费、维修保养费、租赁费、养路费、过路费、年检费、事故损失费、相关税金等
		仓储成本	一定时期内,企业为完成货物储存业务而发生的全部费用,包括仓储业务人员费用、仓储设施的折旧费、维修保养费、水电费、燃料与动力消耗等
		包装成本	一定时期内,企业为完成货物包装业务而发生的全部费用,包括包装业务人员费用,包装材料消耗,包装设施折旧费、维修保养费,包装技术设计、实施费用以及包装标记的设计、印刷等辅助费用
		装卸搬运成本	一定时期内,企业为完成装卸搬运业务而发生的全部费用,包括装卸搬运业务人员费用、装卸搬运设施折旧费、维修保养费、燃料与动力消耗等
		流通加工成本	一定时期内,企业为完成货物流通加工业务而发生的全部费用,包括流通加工业务人员费用,流通加工材料消耗,加工设施折旧费、维修保养费,燃料与动力消耗费等
	物流信息成本		一定时期内,企业为采集、传输、处理物流信息而发生的全部费用,指与订货处理、储存管理、客户服务有关的费用,具体包括物流信息人员费用、软硬件折旧费、维护保养费、通信费等
	物流管理成本		一定时期内,企业物流管理部门及物流作业现场所发生的管理费用,具体包括管理人员费用、差旅费、办公费、会议费等
存货相关成本	资金占用成本		一定时期内,企业在物流活动过程中负债融资所发生的利息支出(显性成本)和占用内部资金所发生的机会成本(隐性成本)
	物品损耗成本		一定时期内,企业在物流活动过程中所发生的物品跌价、损耗、毁损、盘亏等损失
	保险和税收成本		一定时期内,企业支付的与存货相关的财产保险费以及因购进和销售物品应交纳的税金支出

相关链接

降低仓储成本的措施

降低仓储成本要在保证物流总成本最低和不降低企业的总体服务质量和目标水平的前提下进行,常见措施如下。

(1)用先进先出方式,减少仓储物的保管风险。先进先出是储存管理的准则之一,它能

保证每个被储物的储存期不至于过长,降低仓储物的保管风险。

(2)提高储存密度和仓容利用率。其主要目的是减少储存设施的投资,提高单位存储面积的利用率,以降低成本、减少土地占用。

(3)采用有效的储存定位系统,提高仓储作业效率。储存定位的含义是被储存物位置的确定。如果定位系统有效,能大幅节约寻找、存放、取出的时间,防止差错,方便清点。储存定位系统可采取先进的计算机管理,也可采取一般人工管理。

(4)采用有效的收测清点方式,提高仓储作业的难易程度。对储存物资数量和质量的监测有利于掌握仓储的基本情况,也有利于科学控制库存。在实际操作中稍有差错,就会使账物不符,必须及时且准确地掌握实际储存情况,经常与账卡核对,确保仓储物资的完好无损,这是人工管理或计算机管理必不可少的工作。此外,经常监测也可检测被存物资的状况。

(5)加速周转,提高单位仓容产出。储存现代化的重要课题是将静态储存变为动态储存,周转速度快会带来一系列的好处:资备用转快、资本效益高、货损货差小、仓库吞吐能力增加、成本下降等。具体做法诸如采用单元集装存储,建立快速分拣系统,有利于实现快进快出、大进大出。

(6)采取多种经营,盘活资产。仓储设施和设备的投入,只有在充分利用的情况下才能获得收益,如果不能投入使用或只是低效率使用,只会造成成本的加大。仓储企业应及时决策,采取出租、借用、出售等多种经营方式盘活这些资产,提高资产设备的利用率。

(7)加强劳动管理。工资是仓储成本的重要组成部分,劳动力的合理使用,是管理人员工资的基本原则。我国是具有劳动力优势的国家,工资较低廉,较多使用劳动力是合理的选择。但对劳动进行有效管理,避免人浮于事,出工不出力或效率低下也是成本管理的重要方面。

(8)降低经营管理成本。经营管理成本是企业经营活动和管理活动的费用和成本支出,包括管理费、业务费、交易成本等。加强该类成本管理,减少不必要支出,也能实现成本降低。当经营管理成本费用的支出时常不能产生直接的收益和回报,又不能完全取消时,加强管理是很有必要的。

仓储活动是推动生产发展、满足市场供应不可缺少的一个环节。仓储成本是物流成本中比较容易控制和管理的,随着物流活动中技术水平的提高、仓储效率的提高,仓储成本也在发生变化。要清楚仓储在物流活动中的重要性,存在的问题,仓储成本控制的内容,才能采取相应对策,解决问题,降低成本,提高效率。

资料来源:http://www.chinawuliu.com.cn/zixun/201802/11/328667.shtml.

二、物流成本范围构成

按物流成本产生的范围划分,物流成本由供应物流成本、企业内物流成本、销售物流成本、回收物流成本及废弃物流成本构成。

(1)供应物流成本。经过采购活动,将企业所需原材料(生产资料)从供给者的仓库运回企业仓库为止的物流过程中所发生的物流费用。

(2)企业内物流成本。从原材料进入企业仓库开始,经过出库、制造形成产品以及产品进入成品库,直到产品从成品库出库为止的物流过程中所发生的物流费用。

(3)销售物流成本。为了进行销售,产品从成品仓库运动开始,经过流通环节的加工制造,直到运输至中间商的仓库或消费者手中的物流活动过程中所发生的物流费用。

（4）回收物流成本。退货、返修物品和周转使用的包装容器等从需方返回供方的物流活动过程中所发生的物流费用。

（5）废弃物流成本。将经济活动中失去原有使用价值的物品，根据实际需要进行收集、分类、加工、包装、搬运、储存等，并分送到专门处理场所的物流活动过程中所发生的物流费用。

三、物流成本支付形态构成

按物流成本支付形态划分，企业物流总成本由内部物流成本和委托物流成本构成。其中内部物流成本分为材料费、人工费、维护费、一般经费和特别经费，见表3-2。

表3-2 企业物流成本支付形态构成

成本支付形态		内容说明
内部物流成本	材料费	资材费、工具费、器具费等
	人工费	工资、福利、奖金、津贴、补贴、住房公积金等
	维护费	土地、建筑物及各类物流设施设备的折旧费、维护维修费、租赁费、保险费、税金、燃料与动力消耗费等
	一般经费	办公费、差旅费、会议费、通信费、水电费、煤气费等
	特别经费	存货资金占用费、物品损耗费、存货保险费和税费
委托物流成本		企业向外部物流机构所支付的各项费用

任务三 物流成本计算

一、物流成本计算对象

本书以物流成本项目、物流范围和物流成本支付形态作为物流成本计算对象。

（1）成本项目类别物流成本。成本项目类别物流成本指以物流成本项目作为物流成本计算对象，具体包括物流功能成本和存货相关成本。其中，物流功能成本指在包装、运输、仓储、装卸搬运、流通加工、物流信息和物流管理过程中所发生的物流成本。存货相关成本指企业在物流活动过程中所发生的与存货有关的资金占用成本、物品损耗成本、保险和税收成本。

企业物流
成本计算

（2）范围类别物流成本。范围类别物流成本指以物流活动的范围作为物流成本计算对象，具体包括供应物流、企业内物流、销售物流、回收物流和废弃物流等不同阶段所发生的各项成本支出。

（3）形态类别物流成本。形态类别物流成本指以物流成本的支付形态作为物流成本计算对象。具体包括委托物流成本和企业内部物流成本。其中，企业内部物流成本的支付形态具体包括材料费、人工费、维护费、一般经费和特别经费。

二、物流成本计算的目的

物流成本计算的目的是要促进企业加强物流管理，提高管理水平，创新物流技术，提高物流效益。具体地说,物流成本计算的目的体现在以下几个方面。

(1)通过对企业物流成本的全面计算,弄清物流成本的大小,从而提高企业内部对物流重要性的认识。

(2)通过对某一具体物流活动的成本计算,弄清物流活动中存在的问题,为物流运营决策提供依据。

(3)按不同的物流部门组织计算,计算各物流部门的责任成本,评价各物流部门的业绩。

(4)通过对某一物流设备或机械(如单台运输卡车)的成本计算,弄清其消耗情况,谋求提高设备效率、降低物流成本的途径。

(5)通过对每个客户物流成本的分解核算,为物流服务收费水平的制定以及有效的客户管理提供决策依据。

(6)通过对某一成本项目的计算,确定本期物流成本与上年同期成本的差异,查明成本超降的原因。

(7)按照物流成本计算的口径计算本期物流实际成本,评价物流成本预算的执行情况。

三、企业物流成本计算表

物流成本计算以物流成本项目、物流范围和物流成本支付形态三个维度作为成本计算对象。物流成本表包括成本项目、范围和支付形态三个维度,具体包括企业物流成本表(主表,表3-3)和企业内部物流成本支付形态表(附表,表3-4)。

表3-3　企业物流成本表(主表)

编制单位:　　　　　　　　　　　年　月　　　　　　　　　　　单位:元

成本项目			范围和支付形态																
			供应物流成本			企业内物流成本			销售物流成本			回收物流成本			废弃物流成本			物流总成本		
			内部	委托	小计	内部	委托	小计	内部	委托	小计	内部	委托	小计	内部	委托	小计	内部	委托	合计
物流功能成本	物流运作成本	运输成本																		
		仓储成本																		
		包装成本																		
		装卸搬运成本																		
		流通加工成本																		
		小计																		
	物流信息成本																			
	物流管理成本																			
合　计																				

续表

成本项目		范围和支付形态																	
		供应物流成本			企业内物流成本			销售物流成本			回收物流成本			废弃物流成本			物流总成本		
		内部	委托	小计	内部	委托	小计	内部	委托	小计	内部	委托	小计	内部	委托	小计	内部	委托	合计
存货相关成本	资金占用成本																		
	物品损耗成本																		
	保险和税收成本																		
	其他成本																		
	合　计																		
物流总成本																			

表 3-4　企业内部物流成本支付形态表(附表)

编制单位：　　　　　　　　　年　月　　　　　　　　　　　　　　单位:元

成本项目			内部支付形态					
			材料费	人工费	维护费	一般经费	特别经费	合计
物流功能成本	物流运作成本	运输成本						
		仓储成本						
		包装成本						
		装卸搬运成本						
		流通加工成本						
		小计						
	物流信息成本							
	物流管理成本							
	合　计							
存货相关成本	资金占用成本							
	物品损耗成本							
	保险和税收成本							
	其他成本							
	合　计							
物流成本合计								

四、物流成本计算的方法

1. 基本思路

(1) 可从现行成本核算体系中予以分离的物流成本。对于现行成本核算体系中已经反映但分散于各会计科目之中的物流成本,企业在按照会计制度的要求进行正常成本核算的同时,可根据本企业实际情况,选择在期中同步登记相关物流成本辅助账户,通过账外核算得到物流成本资料;或在期末(月末、季末、年末)通过对成本费用类科目再次进行归类整理,从中分离出物流成本。

(2) 无法从现行成本核算体系中予以分离的物流成本。对于现行成本核算体系中没有反映但应计入物流成本的费用即存货占用自有资金所产生的机会成本,根据有关存货统计资料按规定的公式计算物流成本。

2. 具体方法和步骤

(1) 可从现行成本核算体系中予以分离的物流成本。对现行成本核算体系中已经反映但分散于各会计科目之中的物流成本,应按以下步骤计算。

第一步,设置物流成本辅助账户,按物流成本项目设置运输成本、仓储成本、包装成本、装卸搬运成本、流通加工成本、物流信息成本、物流管理成本、资金占用成本、物品损耗成本、保险和税收成本二级账户,并按物流范围设置供应物流、企业内物流、销售物流、回收物流和废弃物流三级账户,对于内部物流成本,还应按费用支付形态设置材料费、人工费、维护费、一般经费、特别经费费用专栏。上述物流成本二级账户、三级账户及费用专栏设置次序,企业可根据实际情况选择。

第二步,对企业会计核算的全部成本费用科目包括管理费用、营业费用、财务费用、生产成本、制造费用、其他业务支出、营业外支出、材料采购、应交税金等科目及明细项目逐一进行分析,确认物流成本的内容。

第三步,对于应计入物流成本的内容,企业可根据本企业实际情况,选择在期中与会计核算同步登记物流成本辅助账户及相应的二级、三级账户和费用专栏,或在期末(月末、季末、年末)集中归集物流成本,分别反映出按物流成本项目、物流范围和物流成本支付形态作为归集动因的物流成本数额。

第四步,期末(月末、季末、年末),汇总计算物流成本辅助账户及相应的二级、三级账户和费用专栏成本数额,按照表 3-3 和表 3-4 的内容要求逐一填列。

(2) 无法从现行成本核算体系中予以分离的物流成本。对于现行成本核算体系中没有反映但应计入物流成本的费用即存货占用自有资金所产生的机会成本,其计算步骤如下。

第一步,期末(月末、季末、年末)对存货按在途和在库两种形态分别统计出账面余额。

第二步,按照公式存货资金占用成本=存货账面价值×企业内部收益率(或一年期银行贷款利率)计算出存货占用自有资金所产生的机会成本,并按供应物流、企业内物流和销售物流分别予以反映。

第三步,根据计算结果,按照表 3-3 和表 3-4 的内容要求填列。

任务四　物流成本管理与控制在实践中的应用

一、物流成本管理理论

1. 物流是第三利润源

"第三利润源"学说最初是由日本早稻田大学教授西泽修提出的。1970 年,西泽修教授在其著作《流通费用——不为人知的第三利润源泉》中，认为物流可以为企业提供大量直接或间接的利润，是形成企业经营利润的主要活动。人类历史上曾经有两个大量提供利润的领域：第一个是资源领域，挖掘对象是生产力中的劳动对象；第二个是人力领域，挖掘对象是生产力中的劳动者。所谓"物流是第三利润源"，是指通过物流合理化降低物流成本，成为继降低劳动力资源

物流成本控制

和物质资源消耗之后企业获取利润的第三种途径。正是由于在物流领域存在着广阔的降低成本的空间，物流问题才引起企业经营管理者的重视，企业物流管理可以说是从对物流成本的关心开始的。

2. 物流成本冰山理论

物流成本冰山理论是由早稻田大学的西泽修教授提出的。西泽教授指出，盈亏计算中的"销售费和一般管理费"栏中记载的"外付运费"和"外付保管费"的现金金额，不过是冰山一角。因为在公司内部占压倒多数的物流成本混入其他费用之中，如不把这些费用核算清楚，很难看出物流费用的全貌。物流成本的计算范围，各公司均不相同，因此无法与其他公司比较，也不存在行业的平均物流成本。因为外付物流成本与向公司外委托的多少有关，因此不能进行比较，即使比较，也没有什么意义。物流成本中，有不少是物流部门无法控制的。如保管费中就包括由于过多进货或过多生产而造成积压的库存费用，以及紧急运输等例外发货的费用。从销售方面看，物流成本并没有区分多余的服务和标准服务的不同。如物流成本中，多包含促销费用。物流成本之间存在效益背反规律，在物流功能之间，一种功能成本的削减会使另一种功能的成本增多，因为各种费用互相关联，必须考虑整体的最佳成本。

3. 黑大陆学说

由于物流成本管理存在的问题及有效管理对企业盈利和发展的重要作用，1962年，著名的管理学家彼得·德鲁克在《财富》杂志上发表了题为《经济的黑色大陆》一文，他将物流比作"一块未开垦的处女地"，强调应高度重视流通及流通过程中的物流管理。在财务会计中把生产经营费用大致划分为生产成本、管理费用、营业费用、财务费用，然后把营业费用按各种支付形态进行分类。这样，在利润表中所能看到的物流成本在整个销售额只占极少的比重。因此物流的重要性当然不会被认识到，这就是物流被称为"黑大陆"的一个原因。"黑大陆"学说也是对物流本身的正确评价，即这个领域未知的东西还有很多，理论与实践皆不成熟。

4. 效益背反理论

"效益背反"理论被广大学者称为"二律背反"理论，在物流界长久存在着，许多学者为解决这一问题进行了不懈的研究。在物流发生过程中，各个环节之间既紧密联系，又存在着不可避免的利益冲突，即在优化某一物流环节，另外的一个或几个物流环节的利益就要受到损害或者损失。在一个物流系统中，物流成本是核心，在降低物流成本的同时，物流的服务水平也会有所降低，因此优化物流系统，要综合考虑物流服务水平和各个功能要素之间的关系，从总成本的角度出发，调整各个要素之间的矛盾，使整个物流系统的总成本最低。

5. 其他学说

（1）成本中心说。成本中心说是指物流在企业的战略整修中，只对企业营销活动的成本发生影响，物流是企业成本重要的产生点。解决物流的问题，即不是主要解决物流整个过程趋于合理化和现代化问题，也不是为了生产中各个环节的顺畅进行，而是协调物流过程中

各个环节,通过先进的物流管理和物流活动有序合理地降低物流成本。因此,成本中心说是企业成本的产生原因,也是降低企业成本的关键点,物流领域广泛流传的"降低企业成本的关键"的说法是对成本中心说的精确表达。

(2)利润中心说。利润中心说是指物流活动可以为企业创造大量直接和间接的利润,是企业经营利润形成的主要活动。物流活动不仅是对企业而言,也是我国经济发展和获取利润的重要活动,因此,物流有"第三利润源"的说法。

(3)服务中心学说。服务中心学说由美国和欧洲的学者提出,他们认为,物流活动的重要作用不是为企业节约资本增加利润,而是通过提高企业对客户的服务水平,提高企业的竞争能力。他们认为物流活动属于企业的后勤活动,对于一个企业来说,物流服务活动保障了企业经营的顺利开展,企业通过其整体能力压缩物流成本的支出增加利润。

(4)战略说。战略说在物流领域非常盛行,它认为应该加大对物流的认识和关注,应该把物流研究放在重要的位置。在物流领域和企业里,应该加大管理力度和学习先进的物流管理理论,这是企业发展的战略需求,是物流发生过程中流程的简单管理。

二、作业成本法

1. 作业成本法概述

作业成本法(简称 ABC)由 20 世纪 50 年代被美国会计学家埃里克·科勒教授提出,并在 20 世纪 80 年代被美国芝加哥大学的罗宾·库珀和 S. 卡普兰进一步发展,已被广泛应用到工业、商业、交通运输、金融业和公用事业等领域。作业成本法的基础是作业消耗资源、产品消耗作业。作业成本法的本质是将"作业"作为分配间接费用的基础。作业成本法的计算,要求首先根据作业对资源的消耗情况将资源成本分配到作业,其次依据成本动因跟踪到产品成本,即资源—作业—产品。作业成本法是一个以作业为基础的科学信息系统,它把成本计算从以"产品"为中心转移到以"作业"为中心,并以资源流动为线索,以资源耗用的因果关系作为成本分配依据,对所有作业活动进行动态跟踪反映和分析,大幅拓展了成本核算范围。

2. 作业成本法在企业物流成本管理中的应用

作业成本法在物流成本管理中的应用有两条主线:①作业成本基础决策。作业成本基础决策主要是运用作业成本法的计算方法,是针对基础性物流活动进行决策,如物流成本核算、物流成本相关决策、供应商选择、自制或外包决策等;②作业成本管理(ABM)。作业成本管理是将作业成本法转变为一种管理思想,通过对流程、相关成本和作业动因分析来更好地管理企业,最终提高企业的经济效益,如客户关系管理、作业成本管理、物流作业绩效评价等。随着作业成本法的不断发展,它被广泛运用于物流成本核算、供应商选择、物流成本预算管理和物流作业基础绩效评价。

 相关链接

作业成本法应用基本步骤

步骤一:直接成本费用的归集。直接成本包括直接材料、直接人工及其他直接费用,其计算方法与传统的成本计算方法一样。直接材料易于追溯到成本对象上,通常在生产成本中占有较大的比重,它计算正确与否,对于产品成本的高低和成本的正确性有很大影响。为

了加强控制、促进节约、保证费用归集的正确性,直接材料从数量到价格等各个方面,都必须按成本核算的原则和要求,认真对待。直接人工是直接用于产品生产而发生的人工费用。

步骤二:作业的鉴定。在企业采用作业成本核算系统之前,首先要分析确定构成企业作业链的具体作业,这些作业受业务量而不是产出量的影响。作业的确定是作业成本信息系统成功运行的前提条件。作业的鉴定与划分是设计作业成本核算系统的难点与重点,作业划分得当,能确保作业成本信息系统的正确度与可操作性。

步骤三:成本库费用的归集。在确定了企业的作业划分之后,就需以作业为对象,根据作业消耗资源的情况,归集各作业发生的各种费用,并把每个作业发生的费用集合分别列作一个成本库。

步骤四:成本动因的确定。成本动因即为引起成本发生的因素。为各成本库确定合适的成本动因,是作业成本法成本库费用分配的关键。在通常的情况下,一个成本库有几个成本动因,有的成本动因与成本库费用之间存在弱线性相关性,有的成本动因与成本库费用之间存在着强线性关系。这一步的关键就在于为每一成本库选择一个与成本库费用存在强线性关系的成本动因。

步骤五:成本动因费率计算。成本动因费率是指单位成本动因所引起的制造费用的数量。成本动因费率的计算用下式表示:成本动因费率＝成本库费用/成本库成本动因总量。

步骤六:成本库费用的分配。计算出成本动因费率后,根据各产品消耗各成本库的成本动因数量进行成本库费用的分配,每种产品从各成本库中分配所得的费用之和,即为每种产品的费用分配额。

步骤七:产品成本的计算。生产产品的总成本即生产产品所发生的直接成本与制造费用之和:总成本＝直接材料＋直接人工＋制造费用。

资料来源:https://www.gaodun.com/wenda/zhongji/69188.html.

三、量本利分析法

1. 量本利分析法概述

量本利分析法由美国沃尔特·劳漆斯特劳赫在 20 世纪 30 年代首创。其基本原理是:当产量增加时,销售收入成正比增加;但固定成本不增加,只是变动成本随产量的增加而增加,因此,企业的总成本的增长速度低于销售收入的增长速度,当销售收入和总成本相等时(销售收入线与总成本线的交点),企业不盈也不亏损,这时的产量称为"盈亏平衡点"产量。

2. 量本利分析法在物流成本控制中的应用

在不考虑税金的情况下,物流系统的量本利三者之间的关系可用数学模型来表示:

$$P = R - (V + F) = KQ - (\text{VC} + F) = (K - \text{VC})Q - F$$

式中,R 为销售(物流业务收入);VC 为单位产品(单位产品业务量)的变动成本;F 为固定成本;K 为单位产品(单位产品业务量)销售价格;Q 为产品销售量(物流业务量)。

当利润为零,盈亏平衡时,则有 $P = KQ - (\text{VC} + F) = 0$,按照 $KQ = F + \text{VC}$ 的关系,物流业务的销售量的计算公式为

$$q = Q = F \div (K - \text{VC})$$

式中,q 为盈亏平衡时的销售量。

当利润为某一确定值时,物流的销售量计算公式为

$$Q = F + p' \div (K - \text{VC})\, P$$

四、降低物流成本策略

（1）健全企业物流管理体制，优化物流流程。企业降低物流成本首先应该从健全物流管理体制、优化物流流程入手，从组织上保证物流管理的有效进行。设置专业物流管理结构，培养物流管理骨干，将经营意识、双赢意识灌输到物流管理过程中去，实现物流管理的合理化。利用现代物流理念作指导，重新审视企业的物流系统和物流运作方式，吸收先进的物流管理方法，结合企业自身实际，寻找改善物流管理方法，有效降低物流成本的切入点。

（2）建立科学合理的物流成本核算体系，实行物流费用单独核算。明确物流成本的核算内容和核算方法，以企业整体成本为对象削减物流成本，建立企业物流成本的构成模式。建立物流成本统一口径，进行全国范围的统计，建立物流成本数据库，切实掌握物流系统的成本，实施以活动为基础的成本核算制度，以正确评价物流绩效。

（3）加强企业职工的成本管理意识，建立物流责任成本控制制度。企业的任何活动，都会发生成本，都应在成本控制的范围之内。任何成本都是人的某种作业的结果，只能由参与或者有权干预这些活动的人来控制，所以，企业的全体员工都要树立成本效益观，积极参与成本管理，这样就把降低成本的工作从物流管理部门扩展到企业的各个部门，并在产品开发、生产、销售全生命周期中，进行物流成本管理，使企业员工具有长期发展的"战略性成本意识"。企业要建立物流责任成本控制制度，把物流成本按相关标准分成经济责任，层层落实到部门、物流过程以及个人，这样可以增强各部门、单位、个人的责任感，促进他们在各自的责权范围内，对物流成本行使控制权，达到降低物流成本、提高企业经济效益的目的。

（4）提高物流速递，严格控制存储费用。提高物流周转率、减少库存费用是降低物流成本的重要途径。提高物流速度，既可以减少资金占用，缩短物流周期，又能降低存储费用，从而节省物流成本。提高物流速度可以通过加快采购物流、生产物流、配送物流、销售物流等措施，来缩短整个物流周期，加大资金利用率。

（5）建立现代化的物流信心系统，控制和降低物流成本。建立现代物流信息系统，是为了使企业在各项经营活动开展过程中，对从接受订货到发货的各种物流职能进行控制，使之实现高效率。其目标首先是提高为客户服务的质量，也就是将接受订货的商品迅速、准确地交给客户；其次是降低物流成本，消除与物流各种活动有关的浪费现象，运用协调而有效率的物流系统降低总成本。

（6）利用物流外包降低企业物流成本和投资成本。企业把物流外包给专业化的第三方物流公司，利用其专业优势、规模效应和增值服务，可以缩短商品在途时间，减少商品周转过程的费用和损失，有效地节约物流成本，同时，企业可以通过外向资源配置避免在设备、技术、研究开发上的大额投资。有条件的企业可以采用第三方物流公司直供上线，实现零库存，降低成本。

 相关链接

国办转发实施意见，进一步降低物流成本

2020年6月2日，国务院办公厅日前转发国家发展改革委、交通运输部《关于进一步降

低物流成本的实施意见》(以下简称《意见》)。

《意见》指出,近年来,社会物流成本水平保持稳步下降,但部分领域物流成本高、效率低等问题仍然突出,特别是受新冠感染疫情影响,社会物流成本出现阶段性上升,难以适应建设现代化经济体系、推动高质量发展的要求。为深入贯彻落实党中央、国务院关于统筹推进疫情防控和经济社会发展工作的决策部署,进一步降低物流成本、提升物流效率,加快恢复生产生活秩序,《意见》提出六个方面政策措施。

(1)深化关键环节改革,降低物流制度成本。完善证照和许可办理程序,加快运输领域资质证照电子化。科学推进治理车辆超限超载。维护道路货运市场正常秩序,建立严厉打击高速公路、国省道车匪路霸的常态化工作机制。优化城市配送车辆通行停靠管理。推进通关便利化。深化铁路市场化改革,开展铁路市场化改革综合试点。

(2)加强土地和资金保障,降低物流要素成本。保障物流用地需求,对重大物流基础设施项目,在建设用地指标方面给予重点保障。完善物流用地考核,合理设置物流用地绩效考核指标。拓宽融资渠道。完善风险补偿分担机制。

(3)深入落实减税降费措施,降低物流税费成本。落实好大宗商品仓储用地城镇土地使用税减半征收等物流领域税费优惠政策。降低公路通行成本。降低铁路航空货运收费。规范海运口岸收费。加强物流领域收费行为监管。

(4)加强信息开放共享,降低物流信息成本。在确保信息安全前提下,向社会开放与物流相关的公共信息。加强列车到发时刻等信息开放。降低货车定位信息成本,规范货运车辆定位信息服务商收费行为。

(5)推动物流设施高效衔接,降低物流联运成本。破除多式联运"中梗阻",持续推进长江航道整治工程和三峡翻坝综合转运体系建设。完善物流标准规范体系,推广应用符合国家标准的货运车辆、内河船舶船型、标准化托盘和包装基础模数。

(6)推动物流业提质增效,降低物流综合成本。推进物流基础设施网络建设,研究制订2021—2025年国家物流枢纽网络建设实施方案,继续实施示范物流园区工程,布局建设一批国家骨干冷链物流基地。培育骨干物流企业,鼓励大型物流企业市场化兼并重组。提高现代供应链发展水平。加快发展智慧物流。积极发展绿色物流。

《意见》要求,各地区、各部门要加强政策统筹协调,切实落实工作责任,结合本地区、本部门实际认真组织实施。国家发展改革委要会同有关部门发挥全国现代物流工作部际联席会议作用,加强工作指导,及时总结推广降低物流成本典型经验做法,协调解决政策实施中存在的问题,确保各项政策措施落地见效。

资料来源:http://www.chinawuliu.com.cn/zixun/202006/03/506598.shtml.

项目小结

物流成本是指随企业的物流活动而发生的费用,是物流活动中耗用的物化劳动和活劳动的货币表现,是物品在实物运动过程中,如运输、仓储、装卸搬运、包装、流通加工、配送、物流管理、物流信息处理等各个环节支出的人力、财力和物力的总和以及与保证生产有关的库存成本。我国生产企业物流成本的构成是根据《企业物流成本构成与计算》(GB/T 20523—2006)的要求划分的,包括企业物流成本项目构成、企业物流成本范围构成和企业物流成本支付形态构成三种类型。

思考题

1. 什么是物流成本？影响物流成本的因素主要有哪些？
2. 物流成本的构成部分主要哪些？
3. 物流成本的计算对象有哪些？物流成本计算的目的是什么？
4. 什么是作业成本分析法？什么是量本利分析法？
5. 降低物流成本的策略主要哪些？

 **案例分析**

揭秘盒马鲜生如何降低成本

盒马主打生鲜产品,保证产品新鲜是其核心竞争力之一,冷链运输在保证产品质量方面发挥至关重要的作用。盒马通过自建冷链运输体系将配送保障权掌握在自己手中,一方面为企业的长足发展提供保障,另一方面也带来物流成本居高不下的问题。我国冷链运输起步晚、技术薄弱,需要更多的资金和技术支持。企业前期需要投入大量资金在冷链车、配送站、多温层仓库、加工中心等基础设施的建设上,成本回收周期至少需要5~10年,这使得盒马斥巨资自建的物流体系难以实现物流成本边际效益最大化,公司的物流成本优势难以突显,盒马鲜生主要通过以下途径降低成本。

1. 构建物流体系,优化提升数据能力与分析

在阿里投资者大会上,侯毅公布了数字化门店的实际效果:盒马同店增长13%,店均营运成本下降30%。降本增效之下,经营一年以上的盒马门店EBITDA(息税折旧摊销前利润)实现整体转正。盒马上线之初,外界对于盒马高昂的经营成本质疑声很大,但经过四年的运营,盒马用实际数据说明,新零售门店的成本不是降不下来,反而通过线上线下一体化、端到端的数据打通、算力的不断提升,运营成本是可以不断下降的。

在云栖大会新零售峰会上,阿里集团副总裁、盒马CTO优昙对盒马的技术价值做了较为详细的阐述,她认为,盒马做的是基于用户价值的全链路数字化运营,这种运营的具体内涵包含四点,分别是可触达、可识别、可洞察和可运营。可触达是指盒马依托阿里生态,出现在多个流量入口,如饿了么、天猫、支付宝等,从而能更多地触达用户;可识别是指基于LBS的用户识别和区域精准渗透;可洞察是指基于用户的消费行为给用户个性化服务,也就是千人千面,每个人看到的页面是不一样的;可运营是基于货品全生命周期的商品管理,它突显的是盒马通过数据去精准控货的能力,是盒马供应链能力的重要组成部分。

盒马做到的"可运营",是基于"人、货、场"的完全数字化、"门、店、仓"的全面数字化。例如:如何做最后一公里的智能调度,如何打造千店千面,如何基于网红趋势、本地热点、商圈偏好等推出新品,如何为用户做个性化匹配,不仅每个人看到的页面不同,同一个人早上和中午看到的页面都不一样。

2. 降低商品损耗

盒马门店平均营运成本下降30%,商品损耗的降低功不可没。因为盒马从上线起,做的就是线上线下一盘货,并且是实时更新的精准库存,基于此盒马可以做流量与库存之间的精准匹配。

流量与库存的匹配是指如果一个商品库存较多,就给它较多的流量(盒马在线上很容易做到这一点),如果货少了,就把流量让给更多的替代品。也就是说,盒马能够决定一个货是快卖还是慢卖。尤其是盒马的日日鲜商品,这类商品要求当日出清,如果卖不完就成为损耗,通过库存与流量的精准匹配后,日日鲜商品的损耗得到极大的降低。

3. 自营商品

与此同时,盒马的自营商品也在做出大的突破,盒马自有品牌的销售占比已经突破10%,远超国内1%的平均水平。

盒马的自营商品之所以能突飞猛进,与消费数据沉淀后的精准人群分析密不可分。例如,盒马推出了"瓶装鲜碾米",像卖可乐一样卖大米。这种商品无疑很符合一人食用户的需求,可以看出盒马在人群细分方面的关注。当然还有一些依托盒马成长起来的"盒品牌"。2019年9月初,侯毅还对外喊出了做盒品牌的小目标:"将打造10个十亿级的、100个亿级的、1 000个千万级的盒品牌。"盒品牌的打造,也说明盒马正在生鲜源头做更多的布局。

资料来源:https://www.hishop.com.cn/hixls/show_74788.html.

思考与分析:

(1) 盒马鲜生冷链物流体系是如何构建的?

(2) 在盒马鲜生配送环节,如何有效降低其成本?

实训演练

物流企业物流成本调研

(1) 实训目的:通过实训,了解物流企业物流成本的构成及研究如何降低物流企业的成本。

(2) 实训内容:通过调研了解物流企业物流成本的构成,了解物流成本的计算方法,结合该企业的物流成本管理现状,研究如何降低物流成本的对策,从而认识到物流成本在物流管理的重要性。

(3) 实训要求:将参加实训的学生分组,在教师指导下进行调研,完成实训报告。

项目四

电子商务采购管理

学习目标

知识目标

1. 掌握采购与采购管理的含义,理解供应商选择的原则及影响供应商选择的主要因素,了解采购合同的种类与方式;

2. 掌握电子采购含义及电子订货系统(EOS)的构成,了解电子招标与电子反向拍卖的优越性。

能力目标

1. 能够有效区分采购的类别,并结合企业采购实际情况,制订最佳采购方案;

2. 能够跟踪采购进程、组织实施采购方案、进行采购谈判。

素养目标

1. 培养良好的职业道德和较强的团队合作精神;

2. 具备一定电子商务环境下采购管理的分析与应用能力;

3. 培养客观公正的处事原则,确保电子采购的公平与公正。

案例导入

企购福助力中国电商市场蓬勃发展,为企业采购开辟新思路

中国企业采购电商市场日益繁盛

随着经济水平发展以及科学技术的日益提升,中国企业采购电商市场应运而生,成为替代传统生产以及供应的新方式。在未来,相信会有更多的大中小企业加入企业采购电商市场,促进其不断改革升级,扩大战略布局。根据艾瑞咨询2021年发布的中国企业采购电商报告就足以看出这一点。

报告中阐述了中国企业采购电商市场发展的几大趋势。

(1)国家相关政策扶持,将释放市场红利。在《政府工作报告》以及其他红头文件中指出,国家支持企业将自身优势数字化,鼓励大中小企业共同发展,大力发展企业采购,形成国内大循环,为企业采购市场带来新的供给。

(2)市场规模以及市场格局处于快速变化、成长中。从一方面来看,有国家政策的支持,企业采购需求较大,很多中小企业涌入市场瓜分红利,推动市场规模迅速扩大,格局不断

变化。从另一方面来看,在互联网迅速发展的时代背景下,电商平台的发展势头很猛,与电商相结合的企业采购模式在市场中也占有绝对的优势地位。

(3)对中国企业电商市场以及供应链响应能力的要求逐渐提高。这一特征在新冠感染疫情影响下更为明显,出行以及交通受限直接导致线下的生产供应链断裂,企业如果想维持正常的生产运营,就需要通过线上的供应链来响应完成。

企购福成为行业佼佼者

正是在发现了传统供应链的弊端后,企购福希望通过自己的专业能力帮助解决企业在供应链上的痛点,降低企业的生产成本,丰富企业行政解决路径,为企业"省钱""省时""省心"。自2001年成立以来,企业就始终致力于研发"供应链＋数智化平台",打造线上智能化商业模式,结合线下的"企购福·一站式企业采购行政管家"解决方案,打破传统模式下的局限性,高效推动技术创新和供应链资源的互补整合,实现上下游企业货源与采购端的双赢局面。

企购福拥有专业的技术团队为其数智化平台提供强大的技术支持,超500万行源代码应用于其平台,极大地提高了整体的工作效率,保证平台的良好运营。经过多年的经验积累,企购福不仅能够为客户提供专业高效的一站式贴心服务,更是形成了强大的供应链优势,涵盖范围广,拥有专业采购团队,源头直采、承诺以更优的价格服务客户,为企业省得更多,在满足客户差异化需求和快速响应市场方面具有相对优势。

来自多方专业人士的高度认可

知名财经评论员、CECU中国企业资本联盟副秘书长兼首席评论员王维也对中国企业采购市场的发展发表了自己的看法,在他看来,企业自主采购是一个非常耗时耗力的事情,一个大型企业每年的年终采购需要花上几个月的时间,其中不可控的因素很多,影响结果产出。因此,线上的供应链平台是一个不错的选择,规避了大多数风险,同时类似于企购福的"供应链＋数智化平台"已经形成较为专业且完善的操作体系,能够很好地满足企业的多样化需求,提高采购效率。

资料来源:https://news.iresearch.cn/yx/2022/03/424661.shtml.

思考与分析:企购福助力企业采购,开辟了哪些新的思路?

任务一　采购管理概述

一、采购及采购管理概述

采购是指企业在一定的条件下从供应市场获取产品或服务作为企业资源,以保证企业生产及经营活动正常开展的一项企业经营活动。所谓采购管理,就是指为保障企业物资供应而对企业采购进货活动所进行的管理活动,是对整个企业采购活动的计划、组织、指挥、协调和控制活动。采购管理活动包括制订采购计划、采购活动的管理、采购人员的管理、采购资金的管理、运储的

采购管理概述

管理、采购评价和采购监控,也包括建立采购管理组织、采购管理机制、采购基础建设等。

采购是一种作业活动,是为完成指定的采购任务而进行具体操作的活动,一般是由采购员承担。采购管理是管理活动,是面向整个企业的,不但面向企业全体采购员,而且也面向企业组织其他人员(进行有关采购的协调配合工作),保证整个企业的物资供应,一般由企业

的采购部经理或企业副总来承担。

二、采购计划的制订

计划是管理的首要职能,任何组织都不能没有计划。所谓计划,就是根据组织内外部的实际情况,权衡客观需要和主观可能,通过科学预测,提出在未来一定时期内组织所要达成的目标以及实现目标的方法。换句话说是指管理人员对未来应采取的行动所做的谋划和安排。

1. 采购计划的含义

采购计划是企业管理人员在了解市场供求情况、认识企业生产经营活动过程及掌握物品消耗规律的基础上,对计划期内的物品采购活动所做的预见性安排和部署。广义上是指为保证供应各项生产经营活动的物料需要量而编制的各种采购计划的总称。狭义上是指年度采购计划,即对企业计划年度内生产经营活动所需采购的各种物料的数量和时间等所做的安排和部署。

在生产企业中采购计划是根据生产计划进行编制的。在流通企业中,采购计划可根据销售计划进行编制。编制采购计划的依据要充分考虑公司经营计划、物品及原料需求部门的采购申请、年度采购预算、库存情况、公司资金周转情况,紧急物资应优先考虑。其中,何时、何处取得合适数量的原材料是采购计划的重点所在。采购计划就是购入原材料的预见性的安排和部署,因此对于整个采购运作的成败有非常重要的作用。

2. 采购计划的类型

(1) 按计划期的长短分类,包括年度物品采购计划、季度物品采购计划和月份物品采购计划等。

(2) 按物品的自然属性分类,包括金属材料采购计划、机电产品采购计划、非金属材料采购计划。

(3) 按物品的使用方向分类,包括生产产品用物料需求计划、维修用物品采购计划、基本建设用物品采购计划、技术改造措施用物品采购计划和科研用物品采购计划等。

(4) 按采购计划程序分类,包括采购认证计划和采购订单计划。

(5) 按采购层次分类,包括战略采购计划、业务采购计划和部门采购计划。

3. 制订采购计划的目的和作用

1) 目的

企业的采购计划要发挥作用,以达到以下目的。

(1) 预计采购物料所需的时间和数量,防止供应中断,影响产销活动。

(2) 避免物料储存过多,积压资金以及占用存储空间。

(3) 配合企业生产计划与资金调度。

(4) 由采购部门事先准备,选择有利时机购入物料。

(5) 确定物料耗用标准,以便管制物料采购数量与成本。

采购计划作为采购管理的第一步,起到指导采购部门的实际工作、保证产销活动的正常进行和提高企业经济效益的作用。

2) 作用

好的计划是成功的一半,制订一个合理的采购计划,对整个采购运作的成败有非常重要的作用，具体表现在以下几个方面。

（1）有效规避风险，减少损失。采购计划是面向未来的，企业在编制采购计划时，已经对未来因素进行了深入的分析和预测，能够做到有备无患，既保证企业正常经营需要的物料，又降低了库存水平，减少了风险。

（2）为企业组织采购提供依据。采购计划具体安排了采购物料的活动，企业管理者按照这个安排组织采购就有了依据。

（3）有利于资源的合理配置，以取得最佳的经济效益。采购计划选择经营决策的具体化和数量化保证资源分配的高效率，对未来物料供应进行科学筹划，有利于合理利用资金，能最大限度地发挥各种资源的作用，从而获得最佳效益。

4. 采购计划的编制流程

采购计划编制是确定项目的哪些需求可以通过采用组织外部的产品和服务得到最好的满足。它包括决定是否要采购、如何采购、采购什么、采购多少以及何时去采购等。采购计划的编制流程包括以下三个阶段。

（1）采购计划编制准备阶段。召开采购动员会议，集思广益，明确采购目标；收集内部资料，包括收集年度生产计划、月份生产进度、物资料消耗定额、物资供应目录、上年度采购计划的编制与执行情况等；收集外部资料，包括产品样本、出厂价格、质量、运费、货源、市场价格、产地、规格、数量等。

（2）采购计划编制平衡阶段。采购部根据汇总的采购需求，结合各物料的现有库存量、安全库存量、市场情况等进行综合平衡，确定物料的采购数量。确定采购数量有以下几种方法。

① 公式法。

计划期采购数量＝计划期需要量－现有库存量－在途货物量＋安全库存量

② 定量订货法。当库存量下降到预定的最低库存量（订货点 R）时，按规定（数量一般以经济批量 EOQ 为标准）进行订货补充的一种库存控制方法。

③ 定期订货法下的订货数量。定期订货法下的订货数量是不固定的，订货批量的多少都是由当时的实际库存量的大小决定的，考虑订货点时的在途到货量和已发出出货指令尚未出货的待出货数量（称为订货余额），每次的订货量的计算公式为

订货量＝平均每天的需求量×（提前期 ＋订购间隔）＋安全库存－实际库存量

安全库存＝（预计每天最大耗用量－每天正常耗用量）×提前期

④ 定期订货法。按预先确定的订货时间间隔进行订货补充的库存管理方法。它是基于时间的订货控制方法，它设定订货周期和最高库存量，从而达到控制库存量的目的。

⑤ 经济订货批量法（EOQ）。通过费用分析求得在库存总费用最小时的订货批量，用于解决独立需求物品的库存控制问题。

⑥ 物料需求计划法（material requirements planning，MRP）。物料需求计划法的计算方法如下。

主生产排程 × 用料表＝个别项目的毛需求

个别项目的毛需求－可用存货数×（库存数 ＋ 预计到货数）＝个别项目的净需求

（3）编制采购计划阶段。将各物料的采购数量和交货时间等列入计划表格，编制年度采购计划。

三、采购的分类

采购按照不同的分类方式可以分为以下几种。

1. 按采购对象分类

采购可分为原材料采购、半成品采购、零配件采购、主要资本设备采购、附属资本采购等。

2. 按采购主体分类

采购可分为个人采购、企业采购、政府采购。

(1) 个人采购是指为满足家庭或个人的需要而进行的采购。

(2) 企业采购是现今市场经济下一种最主要最主流的采购。企业是大批量商品生产的主体。为了实现大批量产品的生产,也就需要大批量商品的采购。生产企业的生产,是以采购作为前提条件的。

(3) 政府采购是政府机构所需要的各种物资的采购。这些物资包括办公物资,如计算机、复印机、打印机等办公设备,纸张、笔墨等办公材料,也包括基建物资、生活物资等各种原材料、设备、能源、工具等。政府采购也和企业采购一样,属于集团采购。

3. 按采购方式分类

采购可分为直接采购、委托采购与调拨采购。

(1) 直接采购是指直接向物料供应厂商从事采购的行为。

(2) 委托采购是指通过中间商实施采购行为的方式,也称中介采购。

(3) 调拨采购是指将过剩物料互相支持调拨使用的行为。

4. 按采购政策分类

采购可分为集中采购和分散采购。

(1) 集中采购是指在专门机构统一领导下将各级各部门列入集中采购范围的采购项目交由专业采购机构统一组织采购。

(2) 分散采购是指由各预算单位自行开展采购活动的一种采购组织实施形式。分散采购时,一般借助于现货采购方式。

5. 按采购价格确定方式分类

采购可分为招标采购、询价现购、比价采购、议价采购、定价收购、公开市场采购。

(1) 招标采购是指采购方作为招标方,事先提出采购的条件和要求,邀请众多企业参加投标,然后由采购方按照规定的程序和标准一次性从中择优选择提出最有利条件的投标方签订协议等过程。

(2) 询价现购是指对几个供货商(通常至少三家)的报价进行比较以确保价格具有竞争性的一种采购方式。

(3) 比价采购是指采购人员请数家厂商提供价格后,从中加以比价之后,决定厂商进行采购事项。

(4) 议价采购是指采购商品价格是由双方商谈议价产生的。

(5) 定价收购是指购买的物料数量巨大,不是一两家厂商能全部提供,如铁路的枕木或烟草专卖局的烟叶,或市面上该项物料匮乏时,则可订价格以现款收购。

(6) 公开市场采购又称竞争价格采购,适用于采购次数频繁,需要每日进货的食品原料。公开市场采购是采购部通过电话联系客商函,或通过与供货单位直接洽商,取得所需食品原料的报价,一般每种原料至少应取得一个供货单位的报价,分别登记在采购申请单上,经过比质比价,选择其中最好的供货单位。

6. 按采购采用技术手段分类

采购可分为传统采购和现代采购(订货点采购、MRP 采购、JIT 采购、供应链采购、电子商务采购)。

四、供应商的选择

供应商选择是指搜寻供应源,即对市场上供应商提供的产品进行选择。供应商选择要本着全面、具体、客观的总原则,建立和使用一个全面的供应商综合评价指标体系,对供应商做出全面、具体、客观的评价。综合考虑供应商的业绩、设备管理、人力资源开发、质量控制、成本控制、技术开发、用户满意度、交货协议等方面可能影响供应链合作关系的方面。许多成功企业的实践经验表明,做到目标明确、深入细致的调查研究、全面了解每个候选供应商的情况、综合平衡、择优选用的开发、选择供应商的基本要点。

1. 供应商选择的原则

一般来说,供应商选择应遵循以下几个原则。

(1) 目标定位原则。这个原则要求供应商评审人员应当注重对供应商进行考察的广度和深度,应依据所采购商品的品质特征、采购数量和品质保证要求去选择供应商,使建立的采购渠道能够保证品质要求,减少采购风险,并有利于自己的产品打入目标市场,让客户对企业生产的产品充满信心。选择的供应商的规模、层次和采购商相当。而且采购时的购买数量不超过供应商产能的 50%,反对全额供货的供应商,最好使同类物料的供应商数量达2~3 家,并有主次供应商之分。

(2) 优势互补原则。每个企业都有自己的优势和劣势,选择开发的供应商应当在经营方面和技术能力方面符合企业预期的要求水平,供应商在某些领域应具有比采购方更强的优势,在日后的配合中才能在一定程度上优势互补。尤其在建立关键、重要零部件的采购渠道时,更需要对供应商的生产能力、技术水平、优势所在、长期供货能力等方面有一个清楚地把握。要清楚地知道,之所以选择这家厂家作为供应商而不是其他厂家,是因为它具有其他厂家没有的某些优势。只有那些在经营理念和技术水平符合或达到规定要求的供应商,才能成为企业生产经营和日后发展的重视和坚强的合作伙伴。

(3) 择优录用原则。在选择供应商时,通常先考虑报价、质量以及相应的交货条件,但是,在报价及交货承诺下,毫无疑问要选择那些企业形象好,可以给世界驰名企业供货的厂家作为供应商,信誉好的企业更有可能兑现曾许下的承诺。在此必须提醒的是综合考察、平衡利弊后择优录用。

(4) 共同发展原则。如今市场竞争越来越激烈,如果供应商不全力配合企业的发展规划,企业在实际运作中必然会受到影响。若供应商能以荣辱与共的精神来支持企业的发展,把双方的利益捆绑在一起,这样就能对市场的风云变幻做出更快、更有效的反应,并能以更具竞争力的价位争夺更大的市场份额。因此,与重要供应商发展供应链战略合作关系也是值得考虑的一种方法。

2. 影响供应商选择的主要因素

(1) 价格。物美价廉的商品是每个企业都想获得的。各个供应商提供的价格连同各种折扣是最明显的比较。虽然价格并不是最重要的,但价格是采购方采购成本的重要组成部分,间接影响采购方产品利润的形成,所以价格的高低仍是选择供应商的一个非常重要的指标。

(2)质量。质量是一个非常重要的影响因素,有的企业愿意花大价钱购买高质量的产品,而有的企业只想购买廉价的物品,质量的选择应根据实际情况而定,并不是质量最好的就是最适用的。要用最低的价格买到适合本企业的质量要求的产品。

(3)服务。在选择供应商时,服务也是一个很重要的考虑因素。例如,要换残次品,指导设备使用,维修设备等。类似这样的一些服务在采购某些项目时,可能会在采购过程中起关键性的作用。

(4)位置。供应商所处的位置对送货时间、运输成本、紧急订货与加急服务的回应时间等都有影响。当地购买有助于发展地区经济,形成社会信誉及良好的售后服务。

(5)供应商存货政策。如果供应商的存货政策要求自己随时持有备件存货,拥有安全库存将有助于设备突发故障的解决。

(6)柔性。愿意并且能够回应需求改变、接受设计改变等的供应商应予以重点考虑。选择供应商是一件非常重要的工作,企业应根据对供应商的具体分析,再结合本企业的具体情况,具体选择适合本企业发展的供应商。

3. 供应商选择的方法

选择合乎要求的供应商,需要采用一些科学和严格的方法。选择供应商,要根据具体的情况采用合适的方法。常用的方法主要有直观判断、考核选择、招标选择和协商选择。

1)直观判断

直观判断法是根据征询和调查所得的资料,对供应商进行大体分析,是对比评价的一种方法,也是常用的一种方法,它的主观性较强。其最主要的依据是采购人员对供应商以往的业绩、质量、价格、服务等的了解程度。选择供应商时要注意以下几个问题。

(1)单一供应商与多家供应商。尽可能避免单源供应,集中采购数量优势。

(2)国内与国外采购。选择国内供应商价格较低,由于地域位置仅可以使用"零库存"策略,而国外供应商则可以采购到国内技术无法达到的物料,提升产品自身的技术含量。

(3)直接采购与间接采购。物料采购的难易、成本的差异(关注间接的隐性成本)。这种方法的质量取决于对供应商资料是否正确、齐全和决策者的分析判断能力与经验。虽然,它具有运作方式简单、快速、方便等优点,但是它缺乏科学性,受掌握信息详尽程度的限制,因此常用于选择企业非主要原材料的供应商。

2)考核选择

所谓考核选择,就是在对供应商充分调查了解的基础上,再经过认真考核、分析比较后选择供应商的方法。考核选择的方法包括以下内容。

(1)调查了解供应商。供应商调查可以分为初步调查和深入调查。每个阶段的调查对象都有一个供应商选择的问题,而且选择的目的和依据是不同的。

(2)考察供应商。初步确定的供应商还要进入试运行阶段进行考察。试运行阶段的考察更实际、更全面、更严格。因为这是直接面对实际的生产运作。在运作过程中,就要进行所有各个评价指标的考核评估,包括产品质量合格率、准时交货率、准时交货量率、交货差错率、交货破损率、价格水平、进货费用水平、信用度、配合度等的考核和评估。在单项考核评估的基础上,还要进行综合评估。综合评估就是把以上各个指标进行加权平均计算而得到的一个综合成绩。

（3）考核选择供应商。通过试运行阶段,得出各个供应商的综合评估成绩,基本上就可以最后确定哪些供应商可以入选,哪些供应商被淘汰,哪些应列入候补名单。候补名单中成员可以根据情况处理,可以入选,也可以落选。现在企业在选择供应商时通常不会只选择一个供应商,而是选择 2~3 个绩效比较好的供应商作为自己的发展伙伴。这主要是企业担心在只有一个供应商的情况下,企业的采购活动会受制于人。但是在选择的 2~3 个供应商中也是有主次之分的。一般可以用 AB 角或 ABC 角理论来解释:A 角作为主供应商,分配较大的供应量;B 角（或再加上 C 角）作为副供应商,分配较小的供应量。综合成绩为优的中选供应商担任 A 角,候补供应商担任 B 角。在运行一段时间以后,如果 A 角的表现有所退步而 B 角的表现有所进步的话,则可以把 B 角提升为 A 角,而把原来的 A 角降为 B 角。这样无形中就造成了 A 角和 B 角之间的竞争,促使他们竞相改进产品和服务,使得采购企业获得更大的好处。

从以上分析可以看出,考核选择供应商是一个时间较长的深入细致的工作。这个工作需要采购管理部门牵头负责、全厂各个部门共同协调才能完成。当供应商选定之后,应当终止试运行期,签订正式的供应关系合同。进入正式运行期后,就开始了比较稳定正常的供需关系运作。

3）招标选择

当采购物资数量大、供应市场竞争激烈时,可以采用招标方法来选择供应商。招标采购是指采购方作为招标方,事先提出采购的条件和要求,邀请众多企业参加投标,然后由采购方按照规定的程序和标准一次性从中择优选择交易对象,并提出最有利条件的投标方签订协议等过程。整个过程要求公开、公正和择优。招标采购是政府采购最通用的方法之一。招标采购可分为竞争性采购和限制性招标采购。它们的基本的做法是差不多的,其主要的区别是招标的范围不同,一个是向整个社会公开招标,一个是在选定的若干个供应商中招标,除此以外,其他在原理上都是相同的。

4）协商选择

在潜在供应商较多、采购者难以抉择时,也可以采用协商选择方法,即由采购单位选出供应条件较为有利的几个供应商,同它们分别进行协商,再确定合适的供应商。和招标方法比较,协商选择方法因双方能充分协商,在商品质量、交货日期和售后服务等方面较有保证;但由于选择范围有限,不一定能得到最便宜、供应条件最有利的供应商。当采购时间紧迫、投标单位少、供应商竞争不激烈、订购物资规格和技术条件比较复杂时,协商选择方法比招标方法更为合适。

4. 供应商选择的步骤

步骤 1:分析市场竞争环境（需求、必要性）。

分析的目的在于找到针对哪些产品市场开发供应链采购合作关系才有效,必须知道现在的产品需求是什么,产品的类型和特征是什么,以确认用户的需求,确认是否有建立采购合作关系的必要,如果已建立了采购合作关系,则根据需求的变化确认采购合作关系变化的必要性,从而确认供应商选择的必要性。同时分析现有供应商的现状,分析、总结企业存在的问题。

步骤 2：建立供应商选择目标。

企业必须确定供应商评价选择程序如何实施，信息流程如何，谁负责，而且必须建立实质性、实际的目标。其中保证产品质量、降低成本是主要目标之一。

步骤 3：建立供应商评价选择标准。

供应商评价选择的指标体系是企业对供应商进行选择的依据和标准。不同行业、企业、产品需求、不同环境下的供应商评价应是不一样的。但一般都涉及供应商的业绩、设备管理、人力资源开发、质量控制、价格、成本控制、技术开发、用户满意度、交货协议等方面可能影响供应链合作关系的方面。

步骤 4：建立评价小组。

评价小组组员以来自采购、质量、生产、工程、财务等与采购合作关系密切的部门为主，组员必须有团队合作精神、具有一定的专业技能。评价小组必须同时得到制造商企业和供应商企业最高领导层的支持。

步骤 5：供应商参与。

一旦企业决定实施供应商评价，评价小组必须与初步选定的供应商取得联系，以确认他们是否愿意与企业建立采购合作关系，是否有获得更高业绩水平的愿望。

企业应尽可能早地让供应商参与到评价的设计过程中来。但由于企业的力量和资源有限，企业只能与少数的、关键的供应商保持紧密的合作，所以参与的供应商应是尽量少的。

步骤 6：选择供应商。

选择供应商的一个主要工作是调查、收集有关供应商的生产运作等全方位的信息。在收集供应商信息的基础上，就可以利用一定的工具和技术方法进行供应商的评价，并可根据供应商的评价结果，采用一定的技术方法来选择合适的。如果选择成功，则可开始与供应商实施采购合作关系，如果没有合适的供应商可选，则返回步骤 2 重新开始评价选择。

步骤 7：实施采购合作关系。

在实施采购合作关系的过程中，市场需求将不断变化，可以根据实际情况的需要及时修改供应商评价标准，或重新开始供应商评价选择。在重新选择供应商的时候，应给予旧供应商足够的时间适应变化。

　相关链接

供应商合作协议书

甲方：＿＿＿＿＿＿＿＿＿＿＿

乙方：＿＿＿＿＿＿＿＿＿＿＿

甲、乙双方本着平等自愿、互惠互利、共同发展的原则，经双方友好协商，就甲方与乙方战略合作事宜的达成一致意见，并签订如下合作协议。

一、合作的具体事项

1. 产品价格

乙方应提供诚信的价格给甲方。如发生价格浮动，对于新价格，应在甲方同意并书面回签后生效。如发生价格下降，乙方应立即通知甲方实施新价格。

2. 订货要求

双方约定:甲方以电话或电子文本方式将订单发送至乙方。乙方在收到订单后必须确认交货期并立即执行。如甲方报名参加电商平台活动,发货量较大,需提前_____天通知乙方,以便乙方生产。

3. 乙方生产(或者乙方的第三方合作商)

(1) 乙方必须按照与甲方约定的质量标准和工艺流程生产和检验产品,并且产品品质不能低于行业标准。

(2) 乙方提供的产品要符合环保要求和对人体健康无害,特别是中国禁止或严格限制的有害化学品目录现行规定符合,禁用的及有害的物品必须事先全部详细说明以书面形式通知甲方。

(3) 乙方必须保证其产品符合中华人民共和国之所有法律,包括但不限于《食品卫生法》《民法典》《海关法》《环境保护法》等。

(4) 乙方必须在该产品的行业规定有效期限或者双方约定的时间内对产品的质量全面负责。不得提供假冒伪劣产品(包括自产/代理)给甲方。如因乙方提供的产品质量问题而导致甲方或由甲方售予客户。所造成的经济损失及附带的所有损失均由乙方负责。

(5) 乙方生产许可证号为_____,制造商名称为_____,产地为_____等信息,保证真实有效,如发现虚假信息,立刻取消本合作协议,并保留向有关部门举报的权利。当乙方上述信息发生改变时,应立即通知甲方。

4. 交货管理

(1) 乙方依确认的日期将甲方订购之产品按甲方的具体通知要求(电话、电子文档、邮件等形式),送至甲方指定地方。停水、停电、人员不足、设备损坏、堵车等不能成为延期交货的理由。未经过甲方的允许,甲方有权拒绝乙方分批交货、送货,乙方送货给甲方未经甲方要求应该在乙方正常工作的时间内。

(2) 乙方未能按时交货,从而影响甲方销售,甲方将按订单商品总额之3%/天收取乙方违约金,如果3%的违约金低于500元/天,则甲方按500元/天收取。

(3) 乙方送货时必须随货提供本批次货物的且已经判定合格的QA检验报告。

(4) 对于不良品、短装、补货、换货等,乙方都应按约定时间及时处理。除非确认无法做到,并且在可挽回的时间内取得甲方同意,否则乙方须承担由此而产生的甲方的所有经济损失。

5. 收货标准

(1) 甲方收到乙方所供应之产品后,由仓库暂收货物和QA检验报告并由仓库部门在甲方的到货送货单上填写实际收货数量、品名、规格等。

(2) 乙方送货时,产品项目不在订单上,产品数量超出订单数量部分,产品外包装破损、产品包装不符合甲方要求或者标示不符等情形甲方无法收货。

(3) 乙方应该把质量放在首位,与甲方的相关人员保持沟通,防患于未然,不能为了提高效率和降低成本而影响品质。

6. 退货及补货

(1) 甲方以到货、退货通知单或者电话、电子文档等形式通知乙方退货,乙方收到甲方的退货通知后必须及时补货。退货后,如果乙方补货的时间不能满足甲方生产交货期,则甲方可以取消本次的订单,并且乙方须承担不能按时交货给甲方造成的损失。需要另行补货的,乙方应该全力配合甲方,从而将损失减到最少。

所退货物乙方必须按照退货通知日起 5 个工作日取回。否则,甲方将自行处理乙方的货物,并且不支付货款和废物处理所得款项。

(2) 经检验后,如果合格品不够,并且甲方需要补充货物,则乙方须在订单约定的交期或者后来重新约定的交期内补充足额的合格品。以免影响甲方出货,否则乙方须赔偿甲方延迟交货的相应直接和间接损失。

7. 赔偿准则

(1) 一切由于乙方责任(包括但是不限于产品品质问题,延期交货而产生的甲方人力、物力、财力的损失以及第三方人员或者财物的损害)而导致的甲方损失,乙方均应该承担及做相应的赔偿。该条所指的乙方责任,包括乙方及乙方工作人员的有心及无心之过。损失指直接和间接损失。各种损失包括但是不限于以下由于乙方产品质量问题产生的项目:为了保证到货日期而产生的快递费、赔偿客户款项、客户取消订单的损失、客户退货产生的相应费用,产品品质问题导致的甲方或者甲方客户及其他第三方的人员和财物损失,为了让客户不取消订单做的降价让步,为了防止损失进一步扩大而采取的补救措施等。

(2) 乙方严禁私自给予甲方直接或间接相关人员货款回扣、送礼等不良行为。如涉及贪污受贿一切行动的,乙方授权甲方直接在未付款全部金额扣除 50% 或者以上。甲方直接人员是指甲方的采购人员、生产品质人员、管理人员等;间接人员是指非甲方工作人员,但与甲方相关人员有利益关系。

8. 对账和收款

(1) 双方约定,乙方财务人员每月 30 日之前将对账单提供给甲方。经双方财务人员确认货款总金额无误后,由甲方主管签字确认回传后方能生效。并按双方约定的付款周期给予付款。如因乙方未能及时对账,则货款顺延至下个月。对此所造成之不良后果由乙方承担。

(2) 甲方应该按照约定的付款期按时付给乙方。如乙方不慎将货单丢失,应出具乙方证明并有法定代表人签字,经甲方确认无误后方可给予付款。

(3) 乙方应尽量固定收款账号及接受我方计算机转账以防货款被冒领。否则应该固定某人到我司收款。收款前应该将有收款人身份证及照片等详细资料的收款人确认函交我方财务,确认函必须有乙方的公章及总经理签字。收款人收款时应该带乙方公司的收款委托书和收款人的身份证原件及原件复印件给我方查验。乙方如果有与我方联系过的工作人员离职或者岗位调动应该书面通知我方财务人员,若未能尽到通知义务而引起的我方错误付款,所有责任由乙方承担。

(4) 乙方给甲方账期为_____天,货款到期,如甲方因资金周转困难的,可以让乙方申请延期付款,但延期期限不得超过 15 个工作日。货款按约定期限超过 15 个工作日,甲方还未能付款给乙方的,则每天另交违约金 0.3%。

二、合作终止

(1) 乙方如果不想再供货给甲方,应该以书面形式提前至少 2 个月通知甲方采购人员,以使甲方能有足够时间找到替代的供应商。

（2）双方关于产品质量退货、返工、价格赔偿等生产纠纷暂未能达成一致，不能成为乙方立即拒绝为甲方供货的理由，如果出现这样的情况，乙方可以提出于2个月后终止合作。

本协议自签订之日起生效，如遇不可抗拒的自然灾害而导致本合同无法履行的，本协议自动终止。

本协议原件共二份，甲、乙双方各保存一份，双方签章后将具法律保障。

甲方：　　　　　　　　　　　　　乙方：

代表人：　　　　　　　　　　　　代表人：

地址：　　　　　　　　　　　　　地址：

电话：　　　　　　　　　　　　　电话：

资料来源：https://wenku.baidu.com/view/84df5091b1717fd5360cba1aa8114431b90d8e03.html。

五、签订采购合同

1. 采购合同的含义

采购合同是经济合同的一种，是供需双方为执行供销任务，明确双方权利和义务而签订的具有法律效力的书面协议。采购合同是商务性的契约文件，其内容条款一般应包括：供方与需方的全名、法人代表，以及双方通信联系的电话、电报、电传等；采购货品的名称、型号和规格，以及采购的数量；价格和交货期；交付方式和交货地点；质量要求和验收方法，以及不合格品的处理，当另订有质量协议时，则在采购合同中写明见"质量协议"；违约的责任。

2. 采购合同的形式

（1）口头合同形式。口头合同是指双方当事人只是通过语言进行意思表示，而不是用文字等书面表达合同内容而订立合同的形式。

（2）书面合同形式。《民法典》第四百六十九条规定："书面形式是合同书、信件、电报、电传、传真等可以有形地表现所载内容的形式。"

（3）其他合同形式。除口头合同和书面合同以外的其他合同形式，主要包括默示形式和推定形式。

3. 采购合同的种类

（1）按照有效性的合同分类如表4-1所示。

表4-1　按照有效性的合同分类

分类	定义	具体内容
有效的采购合同	采购方与出卖方订立的合同是符合国家法律的要求，具有法律效力，受国家法律保护的采购合同	① 合同的当事人符合法律规定的要求，即签订合同的主体具有相应的民事行为能力； ② 意思表示真实，即合同表达的是当事人内心真实的想法； ③ 合同的内容不能违反法律和社会公共利益

续表

分类	定　义	具　体　内　容
效力待定的采购合同	合同已经成立,但因其不完全符合合同生效的条件,其效力能否发生尚未确定的合同	① 限制行为能力人订立的合同; ② 无代理权人以他人名义订立的合同; ③ 无处分权人处分他人财产的合同
无效的采购合同	当事人虽然协商订立,但因为违反法律,国家不承认其法律效力,不受法律保护的合同	① 一方以欺诈、胁迫手段订立合同,损害国家利益的合同; ② 恶意串通,损害国家、集体或者第三人利益的合同; ③ 以合法形式掩盖非法目的的合同; ④ 损害社会公共利益的合同; ⑤ 违反法律、行政法规强制性规定的合同
可撤销的采购合同	在订立合同时,当事人的意思不真实,或一方当事人使对方在违背真实意思表示的情况下签订的合同	① 重大误解的采购合同; ② 显然不公平的采购合同; ③ 欺诈、胁迫的采购合同

（2）几种特殊的采购合同。分期付款的采购合同、凭样品采购的采购合同、试用的采购合同、招投标的采购合同。

4. 采购合同的签订方式和原则

《民法典》第四百七十一条规定:"当事人订立合同,可以采取要约、承诺方式或者其他方式。"

（1）要约。希望和他人签订合同的意思表示。①内容具体确定;②表示受要约人一旦承诺,要约人即受该意思表示的约束;③可向特定对象发出,也可向非特定对象发出。

（2）承诺。受要约人同意要约的意思表示。①若有不同于要约的附加内容,不是承诺,是新要约;②缄默和不行为不能视为承诺;③承诺通知到达要约人时生效。承诺生效时合同成立。

采购合同签订的原则:①平等原则;②自愿原则;③公平原则;④诚实信用原则;⑤遵守法律、行政法规的原则;⑥尊重社会公德的原则。

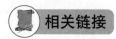 相关链接

京东入选跨国采购专家委员会核心成员,全力助推企业采购智能化

2018 年 9 月 26 日,中国(上海)国际跨国采购大会论坛(以下简称"跨采大会")隆重开幕。跨采大会由中华人民共和国商务部和上海市人民政府主办,已连续举办十七届,是迄今为止中国规模最大的国内外工业部件及外贸企业开展"跨国采购、供应与交流"的盛会。本届大会吸引了来自超过 27 个国家和地区的 400 多家采购商和外贸企业的 1 000 多名代表出席。

值得一提的是,为更好地指导、统一、推动跨采大会不断创新,增进政府和各跨国采购企业的双向交流,本届跨采大会邀请业内有专业经验和影响力的核心企业成员,成立跨国采购

专家委员会。京东企业购凭借丰富的外企采购经验获选首届跨采专家委员会核心成员

1. 推动企业采购进入数字化时代，京东智能采购"技"高一筹

在本届大会上，京东集团大客户部副总经理李靖现场发表主旨演讲，分享了京东智能采购以技术创新服务跨国企业，推动企业数字化变革的经验。

李靖表示，采购电子化水平低，采购与商品、履约、物流、金融脱节，企业采购信息流阻塞，是目前传统线下采购面临的主要问题。京东企业购一直以来致力于通过技术创新破解采购痛点，以有温度、懂你、无界的智能采购模式，帮助企业实现转型升级，使采购更加人性化、精准化、生态化。

京东企业购将京东先进的智能化技术融入采购全流程，尤其在商品选配、仓储配送和客服、结算等以往极度依赖大量人力的环节，通过引入智能采购成功帮助企业释放大量生产力。

以智能选品为例，京东智能采购能够通过大量识别和学习数据，将企业画像与商品画像智能匹配，实现"千企千面"的最优商品推荐；在物流方面，则可以根据系统自动采集内部和外部数据建立模型进行仓储物流网络自动化决策，并运用运筹学模型，对城市仓储配送站点进行选址及优化；在客服方面，借助自然语言处理等技术，京东智能客服可结合用户画像进行个性化应答与贴心关怀，使服务更加精准高效。

2. 参与发起"跨国专家采购委员会"，京东企业购树立跨国企业采购标杆

在贸易自由化和经济全球化背景下，要提高中国企业在全球价值链中的地位，必须增强和跨国企业的交流学习，加快企业转型步伐，设立一个能够整合政府、跨国企业高管和中国企业三方资源的组织平台成为一个重要命题。

本次论坛成立的跨国采购专家委员会旨在搭建一个政府、跨国企业、中国企业的交流、沟通、学习、改革的新平台，聚集包括京东企业购在内的来自世界各国优质企业的采购精英，进一步增进政府与跨国采购企业、中国企业之间的交流，帮助其他同行、跨行业企业提升管理水平，最终通过资源融合促进跨国采购蓬勃发展。

作为企业级市场的领导者，京东企业购聚集了众多优秀中国企业，同时在政府采购和外企采购领域具备成熟的服务经验，因此受邀作为核心成员参与发起了跨国专家采购委员会。

随着"一带一路"的深入推进，外企采购将在企业级市场居于越来越重要的地位。而拥有领先技术和丰富外企管理合作经验的京东，也势必迎来新一波增长点，发挥智能采购优势、不断创新，引领跨国企业采购进入数字化时代。

资料来源：http://www.chinawuliu.com.cn/zixun/201809/27/335238.shtml。

任务二　电子采购

一、电子采购概述

1. 电子采购的含义

电子采购是由采购方发起的一种采购行为，是一种不见面的网上交易，如网上招标、网上竞标、网上谈判等。电子采购比一般的电子商务和一般性的采购在本质上有了更多的概念延伸，它不仅完成采购行为，而且利用信息

电子采购

和网络技术对采购全程的各个环节进行管理,有效地整合了企业的资源,帮助供求双方降低了成本,提高了企业的核心竞争力。可以说,企业采购电子化是企业运营信息化不可或缺的重要组成部分。

2. 电子商务采购较传统采购的优越性

(1) 降低采购成本,减少采购环节,提高采购效率。电子商务面对的是全球市场,可以突破传统采购模式的局限,货比多家,在比质量、比价格的基础上找到满意的供应商,大幅度地降低采购成本;采购人员利用 INTERNET 网络平台进行供应商选择、产品询价、订货等活动,可以大幅降低采购费用。通过网站信息的共享,可以实现无纸化办公,大幅提高采购效率。

(2) 采购信息准确、全面,方便领导人决策。利用网络平台的物资采购模式,都必然有全面的数据库作为支持。企业领导人可以方便地了解每一种产品的价格、数量、库存情况,订单的执行情况,资金的使用情况以及供应商情况等各种信息,针对采购过程中出现的问题,快速反应。计算机强大的分析、统计能力也大幅降低了采购人员的工作强度,提高了采购效率。

(3) 采购过程公开、公平、公正,提高采购的透明度。通过将采购信息和采购流程在网络公开,避免交易双方有关人员的私下接触,基于电子商务的采购平台,由计算机根据设定的采购流程自动进行价格、交货期、服务等信息的确定,完成供应商的选择工作。整个采购活动都公开于网络之上,方便群众的监督,避免采购中的黑洞,使采购更透明、更规范。

 **相关链接**

企业电子采购步骤

企业电子采购一般可以从以下几个方面展开。

(1) 提供培训。很多企业只在系统开发完成后才对使用者进行应用技术培训,但是国外企业和国内一些成功企业的做法表明,事先对所有使用者提供充分的培训是电子采购成功的一个关键因素。培训内容不仅包括技能的方面,更重要的是让员工了解将在什么地方进行制度革新,以便将一种积极的、支持性的态度灌输给员工,这将有助于减少未来项目进展中的阻力。

(2) 建立数据源。目的是在互联网上进行采购和供应管理积累数据,主要包括供应商目录、供应商的原料和产品信息、各种文档样本、与采购相关的其他网站、可检索的数据库、搜索工具。

(3) 成立正式的项目小组。小组需要由高层管理者直接领导,其成员应当包括项目实施的整个进程所涉及的各个层面,包括信息技术、采购、仓储、生产、计划等部门,甚至包括互联网服务提供商(ISP)、应用服务提供商(ASP)、供应商等外部组织的成员。每个成员对各种方案选择的意见、风险、成本、程序安装和监督程序运行的职责分配等进行充分的交流和讨论,以取得共识。企业的实践证明:事先做好组织上的准备是保证整个过程顺利进行的前提。

(4) 广泛调研,收集意见。为做好电子采购系统,应广泛听取各方面的意见,包括有技术特长的人员、管理人员、软件供应商等;同时要借鉴其他企业行之有效的做法,在统一意见的基础上,制订和完善有关的技术方案。

（5）建立企业内部管理信息系统,实现业务数据的计算机自动化管理。在企业的电子采购系统网站中,设置电子采购功能板块,使整个采购过程始终与管理层、相关部门、供应商及其他相关内外部人员保持动态的实时联系。

（6）应用之前测试所有功能模块。在电子采购系统正式应用之前,必须对所有的功能模块进行测试,因为任何一个功能模块在运行中如果存在问题,都会对整个系统的运行产生很大的影响。

（7）培训使用者。对电子采购系统的实际操作人员进行培训也是十分必要的,只有这样,才能确保电子采购系统能得以很好地实施。

（8）网站发布。利用电子商务网站和企业内部网收集企业内部各个单位的采购申请,并对这些申请进行统计整理,形成采购招标计划,并在网上进行发布。

资料来源：https://wenku.baidu.com/view/185b6dcbc2c708a1284ac850ad02de80d4d80608.html.

二、电子订货

1. 电子订货系统概述

电子订货是指采用电子订货系统（electronic ordering system,EOS）来完成订货。电子订货系统是指通过电子数据交换方式取代传统下单、接单及相关动作的自动化订货系统。依据 EOS 所涵盖的范围来区分,可分成狭义的 EOS 与广义的 EOS。狭义的 EOS 是指零售商将订单传送到批发商、供货商为止的自动化订货系统；广义的 EOS 则是从零售点下单开始经批发商接单后,再经验货、对账、转账等步骤完成所有商品交易动作为止。

2. 电子订货系统的构成

电子订货系统的构成内容包括订货系统、通信网络系统和接单计算机系统。就门店而言,只要配备了订货终端机和货价卡（或订货簿）,再配上电话和数据机,就可以说是一套完整的电子订货配置。就供应商来说,凡能接收门店通过数据机的订货信息,并可利用终端机设备系统直接做订单处理,打印出货单和检货单,就可以说已具备电子订货系统的功能。但就整个社会而言,标准的电子订货系统绝不是"一对一"的格局,即并非单个的零售店与单个的供应商组成的系统,而是"多对多"的整体运作,即许多零售店和供货商组成的大系统的整体运作方式。电子订货的基本流程如图 4-1 所示。

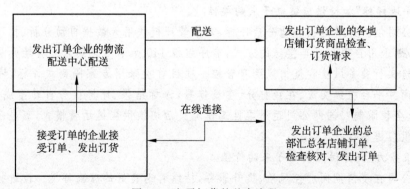

图 4-1　电子订货的基本流程

相关链接

国家电网公司"云采购"积极助力供应链上下游企业复工复产

2020年2月下旬,国家电网公司2020年首批总部集中招标采购项目——35~750kV设备、材料、特高压换流站备品备件与在线监测等项目如期开标评标,采购金额约64亿元,实现了520余家供应商足不出户网络开标,140余名评标专家远程异地分散评标,打响了中央企业大规模集中采购的第一枪。此举不仅强势助力电工装备企业复工复产,更充分展现了国网现代智慧供应链的成果与优势。

在此次新冠感染疫情防控中,数字经济的新模式新业态快速发展,在疫情监测、病毒溯源、生活保障、复工复产等多个方面发挥了重要支撑作用,这既是疫情倒逼加快数字化智能化转型的结果,也代表了未来新的生产力和新的发展方向。

国网公司作为全国首批供应链创新与应用的试点单位,率先通过大数据、云计算、物联网、移动应用、人工智能、区块链等技术,构建国网"五E一中心"供应链平台,全面支撑智能采购、数字物流、全景质控三大业务链,内外高效协同,智慧运营调配,供应链全程电子化、网络化、可视化、便捷化、智慧化,实现传统业务的数字化转型。

1. "云采购"彰显供应链电子采购韧性

国网公司积极贯彻落实党中央和国务院决策部署,一手抓疫情防疫,一手抓复工复产,向社会公布"应对疫情影响全力恢复建设助推企业复工复产十二项举措",提出加快组织招标采购。依托统一部署的ECP电子商务平台,创新采用"远程异地、网络协同"的云采购模式,通过集中招标采购、异地分散评标、远程网络协同,开辟绿色通道、压缩采购流程、提高采购效率,不让项目耽搁1s,不让供应商"等米下锅",最大限度缩短疫情造成的供应链"停摆"。

2. "网络直播"展现供应链电子采购弹性

为有效降低现场投标、开标带来的人员聚集风险,同时降低企业交易成本,国网公司充分发挥供应链网络化共享、智能化协作的优势,推出"零接触""零现场"的电子化在线投标、网络化直播开标,让万余份投标文件"零误差"全量加密提交,让千余位投标人"零距离"联网解密开标,帮助产业链上下游企业走出了从复工到复产的第一步。

3. "异地评标"加持供应链电子采购柔性

国网公司创新开展远程异地分散评标,专家管理模块用大数据自动分析、抽取低风险区"绿码"专家,采用自驾和专车接送的方式,有序组织140余名专家到六地会场开展远程协同评标。严格实行业务风险和疫情风险双管控。项目首次采用专家隔离式评标,评标专家可通过电子商务平台在线交流、在线打分、在线签署,评标结果、评标报告自动生成,评标过程实时监控、全程录制。国网公司运用柔性工作流灵活切换供应链运营模式,彰显了高效与稳健并存的供应链韧性。

4. "服务力"提升供应链电子采购价值

国网公司在疫情期间严控风险、提升服务,持续营造良好的营商环境。改进投标担保方式。全面推行投标保证金线上缴退,大力推广投标电子保函,创新调整纸质保函提交方式,暂缓提交保函原件至中标公示前,切实帮助企业缓解现实困难,促进社会经济平稳运行。持续完善信息公开机制,通过发布投标提示、短信提醒,确保投标人及时获取招投标最新变化和要求。大力推行非现场业务办理,对咨询、异议、投诉等非即时性业务,设置在线办理渠道及服务热线,自2月3日以来,国家电网供应商服务中心400语音服务热线共接听供应商来电2979个,实现来电、来信件有回复,持续提升公司供应商服务品牌效应。

在此次疫情防控阻击战中,国网公司在实现自身复工复产的同时,积极履行央企义务与社会责任,通过快速响应、敏捷柔性的供应链,用"国网方案"帮助供应链上下游企业复产复工,用"国网力量"打通电力行业的经济"血脉",为供应链进行实质性"输血",有效避免重点环节、重点领域的断裂与失衡,对稳定电力行业预期、支撑宏观经济增长有着十分重要的意义。

资料来源:http://www.chinawuliu.com.cn/lhhzq/202003/06/495029.shtml.

三、电子招标

1. 电子招标的含义

电子招标作为电子商务的一种交易形式,它是一种建立在网络平台基础上的全新招标方式,可以实现信息发布、招标、投标、开标、评标、定标直至合同签订、价款支付等全过程电子化,是一种真正意义上的全流程、全方位、无纸化的创新型采购交易方式。随着电子商务发展的日趋成熟,电子招标成为主要的招标手段是一种必然的发展趋势。针对电子招投标,我国还出台了《电子招标投标法》及其附件《电子招标投标系统技术规范》。

2. 推行电子招投标的优势

(1)发展电子招投标有利于招投标双方降低成本、提高效率。对于招标方(采购商和招标机构)来讲,与传统项目招标操作模式相比,电子招标采购有效降低了信息发布成本、投标商搜寻成本、考察成本以及相应的人工成本等,缩短了公告发布、专家抽取、审核和报批的时间,大幅提高了整个招标采购工作的效率。对于投标方而言,在线投标平台能够为他们提供准确及时的项目信息,帮助他们方便地选择目标项目,及时联系招标机构,购买标书,参与投标,在免去了很多不必要麻烦的同时,也保证了整个投标工作流畅地运行。

(2)建立电子招投标有利于推动招标投标工作的公开化、法制化,使得招投标工作更加公正、透明。与传统的招标采购操作模式相比,电子招标投标项目管理平台在促进招标采购工作公开和公正方面发挥了更大的作用。第一,在招标信息、中标公告等的发布上更为公开、及时,避免了由于信息不对称导致不公平竞争出现。第二,对招标项目进行中的每一步都及时公开,便于采购业主、主管部门和投标方有效监督和掌握。第三,招标机构对评标专家实行在线随机抽取,避免专家评标过程中可能产生的舞弊行为。第四,投标方可以方便地查看评标结果和专家意见,并提出自己的质疑,使得整个招标工作更加透明。第五,已完成项目在线归档,为主管部门或监督机构提档查看提供便利,也对招投标双方构成了一定程度的制度约束。

(3)完善的电子招投标有利于招标采购交易方式的推广。电子招标投标不仅继承了招投标交易模式规范、公开、竞争的优点,同时也克服了传统招标模式的烦琐、低效、高成本的劣势,形成一种规范、竞争、高效、低成本、更有竞争力的全新交易方式。完善的电子招投标平台的出现对招标投标交易方式的推广起到了重要的支撑作用。

四、电子反向拍卖

1. 电子反向拍卖的含义

电子反向拍卖(e-reverse auction,ERA)是指发生在采购组织和一群事先通过资格审查的供应商之间的在线实时动态拍卖。作为一种特殊的采购方式,电子反向拍卖技术近年来在学术界和实业界受到广泛关注,它创造了一个公平、公正的采购环境,个别公司不再受到特殊保护,采供关系存在于更广阔的交易网络中。电子反向拍卖使用范畴限定在采购规模大、产品市场供大于求、产品关键性较弱、产品标准化程度低以及采购风险较小的采购项目。电子反向拍卖有利于采购商降低交易成本,缩短协商时间,提高采购效率,对电子采购、网上营销及供应链管理将产生深远影响。

2. 电子反向拍卖的优势

(1)降低原材料的成本,创造有形的经济效益。价格是反向拍卖的主要考虑因素,企业通过反向拍卖获得低廉的资源,新供应商的加入强化了供应商的竞争,从而使采购方获得好处。

(2)提高采购工作效率,创造无形的管理效益。在传统的招投标竞价交易中,采购商需要做好充分的准备工作,花费大量的时间和费用。电子反向拍卖手续简便,准备工作简单,可异地操作,降低了采购方组织工作的难度,大幅提高采购商的工作效率。

(3)扩展供应商范围,加强供应商管理。通过电子反向拍卖这一采购工具,采购商与供应商的谈判不受时间和空间的限制,这为采购方提供了全球范围内的供应商。

(4)企业内部机构有可能重组。当参与电子反向拍卖的企业决策者观察到企业内部生产成本大于外包成本时,就会选择外包,这一决定的直接后果就是导致机构重组。随着采购效率的大幅度提高,采购方可以精简采购组织和人员,根据需要对采购组织机构进行重新的设计和调整,以适应企业新的战略需要。

五、采购的技巧与方法

1. 质量

质量的传统解释是好或优良,对采购人员而言,质量的定义应是符合买卖约定的要求或规格就是好的质量。因此采购人员应设法了解供应商对本身商品质量的认证或了解的程度,管理制度较完善的供应商应有下列有关质量的文件:质量合格证、商检合格证等。

采购人员应向供应商取得以上的资料,以利未来的交易。在我国商品的产品执行标准有国家标准、专业(部)标准及企业标准,其中又分为强制性标准和推荐性标准。但通常在买卖的合同或订单上,质量是以下列方法中的一种来表示的:市场上商品的等级、品牌、商业上常用的标准、物理或化学的规格、性能的规格、工程图、样品(卖方或买方),以上的组合。采购人员在采购时应首先与供应商对商品的质量达成互相统一的质量标准,在可能的情况下,对一些产品,如大米、衣服、家纺用品、鞋类等商品,应要求供应商提供样品封存,以避免日后的纠纷甚至法律诉讼。对于瑕疵品或在仓储运输过程损坏的商品,采购人员在采购时应要求退货或退款。

2. 包装

包装分为内包装和外包装两种。内包装是用来保护、陈列或说明商品之用,而外包装则仅用在仓储及运输过程的保护。在自选式量贩的营业方式中,包装通常扮演非常重要的角色。外包装若不够坚固,仓储运输的损坏太大,降低作业效率,并影响利润。外包装若太坚固,则供应商成本增加,采购价格势必偏高,导致商品的价格缺乏竞争力。设计良好的内包装往往能提高客户的购买意愿,加速商品的回转,采购人员应说服供应商在这方面向好的企业学习,并加以改进,以利彼此的销售。此外,采购人员在采购包装的项目时,应先了解超市的政策,进而与供应商协商对彼此最有利的包装,否则,不应草率订货。

3. 价格

除质量与包装外,价格是所有采购事项中最重要的项目。在采购之前,采购人员应事先调查市场价格,不可凭供应商片面之词,误入圈套。如果没有相同商品的市价可查,应参考类似商品的市价。单独与供应商进行采购,采购人员要先分析成本或价格;数家供应商进行竞标时,采购人员应选择两三家较低标的供应商,再分别与他们洽谈,求得公平合理的价格。在使用竞标方式时,采购人员切勿认为能提供最低价格的供应商即为最好的供应商。在选择供应商时,应综合考虑,例如,其在送货、售后服务、营销、其他赞助等方面能否提供支持。所以,有时候会放弃与提供极低价格的大批发商的合作,而选择不愿意提供极低价格的制造商或生产厂商,通常制造商在产品质量、货源保证、售后服务、促销活动及其他赞助上会有更多的营销费用支持。

4. 订购量

在超市分店数仍少的时候,订购量往往很难令供应商满意,所以在采购时,应尽量笼统,不必透露明确的订购数量,如果因此导致采购陷入僵局,应转到其他项目上。在没有把握决定订购数量时,采购人员不应订购供应商希望的数量,否则,一旦造成存货滞销,必须降价出清库存,因而影响利润的达成,造成资金的积压及空间的浪费。但采购人员应与供应商协商一个合理的最小订货金额或数量,最好以金额表示。否则,如果没有最小订货金额或数量限制,日后由楼面人员下单订货或运用 OPL 订单订货时,每次下单的订货量太小,要求供应商频繁送货,会增加供应商的成本,进而导致超市的价格无优势。相反,如果最小订货数量或金额太高,则会造成超市库存过高,导致压仓、滞销、削价求售等风险。

5. 折扣(让利)

折扣通常包括新产品引进折扣、数量折扣、付款折扣、促销折扣、无退货折扣、季节性折扣、经销折扣等数种。有些供应商可能会由全无折扣作为采购的起点,有经验的采购人员会引述各种形态的折扣,要求供应商让步。采购人员应向供应商说明超市的部分顾客是专业客户,换言之,专业客户都是很会精打细算的,若供应商的折扣数无法大到让超市的商品售价能吸引他们上门,就算我们向供应商订货,这一关系也不可能持久,这种交易反而不利于超市的价格形象,因此最好不要向该供应商采购。

6. 付款天数(账期)

超市的付款方式与商品的采购方式紧密相关,通常经销的商品采取"货到结款"的方式结款,代销、联营的商品采取"月结××天"的方式付款。付款天数(账期)与采购价格息息相关,在国内一般供应商的付款天数(账期)是月结 30~90 天,视不同的商品周转率和产品的市场占有率而定。对于超市而言,我们通常要求一般的食品干货类商品账期在货到 45 天以上,百货类商品的账期在货到 60 天以上。而且由于超市每月统一付款,供应商实际收到货款的时间要比合同平均延长 15 天[(0 天＋30 天)/2]。精明的供应商业务人员会对此进行计算,因此身为采购人员不可不知。总而言之,采购人员应计算对超市最有利的付款天数

（账期），对于惯于外销或市场占有率大的供应商，一般要求的付款期限都比较短，有的甚至要求现金或预付款，但这全凭采购人员的经验与说服力。

7. 交货期

一般而言，交货期越短越好，因为交货期短，则订货频率增加，订购的数量就相对减小，因此存货的压力也大为降低，仓储空间的需求也相对减小。对于有长期承诺的订购数量，采购人员应要求供应商分批送货，减小库存的压力。由于超市计算机计算订单数量的公式中，交货期是一个重要的参数，采购人员应设法与供应商洽商较短的交货期，降低存货的投资。但是不切实际地压短交货期，将会降低供应商商品的质量，同时也会增加供应商的成本，反而最终影响超市的价格优势及服务水平。因此采购人员应随时了解供应商的生产线，以确立合理可行的交货期。一般而言，本地供应商的交货期为2～3天，外埠供应商的交货期为7～10天。

8. 送货条件

在超大型的自选式的超市中，商品的进出量极大，若供应商无法在送货作业上与超市密切配合，将会严重影响超市的运作。送货条件包括按指定日期及时间送货、免费送货到指定地点、负责装卸货并整齐地将商品码放在栈板上，以及在指定包装位置上由超市贴印条码（或印国际条码）等。这些事情看起来简单，但若在采购时，对供应商没有提出要求，则有些供应商将会经常出错，对超市的运作影响比较大。对于经常出错的供应商，建议采取一些必要的警告或罚款措施。

9. 售后服务保证

对于需要售后维修的家电或电子产品，采购人员通常要求供应商提供免费的1～3年的售后服务，并将保修卡放置在包装盒内，保修卡应标明本商圈内的维修商地址及电话，并且当维修商的名字、地址及电话发生更换时，供应商应于第一时间通知超市采购人员，由采购人员及时通知卖场相关的退换货处人员及主要客户。

10. 退换货

超市大部分商品采取经销形式，即买断经营，理论上不存在退货的问题，但在实际运作中，由于供应商产品质量问题、残损，供应商业务人员的误导，形势估计过于乐观等因素，造成买进的商品库存过高，或商品滞销的情况，有远见的供应商业务人员，应主动解决超市相关业务人员的困扰。因为通常情况下，供应商会有较多的销售渠道处理这些滞销商品。如果供应商的业务人员不积极配合，超市可能不会继续与其合作。

 **相关链接**

国家应急物资采购管理体系和配套制度的建立与完善

为贯彻落实2020年2月3日中共中央政治局常务委员会会议提出的"要针对这次疫情应对中暴露出来的短板和不足，健全国家应急管理体系，提高处理急难险重任务能力"有关要求，2020年2月5日，中国物流与采购联合会（以下简称中物联）通过网络会议形式，组织召开"应急物资采购专家研讨会"，探讨当前疫情阻击战中应急物资采购所面临的问题和解决途径，为抗击疫情一线的采购人员提供理论制度和方法支撑。中物联副会长、公共采购分会会长蔡进出席并做总结讲话，来自中国人民大学、中央财经大学、南开大学、国际关系学院、广东财经大学、南京审计学院、厦门会计学院和国务院国资委研究中心、湖北省政协、四川省应急管理厅、国家电网物资部、阿里巴巴等研究机构和采购一线的30余位公共采购领域、法学领域的专家参加会议。

在全国上下众志成城、共克时艰，共同抗击新型冠状病毒感染的过程中，为了保障抗疫物资的高效采购和及时供应，全国各级公共采购机构精心组织，积极配合，甘于奉献，为抗疫阻击战作出了巨大贡献。在此期间，中物联也收到很多公共采购机构反映，当前的应急物资采购面临着法律依据不足、采购方式无所适从、供应商数据库缺失、响应速度难以满足疫情需要等问题。

此次"应急物资采购专家研讨会"，主要围绕当前疫情防控应急物资采购的基本特征、重大疫情应急物资采购存在的主要问题、应急物资采购的对策建议三大主题展开讨论。专家们一致呼吁，应尽快建立与国家应急管理体制配套的应急物资采购管理体系和采购管理制度。

主要包括以下建议。

(1) 应建立应对重大疫情和灾害的应急采购制度。中央财经大学政府管理学院徐焕东教授等专家提出，目前我国《政府采购法》适用于社会正常有序运行情况下的采购行为，而不包含重大灾害紧急情况的采购。重大疫情发生时期的政府采购，不能完全靠供应商的良知和自觉性，还必须有法律与制度保障。应建立应对重大疫情和灾害的紧急采购制度，通过良好的制度设计，解决好特殊时期采购的援助性、强制性、市场性及补偿性"四性"兼顾问题。四川省应急管理厅社会力量统筹中心苏国栋，结合四川省紧急物资采购的工作实践，提出在制度建设层面，现在必须考虑在《预算法》和《政府采购法》的基础之上，进一步完善紧急采购的法律、法规，弥补政府采购法针对紧急采购没有操作性规定的缺陷。中物联公共采购分会核心专家陈川生教授提出，应急情况发生后，整个社会系统都应全局或局部转入应急状态（相当于战时）。其中涉及应急直接物资、间接物资的供应，不能适用现有法律。建议由国务院法制办或人大法工委牵头立法，最好能出台一部"突发事件紧急采购法"，一方面在立法中明确紧急采购的合同属于行政合同，另一方面对哄抬物价等违法行为进行界定、处罚；还可以借助互联网做好紧急采购电子化平台，由政府主导，向第三方购买服务。

(2) 尽快建立全国统一的"抗疫物资公共采购应急预案"。厦门国家会计学院副教授袁政慧等认为，在抗击新型冠状病毒感染、保障抗疫物资的采购过程中出现的新问题、新情况中，建议尽快建立全国统一的"抗疫物资公共采购应急预案"或统一规定，详细规定采购的流程（建议简化），以快速响应、保障供应为主。公共采购机构应发挥自身的社会价值，会同医疗卫生、财政、审计等协调简化流程，加快采购资金拨付速度，解决流程合法性；会同工商、质监等部门，加大对抗疫物资供应商的监督检查力度，建议在采购合同里面增加一个条款，约定质量保证金及瑕疵品的罚款，切实保障抗疫物资的质量；会同交通运输部门协调应急物资的运输、仓储、装卸搬运、配送等问题，建议对应急物资开通绿色通道，减免过路过桥费，保障物流速度。加快建设"应急物资供应商数据库"并开放给全国公共资源交易机构共享。尽快建立虚拟应急供应链，由政府提供技术支持平台，并以政府为指挥控制中心，保障由大规模突发事件引起的应急物资生产与供给。"前事不忘后事之师"，虚拟应急供应链建设应提上议事日程，将应急管理的三个状态，即平时状态、警戒状态和战时状态纳入各级公共采购管理日程。

(3) 国家应尽快建立应急采购电子化平台。广东财经大学公共采购研究中心主任黄冬如、咸亨国际股份公司供应链管理负责人冯正浩等专家提出，当前在新型冠状病毒感染攻坚战中,口罩、防护服、护目镜等应急物资非常短缺,国家应及时建立重点医疗物资保障调度平台,加紧重要物资供应保障和调控调度工作。在保障调度平台建设和实施过程中,从治理体系和治理能力现代化角度出发,在发挥政府作用的同时,应注重市场化机制和信息化手段的使用,充分利用现代技术手段,抓紧推进应急采购电子化平台建设。运用互联网以及大数据对上下游企业资源进行共享对接,同时签订一系列国家或者地区出现应急事件时的应急预案协议等措施,保证应急事件发生时能迅速反应。有必要建设一个完整的应急供应链平台,应急物资装备的生产、仓储、物流、采购、调拨等关键环节都必须考虑周全。还要摸清应急资源基数,摸清社会力量的分布情况、生产能力、库存状况、应急产能,这是一项基础性的工作。

(4)当前应急物资可参照战时状态予以采购。南京审计学院副校长裴育教授等认为,目前新型冠状病毒已经作为国家和各地方一级响应机制对待,军队也参与进来,可以说全民已进入战时状态。在此大背景下,应急物资采购的路径选择均可以作为《政府采购法》和《招标投标法》中的例外予以处理,从法律制度完善角度看,未来需要细化相关条款规定。根据习近平总书记重要讲话精神,把疫情防控工作作为当前头等大事,各级政府也拿出"一级响应"战时状态,做到"应诊尽诊、应住尽住、应收尽收、应到尽到",坚决遏制疫情蔓延势头,坚决打赢疫情防控阻击战。为此,我们判断应急物资可以参照战时状态予以采购。

(5)将"互联网+供应链"上升为应急采购的主要方式。辽宁省政府采购协会会长张天弓、广西壮族自治区政务服务监督管理办原副主任梁戈敏等专家认为,新型冠状病毒感染阻击战斗伊始,财政部科学决策一声令下:建立采购绿色通道—政府采购可以暂时撤离战斗—可不执行《政府采购法》规定的方式和程序,采购进口物资无须审批。此举意味着财政部积极主动配置疫情防控采购资源,将疫情防控采购有限的正面战场资源让位于更适合的非政府采购,保证疫情防控采购绩效的最大化。面对重大疫情应急采购,建议将"互联网+供应链"上升为政府采购的主要方式。危机告诉我们,供应链建设非常重要。供应链是采购的生命线,是社会供给的生命线,是打赢突发战斗的生命线。在日常采购工作中,我们的供应商虽然多,但是没有形成稳定的供应链。应充分发挥中物联现有的供应链管理资源和公共采购电子平台资源优势,整合国内其他平台,尤其是医疗药品集中采购平台,为当前抗击疫情的应急采购提供支撑。现在普遍存在供应商数据不全、供应能力数据不全等问题,很多供应商也都没有上网、加入平台、使用平台的习惯。应该借鉴药品集中采购平台的经验,发挥供应商积极性,建立供应商资源库。

此外,南开大学法学院何红锋教授提出了重大疫情应急物资采购应遵循"体现灵活性""健全紧急采购内控机制""管理不能松懈"三个原则。国际关系学院公共市场与政府采购研究所所长赵勇教授分析了疫情防控采购的特殊之处主要在于"急"和"缺"。国家电网公司物资部副处长龙磊介绍了国家电网应急物资采购供应的"先实物、再协议、后订单"原则。阿里巴巴集团战略与合作部政府合作总监侯佳烨介绍了阿里巴巴开通的"防疫直采全球寻源平台"。

中国物流与采购联合会副会长、公共采购分会会长蔡进在总结讲话中,高度肯定了专家们的发言,认为专家们发表的许多真知灼见,对当前疫情防控、对以后的应急采购制度建设将发挥重要作用。他代表主办单位感谢各位专家积极参与这种特殊形式的研讨会!相信在党中央的坚强领导下,经过全国各条战线各个岗位人员的共同努力,一定能战胜疫情!

资料来源:http://www.chinawuliu.com.cn/lhhzq/202002/07/491656.shtml.

六、采购流程

1. 传统采购流程

传统采购流程的特点：①信息不对称。为了双方的利益，采购方与供应商都在尽量隐瞒自己的信息，其结果是交易成本增大。②采购方与供应商的关系体现为短期的合作关系，竞争性强，不确定性大。③企业响应能力较弱。因为信息的不对称和信息反馈的不及时，采购方和供应商应对变化的能力均表现不强。④企业对质量和交货期进行事后把关，即采购方不宜参与供应商的生产过程和质量控制活动中。

2. 现代采购流程

现代采购作业流程因采购的来源、采购物资的类型、采购业务的类型、采购的方式、采购对象的不同而有所差异，但对于采购作业的基本流程则每个企业大同小异。而且随着环境的变化，企业应对其采购流程进行相应的重组并加以改善。采购作业流程会因采购地点、采购方式和采购对象等不同而在作业细节上有差别。但对于基本的流程每个企业都是大同小异的。采购的基本流程主要有以下环节。

（1）采购需求的确认。在采购之前应先确定购买哪些物料，买卖数量，何时买，由分管领导决定等。

（2）需求说明。确认需求之后，对所购物品的细节，如品质、包装、售后服务、运输及检验方式等，均加以明确说明，以便使来源选择及价格谈判等作业能顺利进行。

（3）选择可能的供应来源。根据需求说明在原有供应商中选择成绩良好的厂商，通知其报价，或以登报公告等方式公开征求。在选择供应商时，企业应考虑以下主要因素。

① 价格。物美价廉的商品是每个企业都想获得的。相对于其他因素，虽然价格并不是最重要的，但比较各个供应商提供的价格连同各种折扣是选择供应商不可或缺的一个重要指标。

② 质量。商品质量也是一个十分重要的选择供应商的影响因素。商品质量的选择应根据企业实际情况而定，并不是质量最好的就是最适应的，应力求用最低的价格买到最适合本企业质量要求的产品。

③ 服务。服务也是一个很重要的选择供应商的影响因素。如更换商品、指导设备使用、修理设备等，类似这样的一些服务在采购某些项目时，可能会在选择过程中起到关键作用。

④ 位置。供应商所处的位置对送货时间、运输成本、紧急订货与加急服务的回应时间都有影响。在当地购买有助于发展地区经济，易于形成社区信誉以及良好的售后服务。

⑤ 供应商库存政策。如果供应商的库存政策要求自己随时持有备件库存，那么拥有安全库存将有助于解决设备突发故障。

⑥ 柔性。那些愿意且能够回应需求改变、接受设计改变等要求的供应商应予以重点考虑。

（4）适宜价格的决定。决定可能的供应商后进行价格谈判。

（5）订单安排。价格谈妥后，应办理订货签约手续。订单和合约均属于具有法律效力的书面文件，对买卖双方的要求、权利及义务必须予以说明。

（6）订单追踪与稽核。签约订货后，为求销售厂商如期、如质、如量交货，应依据合约规定，督促厂商按规定交货，并予以严格验收入库。

（7）核对发票。厂商交货验收合格后，随即开具发票。要求付清货款时，对于发票的内容是否正确，应先经采购部门核对后财务部门才能办理付款。

（8）不符与退货处理。凡厂商所交货品与合约规定不符而验收不合格者,应依据合约规定退货,并立即办理重购,予以结案。

（9）结案。凡验收合格付款,或验收不合格退货,均须办理结案手续,清查各项书面资料有无缺失、绩效好坏等,并签报高级管理层或权责部门核阅批示。

（10）记录与档案。凡经结案批示后的采购文件,应列入档案登记编号分类,予以保管,以备参阅或事后发生问题时查考。档案应具有一定保管期限的规定。

企业规模越大,采购金额就越高,所以采购作业流程的设计是一项十分重要的工作,采购作业流程设计应注意以下事项:①流程先后的顺序和时效控制;②流程中关键点的设置;③流程中权责或任务的划分;④价值与程序的相互适应;⑤处理程序要与时俱进。

七、M企业采购业务流程再造

M企业是一家空气净化高新技术企业,作为中小型制造企业的典型代表,近几年公司发展迅速,规模逐渐扩大。结合业务流程再造理论,对M企业的采购流程进行分析和再造研究,找到流程中存在的问题,改变原来的管理模式,以流程为中心,以客户的需求为再造目标,提高采购流程的运作效率,降低采购成本,最终提高企业的核心竞争力。

1. M企业采购流程现状及问题分析

（1）采购物品没有分类。如图4-2所示,采购流程中没有对物料进行分类,所有的物料都采

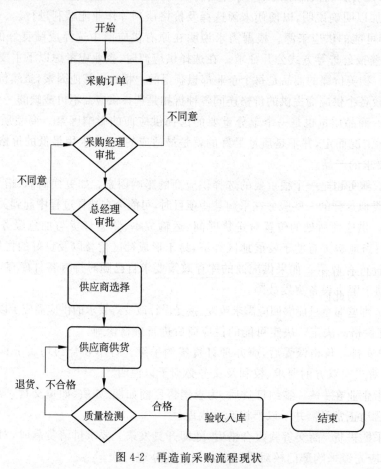

图4-2　再造前采购流程现状

用相同的购买流程,这样的设置非常不合理,浪费了大量的时间和精力,降低了采购效率。

(2)采购经理没有实权。通过分析采购流程,发现企业内所有的采购订单都需要采购经理和总经理逐级签字,这样使总经理的工作效率低下,没有更多的时间和精力完成企业的重要事项,同样也没有给予采购经理真正的权力,造成了资源的浪费。

(3)财务付款不谨慎。由于付款环节流程不完善,企业的出纳收到诈骗信息,没有向总经理及部门经理确认信息是否可靠,直接在网上转账付款,导致企业损失大量资金。

2. M企业采购流程再造

采购流程再造是指企业为了显著提高采购工作的效率,从根源上对采购流程中的各项内容进行深刻思考和分析,找出问题的根源所在,并给出优化的解决措施,彻底改造那些影响采购流程效率的工作环节。采购流程再造内容具体如表4-2所示。

表4-2　采购流程再造内容

序号	采购流程再造内容	问　题	修改说明
1	采购的内容和目标	采购内容不明确	相关部门出采购订单,填写《采购申请书》
2	采购的依据和标准	采购标准不明确	《采购申请书》要填写采购物品的质量规格等详细内容
3	采购的进度和时间节点	没有明确的采购计划、节点不清晰	制订明确的采购计划,编制《采购计划书》
4	采购的人员	采购合同没有人保管	指定采购部门的合同专管人员负责管理合同
5	采购的地点	供应商的选择不完善	优化供应商的选择标准
6	采购的方法和流程	采购物品没有分类	采购物品分类,不同种类的物品采用不同的采购流程
7	采购的人工和成本	没有预算	财务部门做好预算
8	采购的联络人	没有确定相关联络人	指定联络人,专人专管
9	采购的可靠性	采购付款环节不完善,质量验收不谨慎	明确付款流程;加强质检管理

对M企业的采购流程进行再造设计后,通过对比改造前后的采购流程,可以发现新的采购流程有了明显的改善效果:流程再造后,对购买的物料实行分类采购模式,不同种类的物料使用不同的采购流程,并且各部门员工对自己的工作内容和目标更加明确,加强员工之间交流的频率。与此同时,再造后的采购付款流程更加完善,加强了质量管理工作,有效降低了采购风险。总之,采购流程的优化对M企业的持续发展起到了至关重要的作用。

资料来源:武晓旭,徐瑞园.M企业采购业务流程再造研究[J]. 河北企业,2019(12):99-100。

📑 项目小结

采购是指企业在一定的条件下从供应市场获取产品或服务作为企业资源,以保证企业生产及经营活动正常开展的一项企业经营活动。所谓采购管理,就是指为保障企业物资供应而对企业采购进货活动所进行的管理活动,是对整个企业采购活动的计划、组织、指挥、协调和控制活动。采购计划是企业管理人员在了解市场供求情况、认识企业生产经营活动过程及掌握物品消耗规律的基础上,对计划期内的物品采购活动所做的预见性安排和部署。

思考题

1. 什么是采购及采购管理?
2. 什么是采购计划? 编制采购计划的依据是什么?
3. 采购按采购价格确定方式主要分为哪几种类型?
4. 什么是电子采购? 电子采购的优越性主要有哪些?
5. 现代采购的基本流程主要有哪些?

案例分析

卫岗乳业:借力旺采网,打造全面开放的电子采购平台

南京卫岗乳业有限公司(以下简称“卫岗乳业”)建于 1928 年,其前身是宋庆龄、宋美龄两姐妹创办的贵族学校的实验牧场。历经 90 多年的传承创新,卫岗乳业现已成为国家农业产业化重点龙头企业、中国食品百强企业、江苏省先进乳品生产企业,卫岗牛奶成为中国优质农产品、江苏省名牌产品。

作为大型乳品生产制造型企业,卫岗乳业拥有 6 600＋家供应商,数十家分、子公司,数十万料件,同时拥有 ERP、OA 等多个信息系统。一直以来,卫岗乳业企业采购痛点主要汇集于以下几点。

(1) 企业采购成本控制和议价能力提升受到制约。

(2) 信息断层,增加业务风险。

(3) 采购效率和寻源范围受到制约。

(4) 供应商优化、开发范围有限,没有形成有效的良性竞争。

(5) 供应商管理精细化水平有待提升。

随着卫岗乳业经营水平的不断提升,对管理精细化要求也随之提高。如何有效控制生产原材料成本、如何利用品牌优势开展集采活动、如何提高市场议价能力、如何通过有效管理实现企业经营成本降低等,成为企业日益关注的重点。

电子采购是撬动企业数字化管理、精细化运营转型的重要工具,卫岗乳业决定借助采购业务全流程电子化的解决方案来击破痛点,希望能着力于五大建设目标打造电子化招采平台:全流程电子化招标采购能力,“外部贸易＋内部管理”一体化,持续降本增效,采购管理水平提升和辅助决策分析。

旺采网提供的电子化采购解决方案,能实现各个业务流程和数据流程有效串联,为卫岗乳业搭建业务完善、功能健全、使用高效、扩展性强的采购供应链系统,支撑其供应链上下游业务可持续发展,扩大市场战略发展,帮助企业提升利润空间,与卫岗乳业采购电子化转型需求不谋而合。

旺采网通过本地化部署模式,为卫岗乳业打造全方位满足其采购需求、开放式的电子化招采平台,建设内容主要为如下。

(1) 构建完整的集团采购体系。

从项目立项、采购申请单、采购预案、供应商准入管理、询价、竞价、招标、拍卖、合同管

理、核价管理、采购订单、物资超市,以及 ERP 入库、发票、付款、信息对接、供应商评价、供应商退出与奖励,补充目前 ERP 应用的不足,从而构建完整的内部采购追溯体系。

（2）建立完善的供应商管理与考核机制。

为企业提供了采购信息及相关政策法规对外发布的平台,寻源范围不断扩大,持续吸引供应商主动注册,逐步掌握更多供应商信息。

为供应商提供了线上互动平台,供应商可通过系统查看下单信息,并对订单信息进行线上确认,采供双方历史交易记录一目了然。

从供应商准入、交易、考评、奖惩、置换等方面构建供应商全生命周期管理体系,通过健康的置换机制,培育一批质优、价廉、履约能力强的战略供应商,提升卫岗乳业在供应链的影响力和话语权。

（3）实现招标采购全流程电子化。

实现招采的深化应用,通过询价、竞价、全流程线上招标、物资超市等不同的采购方式逐步实现整个集团所有采购方式电子化。

（4）逐渐对外实现全面开放,打造行业级采购平台。

内部建设完成后,可逐步实现对外开放,可对外部企业开放独立门户,外部企业能够通过平台管理自己的供应商,开展询价、竞价、招投标等采购工作,打造乳制品行业级采购平台,构建良性的采购生态。

旺采网将持续以更优质的服务和更坚实的技术支撑,为卫岗乳业经营发展赋能,为其实现以乳品企业采购电商化为核心业务,围绕乳品行业供应链上下游,打造产、供、销一体的产业平台;以集采模式为营收杠杆,供应链金融、物流为增值服务,促进卫岗乳业互联网+模式下的产业转型升级;从生产制造型企业成为生产服务型企业,为打造乳品行业核心竞争力的目标提供有力支持。

资料来源:http://www.chinawuliu.com.cn/zixun/201911/05/345104.shtml.

思考与分析:

（1）电子采购平台的构建与精细化管理,为卫岗乳业的发展带来哪些收益?

（2）电子采购平台在应用过程中存在哪些缺点?

（3）供应链环境背景下,如何协调采购供应商、生产商与销售商之间的关系?

 **实训演练**

电子商务物流企业采购管理调研

（1）实训目的:通过实训,了解一个小型电子商务物流企业,分析该企业采购管理。

（2）实训内容:通过调研了解一个小型电子商务物流企业的采购管理,了解其采购的方式和采购流程,结合该企业的采购管理现状,研究是否可以通过改进采购流程,达到降低采购成本的目的。

（3）实训要求:将参加实训的学生分组,在教师指导下进行调研,完成实训报告。

电子商务仓储管理

学习目标

知识目标

1. 掌握仓库与仓储的概念及仓储活动的性质与基本功能,熟悉仓库内部布局,了解仓储在物流中的作用;

2. 掌握物品入、出库管理的流程,理解物品在仓库的保管与养护,了解库存的分类与作用;

3. 掌握 ABC 分类库存管理方法的操作步骤与管理措施,理解定量与定期订货方式,了解零库存技术。

能力目标

1. 具备仓库内部布局与结构设计的能力;

2. 能够分析库存状况、制订库存管理计划、合理地控制库存;

3. 能够有效运用库存管理与控制的方法解决企业实际仓储问题。

素养目标

1. 树立质量、成本与责任意识,培养仓储作业管理的全局理念;

2. 强化逻辑思维能力,科学规划仓库布局;

3. 培养良好的思维习惯,在实践中不断运用和完善仓储管理理论和方法。

 案例导入

菜鸟为泰国快递公司闪电达打造东南亚最大自动化仓储系统

2022 年 1 月 25 日消息,近日,菜鸟为泰国头部快递公司闪电达,建成了东南亚地区规模最大的自动化仓储系统,帮助闪电达在物流仓储领域快速建立起差异化的竞争能力,进一步拉大行业领先优势。

据报道,泰国有近 7 000 万消费人口,人均 GDP 达到 7 000 多美元,成为东南亚电商的重要市场。以 Lazada 和 Shopee 为代表的电商平台发展迅猛,Facebook 的社交电商、TikTok 的直播电商也保持了高速增长。然而暴涨的电商交易量背后,却是低效率的物流系统,尤其是仓储系统存在明显的短板。

泰国快递公司闪电达仓储经理韩磊表示,泰国物流的整体水平,尤其是电商物流要比中

国落后 5～10 年,只有部分大型的物流公司会用到一些半自动化的仓储系统,大多数中小型的库房都还是手工记账、无系统的一个管理模式。

作为泰国当地单量最大的快递公司,闪电达在本土拥有超过 2 000 个网点,每天派送的单量超过 200 万,主要业务覆盖了东南亚大多数国家。

2021 年年初,闪电达开始在中国寻找自动化改造的合作伙伴,4 月,菜鸟的自动化方案在竞标中胜出。

闪电达联合创始人兼 COO 狄玮杰表示,菜鸟在仓库规划和设计中,应用了柔性自动化技术,让仓库的产能可以根据实际单量进行调整,以应对未来业务发展和扩张的需要。目前该仓库日均能保持 6 000 单的高额产出,大促时,日处理能力将可以快速提升到 20 000 单。

菜鸟物流科技事业部总经理丁宏伟认为,自动化仓储系统的建立,可以帮助闪电达在东南亚的仓储物流领域快速建立起差异化的竞争实力,拥有了先发优势。

过去 8 年,菜鸟的物流科技伴随着自身全球化进程,已经在欧洲、美洲、东南亚、俄罗斯等国家或地区的 eHub、海外仓、分拨中心、末端配送网络等物流场景中落地并产生价值。

资料来源:http://lcn2000.com/gongsi/20778.html.

思考与分析:仓储系统的自动化与智能化体现在哪些方面? 对物流企业发展有何助益?

任务一　仓库与仓储

一、仓库与仓储的概念

1. 仓库的概念

仓库是储存保管货物的建筑物和场所的总称。仓库的概念可以理解为用来存放货物,包括生产资料、工具或其他财产,以及对其数量和价值进行保管的场所和建筑物等设施,还包括用于防止减少或损伤货物而进行作业的土地或水面。从社会经济活动看,无论生产领域,还是流通领域都离不开仓库。

2. 仓库的功能

仓库最基本的功能是储存货物,并对储存的货物实施保管和控制。但随着人们对仓库概念的深入理解,仓库也担负着货物处理、流通加工、物流管理和信息服务等功能,其含义远远超出了单一的储存功能。

一般来讲,仓库具有以下功能。

(1) 仓储和保管。仓储和保管是仓库最基本的传统功能,仓库具有一定的空间,用于储存货物,并根据货物的特性,仓库内还配有相应的设备,以保持储存货物的完好性。例如,储存精密仪器的仓库,需要防潮、防尘、恒温等,应设置空调、恒温等控制设备。在仓库作业时,要防止搬运和堆放时碰坏、压坏货物,要求搬运机具和操作方法不断改进和完善,使仓库真正起到仓储和保管的作用。

(2) 配送和加工。现代仓库的功能已由保管型向流通型转变,即仓库由原来的仓储、保管货物的中心向流通、销售的中心转变。现代仓库不仅具有仓储、保管货物的设备,而且增加了分装、配套、捆装、流通加工和移动等设施。这样,既扩大了仓库的经营范围,提高了货物的综合利用率,又方便了消费者,提高了服务质量。

（3）调节货物运输能力。各种运输工具的运输能力差别较大，船舶的运输能力很大，海运船舶一般都在万吨以上；火车的运输能力较小，每节车厢能装载 30～60t，一列火车的运量多达几千吨；汽车的运输能力相对较小，一般都在 10t 以下。它们之间运输能力的差异也是通过仓库调节和衔接的。

（4）信息传递。信息传递功能总是伴随着以上三个功能发生的。在处理有关仓库管理的各项事务时，需要及时、准确的仓库信息，例如，仓库利用水平、进出货频率、仓库的地理位置、仓库的运输情况、顾客需求状况及仓库人员的配置等，这对一个仓库管理能否取得成功至关重要。

目前，在仓库的信息传递方面，越来越多地依赖计算机和互联网络，通过使用电子数据交换系统（EDI）或条形码技术来提高仓库货物的信息传递速度的准确性，通过互联网来及时地了解仓库的使用情况和货物的储存情况。

3. 仓储的概念

从物流管理的角度看，可以将仓储定义如下：根据市场和客户的要求，为了确保货物没有损耗、变质和丢失，为了调节生产、销售和消费活动以及确保社会生产、生活的连续性，而对原材料等货物进行储存、保管、管理、供给的作业活动。对仓储概念的理解要抓住以下要点。

（1）满足客户的需求，保证储存货物的质量，确保生产、生活的连续性是仓储的使命之一。

（2）当物品不能被及时消耗，需要专门的场所存放时，形成了静态仓储。对仓库里的物品进行保管、控制、存取等作业活动，便产生了动态仓储。

（3）储存的对象必须是实物产品，包括生产资料、生活资料等。

（4）储存和保管货物要根据货物的性质选择相应的储存方式。不同性质的货物应该选择不同的储存方式。例如，食品、生物药品等对温度有特殊要求的货物需要采用冷藏库储存；液体性的原油或成品油就需要使用油品库储存。

二、仓储活动的性质与仓储的功能

1. 仓储活动的性质

仓储活动的性质在这里是指生产性和非生产性而言。总的来说，仓储活动是生产性的。

（1）仓储活动是社会再生产过程中不可缺少的一环。任何产品的使用价值只有在消费中才能实现，而产品从脱离生产到进入消费，一般情况下都要经过运输和储运。所以，商品的储存和运输一样，都是社会再生产过程的中间环节。

（2）仓储活动具有生产三要素。商品仓储活动同其他物质生产活动一样，具有生产三要素，即劳动力：仓库作业人员，劳动资料：各种仓库设施，劳动对象：储存保管的物质，三者缺一不可。商品仓储活动就是仓库作业人员借助于仓储设施，对商品进行收发保管的过程。

（3）仓储活动的生产特殊性。商品仓储活动具有生产性质，但与一般物质生产活动相比又有不同的地方。

仓储活动消耗的物化劳动和活劳动不改变劳动对象的功能、性质和使用价值，只是保持和延续其使用价值。仓储活动的产品无实物形态却有实际内容，即仓储劳务。所谓劳务，是指劳动消耗，要追加到商品的价值中去，追加数量的多少取决于仓储活动的社会必要劳动量，商品经过储存保管使用价值不变，但其价值增加。这是因为商品仓储活动的一切劳动消耗都要追加到商品的价值中去。

此外,作为商品仓储活动的产品——仓储实务,其生产过程和消费过程是同时进行的。既不能储存,也不能积累。

2. 仓储的功能

从整个物流过程看,仓储是保证这个过程正常运转的基础环节之一。仓储的价值主要体现在其具有的基本功能、增值功能及社会功能三个方面。

(1) 基本功能。仓储的基本功能是为了满足市场的基本储存需求,仓库所具有的基本的操作或行为,包括储存、保管、拼装、分类等基础作业。其中,储存和保管是仓储最基础的功能。通过基础作业,货物得到了有效的、符合市场和客户需求的仓储处理,例如,拼装可以为进入物流过程中的下一个物流环节做好准备。

(2) 增值功能。通过基本功能的实现而获得的利益体现了仓储的基本价值。增值功能则是指通过仓储高质量的作业和服务,使经营方或供需方获取除这一部分以外的利益,这个过程称为附加增值。这是物流中心与传统仓库的重要区别之一。增值功能的典型表现方式包括:一是提高客户的满意度。当客户下达订单时,物流中心能够迅速组织货物,并按要求及时送达,提高了客户对服务的满意度,从而增加了潜在的销售量。二是信息的传递。在仓库管理的各项事务中,经营方和供需方都需要及时而准确的仓库信息。例如,仓库利用水平、进出货频率、仓库的地理位置、仓库的运输情况、客户需求状况、仓库人员的配置等,这些信息为用户或经营方进行正确的商业决策提供了可靠的依据,提高了用户对市场的响应速度,提高了经营效率,降低了经营成本,从而带来了额外的经济利益。

(3) 社会功能。仓储作业的基础与增值功能会对社会经济产生不同的影响,例如,良好的仓储作业与管理会进一步保障生产运作的连续性,反之会带来负面的效应。这些功能称为社会功能,主要从三个方面理解:①时间调整功能。一般情况下,生产与消费之间会产生时间差,通过储存可以克服货物产销在时间上的隔离(如季节生产,但需全年消费的大米)。②价格调整功能。生产和消费之间也会产生价格差,供过于求、供不应求都会对价格产生影响,因此通过仓储可以克服货物在产销量上的不平衡,达到调控价格的效果。③衔接商品流通的功能。商品仓储是商品流通的必要条件,为保证商品流通过程连续进行,就必须有仓储活动。通过仓储,可以防范突发事件,保证商品顺利流通。例如,运输被延误,卖主缺货。对供货仓库而言,这项功能是非常重要的,因为原材料供应的延迟将导致产品的生产流程的延长。

三、仓库内部布局

仓库可根据场地和仓储、配送对象的具体情况进行规划。一般可分为储货区、拣货区、入库暂存区、出库暂存区、办公区等。在各区域之间应预留安全通道,在货架之间应预留工作通道。仓库内部布局是否合理,将对仓库作业的效率、储运质量、储运成本和仓库盈利目标的实现产生很大的影响。

1. 仓库规划应遵循的原则

(1) 储存的物品及作业人员运动距离最小化。

(2) 面积和空间利用率最大化。

(3) 方便作业,有利于提高作业效率。

（4）有利于作业时间的充分利用和作业环节的有机衔接。

2．安全通道

安全通道是指在发生紧急情况时，为保证工作人员安全撤离而预留的空间。

（1）安全通道与安全出口相连。

（2）安全通道的最小宽度大于 0.8m。

（3）任何人员可到达的区域到最近的安全出口的距离不得超过 50m。

（4）如果通道是死胡同，这个距离不得超过 25m。

（5）如果储存的是易燃物品，这个距离不得超过 10m。

（6）安全通道用橘红色标出。

（7）任何时间都不得在安全通道上放置任何物品。

3．工作通道

工作通道是为保证装卸、拣选设备正常作业而预留的空间。工作通道的宽度视采用的设备而定，在单台设备通行的情况下。

（1）采用自动堆垛机的，工作通道宽度为 1.4m。

（2）采用三向叉车的，工作通道宽度为 1.8m。

（3）采用前移式叉车的，工作通道宽度为 2.8m。

（4）采用平衡重式叉车的，工作通道宽度为 4.5m。

4．仓库内部布局方案

某物流公司仓库有两层（三、四楼）；在对仓库进行规划设计时，主要考虑因素如下：企业一般是根据库房（区）的建筑形式、面积大小、库房楼层或固定通道的分布和设施设备状况，结合储存物品需要的条件，将储存场所划分为若干库区，每一库区再划分为若干货位，每一货位固定存放一类或几类数量不等、保管条件相同的物品。

四、仓储在物流中的作用

从某种意义上讲，仓储管理在物流管理中占据着核心的地位。从物流的发展史可以看出，物流的研究最初是从解决"牛鞭效应"开始的，即在多环节的流通过程中，由于每个环节对于需求的预测存在误差，因此随着流通环节增加，误差被放大，库存也就越来越偏离实际的最终需求，从而带来保管成本和市场风险的提高。解决这个问题的思路，从研究合理的安全库存开始到改变流程，建立集中的配送中心，以致改变生产方式，实行订单生产，将静态的库存管理转变为动态的 JIT 配送，实现降低库存数量和周期的目的。在这个过程中，尽管仓库越来越集中，每个仓库覆盖的服务范围越来越大，仓库吞吐的物品越来越多，操作越来越复杂，但是仓储的周期越来越短，成本不断递减的趋势一直没有改变。从发达国家的统计数据来看，现代物流的发展历史就是库存成本在总物流成本中所占比重逐步降低的历史。

从许多微观案例来看，仓储管理已成为供应链管理的核心环节。这是因为仓储总是出现在物流各环节的接合部，例如采购与生产之间，生产的初加工与精加工之间，生产与销售之间，批发与零售之间，不同运输方式转换之间等。仓储是物流各环节之间存在不均衡性的表现，仓储也正是解决这种不均衡性的手段。仓储环节集中了上下游流程整合的所有矛盾，仓储管理就是在实现物流流程的整合。如果借用运筹学的语言来描述仓储管理在物流中的地位,可以说就是在运输条件为约束力的情况下,寻求最优库存(包括布局)方案作为控制手段,使得物流达到总成本最低的目标。在许多具体的案例中,物流的整合、优化实际上归结为仓储的方案设计与运行控制。

传统物流与现代物流最大差别也是体现在库存环节上。传统的仓储业是以收保管费为商业模式的,希望自己的仓库总是满的,这种模式与物流的宗旨背道而驰。现代物流以整合流程、协调上下游为己任,静态库存越少越好,其商业模式也建立在物流总成本的考核之上。由于这两类仓储管理在商业模式上有着本质区别,但是在具体操作上(如入库、出库、分拣、理货等)又很难区别,所以,在分析研究时,必须注意它们的异同之处,这些异同也会体现在信息系统的结构上。

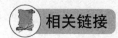

智慧物流发展成共识,仓储智能化升级势在必行

智能自动化仓储作为智慧物流的重要一环,一般是由自动化立体仓库、立体货架、有轨巷道堆垛机、高速分拣系统、出入库输送系统、物流机器人系统、信息识别系统、自动控制系统、计算机监控系统、计算机管理系统以及其他辅助设备组成,并且还要借助当下最火热的物联网技术,如 RFID 通过先进的控制、总线、通信等手段,实现对各类设备的自动出入库作业。

不难看出,智能自动化仓储需要应用互联网、物联网、云计算、大数据、人工智能、RFID、GPS 等技术的支撑。同时,我国仓储业也正在向智能仓储与互联网平台发展,条形码、智能标签、无线射频识别等自动识别标识技术、可视化及货物跟踪系统、自动或快速分拣技术等已经在一些专业仓储企业大量应用。

纵观仓储物流发展历程,自动化技术在仓储领域的发展主要有以下几个重要阶段。

第一阶段,主要靠人工实现的人工仓储。

第二阶段,以输送车、堆垛机、升降机等设备为主的机械化仓储。

第三阶段,在已有基础上进一步进入 AGV、自动货架、自动识别和自动分拣等先进设备系统。

第四阶段,更多的是以集成系统为主。

第五阶段,则是智能自动化仓储,即应用了软件技术、互联网技术、自动分拣、RFID 等技术对仓储进行控制。

目前,我国正处于仓储物流升级阶段,由机械化向自动化和智能化不断升级。其原因在于:一是电商、物流产业迅速发展,带动了智能仓储的需求。于是众多设备商积极向系统集成商转型,寻求优质客户和新的利润增长点。二是劳动力成本高涨、加之国家政策大力支持鼓励智能仓储发展,例如,出台了《关于推进物流信息化工作的指导意见》《物流业发展中长期规划》《"互联网+"高效物流实施意见》等政策文件。三是加上制造业等外包需求的释放和仓储业战略地位的加强。

从产业链来看,自动化智能物流装备分为上游、中游和下游三个部分。

首先,上游提供软硬件的物流设备制造和软件开发商。

物流硬件装备方面,包括由高架立体仓库、高速分拣系统、输送带系统等组成的智能仓储基本骨架；由叉车、AGV、自动码垛机器人、穿梭车、拣选机器人、货到机器人、3D视觉识别等组成的各种自动化设备系统；由智能摄像头、人脸识别、车牌识别、车辆调度系统等。此外，仓储的智能自动化不仅是设备的自动化，还有信息的自动化，即通过信息自动化系统将物流、信息流用计算机和现代信息技术集成在一起，如条码库房管理系统（WMS）、仓储控制系统（WCS）等。

其次，中游的智能物流系统集成商。它们实际上主要还是由物流装备生产商和物流软件开发商发展而来，从而根据行业的应用特点使用多种物流装备和物流软件，设计建造物流系统。

最后，智能自动化仓储装备的下游，这部分主要是应用智能物流系统的各个行业，如烟草、医药、汽车、电商、快递、冷链等行业。

智能仓储设备投资将迎来下一个高峰。高工产业研究院（GGII）预计，未来，智能仓储存在巨大市场需求，智能仓储市场规模超954亿元。

资料来源：http://www.chinawuliu.com.cn/zixun/201812/10/336972.shtml.

任务二　仓储管理

一、物品入库管理

1. 入库前的准备

物品入库前的准备工作就是仓库工作人员根据仓储合同或者入库单、入库计划，及时对即将入库的物品进行库场准备、接运、装卸、安排储位以及相关作业人力、物力的活动。

（1）熟悉入库物品。仓库业务、管理人员应熟悉物品入库资料，掌握入库物品的品种、规格、数量、包装状态、单件体积、到库确切时间、物品存期、物品的物理化学性能和保管的要求等。

（2）掌握仓库库场情况。了解在物品入库期间，保管期间仓库的库容、设备和人员的变动情况。

（3）制订仓储计划。仓库业务部门根据物品情况、仓库情况和设备情况，制订仓储计划，并将计划下达到相应的作业单位和管理部门。

（4）妥善安排仓库货位。仓库业务部门根据入库物品的性能、数量和类别，结合仓库分区分类保管的要求，核算物品的大小，根据货位使用原则，严格验收场地，妥善安排货位。

（5）准备货位。仓库保管员要及时做好货位的准备工作。彻底清洁货位，清除残留物，清理排水管道或排水沟，详细检查照明、通风设备，发现损坏及时通知有关人员修理。

（6）准备苫垫材料。在物品入库前，仓库的设备部门根据业务部门所确定的苫垫方案，准备相应的材料以及所需用具，组织衬垫铺设作业。

（7）验收准备。仓库理货人员根据货位情况和仓库管理制度，确定验收方法，准备验收所需的点数、称量、开箱装箱、移动照明等工具和用具。

（8）装卸搬运工艺。仓库的业务部门根据物品、货位、设备条件和人员等情况，科学合理地制定装卸搬运工艺，保证作业效率。

（9）准备单证文件。仓库保管员要准备好物品入库所需的各种报表、单证和记账簿，以备随时使用。

2. 存货量的确定

仓容定额是指仓库有效面积和单位面积储存量的乘积,即仓库的容量,或称该仓库的储存能力。

仓容定额可以反映仓库的储存能力。它是指在一定条件下库房或货场单位面积可以储存商品的最高数量,是每平方米储存面积的储存量标准。

(1) 确定单位仓容定额。单位仓容定额通过库场单位面积技术定额(用 $p_库$ 表示)和物品单位面积堆存定额(用 $p_货$ 表示)两个指标来确定。

(2) 仓库单位有效面积计算。仓库单位有效面积是指仓库用来存放物资区域所占单位面积(用 s 表示)。

(3) 仓库储存能力计算。仓库储存能力(用 q 表示)是指某一仓库或整个库区对特定物品的存放能力。

$$q = \sum ps$$

3. 接运作业

1) 物品接运的任务

物品接运的主要任务是及时准确地向交通运输部门提取入库货物,要求手续清楚、责任分明,为仓库验收创造有利条件。

2) 物品接运的基本方式

(1) 车站、码头提货。车站、码头提货需要注意以下方面。

① 了解物品的基本情况。提货人对所提取的物品应了解品名、型号、特性和一般保管知识、装卸搬运注意事项等。

② 提货前的准备工作。在提货前应做好接运物品的准备工作。例如,装卸搬运工具,腾出存放物品的场地等。提货人员在到货前,应主动了解到货时间和交货情况,根据到货多少,组织装卸人员、机具和车辆,按时前往提货。

③ 提货时的检查。提货时应根据运单以及有关资料详细核对品名、规格、数量,并要注意物品外观,查看包装、封印是否完好,有无沾污、受潮、水渍、油渍等异状。若有不符或疑点,应当场要求运输部门检查。

④ 提货后的注意事项。在短途运输中,要做到不混不乱,避免碰坏和损失。危险品应按照危险品搬运规定办理。

⑤ 到库后的工作。物品到库后,提货员应与保管员密切配合,尽量做到提货、运输、验收、入库、堆码成一条龙作业,从而缩短入库验收时间,并办理内部交接手续。

(2) 专用线接车提货。专用线接车提货需注意以下方面。

① 卸车前的检查。它包括核对车号,检查车门、车窗、货封有无异样,物品名称、箱件数量是否与物品运单上相符。对盖有篷布的敞车,应检查覆盖状况是否严密完好,尤其要查看有无雨水渗漏的痕迹和破损以及散捆等情况。

② 卸车过程。物品要按车号、品名、规格分别堆码,做到层次分明、便于清点,并标明车号和卸车日期。注意物品外包装的指示标志,妥善处理苫盖,防止受潮和污损,与保管人员一同监卸,争取卸车与物品件数一次点清。卸货后货垛之间要留有通道,与消防、电力设施保持一定距离,与专用线铁轨外侧距离要大于 1.5m。正确使用装卸机具和安全防护用具,

确保人身和物品安全。

③ 卸车后的清理。检查车内物品是否卸净,关好车门、车窗,通知车站取车,做好卸车记录。办理内部交接手续,将卸车记录和运输记录交付保管人员,将进货物品件数交付保管人员。

（3）仓库自行接货。

（4）库内接货。

4. 入库验收

物品入库检验是仓库在物品正式入库前,按照验收业务作业流程规定的程序和手续,核对凭证等,对到库物品进行数量和质量检验。

1）验收工作的要求

物品验收工作是一项技术要求高、组织严密的工作,关系到整个仓储业务能否顺利进行。

2）验收准备

仓库在接到到库物品通知后,应根据物品的性质和批量提前做好验收前的准备工作。

（1）人员准备。安排好负责质量验收的技术人员或用料单位的专业技术人员,以及配合数量验收的装卸搬运人员。

（2）资料准备。收集并熟悉待验物品的有关文件,如技术标准、订货合同等。

（3）器具准备。准备好验收用的检验工具,如衡器、量具等,确保其准确地检验。

（4）货位准备。确定验收入库时存放的货位,准备堆码所需的苫垫材料。

（5）设备准备。大批量物品的数量验收必须有装卸搬运机械的配合,应做好设备的调配。

此外,对于某些特殊商品的验收,如毒害物、腐蚀品、放射品等,还要准备相应的防护用品。

3）核对资料凭证

核对资料凭证就是将入库通知单、订货合同与供货单位提供的所有凭证逐一核对。

（1）入库通知单和订货合同副本,这是仓库接受物品的凭证。

（2）供货单位提供的材质证明书、装箱单、磅码单、发货明细表等。

（3）物品承运单位提供的运单,若物品在入库前发现残损情况,还要有承运部门提供的货运记录或普通记录,作为向责任方交涉的依据。

4）实物检验

实物检验就是根据入库单和有关技术资料对实物进行数量和质量检验。

（1）数量检验,具体如下。

① 计件。计件是按件数供货或以件数为计量单位的物品,做数量验收时的清点件数。一般情况下,计件物品应全部逐一点清。国内货物只检查外包装,不拆包检查。

② 检斤。检斤是按重量供货或以重量为计量单位的物品,做数量验收时的称重。金属材料、某些化工产品多半是检斤验收。按理论换算重量供应的物品,先要通过检尺,如金属材料中的板材、型材等,然后按规定的换算方法换算成重量验收。所有检斤的物品都应填写磅码单。

③ 检尺求积。检尺求积是对以体积为计量单位的物品,如木材、竹材、砂石等,先检尺后求体积所做的数量验收。所有检尺求积的物品都应填写磅码单。

（2）质量检验，具体如下。

① 物品的外观检验。在仓库中，质量验收主要指物品外观检验，由仓库保管职能机构组织进行。外观检验是通过人的感觉器官，检验物品的包装外形或装饰有无缺陷；检查物品包装的牢固程度；检查物品有无损伤，如撞击、变形、破碎等；检查物品是否被雨、雪、油污等污染，有无潮湿、霉腐、生虫等。外观有缺陷的物品，有时可能影响其质量，所以对外观有严重缺陷的物品，要单独存放，防止混杂，等待处理。凡经过外观检验的物品，都应填写"检验报告"。物品的外观检验，通过直接观察物品包装或物品外观来判别质量情况，大幅简化了仓库的质量验收工作，避免了各个部门反复进行复杂的质量检验，从而节省了大量的人力、物力和时间。

② 物品的尺寸精度检验。尺寸精度检验由仓库的技术管理职能机构组织进行。进行尺寸精度检验的物品，主要是金属材料中的型材、部分机电产品和少数建筑材料。不同型材的尺寸检验各有特点，如圆形材料主要检验直径和圆度，管材主要检验壁厚和内径，板材主要检验厚度及均匀度等。对部分机电产品的检验，一般请用料单位派员进行。尺寸精度检验是一项技术性强、较费时间的工作，全部检验的工作量大，并且有些物品质量的特征只有通过破坏性的检验才能测出，所以，一般采用抽验的方式进行。

③ 理化检验。理化检验是对物品内在质量和物理化学性质所进行的检验，一般主要是对进口物品进行理化检验。对物品内在质量的检验要求一定的技术知识和检验手段，目前仓库很多不具备这些条件，所以，一般由专门的技术检验部门进行。

检验报告如表 5-1 所示。

表 5-1　检验报告

供货商			订单号			验收员		
运单号						验收日期		
送货日期			到货日期			复核员（日期）		
序号	储位号	物品名称	规格型号	物品编号	包装单位	应收数量	实收数量	备注

5）验收方式

物品验收方式分为全验和抽验两种。

6）验收中发现问题的处理

在货物验收过程中，会发现各种各样的问题，如数量上的短缺、质量上的残损、包装上的残损以及业务资料、凭证的不符等。

（1）件数不符。在接货大数点收中，如发生件数与通知单所列不符，数量短少。经复点确认后，应随即在送货单各联上批注清楚，先按实数签收，由收货承运人共同签章。经验收核对确实，由保管人员将查明的短少物品的品名、规格、数量通知运输承诺人、发货人和存货人。

（2）数量不符。对计重验收的物品，数量上出现误差时，凡误差量在规定范围以内的，仓库可按实际验收时的数量验收入库，并填写入库单（验收单）。如果超过规定的误差范围，经核对查实后，按实际数量填写磅码单和验收记录，交发货人和存货人交涉处理，在该批货物未做出处理结果前，应将该批物品单独堆放，妥善保管，待处理后，方可办理入库手续。

（3）包装异状或不符合要求。在收货中发现物品包装有异状或不符合要求时，特别是对不能保护物品安全的包装，收货人员应通知送货人，并会同送货人员开箱、拆包检查，查明确有残损或内装数短少情况，由送货人出具入库物品异状记录，或在送货单上注明。同时，应通知保管人员另行堆放、待送货单位开箱验明无短缺的情况下，分清责任、整理加固或换装后，再行办理入库堆垛。

（4）物品异状。在接货时，发现入库物品外观质量有异状，要分情况区别处理。对由铁路专用线或汽车运输送来的物品，在接收物品时，发现水渍、沾污、损坏等情况，由仓库收货人员直接与承运人交涉，应由运输承运人编制商务记录或出具证明书；如该批物品在托运之时，发货人另有附言，损坏责任不属承运人，也应由承运人做出普通记录，并由承运人签章；如属异状轻微不影响使用，而存货人又要求入库的，仓库按异状情况连同存货人意见，一并在入库单上批注清楚，方可予以办理入库手续；如属异状严重，但数量较少的，送货人同意及时到库调换整理的，仓库可以先收货，待调换整理后，再签发单证；如属异状严重、数量又多的，应配合送货人、存货人做好退货或在库整理工作，暂不签发单证。

（5）质量问题。在开箱拆包验收时，发现物品有残损、变质情况，保管员或验收人员应将残损物品另列，好坏分开，签收的单据则根据存货人的规定办理，可同时在一份物品入库单上区分完整物品、残损物品签收，也可另设残损物品入库单。残损物品签收后，也应及时通知存货人和发货人，并分开堆存、保持原状，以便检查和处理。

当发货人提供的质量证明书与存货人入库单的质量要求不符时，验收人应如实填写"物品检验记录"，暂不办理入库手续，及时通知存货人。由存货人与发货人交涉，待存货人提出办法处理后，再办理入库的手续。若入库物品在开箱拆包验收中发现品名、规格、牌号、产地等与入库单所列不符，仓库可根据实际规格牌号、产地改单签收，但应与存货人联系，并在备注栏内说明情况，等待处理。

（6）单证不全或单货不符。物品验收必须单证资料齐全、物品到齐，若出现有货无单、有单无货或货未到齐，应根据不同情况区分处理。如果物品已经接运到库，而单证未到，应视为待验物品，可堆放在待验区加以妥善保管，并应催促存货人，待单证资料齐全后再予以验收。若该种物品急需，也可先进行预险，待单证到齐后，再正式办理入库手续。若"入库单"和其他有关凭证已到，而在规定的时间内该批物品未到库时，应尽快向存货人反映，以便存货人及时向发货人或承运人查询，如查明确无来货，可将单据送回存货人处注销。因运输中途甩货，或物品批次转运不畅等原因，同批物品未能一起到达仓库时，收货人可在送货单上按实收数量签注，并接收已到物品入库，但对物品入库单则应分单签收。

5. 办交接手续和登记

（1）交接手续。交接手续是指仓库对收到的物品向送货人进行的确认，表示已经接受物品，交接清单如表 5-2 所示。

① 接收货物。

② 接收文件。

③ 签署单证。

表 5-2　到货交接清单

收货人	始发站	收货人	物品名称	标志标记	单位	件数	重量	物品存放处	车号	运单号	提料单号
备注											

（2）登账。物品入库,仓库应建立详细反映货物仓储的明细账,登记物品进库、出库、结存情况,用以记录库存物品动态和出入库过程。

（3）立卡。物品入库或上架后,将物品名称、规格、数量或出入库状态等内容填写在料卡上,称为立卡。

（4）建档。仓库应对所接受仓储的物品或者委托人建立存货档案或者客户档案,以便物品管理和保持客户联系,也为将来可能发生的争议保留凭证。

二、物品的保管与养护

（一）仓库的储存规划

仓库的储存规划是根据仓库总平面布置和物品储存任务,对库房、料棚、物品进行合理分配,并对其内部空间进行科学的布置。

1. 物品的分区分类

商品的分区是指根据仓库保管场所的建筑、设备等条件,将库房、货场、料棚和货架等划分为若干保管区,以适应定区储存一定物品的需要。

（1）物品分区分类的方法:①按物品的各类和自然属性划分;②按物品的流向划分;③按不同货主划分;④按物品的危险性质划分;⑤混合分区。

（2）物品分区分类的原则:对存入同一库房的物品,应考虑彼此之间的互容性。

2. 仓库的布置

仓库的布置是指对仓库内的存货区、入库检验区、理货区、配送备货区、通道以及辅助作业区在规定范围内进行全面合理的安排。

（1）仓库总平面布局。仓库总平面布局是指对一个仓库的各个组成部分,如库房、料棚、货场、辅助建筑物、铁路专用线、库内道路、附属固定设备等,在规定的范围内,进行平面和立体的全面合理安排。

（2）货位的平面布置。货位的平面布置是指对库房、料棚、货场内的货架、货垛、通道、架(垛)间距、收发料区、办公地点等进行合理划分,正确安排它们的相互位置。

3. 货位编号

货位编号是在物品分区分类存放时,将库房、货场、料棚、货垛、货架及商品存放的具体位置,统一编号,做出明显的标志。

（1）仓库各储存场所编号。把整个仓库的所有储存场所，依其位置按顺序编号，对库房的号码可统一写在库房外墙或库门上，字体要统一、端正，编号要清晰、醒目，易于查找。

（2）库房内货位编号。根据库内业务情况，按照库内干、支道分布，划分为若干货位，按顺序以各种简明符号与数字，来编制货区、货位的号码，并标于明显处。

（3）货架上货位编号。在收发零星物品及进行拼装作业的仓库，往往在一个库房有许多货架，每个货架有许多格，作为存货的货位。

（4）货场货位编号。货场货位编号常见的有两种方法：一种是在整个货场内先为各排物品编上排号，然后再按各排货位顺序编上货位号；另一种是不分排号，直接按货位顺序编号。

（二）物品的堆垛与苫垫

1. 物品的堆码

《物流术语》（GB/T 18354—2021）中规定：堆码是指将物品整齐、规则地摆放成货垛的作业。

1）堆码的基本原则

（1）分类存放。

（2）选择适当的搬运活性。

货品堆码

2）堆码的基本要求

在物品堆码前要结合仓储条件做好准备工作，在分析物品的数量、包装、清洁程度、属性的基础上，遵循合理、牢固、定量、整齐、节约、方便等方面的基本要求，进行物品堆码。

3）堆码方式

（1）散堆方式。散堆法是将无包装的散货直接堆成货港的货物存放方式。

（2）堆垛方式如下。

① 重叠式。重叠式也称直堆法或竖直法，即逐件、逐层向上重叠堆码，一件压一件的堆码方式。该方法方便作业、计数，但稳定性较差。适用于袋装货物、箱装货物以及平板、片式货物等。

② 纵横交错式。纵横交错式是指每层物品都改变方向向上堆放，适用于管材、捆装和长箱装等物品。该方法较为稳定，但操作不便。

③ 仰伏相间式。仰伏相间式是指对上下两面有大小差别或凹凸的物品，如槽钢、钢轨、箩筐等，仰放一层，再反一面伏放一层，仰伏相间相扣。该垛极为稳定，但操作不便。

④ 压缝式。压缝式是指将底层物品并排摆放，上层放在下层两件物品之间，如果每层物品都不改变方向，则形成梯形；如果每层都改变方向，则类似于纵横交错式。

⑤ 通风式。通风式是指物品在堆码时，相邻的物品之间都留有空隙，以便通风。层与层之间采用压缝式或纵横交叉式。可以用于所有箱装、桶装以及裸装物品，起到通风防潮、散湿散热的作用。

⑥ 栽柱式。栽柱式是指码放物品前在货垛两侧栽上木桩或者钢棒，然后将物品平码在桩柱之间，几层后用钢丝将相对两边的桩柱相连，再往上摆放物品。此方法适用于棒材、管材等长条状物品。

⑦ 衬垫式。衬垫式是指码垛时，隔层或隔几层铺放衬垫物，衬垫物平整牢靠后，再往上码。适用于不规则且较重的物品，如无包装电动机、水泵等。

（3）有特殊要求的物品堆码方式如下。

① 怕压物品的堆码。此类物品堆码时应根据物品承受力的大小，适当控制堆码的方式和堆码的高度。对于体形不大或不太特殊的物品，为保证不被压坏，并充分利用库容量，可利用货架摆放。

② 易渗漏物品的堆码。此类物品为方便检查，应堆码成小垛，并且成行排列，同时行与行之间也应留有一定的间隔。

③ 危险品的堆码。此类物品在满足物品堆码基本要求的基础上，根据危险品的属性，进行物品堆码。要注意保持堆放场所干燥、通风、阴凉，做好防毒、防爆、防腐工作。

4）货垛堆码标准

（1）货垛的垛高。立体堆放的材料和物品要限制堆放高度，垛底与垛高之比为 1∶2 的前提下，垛高不得超过 3.5m，堆垛不得倾斜有晃动。

（2）货垛的五距。

① 墙距。为了防止库房墙壁和货场围墙上的潮气对物品的影响，也为了开窗通风、消防工作、建筑安全、收发作业，货垛必须留有墙距。库内货垛与隔断墙的内墙距不得小于0.3m；外墙距不得小于 0.5m。

② 柱距。为了防止库房柱子的潮气影响货物，必须留有柱距。货垛或货架与库房内支撑柱子之间应留有不小于 0.2～0.3m 的距离。

③ 顶距。货垛堆放的最大高度与库房、货棚屋顶间的距离称为顶距。平房仓库顶距应不小于 0.3m；多层库房顶距不得小于 0.5m；人字形屋架库房，以屋架下檐（横梁）为货垛的可堆高度，即垛顶不可以触梁。

④ 灯距。货垛与照明灯之间的必要距离称为灯距。确保储存物品的安全，防止照明发出的热量引起靠近物品燃烧而发生火灾，货垛必须留有灯距。灯距必须严格规定不得小于0.5m，但对危险物品应按其性质，另行规定。

⑤ 垛距。它是指货垛与货垛或货架与货架之间的必要距离。常以支道作为踩距，适当的垛距能方便存取作业，起通风、散热的作用，方便消防工作。库房的垛距应不小于 0.5m；货架与货场货垛间距均应不小于 0.7m。

5）垛形

垛形是指货垛的外部形状。

2. 物品的苫垫

物品苫垫是指用某种材料对货垛进行苫盖和铺垫的操作方法。

1）物品苫盖

苫盖是指采用专用苫盖材料对货垛进行遮盖，以减少自然环境中的阳光、雨、雪、风、露、盐酸、尘、潮气等对物品的侵蚀、损害，并使物品因自身理化性质所造成的自然损耗尽可能减少，保护物品在储存期间的质量。

（1）苫盖的要求如下。

① 苫盖选料要合理。选择合适的苫盖材料，选用符合防火、无害的安全苫盖材料，注意苫盖材料本身对物品是否会发生不良反应，从成本上考虑苫盖材料与物品的性价比是否恰当，苫盖物是否适宜当地气候等。

② 苫盖要牢固。每张苫盖材料都需要牢固固定，必要时对苫盖物外用绳索、绳网绑扎

或采用重物镇压,确保不被风揭开。贵重物品、散装粉末类物品尽量避免在露天货场存放。

③ 苫盖接口要紧密。苫盖必须有接口时,要拴牢或压实,要有一定宽度的互相叠盖,不能留迎风接口或空隙,苫盖必须拉挺、平整,不得折叠和凹陷,防止积水。

④ 苫盖的底部与垫垛平齐,不远离或拖地。衬垫材料不得露出垛外,以防雨水顺延渗入垛内。

(2) 苫盖的方法如下。

① 就垛苫盖法。就垛苫盖法是指直接将大面积苫盖材料覆盖在货垛上遮盖的方法。此法适用于起脊垛或大件包装的物品,一般采用大面积的帆布、油布、塑料膜等。就垛苫盖法操作便利,但基本不具有通风条件。因此,就垛苫盖法适合于对通风要求不高的物品,要注意地面干燥。

② 鱼鳞式苫盖法。鱼鳞式苫盖法就是将苫盖材料从货垛的底部开始,自下而上呈鱼鳞式逐层交叠围盖的苫盖方法。此法一般采用面积较小的席、瓦等材料苫盖。鱼鳞式苫盖法具有较好的通风条件,但每件苫盖材料都需要固定,操作比较烦琐复杂。

③ 固定棚架苫盖法。固定棚架苫盖法就是用预制的苫盖骨架与苫叶合装而成的简易棚架的苫盖方法,但此法不需基础工程,可随时拆卸和人工移动。

④ 活动棚架苫盖法。与固定棚架不同的是,活动棚架在四周及顶部铺围苫盖物,在棚柱底部装上滚轮,整个棚架可沿固定转道移动。活动棚本身需要占用仓库位置,固定轨道要占用一定使用面积,需要较高的购置成本。

⑤ 隔离苫盖法。隔离苫盖法与简易苫盖法的区别在于苫盖物不直接摆放在货垛上,而是采用隔离物使苫离物与货垛间留有一定的空隙。隔离物可用竹竿、木条、钢筋和隔离板等。此法优点是利于排水和通风。

2) 物品垫垛

垫垛是指在物品码垛前,在预定的货位地面位置,根据物品保管的要求和堆放场所的条件,使用适合的衬垫材料进行铺垫。

(1) 垫垛的目的如下。

① 物品与地面隔离,避免地面潮气自垛底侵入。

② 形成垛底通风层,有利于货垛通风排湿。

③ 通过强度较大的衬垫物,使重物的压力分散,减少物品对地坪的压力。

④ 避免地面的杂物污染货垛物品。

(2) 垫垛的基本要求如下。

① 地面要平整夯实,衬垫物要摆平放正,并保持同一方向,间距适当。

② 所使用的衬垫物必须保证与拟存物品不会发生不良影响。

③ 直接接触物品的衬垫面积应与货垛底面积相同,衬垫物不要伸出货垛。

④ 衬垫物要有足够的高度,露天堆场要达到 $0.3 \sim 0.5 \text{m}$,库房内 0.2m 即可。

(三) 物品的养护

1. 物品养护概述

物品养护工作就是针对物品的不同特性积极创造适宜的储存条件,采取适当的保管保养措施,以保证储运物品的安全,保证物品质量和数量,减少物品损耗,节约费用开支。

(1) 物品养护的概念。物品的养护是对储运物品实施的保养和维护的技术管理工作。

(2) 物品养护的目的任务。物品养护的目的和任务是通过研究各类物品在不同储运环境条件下的质量变化规律及内外部因素,采取有效的技术措施和科学管理方法,创造优良的储运环境条件,从而保护物品质量,避免受到损失。

（3）物品养护的基本措施如下。

① 安排合理的储存场所。

② 堆垛和苫垫合理化。

③ 加强仓库温湿度管理。

④ 检查仓库。

⑤ 开展科学试验。

2. 仓库温度的控制和调节

（1）仓库温度、湿度的含义。温度和湿度是影响物品质量变化的重要因素。

（2）仓库温度、湿度的控制和调节方法。各种物品按照其内在特性,要求有适当的温湿度范围。

（3）仓库密封的注意事项如下。

① 在密封前要检查物品质量、温湿度是否正常,如发现生霉、生虫、发热等现象,以及物品含水率超过安全范围或包装材料过潮,就不能进行密封。

② 根据物品的性能和气候情况来决定密封的时间。怕潮、怕融化、怕霉的商品,应选择在相对湿度较低的时节进行密封。

③ 常用的密封材料有塑料薄膜、防潮纸、油毡、芦席等。这些密封材料必须干燥清洁,无异味。

④ 常用的密封方法有整库密封、按垛密封以及按货架、货柜、货橱密封、按件或箱密封等。选用哪种方法,要根据物品养护的需要,结合气候情况与储存条件,因地制宜,就地取材,灵活运用。

三、物品出库管理

1. 物品出库的方式

（1）提货。提货是由收货人或其代理人持取货凭证直接到库取货,仓库凭单发货的一种出库方式。表5-3为领料单。

表 5-3　领料单

领料部门_____　　　　　　　　　　　　　　　　　　　　　　　　　　　年　月　日

编号	名称	规格	单位	请领数	实发数									备注
					数量	单价	金额							
							万	千	百	十	元	角	分	

（2）送货。送货是仓库根据货主单位的出库通知或出库请求，通过发货作业把应发物品交由运输部门送达收货单位或使用仓库自有车辆把物品运送到收货地点的一种出库方式。

（3）托运。托运是由仓库将货物通过运输单位托运，发到货物需用单位的一种出库方式。

（4）过户。过户是通过转账，物品实物并未出库，但是所有权已从原货主货户转移到新货主货户中的就地划拨的出库方式。

（5）移仓。移仓是货主为了业务上的需要，将物品从甲库转移到乙库储存的一种发货方式。

2. 物品出库的作业程序

（1）物品出库前的准备。

① 根据货主提出的出库计划或出库请求，预先做好物品出库的各项安排（包括货位、机械设备、工具和工作人员），提高人、财、物的利用率。表 5-4 为物品出库单。

② 做好出库物品的包装和标志、标记。

表 5-4　物品出库单

品名	数量	单位	单价	金额							备注
				万	千	百	十	元	角	分	
合计（大写）											结存

（2）审核出库凭证。仓库部门接到出库凭证后必须对出库凭证进行审核，包括审核出库凭证的合法性、真实性；审核出库凭证手续是否齐全，内容是否完整；核对出库物品的品名、型号、规格、单价、数量；核对收货单位、到站、开户行和账号是否齐全和准确。表 5-5 为物品出库调拨单。

表 5-5　物品出库调拨单

品名	规格	单位	调出数		实发数		入库单号	入库单价	总计金额
			件数	重量	件数	重量			
备注							运发方式		
							出库日期		
到站		收货单位					货号或运单号		

（3）出库信息处理。出库凭证经审核确定无误后，将出库凭证信息进行处理。

（4）拣货。拣货作业就是依据客户的订货要求或仓储配送中心的送货计划，尽可能迅速地将物品从其储存位置或其他区域拣取出来的作业过程。

（5）分货。分货作业又称配货作业。

（6）包装与刷唛。出库物品为了满足安全的要求，需要进行重新包装或加固原包装。

（7）点交。出库物品经过复核和包装后，无论是客户自提，还是交付运输部门发送，发货人员必须将物品向提货人或运输人员当面交点清楚，划清责任。

（8）登账。点交后，保管员应在出库单上填写实发数、发货日期等内容并签名。

3．物品出库过程中出现问题的处理

（1）出库凭证的问题。出库凭证是客户自提情况下的"出库通知单"和仓库配送计划通知单。

① 出库凭证超过提货期限，客户前来提货，必须先办理手续，按规定缴足逾期仓储保管费，然后方可发货。

② 提货时，客户发现规格开错，保管员不得自行调换规格发货，必须通过制票员重新开票方可发货。

③ 如果发现出库凭证有疑点，或者发现出库凭证有假冒、复制、涂改等情况时，应及时与仓库保卫部门以及出具出库单的单位或部门联系，妥善处理。

④ 物品进库未验收，或者期货未进库的出库凭证，一般暂缓发货，并通知客户，待货到并验收后再发货，提货期顺延。

⑤ 如客户因各种原因将出库凭证遗失，客户应及时与仓库发货人员和账务人员联系挂失。

（2）漏记账和记错账。漏记账是指在出库作业中，由于没有及时核销物品明细账而造成账面数大于或小于实存数的现象。

① 当遇到提货数量大于实际物品库存数量时，无论是何种原因造成的，都需要和仓库部门、提货单位及时取得联系后再做处理。

② 如果属于入库时错账，则可采用报出报入方法进行调整，即先按库存账面数开具物品出库单销账，然后按实际库存数量入库登账，并在入库单上签明情况。

③ 如果属于仓库保管员串发、多发、错发而引起的问题，应由仓库方面负责解决库存数与提单数之间的差额。

④ 如果属于财务部门漏记账面多开出库数，应出具新的提货单，重新组织提货与发货。

⑤ 如果属于仓储过程中的损耗，需考虑该损耗数量是否在合理的范围之内，并与货主协商解决。

（3）串发货和错发货。串发货和错发货是指发货人员由于对物品种类规格不熟悉，或者由于工作中的疏漏，把错误规格、数量的物品发出库的情况。

（4）包装损坏。包装损坏是指在发货过程中因物品外包装破散、砂眼等现象引起的物品渗漏、裸露等问题。

（5）提货数与实存数不符。物品入库时，由于验收问题，增大了实收物品的签收数量，从而造成账面数大于实存数。

① 仓库保管人员和发货人员在以前的发货过程中，因错发、串发等差错而形成实际物

品库存量小于账面数。

② 客户没有及时核减开出的提货数，造成库存账面大于实际储存数，从而使开出的提货单提货数量过大。

③ 仓储过程中造成了货物的毁损。

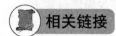 相关链接

物流仓储管理的重要性

物流仓储管理的重要性主要体现在以下五个方面。

1. 现代物流中不可缺少的重要环节

关于仓储对于物流系统的重要意义可从供应链的角度进一步认识。从供应链的角度，物流过程可看作由一系列的"供给"和"需求"组成，当供给和需求节奏不一致，两个过程不能很好地衔接，就会出现生产的产品不能即时消费或存在需求却没有产品满足的情况，此时就需建立产品的储备，将不能即时消费的产品储存起来以备满足后来需求。供给和需求之间既存在实物的"流动"，也存在实物的"静止"，静止状态即将实物进行储存，实物处于静止是为了更好地衔接供给和需求这两个动态的过程。

2. 保证货物进入下一个环节前的质量

在货物仓储环节对产品质量进行检验能够有效地防止伪劣产品流入市场，保护了消费者权益，在一定程度上也保护了生产厂家的信誉。通过仓储来保证产品质量主要有两个环节：一是在货物入库时进行质量检验，看货物是否符合仓储要求，严禁不合格产品混入；二是在货物的储存期间内，尽量使产品不发生物理以及化学变化，减少库存货物的失误。

3. 保证社会再生产过程顺利进行

货物的仓储过程不仅是商品流通过程顺利进行的必要保证，也是社会在生产过程得以进行的保证。

4. 加快商品流通，节约流通费用

虽然货物在仓库中进行储存时，是处于静止状态，会带来时间成本和财务成本的增加，但从整体而言，它不仅不会带来时间的损耗和财务成本的增加，相反它能够帮助加快流通，并且节约运营成本。

5. 为货物进入市场做好准备

仓储能够在货物进入市场前完成整理、包装、质检、分拣等程序，这样就可缩短后续环节的工作时间，加快货物的流通速度。

资料来源：http://www.chinawuliu.com.cn/zixun/201802/11/328667.shtml.

任务三　库存概述

一、库存的定义和分类

1. 库存的定义

处于储存状态的商品叫作库存，它是储存的表现形态。存储是仓库的最

库存概述

基本的功能,除保管储存商品外,整合需求和供给,维持物流系统中各项活动顺畅进行也是它的功能。企业为了能及时满足客户的订货需求,就必须经常保持一定数量的库存商品。为了维持配送,配送中心就必须预先储存一定数量的商品来满足订货需求。企业没有足够的存货,会造成供货不及时、供应链断裂,丧失市场占有率或交易机会;整体社会存货不足,会造成物资匮乏、供给小于需求。商品库存需要相应的维持费用,同时还存在由于商品积压和损坏而产生的库存风险。因此,在库存管理中既要保留合理的库存数量,防止货源中断和库存不足,又要避免库存过量,发生不必要的库存费用。

2. 库存的分类

按照企业库存管理目的的不同,库存可以被分为以下几种类型。

(1) 经常库存。经常库存也可被称作周转库存,这种库存是指为满足客户日常的需求而产生的。保持经常库存的目的是衔接供需,缓冲供需之间在时间上的矛盾,保障供需双方的经营活动都能正常进行。这种库存的补充是按照一定的数量界限或时间间隔进行的。

(2) 安全库存。为了防止由于不确定因素(如突发性大量订货或供应商延期交货)准备的缓冲库存被称为安全库存。有资料表明,这种缓冲库存约占零售业库存的1/3。

(3) 加工和运输过程库存。处于流通加工或等待加工而暂时被存储的商品叫作加工库存。处于运输状态(在途)或为了运输(待运)而暂时处于储存状态的商品叫作运输过程库存。

(4) 季节性库存。季节性库存是指为了满足在一定的季节中出现的特殊需求而建立的库存,或指在特定季节生产的商品、在产成的季节大量收存所建立的库存。

(5) 沉淀库存或积压库存。沉淀库存或积压库存是指因商品品质出现问题或发生损坏,或者是因没有市场而滞销的商品库存,超额储存的库存也是其中一部分。

(6) 促销库存。促销库存是指为了与企业的促销活动相配合而产生的预期销售增加所建立的库存。

(7) 时间效用库存。时间效用库存是指为了避免商品价格上涨给企业带来亏损,或为了从商品价格上涨中得到利益而建立的库存。

二、库存的作用和弊端

自从生产以来,就有了库存物品的存在。库存对市场的发展、企业的正常运作与发展起了非常重要的作用。

1. 库存的作用

(1) 维持销售产品的稳定。销售预测型企业对最终销售产品必须保持一定数量的库存,其目的是应付市场的销售变化。这种方式下,企业并不预先知道市场真正需要什么,只是按对市场需求的预测进行生产,因而产生一定数量的库存是必需的。但随着供应链管理的形成,这种库存也在减少或消失。

(2) 维持生产的稳定。企业按销售订单与销售预测安排生产计划,并制订采购计划,下达采购订单。由于采购的物品需要一定的提前期,这个提前期是根据统计数据或者是在供应商生产稳定的前提下制订的,但存在一定的风险,有可能会拖后而延迟交货,最终影响企业的正常生产,造成生产的不稳定。为了降低这种风险,企业就会增加材料的库存量。

(3) 平衡企业物流。企业在采购材料、生产用料、在制品及销售物品的物流环节中,库存起着重要的平衡作用。采购的材料会根据库存能力(资金占用等),协调来料收货入库。

同时对生产部门的领料应考虑库存能力、生产线物流情况（场地、人力等）平衡物料发放,并协调在制品的库存管理。另外,对销售产品的物品库存也要视情况进行协调（各个分支仓库的调度与出货速度等）。

（4）平衡流通资金的占用。库存的材料、在制品及成品是企业流通资金的主要占用部分,因而库存量的控制实际上也是进行流通资金的平衡。例如,加大订货批量会降低企业的订货费用,保持一定量的在制品库存与材料会节省生产交换次数,提高工作效率,但这两方面都要寻找最佳控制点。

2. 库存的弊端

（1）库存过多会占用企业大量资金。

（2）增加了企业的产品成本与管理成本。库存材料的成本增加直接增加了产品成本,而相关库存设备、管理人员的增加也加大了企业的管理成本。

（3）掩盖了企业众多管理问题。如计划不周、采购不力、生产不均衡、产品质量不稳定及市场销售不力。

任务四　库存管理与控制

一、定量订货方式

（1）定量订货法的原理。定量订货法是指当库存量下降到预定的最低库存数量（订货点）时,按规定数量（一般以经济订货批量为标准）进行订货补充的一种库存管理方式。

（2）订货点的确定。在定量订货法中,当库存水平降低到某个库存水平时就发出订货信息。

（3）订货批量的确定。订货批量是一次订货的货物数量。

（4）定量订货法的特点。定量订货法的每次订货量相同,能经常地掌握库存储备状态,不易出现缺货,便于包装、运输和保管作业。

二、经济订货批量

经济订货批量（economic order quantity,EOQ）是固定订货批量模型的一种,可以用来确定企业一次订货（外购或自制）的数量。通过平衡采购进货成本和保管仓储成本,以实现总库存成本最低的最佳订货量。当企业按照经济订货批量订货时,可实现订货成本和储存成本之和最小。

订货批量概念是根据订货成本来平衡维持存货成本,即平均存货等于订货批量的一半。订货批量越大,平均存货就越大,相应地,每年的维持成本也越大。然而,订货批量越大,每一计划期需要的订货次数就越少,相应地,订货总成本也就越低。把订货批量公式化可以确定准确的数量,据此,对于给定的销售量,订货和维持存货的年度联合总成本是最低的。使订货成本和维持成本总计最低的点代表了总成本。简单地说,经济订货批量的目标是要识别能够使存货维持和订货总成本降低到最低限度的订货批量或订货时间。

购进库存商品的经济订货批量是指能够使一定时期购、存库存商品的相关总成本最低的每批订货数量。企业购、存库存商品的相关总成本包括购买成本、相关订货费用和相关储存成本之和。

三、定期订货方式

（1）定期订货法的原理。定期订货法是按预先确定的订货间隔期间，进行订货补充的一种库存管理方式。

（2）订货周期的确定。订货周期是定期订货的订货点，其订货间隔周期是相等的，订货间隔期的长短直接决定着最高库存量的大小，因而决定了库存成本的大小。

（3）订货量的确定。定期订货法每次的订货数量不固定，订货批量的多少是由当时的实际库存量的大小决定的。

（4）定期订货法的特点。定期订货法每次的订购量是不同的，其平均库存量较大避免了在盘点期发生缺货的现象，只在盘点期进行盘点，工作量相对较少。

四、ABC 分类管理

1. ABC 分类法的原理

ABC 分类法的依据是帕累托原理。

（1）A 类商品。其价值占库存总值的 70%～80%，品种数通常为总品种数的15%～20%。

（2）B 类商品。其价值占库存总值的 15%～20%，品种数通常为总品种数的 30%～40%。

（3）C 类商品。其价值占库存总值的 5%～10%，品种数通常为总品种数的 60%～70%。

2. ABC 分类法的操作步骤

（1）收集数据。收集有关资料，包括各个品种商品的年销售量和商品单价等数据。

（2）统计汇总。对收集来的数据进行整理并按要求进行计算，如计算销售额、品种数、累计品种数、累计品种百分比、累计销售额、累计销售额百分比等，如表 5-6 所示。

表 5-6　某仓库 10 种物品库存占用资金量　　　　　　　　单位:元

物品名	1	2	3	4	5	6	7	8	9	10
库存占用金额	37	320	96	2 100	460	910	102	19	128	3 200

（3）编制 ABC 分类表。按销售额的大小，由高到低对所有品种按顺序排列，将必要的原始数据和统计汇总的数据填入表 5-7ABC 分类表中。

表 5-7　某仓库 10 种物品的 ABC 分类

物品名	库存占用金额/元	库存占用金额百分比/%	累计库存占用金额百分比/%	品种百分比/%	累计品种百分比/%	分类
10	3 200	43.4	43.4	10	10	A
4	2 100	28.5	71.9	10	20	A
6	910	12.3	84.2	10	30	B
5	460	6.2	90.5	10	40	B

续表

物品名	库存占用金额/元	库存占用金额百分比/%	累计库存占用金额百分比/%	品种百分比/%	累计品种百分比/%	分类
2	320	4.3	94.8	10	50	B
9	128	1.7	96.6	10	60	C
7	102	1.4	97.9	10	70	C
3	96	1.3	99.2	10	80	C
1	37	0.5	99.7	10	90	C
8	19	0.3	100.0	10	100	C

（4）绘制 ABC 分类图。以累计品种百分比为横坐标，累计库存占用金额百分比为纵坐标，按照对应的数据，绘制 ABC 分类图，如图 5-1 所示。

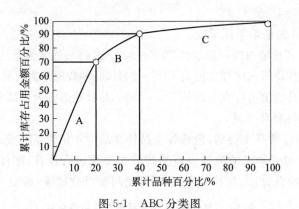

图 5-1　ABC 分类图

（5）确定重点管理。根据 ABC 分类表的结果，对 ABC 三类商品采取不同的管理策略。

3. ABC 库存管理措施

（1）A 类物品的管理。对 A 类商品要正确地预测需求量，与供应商协调缩短前置时间，采用定期订货方式，对存货做定期盘点，提高库存精确度，将 A 类物品置于易于出入库的位置。

（2）B 类物品的管理。B 类物品可采用定量订货方式，少量采购，库存数量视具体情况来定，每两三周盘点一次，进行普通管理。

（3）C 类物品的管理。C 类物品可采用定量订货方式，大量采购，增大安全库存量，简化库存管理手段，每月盘点一次即可，进行简单管理。

五、零库存技术

准时制英文是 just in time，简称 JIT，译为准时制。

1. 准时制库存控制的要素

（1）零库存。零库存是一种现代库存管理方法，它要求在准确的时间把准确数量的货物送到准确的地点。

（2）备货期短。由于采用小批量供货和较短的供货周期，JIT使备货时间大幅缩短了。

（3）多批次、小批量订货。多批次、小批量订货可以减少和避免存货，当发现问题时，容易得到改进和敏捷制造。

（4）高质量和无缺陷。JIT实现了生产过程同步化，提高了产品质量，减少了废品与返工，提高了劳动生产率及设备利用率。

2. 准时制生产系统的主要方法

（1）看板管理。看板管理是实现准时制生产的工具之一，它将传统生产过程中前道工序向后道工序送货，改为后道工序根据看板向前道工序取货。

（2）零库存管理。零库存是指某种或某些种物品的在库储存数量为"零"，或接近"零"，即某种或某些种产品无库存或有极少库存，但不表示企业没有库存，不以库存形式存在的产品，就可以免去仓库存货的一系列问题。

① 零部件厂商对整车企业的准时制物流供应。在准时制物流中，取消了仓库的概念。

② 整车企业对经销商及客户的准时制物流服务。丰田公司将JIT生产体制和销售网络相结合，将日本全国经销商的计算机和丰田总公司的计算机联网，销售人员可以将客户订货的内容实时通知生产线，从而形成一个大规模的信息系统，订货手续大为简化，订单当天就可以传入总公司的计算机中，交货时间可以减少10天以上，而且经销商的库存也减少70%～80%，大幅度降低了存货成本。

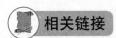 相关链接

做好库存管理的几点建议

库存几乎可以说是自有人类历史就伴随着而来。不管是任何企业，只要涉及商品实物交易的，都绕不开库存，甚至很多时候，库存影响企业的成败，所以做好库存管理对于很多企业而言都是至关重要的。

1. 强化企业存货管理意识

存货作为企业的一项重要资产，往往被人们忽略，不如资金那般备受人们关注。存货作为生产产品的直接原材料，不仅影响着企业的资金流，而且也是产品定价和领导决策的重要依据。生产产品固然很重要，但对存货的管理一样不容忽视，好的存货管理可以减少浪费，降低仓储成本，减少损耗，进而降低产成品成本，提高企业的经济效益。

企出如果想要真实准确、及时地反映存货的库存及出入库情况，前提是公司的主要领导已经充分认识到存货管理的重要性，并且把公司各个层面的绩效考核指标与存货管理相挂钩，这样才能把存货管理在企业里全面地推行，并与企业日常经营活动相联系，使企业的存货管理水平得到一个质的发展。

2. 加强存货风险管理

管理人员的风险意识对库存管理的优劣起着很重要的作用，企业相关人员需要开放思路，加强企业相关人员对市场风险与提高库存的风险认识。

提高企业存货风险管理水平主要手段有：①通过各种传播手段对市场风险的知识进行传播；②开展内容丰富的风险意识培训。

很多企业不重视市场风险或对市场风险的管理不到位，更有甚者缺乏市场风险意识。

当损失发生后，才意识到市场风险的重要性，亡羊补牢，为时已晚。近年来，由于世界各地发生的一系列经济危机，给所有的企业都带来了残酷的考验，库存产品积压、贬值，产能严重过剩。所谓的存货是对市场的供求关系进行研究，然后对市场的风险系数做出评估，最后对风险因子的大小进行预测，进而提醒企业对市场上不能预知的风险进行预防，有风险发生时可以及时制订出合理的解决方案。企业要分析自己的共同点和不同点，在存货管理上建立自己的风险预警系统和市场风险指标体系，建立收发存、监督、管理、控制，建立报警平台和标准，加强企业对库存存货的管理。

　　企业要成立一个专门的部门，此部门要服务于技术开发之前的市场需求的调查研究、市场信息的整理分析，然后帮助技术开发部门不断完善和调整规划的方案，从而降低企业技术创新前由于诸多因素带来的不确定损失。该部门还要负责技术创新之后被运用之前的多方面的评价与市场风险因素的分析。例如，该项技术创新的生命周期是多久，在此生命周期内会给企业带来的预期收益率是多少，最后造成的影响对企业来说是否有利。然而，市场经济条件下，逆水行舟，不进则退。故步自封一定会被市场淘汰，所以，企业也不应该因为技术创新有可能给企业带来的一些经济损失而放弃创新。虽然市场风险是不可控的，但我们可以做好充分的准备，减少或避免技术创新开发所带来的风险。

3. 建立科学高效的存货管理制度

　　企业如何建立科学高效的存货管理制度是一项长期、艰巨的课题，一般应按以下几个步骤实施：首先，存货应该采取按部门归集的方法，参照同期的历史数据与本期的实际情况进行管理。明确岗位责任制，加强对采购、销售、结算、保管人员的岗位考核。其次，严格制定存货的收发制度，严格控制存货的出入库，认真填写存货的出入库单据。财务部门要建立健全存货的明细分类账目，仓库部门要建立存货的进出库明细账，做到账账相符。最后，企业相关部门要对库存的存货进行定期清查，做到账实相符，如果账实不符，要及时查明原因，杜绝类似事情再次发生。

4. 建立健全内部稽核制度

　　企业建立健全内部稽核制度是十分必要的，其中最重要的一条原则是不相容岗位要相互分离。例如，采购、保管、记账三个部门要分工明确，部门之间要相互稽核。财务部门要定期对仓库进行实物盘点，以做到账实相符，如果账实不符，要及时查明原因，追究相关人员的责任，避免以后有类似的事情发生。财务部门还要定期对销售部门进行抽查，核查销售部门从仓库领取货物后是否已经开票，是否有补票的行为，款项是否已经收回，是否有跨期入账的行为。所以企业要根据自身的发展特点，建立具有企业特色的存货管理模式和健康的内部控制制度，使各个车间、职能部门各司其职，要严格执行不相容岗位相分离的原则。

　　资料来源：https://www.56tim.com/archives/146294.

任务五　仓储管理在实践中的应用

一、库存订货量的确定方法

1. 经济订货量的定义

　　经济订货批量（economic order quantity，EOQ）是指库存总成本最小的订货量。经济订货批量控制模式是通过平衡订货成本和保管仓储成本，确定一个最佳的订货批量来实现最低总库存成本的方法。

2. 经济订货批量基本模型

企业的存货管理涉及四项内容:决定进货项目、选择供应单位、决定进货时间和决定进货批量。确定进货项目和选择供货单位是销售部门、采购部门和生产部门的职责;库存部门要做的是决定进货时间和决定进货批量(分别用 T 和 Q 表示)。按照存货控制的目的,需要通过合理的进货批量和进货时间,使存货的总成本最低。这个批量叫作经济订货量或经济批量。

3. 经济订货量基本假设

市场对产品的需求已知并具有连续性,而且在一段时间内不会发生变化。存货的年需要量和日耗用量是固定不变的,需求是一个合理的常数。从订货至货物到达企业所间隔的时间是固定不变的。暂不考虑订货数量折扣的情况,没有缺货情况。只对一种产品进行分析,不能通过以其他产品代替或把几种产品集成一个订单的方式降低成本。采购价格和再订货成本不会随着订货数量的大小而变化,每次订货均为同一订单,补货运作是即时的。

4. 经济订货批量模型

经济订货批量是指库存总成本最小的订货量。研究经济订货量的方法,用年库存管理的总费用和订货量的关系来确定。

模型假设:每次订货量相同,订货提前期固定,需求率固定。

最佳订货批量的确定:通过使某项库存物资的年费用最小确定经济订货批量。

二、仓储管理系统的应用(POS 仓储管理系统的应用)

过去零售业常规收银机只能处理收银、发票、结账等简单销售作业,得到的管理情报极为有限,仅止于销售总金额、部门销售基本统计资料。对于一般零售卖场少则上千多则上万种商品的基本经营情报,如营业毛利分析、单品销售资料、畅滞销商品、商品库存、回转率等,却无法获得。

导入 POS(point of sale,销售时总信息)系统主要是解决上述零售业管理盲点。POS 系统基本作业原理:先在计算机文件内创建商品资料,通过计算机与收银机联机架构,商品上的条码通过收银设备上光学读取设备直接读入后(或由键盘直接输入代号),立即显示商品信息(单价、部门、折扣等)加快收银速度与正确性。每笔商品销售明细资料(售价、部门、时段、客层)会自动记录下来,再由联机架构传回计算机,经由计算机计算处理,即能生成各种销售统计分析信息,为经营管理提供依据。

POS 系统除能提供精确销售情报外,还能透过销售记录掌握卖场上所有单品库存量,为采购部门提供参考或与 EOS 系统联结。总之,POS 是现代零售管理必备工具。

项目小结

仓库是储存保管货物的建筑物和场所的总称。仓储和保管是仓库最基本的传统功能,仓库具有一定的空间,用于储存货物,并根据货物的特性,仓库内还配有相应的设备,以保持储存货物的完好性。处于储存状态的商品叫作库存,它是储存的表现形态。存储是仓库的最基本的功能,除保管储存商品外,整合需求和供给,维持物流系统中各项活动顺畅进行也是它的功能。库存管理与控制的方式主要有定量订货方式、经济订货批量、定期订货方式、ABC 分类管理和零库存技术等。

　思考题

1. 准时制生产方式的作用体现在哪些方面？
2. 简述丰田公司准时制物流战略的成功经验。
3. 什么是经济订货批量？
4. 简述 ABC 分类法的操作步骤。
5. 如何运用 ABC 分类法进行库存管理？

案例分析

中远海运物流有限公司云仓储管理平台

中远海运物流是居中国市场领先地位的国际化物流企业，在工程物流、综合货运、仓储物流、理货检验等业务领域为国内外客户提供全程物流解决方案。随着消费升级尤其是跨境消费政策红利的释放，仓储业务市场规模将继续扩大，仓储系统的发展将在现阶段的基础上继续深化，成为未来行业升级发展的主要方向之一。

对于目前很多大型企业的仓储管理方式而言，传统的管理仍然采用人工手动记账进行日常仓库作业，包括下订单、出入库、盘点等。随着仓储业务的运作日益频繁，手工管理工作量大且烦琐、耗时长，人工操作导致仓库作业数据不准确，而且传统的工作模式无法实现作业数据实时传输共享，导致管理难度加大。

中远海运物流作为中国物流行业的龙头企业，已在上海、广州、青岛等地设有仓储资源，并开展物流业务。因此，构建一体化的综合型仓储物流服务平台，整合资源并合理有效控制物流成本，加强仓储的精细化管理，为客户提供了存储、拆零、分拣、配货、流通加工、检验检疫等一体化服务。安全、优质、高效的物流服务，是关系中远海运物流能否在仓储业务迅速拔尖，占领行业制高点的关键。

中远海运物流有限公司云仓储管理平台由订单调度系统（OMS）、仓储管理系统（WMS）、运输管理系统（TMS）、商务管理系统（FMS）、统计分析系统、基础管理系统及现场实操的 PDA 系统构成。

云仓储管理平台构建的原则和特点如下。

1. 需求主导，整合资源

以仓储业务需求为主导，突出重点，充分利用公司业务经验及行业先进理念，强化梳理，最大限度地满足实际业务需求，同时促进互联互通、信息共享以及原有系统的平稳过渡。

2. 先进实用，开放扩展

用"记录一生、服务一生、管理一生、受益一生"的思想，使用先进的技术，翔实的数据记录手段，为仓储平台业务提供全面的信息服务，并为未来业务拓展提供一个标准平台。

3. 统一标准，保障安全

综合考虑进度、质量、规范、安全等各项要求，在平衡成本和效益的基础上，采用统一的标准、规则，确保系统规范、可靠和安全。能够实现从数据库存储、检索、提取、入库、发布、管

理等各个层面和角度都具有相应的安全机制。

4. 高效仓储，简单易用

仓储的效率表现为仓容利用率、货物周转率、进出库时间、装卸车时间等指标上。表现为"快进、快出、多储存、保管好"的高效率仓储。系统界面设计适合用户使用操作习惯，根据用户实际业务需要，尽可能地减少了用户的操作，提高操作效率。

中远海运物流通过云仓储管理平台系统的使用，可以实时查看库存货物信息，了解仓库状态，精准进行补货以及货物出库操作，提高了公司仓储资产的利用率，优化库存结构，降低了存货管理成本，而且进一步缩短了商品的交付时间，提高了对顾客的快速反应能力。

资料来源：http://www.chinawuliu.com.cn/xsyj/202007/01/511884.shtml.

思考与分析：

(1) 简述中远海运物流有限公司云仓储管理平台的构成。

(2) 与传统仓储管理系统相比，云仓储管理平台具有哪些优势？

实训演练

仓储设施认识和操作及仓储管理软件技能操作与运用

(1) 实训目的：通过实训，了解企业仓储的流程及仓储管理工作。

(2) 实训内容：熟悉仓储的流程及仓储管理工作；掌握仓储管理系统操作软件的操作及功能；熟悉仓储管理系统操作软件的基础数据、货位管理、计划调度、入库作业、出库作业、库存监控、库存管理、仓库规划等几个模块。

(3) 实训要求：以分小组的方式进行角色操作训练。对组内成员进行角色分工，要求每个人利用计算机完成不同角色的入库、出库及库内作业的软件操作，认真完成实训报告。

项目六

电子商务搬运装卸与运输管理

学习目标

知识目标

1. 掌握搬运和装卸的概念、原则与作用,熟悉搬运装卸设备的类别与作用;

2. 掌握运输的基本概念与特点,理解不同运输方式的优缺点对比分析,熟悉运输的功能;

3. 掌握运输绩效评价体系的构成,熟悉运输绩效评价指标选择的原则,了解影响运输合理化的因素。

能力目标

1. 能有效区分卸搬运相关的设备,并模拟常见装卸搬运机械的操作作业技术;

2. 能够进行运输工具配载,优化运输路线,选择合理的运输方式。

素养目标

1. 培养良好的职业道德和较强的团队合作精神;

2. 具备一定电子商务环境下装卸搬运、运输的分析与应用能力;

3. 培养客观公正的处事原则,确保运输作业绩效评价的公平与公开。

案例导入

派天下:高速公路共享智慧物流港

北京天成恒通(派天下)信息科技有限公司是公路物流零担运输新模式开创者、高速公路共享智慧物流港首创者,成立于2014年8月,注册资金5 000万元,是国家级及中关村高新技术企业。

派天下有效整合了中国公路物流的各方资源,以共享智慧物流港为单点,沿高速公路布局并连成线,基于国家71118骨干高速公路网和地区环线、省际联络线,最终形成全网的运营体系。基于自主创新的"高速公路共享智慧物流港"与"城市物流循环配送体系"+"城乡物流循环配送体系"+"公路干线智慧运输体系",并结合了物联网、云计算、区块链等技术,开创了"人·车·货·路·仓·钱"的零担运输新模式。

派天下的战略布局颠覆了传统的公路物流零担运输的物理节点,以高速公路为依托,以服务区为枢纽和卡点,在高速公路沿线的服务区布局前"店"——派来吧+后"仓"——分拣中心形式的共享智慧物流港,由 13.75m 卡班和社会共享运力完成不下高速公路的干线运输并直接甩货在分拣中心,再由 4.2m 厢货、新能源物流车完成服务区所在县域的落地配并基于移动式收货模式上门提货,送至服务区分拣中心,由 13.75m 卡班和社会共享运力直接运走,点对点直达,减少了中间的装卸次数,极大提高了物流效率,降低了物流费用。

派天下将重塑中国公路物流新业态和新格局,提升社会大众低价快速便捷的物流新体验,将改变中国公路物流的格局,为推进国家供给侧结构性改革和提升全球竞争力添砖加瓦！此外,派天下零担运输新模式顺应了新零售、供给侧结构性改革、中国制造 2025 的发展趋势和国家战略！

资料来源:http://www.chinawuliu.com.cn/xsyj/201907/09/341949.shtml.

思考与分析:什么是零担运输？派天下企业高速公路运输模式如何打造共享智慧物流港？

任务一　搬运与装卸

一、搬运和装卸概述

装卸是指物品在指定地点以一定方式装入运输设备或从运输设备卸下。搬运是指在同一场所内,对物品进行水平移动为主的作业活动。

装卸是改变商品的存放、支撑状态的活动,特指物品上下方向的移动。搬运是改变物品的空间位置的活动,主要指物体水平的移动。装卸搬运通常是结合在一起运用的。

在物流的运作过程中,装卸搬运活动是不断出现和反复进行的,它出现的频率远远高于其他各项物流活动,每次装卸搬运活动都要花费一定的时间,因此往往成为决定物流效率的关键因素。

装卸搬运费用在物流成本中所占的比重也较高。以我国为例,铁路运输的始发和到达的装卸作业费大约占运费的 25%,船运约占 45%。装卸搬运是降低物流费用的重要环节。

进行装卸搬运操作时往往需要与物品直接接触,因此,在物流过程中容易造成货物破损、散失、损耗、混合等损失。例如袋装水泥纸袋破损和水泥散失主要发生在装卸搬运过程中,玻璃、机械、器皿、煤炭等产品在装卸搬运时最容易造成损失。因此,进行装卸搬运活动要特别谨慎。

1. 装卸搬运的特点

(1)伴生性。装卸搬运通常是伴随着物流其他活动产生的,如运输过程中的装卸搬运,仓储活动中的装卸搬运和配送活动中的装卸搬运等。

(2)保障性。装卸搬运对于物流其他活动的顺利实现是一种支持和一种保障。

(3)衔接性。物流的环节包括运输、仓储、流通加工、包装、配送等,环节与环节之间很大程度上需要装卸搬运来进行衔接。

2. 装卸搬运的原则

(1)尽量避免装卸搬运。装卸搬运作业本身并不创造价值,如果装卸搬运作业运作不当,可能造成商品的破损,或使商品受到污染,必须排除无意义的装卸搬运活动,再者装卸搬运活动要花费大量的人力、物力,增加了企业的运作成本,也使流通的速度放慢。

(2)做好装卸搬运的连续性。次数较多的装卸搬运活动,要特别注意其连续性,否则物流活动的相关环节就不会较顺利地进行衔接,如果连续性不好,会造成很大的浪费,包括人力、物力、财力,从而增加物流成本。

（3）装卸搬运机械化。现代的物品质量越来越大,体积也越来越大,使用机器设备进行装卸搬运不但能够提高效率,更主要的是可以大幅度降低人力成本。

（4）提高装卸搬运的灵活性。物流过程中,常常将暂时存放的物品多次搬运。从便于经常发生的搬运作业考虑,物品的堆放方法是很重要的,这种使之移动的程度,被称为"搬运灵活性"。衡量商品堆存形态的"装卸搬运灵活性",用灵活性指数表示。一般将灵活性指数分为五个等级,即散堆于地面上为 0 级;装入箱内为 1 级;装在货盘或垫板上为 2 级;装在车台上为 3 级;装在输送带上为 4 级。

3. 装卸搬运的作用

（1）直接影响物流质量。物流质量的一个重要指标就是保护商品,如果装卸搬运不当,造成商品大量破损,就极大地降低了物流质量。

（2）直接影响物流效率。物流速度的提高很大程度上取决于装卸搬运环节,如果装卸搬运的效率能够提高,物流的整体效率就会提高,反之就会降低。

（3）直接影响物流成本。物流成本是企业成本的重要组成部分,运输成本、仓储成本和装卸搬运成本是物流成本的重要组成部分,如果装卸搬运成本能够降低,物流成本将会明显下降。

二、装卸搬运设备

装卸搬运设备是指用来搬移、升降、装卸和短距离输送物料或货物的机器设备。装卸搬运设备是实现装卸搬运作业机械化的基础,是物流设备中重要的机械设备。装卸搬运设备不仅可用于仓库内部之间的装卸搬运,也可用于比较长距离的装卸搬运。

1. 装卸搬运设备的特点

装卸搬运设备要完成装卸搬运任务,需要适应装卸搬运作业要求。装卸搬运作业要求装卸搬运设备结构符合各种物品的配套要求,如简单牢固、作业稳定、造价低廉、易于维修保养、操作灵活方便、安全可靠、能最大限度发挥工作能力。装卸搬运设备的特点如下。

（1）运用范围广泛。由于装卸搬运作业受货物品种、作业时间、作业环境等因素的影响较大,而装卸搬运活动又各具特点,这就要求装卸搬运设备具有较强的适应性,能够适应各种环境,并适合各种商品正常工作。

（2）承受能力强。装卸搬运设备具有起重能力大、起重范围广、生产作业效率高、装卸搬运作业能力强等特点。

（3）灵活性较差。大部分装卸搬运设备都在设施内完成装卸搬运任务,只有个别装卸搬运设备可在设施外作业。

2. 装卸搬运设备的作用

（1）提高装卸搬运效率,减轻装卸搬运工人的劳动强度,大幅改善劳动条件。

（2）缩短操作作业时间,加速车辆周转,加快物品的送达。

（3）提高装卸搬运质量,保证货物的完整和运输安全。特别是体积大且笨重货物的装卸,依靠人力,一方面难以完成;另一方面也保证不了装卸质量,容易发生货物损坏或偏载,甚至危及行车安全。采用机械作业,则可避免这种情况发生。

（4）降低装卸搬运作业成本。装卸搬运设备的应用,使每吨货物分摊到的作业费用相应减少,从而使单位商品的作业成本降低。

(5) 充分利用货位,加速货位周转,减少货物堆码的场地面积,提高空间的利用率。采用机械作业,由于堆码可达到一定的高度,加快了装卸搬运的速度,及时腾空货位,减少了场地面积。

3. 装卸搬运设备的种类

(1) 按设备的作业性质分为装卸机械、搬运机械和装卸搬运机械。前面两种作业功能比较单一,后一种作业功能多样。

(2) 按照设备的机械工作原理分为叉车类、吊车类、输送机类、作业车类和管道输送设备类。

① 叉车类,包括各种通用和专用叉车。

② 吊车类,包括门式、桥式、履带式、岸壁式、巷道式等各种吊车。

③ 输送机类,包括辊式、轮式、皮带式、悬挂式等各种输送机。

④ 作业车类,包括手车、手推车、搬运车、台车等各种作业车辆。

⑤ 管道输送设备类,包括液体、粉体的装卸搬运一体化的由泵、管道为主体的一类设备。

(3) 按照设备的机械动力分为以下几类。

① 重力式装卸输送机,如辊式、滚轮式等输送机。

② 动式装卸搬运机具,又有内燃式及电动式两种,大多数装卸搬运机具属于此类。

③ 人力式装卸搬运机具,用人力操作作业,如小型机具和手动叉车、手车、手推车、手动升降平台等。

4. 装卸搬运设备的选择配置

(1) 根据物品的作业性质和作业场合选择配置。装卸搬运作业性质和作业场合不同,需配备不同的装卸搬运设备。根据作业是单纯的装卸或单纯的搬运,还是装卸、搬运兼顾,可选择相应的装卸搬运设备。

(2) 根据物品的作业运动形式选择配置。装卸搬运作业运动形式不同,需配备不同的装卸搬运设备。水平运动,可配备选用卡车、牵引车、小推车等装卸搬运设备;上下运动,可配备选用提升机、起重机等装卸搬运设备;倾斜运动,可配备选用连续运输机、提升机等装卸搬运设备;上下及水平运动,可配备选用叉车、起重机、升降机等装卸搬运设备;多平面式运动,可配备选用旋转起重机等装卸搬运设备。

(3) 根据物品的作业量选择配置。作业量大时,应配备作业能力较高的大型专用设备;作业量小时,最好采用构造简单、造价低廉而又能保持相当生产能力的中小型通用设备。

(4) 根据货物种类、性质选择配置。货物的物理性质、化学性质以及外部形状和包装千差万别,有大小、轻重之分,有固体、液体之分,有散装、成件之不同,所以对装卸搬运设备的要求也不尽相同。

(5) 根据装卸搬运的距离长短选择配置。长距离搬运一般选用牵引车和挂车等装卸搬运设备,较短距离搬运可选用叉车、跨运车等装卸搬运设备,短距离搬运可选用手推车等装卸搬运设备。为了提高设备的利用率,应当结合设备种类和特点,使行车、货运、装卸、搬运等工作密切配合。

(6) 根据装卸搬运设备的配套性质选择配置。成套地配备装卸搬运设备,使前后作业相互衔接、相互协调，是保证装卸搬运工作持续进行的重要条件。因此，需要对装卸搬运设备在生产作业区、数量吨位、作业时间、场地条件、周边辅助设备上做适当协调。

三、装卸作业合理化

装卸作业合理化主要是避免一些不合理的装卸搬运作业和提高操作的灵活性。

1. 避免无效作业

无效作业是指在装卸搬运的作业活动中超出必要的装卸、搬运量的作业。为了有效地防止和消除无效作业，可从以下几个方面入手。

（1）科学减少装卸次数。要使装卸次数降低到最小，避免没有物流效果的装卸作业。

（2）提高被装卸搬运物品的纯度。物料的纯度是指物料中含有水分、杂质与物料本身使用无关的物质的多少。物料的纯度越高，则装卸作业的有效程度越高。反之，无效作业就会增多。

（3）商品包装要适宜。包装是物流中不可缺少的辅助作业手段。包装的轻型化、简单化、实用化会不同程度地减少作用于包装上的无效劳动。

（4）缩短装卸搬运作业的距离。物料在装卸、搬运中，要实现水平和垂直两个方向的位移，选择最短的路线完成这一活动，就可避免这一最短路线以上的无效劳动。

2. 提高装卸搬运的灵活性

装卸搬运的灵活性是指在装卸搬运作业中的物品进行装卸作业的难易程度。在堆放货物时，事先要考虑物料装卸作业的方便性。

根据物料所处的状态，即物料装卸、搬运的难易程度，装卸搬运的灵活性可分为不同的级别。

0级：物品杂乱无章地堆在地面上的状态。

1级：物料装箱或经捆扎后的较整齐状态。

2级：箱子或被捆扎后的物料，下面放有枕木或其他衬垫后，便于叉车或其他机械作业的状态。

3级：物料被放于台车上或用起重机吊钩钩住，呈现即刻移动的状态。

4级：被装卸搬运的物料，已经被装卸搬运设备启动、直接作业的状态。

从理论上讲，活性指数越高越好，但也必须考虑实施的可能性和现实性。运用活性分析图法通常分三步进行。

第一步，绘制装卸搬运图。

第二步，按搬运作业顺序作出物资活性指数变化图，并计算活性指数。

第三步，对装卸搬运作业的缺点进行分析改进，作出改进设计图，计算改进后的活性指数。

3. 装卸搬运坚持省力化

装卸搬运使物料发生垂直和水平位移，必须通过消耗功率才能实现，要尽力实现装卸作业的省力化。

在装卸搬运作业中应尽可能消除重力的不利影响。在有条件的情况下，利用重力进行装卸搬运，以减轻劳动强度和能量的消耗。将设有物理动力的小型运输带（板）斜放在货车、卡车或站台上进行装卸搬运，使物料在倾斜的输送带（板）上移动，这种装卸就是靠重力的水平或垂直分力完成的。在装卸搬运作业中,不用人力搬运,而只要把物资放在1台车上,由器具承担物体的重量,人们只要克服滚动阻力,使物料水平或垂直移动,这无疑是十分省力的。

利用重力式移动货架也是一种利用重力进行省力化的装卸方式之一。

4. 提高装卸搬运的机械化水平

(1) 确定装卸搬运任务量。

(2) 根据装卸搬运任务和装卸搬运设备的生产率,确定装卸搬运设备需用的台数和技术特征。

(3) 根据装卸搬运任务、装卸搬运设备生产率和需用台数,编制装卸搬运作业进度计划。

(4) 下达装卸搬运进度计划,安排装卸搬运的劳动力和作业班次。

(5) 统计和分析装卸搬运作业成果,评价装卸搬运作业的经济效益。

5. 坚持合理规划装卸搬运设备

装卸搬运作业过程是指对整个装卸搬运作业的连续性进行合理的安排,以减少运距和装卸搬运次数。装卸搬运作业现场的平面布置是直接关系到装卸、搬运距离的关键因素,装卸搬运机械要与货场长度、物品本身、货位面积等互相协调。要有足够的场地集结货场,并满足装卸搬运机械工作的要求,场内的道路布置要为装卸搬运创造良好的条件,以加速货位的周转。使装卸搬运距离达到最小。

任务二 电子商务运输概述

一、运输的基本概念

1. 运输的基本内涵

关于运输的概念,各种版本的教材是不一致的,理论界目前也没有一个统一的概念。本书认为:运输是指借助公共运输线路及设施和运输工具来实现物品空间位移的一种经济活动和社会活动。运输之所以借助公共运输线路及设施,是因为这些公共线路和设施需要比较大的投资才有办法建成,而这种规模巨大的投资只有政府才有能力完成,私人企业无力承担这个任务,需要从事运输业务的个体或企业必须借助于公共运输线路及设施才有能力进行运输活动。运输实现了物品的空间位移,实现了物品的空间价值。

(1) 运输不同于物流。运输只是物流系统的一项功能,主要包括生产领域的运输和流通领域的运输,生产领域的运输主要在生产企业内部进行,也被称为厂内运输。流通领域的运输,主要内容是对物质产品的运输,主要是为社会服务的,特指完成物品从生产领域向消费领域的空间位移,即从生产企业向消费者转移。

(2) 运输不同于配送。传统观念认为,配送只是运输中的末端环节,但是,配送作为一种现代的流通方式,集库存、分拣、装卸搬运等于一身,已经成为物流系统中独立的功能要素,是与运输并列的物流系统功能。

运输功能要素包括供应及销售物流中的车、船、飞机等方式的运输,生产物流中的管道、传送带等方式的运输。

运输是指把人、财、物由一个地方转移到另外一个地方的过程,运输又被认为是国民经济的根本。

运输的主要工具有自行车、板车、三轮车、摩托车、汽车、火车、飞机、轮船等。

运输运价的构成如下。

$$零担货物年车运价＝每吨运价×计费重量$$

$$整车货物每吨运价＝发到基价＋运行基价×运价里程$$

$$集装箱货物每箱运价＝发到基价＋运行基价×运价里程$$

2. 运输的基本特点

(1) 生产性。运输的生产过程是以特定的生产关系联系起来的、具有劳动技能的人们使用劳动工具和劳动对象进行生产,并创造产品的生产过程。运输的产品,对旅客运输来说,是人的空间位移;对货物运输来说,是货物的空间位移。因此,运输是以改变"人和物"的空间位置为目的的生产性质的活动,这一点和以改变劳动对象物理、化学、生物属性为主的工农业生产不同。

(2) 流通性。运输是把产品从生产领域运往消费领域的活动,因此就整个社会生产过程来说,运输是在流通领域内继续的生产过程,并在其中完成。

(3) 无形性。运输生产不像其他生产那样改变劳动对象的物理、化学性质和形态,而只改变劳动对象的空间状态,并不创造新的实物形态产品。

(4) 生产和消费并列性。一般产品的生产和消费在时间和空间上可以完全分离,而运输产品的生产和消费不论在时间和空间上都是不可分离地结合在一起的,属于边生产、边消费。

(5) 非储存性。运输是一种服务,因此运输产品是无形的,不具有物质实体,又由于它的边生产、边消费属性,因此运输产品既不能调拨,也不能存储。

(6) 同一性。对不同的运输方式来说,即使他们使用不同的运输工具,具有不同的技术经济特征,在不同的线路上进行运输生产活动,但它们对社会却具有一样的效用,即都实现了物品的空间位置的转移。运输产品的同一性使得各种运输方式之间可以相互补充、协调、替代,形成一个有效的综合运输管理系统。

3. 运输的作用

运输在物流系统中的作用是很明显的,也是非常特殊的,具体有以下几种。

(1) 保值作用。商品从生产领域出来到最终消费,必须经过一段时间、一段距离,在这段时间和距离过程中,都要经过运输、保管、包装、装卸搬运等多环节、多次数的货物运输活动。在这个过程中,产品可能会淋雨受潮、生锈、破损、丢失等而遭受到不同程度的贬值。货物运输的使命就是防止上述问题的发生,保证产品从生产者到消费者转移过程中的质量和数量,从而起到对产品的保值作用,即保护产品的存在价值,使产品在从生产领域到达消费者时使用价值不变。

(2) 节约作用。如果能够搞好运输,不但能够节约自然资源、人力资源和能源,同时也能够节约费用。

(3) 增强企业竞争力。搞好运输对一个企业的仓储、资金流的影响是巨大的,不但可以实现零库存、零距离和零流动资金占用,而且是提高为用户服务,构筑企业供应链,增加企业核心竞争力的重要途径。在经济全球化、信息全球化和资本全球化的 21 世纪,企业只有建立现代货物物流运输体系,才能在激烈的竞争中求得生存和发展。

4. 运输的地位

(1) 运输是物流的重要功能。在物流功能的排列顺序当中,运输基本上都是排在首位,这说明运输不但是物流的重要功能,也是首要功能。

(2) 运输是社会物质生产的必要条件之一。没有运输,商品是无法从生产领域向消费领域转移的,社会再生产就无从谈起。

(3) 运输可以创造"场所价值"。场所价值是指同种"物品"由于空间场所不同,其使用价值的实现程度不同,效益的实现也不同。由于改变场所而最大限度发挥使用价值,最大限度地提高了投入产出比。通过运输将"物品"运到场所效用最高的地方,就能发挥"物品"的潜力,实现商品资源的优化配置。

(4) 运输是第三利润源的主要源泉。第一利润源是原材料领域,第二利润源是人力资源领域,第三利润源是物流领域,而运输是物流系统的最重要的功能,自然就成为第三利润源的主要源泉。

5. 运输的发展趋势

(1) 公路运输需求将持续快速增长。近30多年来,我国公路基础设施建设获得迅速发展,公路运输能力大幅提高,对于国民经济增长和人民生活水平提高方面发挥着越来越重要的作用。但与日益增长的公路运输需求相比,公路运输仍存在着有效供给不足的问题。随着我国经济的进一步发展,公路运输需求将继续保持快速增长。在公路货运中大宗货物、初级产品所占的份额呈上升趋势,对运输服务质量和服务水平的要求日益提高。

(2) 智能运输系统是未来公路运输发展的主要方向。智能运输系统(intelligent transportation system,ITS)是将先进的信息技术、数据通信传输技术、电子控制技术及计算机处理技术等综合运用于整个地面运输管理体系,使人、车、路及环境密切配合、和谐统一,使汽车运行智能化,从而建立一种在大范围内全方位发挥作用的实时、准确、高效的公路运输综合管理系统。

二、运输的功能

运输的功能主要有两个:改变物品的空间位置和对物品进行暂存。

(1) 移动功能。物品在价值链中通过改变自身的位置可以创造相应的价值,运输通过改变物品的空间位置帮助物品实现相应的价值,这就是运输所创造的空间价值。

(2) 暂存功能。运输可以将物品在运输过程当中暂时存储在运输工具上,在企业仓库有限的情况下,既是保存物品的一种灵活的方式,也是解决仓库容量不足的一种有效手段。

三、运输方式分类与比较

运输方式是旅客、货物运输所赖以完成的手段、方法或形式,是为完成客货运输任务而采取一定性质、类别的技术装备和一定的管理手段。现代运输方式主要有铁路运输、水路运输、公路运输、航空运输和管道运输五种,这些运输方式各有特点,优缺点都是比较明显,企业应根据自身的情况和商品本身的性质选择合适的运输方式。下面对这五种运输方式的优缺点进行介绍。

五种运输方式的比较

1. 铁路运输

1）铁路运输的优点

（1）速度方面。运行速度较快,时速一般为 90～120km。

（2）运力方面。运输能力大,一般每列客车可载旅客 1 900 人,一列货车可装 2 000～3 300t 货物,重载列车可装 22 000 多吨货物;单线单向年最大货物运输能力达 1 800 万吨,复线达 5 600 万吨;运行组织较好的国家,单线单向年最大货物运输能力达 4 200 万吨,复线单向年最大货物运输能力超过 1 亿吨。

（3）受自然影响方面。铁路运输过程受自然条件限制较小,连续性较强,能保证全年运行。

（4）通用性能好,既可运送旅客,又可运送各类不同的货物。

（5）时间准时性方面。火车运输到发时间准确性较高。

（6）安全性方面。火车运行比较平稳,安全可靠。

（7）费用方面。铁路运输成本较低。

2）铁路运输的缺点

（1）投资建设方面。投资过高,单线铁路每千米造价为 150 万～300 万元,复线造价为 400 万～600 万元。

（2）建设周期方面。建设周期较长,一条干线要建设 6～10 年,而且,占地多,随着人口的增长,将给社会增加更多的负担。

2. 水路运输

1）水路运输的优点

（1）运力方面。运输能力大,在长江干线,一支拖驳或顶推驳船队的载运能力已超过万吨,国外最大的顶推驳船队的载运能力达 3 万～5 万吨,世界上最大的油船已超过50 万吨。

（2）自然条件方面。在运输条件良好的航道,通过能力几乎不受限制。

（3）水路运输通用性能也不错,既可运客,也可运货,包括运送各种货物,尤其是大件货物。

（4）成本方面。运输成本低,我国沿海运输成本只有铁路的 35%,美国沿海运输成本只有铁路运输的 1/8,长江干线运输成本只有铁路运输的 84%。

2）水路运输的缺点

（1）受自然条件影响较大,内河航道和某些港口受季节影响较大,冬季结冰,枯水期水位变低,难以保证全年通航。

（2）速度方面。运送速度慢,在途中的货物多,会增加货主的流动资金占有量。

总之,水路运输综合优势较为突出,适宜于运距长、运量大、时间性不太强的各种大宗物资运输。

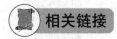 相关链接

交通运输部提高水路运输服务水平

交通运输部印发《关于做好〈国内水路运输管理规定〉实施有关工作的通知》(简称《通知》),进一步细化明确行业管理和水路运输经营者经营行为要求,将旅客优待服务标准、行

业管理操作程序等具体化,不断提升行业管理能力和水平。

《通知》明确规定,水路旅客运输业务经营者应当依法依规为相关旅客提供优先购票、安检、候船、登船和乘船服务,以及为相应旅客提供免票、半价客票优待服务。对交通运输部负责的国内水路运输许可权限,根据交通运输部派出机构有关职责及实际管理情况,明确长江、珠江航务管理局继续分别负责实施长江、珠江水系省际危险品船及客船运输经营许可,并要求省级交通运输主管部门进一步明确本省负责实施省际普通货船运输、省内水路运输经营许可的权限。

《通知》明确了申请经营国内水路运输业务和新增运力的具体办理程序,要求省级水路运输管理部门在办理相关许可时征求有关部门意见,提出采取"退一进一"或"退多进一"方式进行运力更新;加强了自有船舶运力管理,对水路运输经营者自有船舶运力计算进行了细化;细化了海务机务管理人员从业资历与管理船舶相适应的具体内容,实施精准管理。《通知》鼓励国内水路运输领域政务服务事项网上办理和证书电子化,加强证照信息共享,细化了电子《船舶营业运输证》的查验管理要求。

此外,交通运输部还公布了《国内水路运输旅客禁止携带和禁止托运物品目录》《国内水路运输旅客限制携带和限制托运物品目录》,进一步保障旅客人身财产安全,提升运输服务质量水平。

资料来源:http://www.chinawuliu.com.cn/zixun/202006/01/506177.shtml.

3. 公路运输

1) 公路运输的优点

(1) 机动灵活,运送速度快,可以实现门到门运输。

(2) 投资少,修建公路的材料和技术比较容易解决,易在全社会广泛发展,可以说是公路运输的最大优点。

2) 公路运输的缺点

(1) 运输能力小,每辆普通载货汽车每次只能运送 4t 货物,长途客车可送 40 位旅客,仅相当于一列普通客车的 1/36～1/30。

(2) 运输能量消耗很高,分别是铁路运输能耗的 10.6～15.1 倍,是沿海运输能耗的 11.2～15.9 倍,是内河运输的 13.5～19.1 倍,是管道运输能耗的 4.8～6.9 倍;但比民航运输能耗低,只有民航运输的 6%～87%。

(3) 成本方面。运输成本高,分别是铁路运输的 11.1～17.5 倍,是沿海运输的 27.7～43.6 倍,是管道运输的 13.7～21.5 倍;但比民航运输成本低,只有民航运输的 6.1%～9.6%。

(4) 生产率低,只有铁路运输的 10.6%,是沿海运输的 1.5%,是内河运输的 7.5%;但比民航运输劳动生产率高,是民航运输的 3 倍。此外,由于汽车体积小,无法运送大件物资,不适宜运输大宗和长距离货物,公路建设占地多,随着人口的增长,占地多的矛盾将表现得更为突出。

因此,公路运输比较适宜在内陆地区运输短途旅客、货物,因而,可以与铁路、水路联运,为铁路、港口疏运旅客和物资,可以深入山区及偏僻的农村进行旅客和货物运输;在远离铁路的区域从事干线运输。

4. 航空运输

1) 航空运输的优点

(1) 运行速度快,一般为 800～1 000km/h。

（2）机动性能好，几乎可以飞越各种天然障碍，到达其他运输方式难以到达的地方。

2）航运运输的缺点

飞机造价高、能耗大、运输能力小、成本很高、技术复杂。因此，只适宜长途旅客运输和体积小、价值高的物资，以及鲜活产品、邮件等货物运输。

5. 管道运输

1）管道运输的优点

（1）运力方面。运输量相当大，国外一条直径 720mm 的输煤管道，一年即可输送煤炭3 000 万吨，几乎相当于一条单线铁路的单方向的输送能力。

（2）运输工程量小，占地少，管道运输只需要铺设管线，修建泵站，土石方工程量比修建铁路小得多。而且在平原地区大多埋在底下，不占农田。

（3）能耗小，在各种运输方式中是最低的。

（4）安全可靠，无污染，成本低。

（5）不受气候影响，可以全天候运输，送达货物的可靠性高。

（6）管道可以走捷径，运输距离短。

（7）可以实现封闭运输，损耗少。

2）管道运输的缺点

（1）专用性强，只能运输石油、天然气及固体料浆（如煤炭等），但是，在它占据的领域内，具有固定可靠的市场。

（2）管道起输量与最高运输量之间的幅度小，因此，在油田开发初期，采用管道运输困难时，还要以公路、铁路、水路运输作为过渡。

任务三　合理化运输管理

一、运输绩效评价指标

运输绩效评价是对运输活动或运输过程的绩效评价。

运输绩效评价体系是企业物流绩效管理系统的重要组成部分，它由评价对象、评价目标、评价机构、评价原则、评价方法及评价指标体系等组成。为了合理选择运输绩效评价指标，应遵循目的性、系统性、层次性和可操作性等原则。企业应根据实际情况，从货物运输量、运输质量、运输效率、运输成本与效益等方面来构建运输绩效评价指标体系。

运输合理化

运输绩效评价是企业物流绩效管理的重要组成部分，做好运输绩效评价，可以有效地改善企业物流绩效管理，促进企业整体物流管理水平的提高。在实际运输绩效评价活动中，应不断完善运输绩效评价体系，坚持目的性、系统性、层次性和可操作性等基本的原则，正确选择运输绩效评价指标，以提高运输活动绩效以及企业整体绩效管理的水平。

1. 运输绩效评价的含义

运输绩效评价是指对运输活动或运输过程的绩效评价，它一般是按照统一的评价标准，采用一定的指标体系，按照一定的程序，运用定性和定量的方法，对一定时期内运输活动或过程的效益和效率做出的综合判断。运输绩效评价是运输企业及其他相关企业进行物流绩效管理的主要环节，是管理者了解运输活动效果的基本手段，是加强企业管理的一种方法。

2. 运输绩效评价体系的构成

运输绩效评价体系作为企业物流绩效管理系统的子系统,也是企业管理控制物流系统的一部分。为保证绩效评价的效果,应该建立科学合理的绩效评价体系。有效的运输绩效评价体系应包括以下相互联系、相互影响的内容。

(1) 评价对象说明对谁进行绩效评价。运输绩效评价对象主要是指企业的运输活动或运输过程,一般包括集货、分配、搬运、中转、装卸、分散等作业活动。

(2) 评价组织,即负责领导、组织所有评价活动的机构,评价组织的构成情况及能力大小将直接影响绩效评价活动的顺利实施及效果。它一般由企业物流相关部门负责人组成,有时也邀请其他有关物流专家参与。

(3) 评价目标用来指导整个绩效评价工作,一般根据运输绩效管理目标、企业实际状况以及发展目标来确定。评价目标是否明确、具体和符合实际,关系到整个评价工作的方向是否正确。

(4) 评价原则就是评价工作中应坚持的一些基本原则,如客观公正、突出重点、建立完善的指标体系等,它会影响评价工作能否顺利开展及效果。

(5) 评价内容说明应该从哪些方面对运输绩效进行评价,反映评价工作的范围,一般包括运输成本、运输能力、运输服务质量、运输作业效率、客户满意度等。

(6) 评价标准是用来考核评价对象绩效的基准,也是设立评价指标的依据。

评价指标主要有三个来源。

一是历史标准,就是以企业运输活动过去的数据作为评价标准。

二是标杆标准,就是将同行业中优秀企业运输活动的绩效水平作为标准,以此来判断本企业的物流市场竞争力和自己在物流市场中的地位。

三是客户标准,即按照客户的要求设立的物流绩效标准,以此来判断满足客户要求的程度以及与客户关系紧密程度。

(7) 评价指标体系是评价运输活动的具体指标及体系。运输绩效指标可以按照运输量、运输服务质量、运输效率及效益等方面来分别设立。

(8) 评价方法是依据评价指标和评价标准以及评价目标、实施费用、评价效果等方面因素来判断运输绩效的具体手段。评价方法及应用正确与否,将会影响评价结论是否正确。通常用的评价方法有专家评价法、层次分析法、模糊综合评价法等。

(9) 评价报告是评价工作实施过程最后所形成的结论性文件以及相关材料,内容包括对评价对象绩效优劣的结论、存在问题及原因分析等。

3. 运输绩效评价指标选择原则与体系的构成

能否正确选择运输绩效评价指标,将影响运输绩效评价结果,也关系到运输绩效管理以及企业物流管理的成效,所以选择和确定适当的运输评价指标是进行运输绩效评价的基础和前提,在实际运输绩效评价工作中,应把握一定的基本原则来选择和确定具体的评价指标,并使之形成完整和系统的指标体系。

1) 运输绩效评价指标选择的原则

在选择运输绩效评价指标时,应坚持以下基本原则。

(1) 针对性原则。运输绩效指标的选择应该以正确反映企业整体运输活动绩效为目的,所选指标应科学合理地评价运输活动的作业过程以及投入、产出、成本费用等客观情况。

(2)系统性原则。运输活动由很多的环节组成,它会受到来自人、财、物、服务水平等因素及组合效果的影响,因此选择运输绩效评价指标必须系统、全面考虑所有影响运输绩效的因素,以保证运输绩效评价的全面性和可信度。

(3)层次性原则。在选择运输评价指标时,应注意各项指标的层次性,这样有利于确定每层重点,并有效进行关键指标分析、评价方法的运用以及运输绩效评价的具体操作。

(4)定性指标与定量指标相结合的原则。由于运输活动具有复杂性、动态性,所以绩效评价指标应该既包括易于定量表示的技术经济指标,又包括很难用量化表示的社会环境指标,如安全、快速、舒适、便利等方面的指标。实际的评价活动中,应该使定量指标与定性指标相结合,这样可以利用两者的优势,弥补双方的不足,以保证绩效评价的全面性、客观性。

2)运输绩效评价指标体系的构成

运输绩效评价指标体系可以根据货物运输量、运输效率、运输质量以及运输成本与效益来确定。

(1)货物运输量指标,包括以实物量为计量单位的指标和以实物金额为计量单位的指标单位为吨·千米。其计算公式为

$$货物货运量=(每批货物的质量×该批货物的运送距离)$$

(2)运输效率指标,主要是运输工具的利用效率指标,包括多个方面的指标,下面是其中主要的几种。

① 时间利用指标,包括车辆工作率与完好率指标。车辆工作率是指一定时期内运营车辆总天数(时数)中工作天数(时数)所占的比重;完好率是指一定时期内运营车辆总天数中车辆技术状况完好天数所占的比重。

② 里程利用率,是指一定时期内车辆总行程中载重行程所占的比重,反映了车辆的实载和空载程度,可以用来评价运输组织管理的水平高低。

③ 载质量利用指标,是反映车辆载重能力利用程度的指标,包括吨位利用率和实载率。吨位利用率按照一定时期内全部营运车辆载重行程载质量的利用程度来计算,其中重车行程载质量又称重车吨位千米。

(3)运输质量指标。运输质量可以从安全性、直达性、可靠性、一票运输率及客户满意度、意见处理率等方面选择衡量指标。

① 安全性指标,包括运输损失率、事故频率和安全行驶间隔里程等指标。

② 直达性指标。有些不能直接将货物运至最终目的地的情况,可以用直达性指标来评价企业提供多式联运服务的水平。直达性指标对于评价来往于机场、铁路端点站、港口之间的运输,特别是在评价外部运输与厂内运输的衔接上显得更有意义。

③ 可靠性指标是反映运输工作质量的指标,它可以促进企业采用先进的运输管理技术,做好运输调度管理,保证货物流转的及时性。

④ 一票运输率指标。一票运输是指货主经一次购票后,由企业全程负责,提供货物中转直至将货物送达最终目的地的运输服务。一票运输率指标反映联合运输或一体化服务程度的高低。

⑤ 客户满意度指标。这是对运输服务质量的总体评价指标,它是用满意客户数与被调查客户数的比率来表示的。满意客户是指在对货主进行满意度调查中,凡在调查问卷上回

答对运输服务感到满意及以上档次的客户。

⑥ 意见处理率用已经处理的意见数与客户所提意见数的比率来表示,它既反映对客户信息的及时处理能力,也反映客户对运输服务性好坏的基本评价及企业补救力度的大小。已处理意见是指在客户针对运输服务质量问题提出的意见中,企业予以及时查处并给予客户必要的物质或精神补偿而取得满意效果的意见。

(4)运输成本与效益指标如下。

① 单位运输费用指标。该指标可用来评价运输作业效益高低以及综合运输管理水平,一般用运输费用总额与同期货物总周转量的比值来表示。

② 燃料消耗指标。评价燃料消耗的指标主要有单位实际消耗、燃料消耗定额比,它反映了运输活动中燃料消耗的情况,可以促进企业加强对燃料消耗的管理。

③ 运输费用效益指标。该指标表示单位运输费用支出额所带来的盈利额。

④ 单车(船)经济收益指标。

⑤ 社会效益指标。

二、影响运输合理化的因素

(1)运输距离。运距长短是运输合理化的一个重要影响因素,必须根据运距进行科学规划。根据不同的距离选择不同的运输方式和不同的运输工具,只有这样,才能使运输距离的规划达到最优的状态。

(2)运输环节。运输环节过多将会直接影响运输的效率,必须尽量避免运输环节过多。一些不必要的、重复的环节都要尽量避免,只有这样,多余的环节才会被消除。

(3)运输工具。对运输工具的选择和优化,将影响运输是否合理与科学。不同的运输工具有其自身的优点和缺点,要根据具体的环境和具体的商品选择最合适的运输工具,只有这样,才能充分发挥运输工具的作用,也使运输费用达到最合理的状态。

(4)运输时间。运输能够使商品创造空间价值和一定的时间价值,如何安排运输的起始时间和中途的过渡时间,将直接影响商品的空间价值和时间价值的实现程度。

(5)运输费用。运输费用是物流管理费用当中最大的一个比重,运输费用如果无法下降,物流费用就很难降下来。因此必须千方百计降低运输费用,这也是衡量物流运输合理化的一个显著的表现。

(6)运输连贯性。物流系统有八个环节,每个环节都环环相扣,运输管理追求的是整体效果,而不是局部价值,如果运输的连贯性不够的话,前面节省下来的运输费用所做的努力有可能前功尽弃。

三、运输合理化的有效措施

运输合理化直接影响物流管理的水平和公司的整体利润,意义重大。

1. 运输合理化的意义

(1)提高运输效率。运输合理化将大幅提高物流的运输效率,使物品能够在正确的时间运到正确的地点。

(2)消除浪费现象。运输合理化将消除多余的运输环节,很多不应该的浪费将被避免,从而节省物流成本,提高相应利润。

（3）加速货物流通。运输合理化将使运输更加顺畅,从而使物品的流通速度提高到一个新的高度。

2. 具体措施

（1）分区产销合理运输。分区产销合理运输,就是根据商品产销的分布情况和具体的交通运输条件,在物品产销平衡的基础上,按近产近销的原则,使物品走最少的里程,组织货物运输。它主要运用于品种单一、规格简单、生产集中、消费分散或生产分散、消费集中、调运量大的货物,如煤炭、钢铁、水泥、粮食、生猪、矿建材料或生产技术不很复杂、原材料不很短缺的低值产品,实行这一办法,对于加强产、供、运、销的计划性,消除过远、迂回、对流等不合理运输,充分利用地方资源,促进生产合理布局,降低物流费用,节约国家运输力,都有十分重要的意义。在实行分区产销平衡运输时,应根据市场变化情况,灵活掌握。

（2）直达运输。直达运输,就是在组织货物运输过程中,跨过商业、物资仓库环节或铁路、交通等中转环节,把货物从起运地直接运到销地或用户,以减少中间环节。当前各基层、商店直接进货、自由采购的范围越来越大,直达运输的比重也逐步增加,它为减少物流中间环节,创造了条件。

（3）"四就"直拨运输。"四就"直拨运输,是指各商业、物资批发企业,在组织货物调运过程中,对当地生产或由外地到达的货物,不运进批发站仓库,而是采取直拨的办法,把货物直接分拨给市内基层批发、零售商店或用户,减少一道中间环节。具体做法包括就厂直拨、就车站直拨、就库直拨、就车过载。

"四就"直拨和直达运输是两种不同的合理运输形式,它们既有区别又有联系。直达运输一般是指运输里程较远、批量较大、往省外发运的货物;"四就"直拨运输一般是指运输里程较近、批量较小、在大中型城市批发站所在地办理的直拨运输业务。

"四就"直拨和直达运输是相辅相成、往往又交错在一起的。如在实行直达运输的同时,再组织"就厂""就站"直拨,可以收到双重的经济效益。

（4）合理配载运输。合理配载运输是充分利用运输工具的载重量和容积,合理安排装载的货物。配载运输往往是轻重商品的合理配载,在以重质货物运输为主的情况下,搭载一些轻泡货物。例如,在运输海运矿石、黄沙等重质货物时,捎运木材、毛竹等,基本不增加运力的情况下搭运了轻泡货,运输效率显著。

（5）发展绿色运输。绿色运输是指在运输过程中减少运输对环境造成危害的同时,实现对运输环境的净化,使物流与运输资源得到最充分的利用。运输工具产生的二氧化碳、烟尘以及运输噪音对环境的破坏显而易见,在追求运输利益最大化的同时,应兼顾社会责任,选择高效节能的运输工具和运输方式。例如,采用节约资源、对环境没有污染或污染较小的太阳能或者电能等新型绿色能源作为原动力。

（6）应用现代科学技术。科技的发展可以为运输合理化提供更加有力的支持和保障。如何在整个运输过程中,保证运输的质量,选择最合理的运输工具,采用最少的运输环节、最快的运输速度、最优的运输路线、最低的运输成本、最环保的运输方式把物资运送到目的地,以实现物品的空间和时间上的位移,是合理化运输的研究方向。高效节能的运输工具不断涌现,运输业中科技含量的比重不断增加,更加先进技术的采用,可以有效减少运输成本,降低运输消耗,增加运输效率,提高客户满意程度,促进环境保护,逐步解决目前存在的运输难题,使货物的运输更加合理、更加科学。

相关链接

货拉拉自主研发新技术"AR识货"助力货运装载高效运输

深圳依时货拉拉科技有限公司(以下简称"货拉拉")是一家从事同城/跨城货运、企业版物流服务、搬家、零担、汽车租售及车后市场服务的互联网物流商城。于2013年创立,成长于粤港澳大湾区,货拉拉通过共享模式整合社会运力资源,完成海量运力储备,并依托移动互联、大数据和人工智能技术,搭建"方便、科技、可靠"的货运平台,实现多种车型的即时智能调度,为个人、商户及企业提供高效的物流解决方案。

对于物流运输,最后一公里交付时间的错失问题大多出现在运输装载货物上。错误的货物质量估算、不正确的装载或缺乏有关货物放置的信息,一个个看似细微的问题导致运输效率低下。

为助力货运装载高效运输,货拉拉自主研发了一项新技术——AR识货,此项技术是货拉拉运用AR(增强现实)和深度学习识别技术打造的,测量平均误差低于5%,这也是行业首个针对货运场景设计且无须专门设备就能实现的物体测量技术。

部分货主表示:由于很难准确判断货物体积,日常下单时选择车型非常纠结,AR识货功能实在太方便了,解决了货运痛点,可以帮助我们识别质量、尺寸,进而帮助我们确定某个货物应该装载在哪个类型货车、哪个位置,这样可以大幅提高工人的装卸效率和准确率。

AR技术在智能物流领域应用场景广泛,正以多种方式重塑智能物流解决方案,帮助物流公司精细化运营,降低成本、提升物流效率。

作为互联网+物流的头部企业,近年来,货拉拉一直致力于应用各种创新技术,对传统的货运行业进行数智化改造,以提升用户体验和物流效率。AI、大数据、物联网等技术被广泛应用于各个环节,降本增效,助力业务创造更大的价值。

资料来源:https://news.iresearch.cn/yx/2021/04/369823.shtml.

任务四　电子商务搬运装卸与运输管理在实践中的应用

一、货物运输费用

1. **计费质量**

(1) 计量单位如下。

① 整批货物运输以吨为单位。

② 零担货物运输以千克为单位。

③ 集装箱运输以箱为单位。

(2) 质量确定如下。

① 一般货物,按毛重计算。

② 整批货物吨以下计至100kg,尾数不足100kg的,四舍五入。

③ 零担货物起码计费重量为1kg,重量在1kg以上,尾数不足1kg的,四舍五入;零担运输轻泡货物以货物包装最长、最宽、最高部位尺寸计算体积,按每立方米折合333kg计算重量。

(3) 散装货物按体积由各省(自治区、直辖市)统一规定质量换算标准计算质量。

2. **计费里程**

货物运输计费里程以千米为单位,尾数不足1km的,进整为1km。

3. 运价单位

(1) 整批运输:元/(t·km)。

(2) 零担运输:元/(kg·km)。

(3) 集装箱运输:元/(箱·km)。

(4) 包车运输:元/(t·h)。

4. 物运价目

1) 基本运价

(1) 整批货物基本运价。整批普通货物在等级公路上运输的每吨·千米运价。

(2) 零担货物基本运价。零担普通货物在等级公路上运输的每千克·千米运价。

(3) 集装箱基本运价。各类标准集装箱重箱在等级公路上运输的每箱·千米运价。

2) 吨(箱)次费

(1) 吨次费。对整批货物运输在计算运费的同时,按货物质量加收吨次费。

(2) 箱次费。对集装箱运输在计算运费的同时,加收箱次费。箱次费按不同箱型分别确定。

3) 普通货物运价

普通货物实行等级计价,以一等货物为基础,二等货物加成 15%,三等货物加成 30%。

4) 特种货物运价

(1) 长大笨重货物运价如下。

① 一级长大笨重货物在整批货物基本运价的基础上加成 40%～60%。

② 二级长大笨重货物在整批货物基本运价的基础上加成 60%～80%。

(2) 危险货物运价如下。

① 一级危险货物在整批(零担)货物基本运价的基础上加成 60%～80%。

② 二级危险货物在整批(零担)货物基本运价的基础上加成 40%～60%。

(3) 贵重、鲜活货物运价。贵重、鲜活货物在整批(零担)货物基本运价的基础上加成 40%～60%。

5) 特种车辆运价

按车辆的不同用途,在基本运价的基础上加成计算。

特种车辆运价和特种货物运价两个价目不准同时加成使用。

6) 非等级公路货运运价

非等级公路货物运价在整批(零担)货物基本运价的基础上加成 10%～20%。

7) 快速货运运价

快速货物运价按计价类别在相应运价的基础上加成计算。

8) 集装箱运价

(1) 标准集装箱运价。标准集装箱重箱运价按照不同规格的箱型的基本运价执行,标准集装箱空箱运价在标准集装箱重箱运价的基础上减成计算。

(2) 非标准箱运价。非标准箱重箱运价按照不同规格的箱型在标准集装箱基本运价的基础上加成计算,非标准集装箱空箱运价在非标准集装箱重箱运价的基础上减成计算。

(3) 特种箱运价。特种箱运价在标准箱型基本运价的基础上按装载不同特种货物的加成幅度加成计算。

5. 货物运输其他收费

(1) 调车费。应托运人要求，车辆调往外省、自治区、直辖市或调离驻地临时外出驻点参加营运，调车往返空驶者，可按全程往返空驶里程、车辆标记吨位和调出省基本运价的 50％～60％计收调车费。

(2) 延滞费。

(3) 装货(箱)落空损失费。应托运人要求，车辆开至约定地点装货(箱)落空造成的往返空驶里程，按其运价的 55％计收装货(箱)落空损失费。

(4) 道路阻塞停运费。货物运输过程中，如发生自然灾害等不可抗力造成的道路阻滞，无法完成全程运输，需要就近卸存、接运时，卸存、接运费用由托运人负担。已完运程收取运费；未完运程不收运费；托运人要求回运，回程运费减半；应托运人要求绕道行驶或改变到达地点时，运费按实际行驶里程核收。

(5) 车辆处置费。应托运人要求，运输特种货物、非标准箱等需要对车辆改装、拆卸和清理所发生的工料费用，均由托运人负担。

(6) 车辆通行费。车辆通过收费公路、渡口、桥梁、隧道等发生的收费，均由托运人负担。

(7) 运输变更手续费。托运人要求取消或变更货物托运手续，应核收变更手续费。因变更运输，承运人已发生的有关费用，应由托运人负担。

6. 货物运费计算

(1) 整批货物运费计算。

整批货物运费＝吨次费×计费质量＋整批货物运价×计费质量×计费里程＋货物运输其他费用

(2) 零担货物运费计算。

零担货物运费＝计费质量×计费里程×零担货物运价＋货物运输其他费用

(3) 集装箱运费计算。

重(空)集装箱运费＝重(空)箱运价×计费箱数×计费里程＋箱次费×计费箱数＋货物运输其他费用

(4) 计时包车运费计算。

包车运费＝包车运价×包用车辆吨位×计费时间＋货物运输其他费用

二、运输的规模经济和范围经济

运输规模经济是指随着网络上运输总产出的扩大，平均运输成本不断下降的现象。运输业的规模经济和范围经济概念与一般工商业的规模经济和范围经济既相同又有不同：相同在于规模经济都是指产量增加会引起平均成本降低，范围经济都是指共同生产多种产品比分别生产时的成本要低；不同主要是由运输产品的特殊性引起的，将多产品企业规模经济和范围经济概念直接引入运输业将导致运输业的规模经济和范围经济相互包含，使其规模经济与范围经济几乎无法分开。运输范围经济和规模经济共同作用，构成了运输网络经济。

电子商务时代是网络经济时代真正到来的重要标志，为充实网络经济的内涵和外延，许多网络公司都号称自己正在向电子商务进军。但是至今很少有企业能够清晰地制订自己的电子商务计划。缺乏明确的距离经济理论指导或者说没有找到"距离"市场(即市场需求和切入点)是最关键原因。

一个企业在传统的经济模式下，"距离"是其商业经营的主要障碍，若网络经营者并没有发现这种"距离"市场，并且不能很好地解决这些"距离"，则这种电子商务就显得没有什么价值。例如,在没有信用"距离"和法律认证"距离"等存在的情况下,标准产品就比较适合在网上发展电子商务。

所以,电子商务的开展应从最适合网络经济特征的行业,即产生"距离"经济的市场开始;在没有条件时,有必要努力挖掘和创造一种新的"距离"市场。

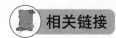

顺丰助力乡村经济振兴,运输"慢"不再阻碍松茸出山

一直以来,顺丰都坚持承担企业社会责任,努力回馈社会,利用企业特色,助力乡村经济发展。在助力乡村振兴上,顺丰推出智慧农业全产业链方案,协助政府落实扶农助农工作,更是多年为云南、四川等松茸产区的松茸寄递提供解决方案。6 月 25 日,顺丰松茸发布会在云南香格里拉召开,会上顺丰发布了《2021 顺丰松茸寄递解决方案》,同时,顺丰与云南迪庆藏族自治州政府签订框架协议,针对松茸寄递,顺丰 2021 年"再加码",助力松茸出山更快速。

据悉,由于松茸生长地域交通不便,加上天生娇贵不易保存,因此常年存在运输"慢"、出山"难"的困局。为助推乡村振兴,顺丰深耕松茸寄递已是第 8 年,助力松茸出山,持续加大资源投入,现已真正地解决了山区松茸运输"慢"的难题。

"2021 年是顺丰服务松茸寄递的第 8 年,投入松茸项目人员已超过 1 万人次,一线快递员将超过 8 000 人次,在运输速度、服务质量上将更加领先,切实为松茸寄递保驾护航。"云南顺丰速运有限公副总经理饶文强表示。

顺丰在不断升级加速解决农产品运输"慢"的难题的同时,也贴合市场和客户,对产品进行升级,针对不同客户提供不同的松茸寄递服务,针对小公斤需求,将原有的标快加保险升级为特快加保险,时效更快一步。通过对不同始发地进行细微区分、精准考虑不同时段时效,实现多地 24h 时效可覆盖。并针对 20kg 以上的大货和批量、高时效需求,变革模式,直收直派,去除中转环节。

在顺丰的努力下,运输"慢"不再是阻碍松茸等农产品发展的难题,迪庆—昆明—深圳这条全国首条松茸运输全货机航线的开通,为迪庆松茸"飞"出去架起空中桥梁,让藏于深山的"松茸"珍宝进一步成为助推乡村经济发展的重要产业。而顺丰全面助力迪庆农产品上行的序幕,对促进迪庆特色产业发展、云品出滇具有重要的现实意义。

资料链接:https://news.iresearch.cn/yx/2021/08/392431.shtml.

三、构建与完善绿色运输发展体系

2021 年 11 月 30 日,交通运输部举行例行发布会,交通运输部新闻发言人刘鹏飞表示,交通运输是碳减排的重点领域,《综合运输服务"十四五"发展规划》以降碳为目标,加快构建绿色运输发展体系。

1. 建立完善低碳转型政策体系

刘鹏飞说:"在交通运输总体方案框架下,研究运输服务领域低碳转型政策措施,完善运输服务领域能耗和碳排放监测、报告和核查体系。研究建立运输行业碳减排评估考核制度和管理绩效激励制度,推动重点运输企业碳排放核查和低碳运输企业认证,建立运输企业能效领跑者激励机制。"

2. 加快优化调整运输结构

巩固"公转铁""公转水"成果,持续推动大宗货物和中长途公路货运向铁路、水运转移。大力发展内河集装箱运输、江海直达运输,提高航运枢纽"水水中转"比例。全面加快集疏港铁路建设,具备条件的主要港口的重点港区基本接入铁路,加快推进铁路专用线进港区、进园区、进企业。

3. 深入开展绿色出行行动

大力提升公共交通服务品质,优化慢行系统,增加绿色出行吸引力。提升绿色出行装备水平,开展绿色出行"续航工程"。大力培育绿色出行文化,加快形成绿色出行生活方式。"十四五"期间,将选择100个左右的城市开展绿色出行行动,力争其中60%以上的城市绿色出行比例达到70%,绿色出行服务满意率不低于80%。

4. 加快创新货运组织模式

深入推进城市绿色货运配送示范工程创建,加快形成"集约、高效、绿色、智能"城市货运配送服务体系。积极推动标准化周转箱等物流单元循环共用,推动"互联网＋货运物流"高效发展,加快推进货运组织绿色化、集约化转型。到2025年,重点建设100个左右城市绿色货运配送示范工程。

5. 大力发展清洁化运输装备

加快调整交通能源结构,积极推动新能源和清洁能源车辆、船舶在运输服务领域应用,加快充换电、加氢等基础设施规划布局和建设。持续打好柴油货车污染治理攻坚战。持续提升铁路电气化水平,鼓励具备条件的靠港船舶使用岸电。持续推进邮件快件包装绿色化和轻量化发展。到2025年,城市公交、出租汽车和城市物流配送领域新能源汽车占比分别达到72%、35%和20%。

▣ 项目小结

装卸是改变商品的存放、支撑状态的活动,特指物品上下方向的移动。搬运是改变物品的空间位置的活动,主要指物体水平的移动。装卸搬运通常是结合在一起运用的。运输是指借助公共运输线路及设施和运输工具来实现物品空间位移的一种经济活动和社会活动。运输绩效评价体系是企业物流绩效管理系统的重要组成部分,它由评价对象、评价目标、评价机构、评价原则、评价方法及评价指标体系等组成。为了合理地选择运输绩效评价指标,应遵循目的性、系统性、层次性和可操作性等原则。

✿ 思考题

1. 什么是装卸搬运?如何实现装卸搬运合理化?
2. 运输的方式主要分为哪几类?运输的绩效评价指标主要有哪些?
3. 影响合理化运输的因素主要有哪些?
4. 运输合理化的有效措施是什么?

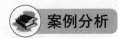 案例分析

智铁运联:让多式联运更简单

中铁铁龙集装箱物流股份有限公司(简称铁龙物流,股票代码600125)成立于1993年2月,

1998年5月在上海证券交易所上市,公司主营业务为铁路特种集装箱资产运营及运输业务。

目前,集装箱多式联运在国内物流运输中仅占2%左右,远远低于发达国家,尤其是铁路集装箱运输规模过小。2019年,我国铁路集装箱运量为1 766.7万TEU(twenty-foot equivalent unit,20英尺集装箱),仅占铁路货运总量的12%左右,低于发达国家的30%~40%。

我国多式联运的发展也存在"两低、一瓶颈和五薄弱"等问题,且多式联运比远低于发达国家。两低:运输市场集装箱化率低,尤其是液体化工、危化品、冷藏集装箱化率更低;多式联运业务占比低。一瓶颈:铁路货运市场化改革缓慢。五薄弱:集装箱多式联运型枢纽场站衔接和转运能力弱,多式联运经营人主体缺少并且服务能力弱,多式联运信息系统近乎空白,多式联运统一单证缺失,多式联运装备应用水平和标准化程度低。在我国的集装箱多式联运市场,存在着铁路、公路、水运等多个不同运输主体,多种运输主体之间急需一个信息平台协调同步运输。

伴随互联网、大数据、云计算等技术的不断发展,公司持续加大在物流科技领域的研发投入。智铁运联是中铁铁龙公司响应国家号召,发挥国家铁路基础设施优势以及自身物流行业积淀,创新集装箱运输服务模式,联合国内优势企业共同打造的物流科技平台。

智铁运联物流平台以深化供给侧改革为主线,紧紧围绕"提质增效、节支降耗、开放创新"的目标导向,紧密依托互联网与物流网融合作为核心资源,为货主提供"一站式"托运、一票到底的"一单制"服务模式。平台发挥铁路集装箱多式联运优势,以建设无缝衔接、高效顺畅的联动调配的多式联运网络平台为核心,专注于我国多式联运生态圈建设,集交易、结算、监督、评价全链条服务为一体,打造共创、共生、共享的中国铁路集装箱多式联运生态圈。

智铁运联物流平台依托云计算、大数据、物联网、人工智能等技术,打造"互联网+物流"一站式服务平台,为用户提供集装箱多式联运物流解决方案、物流链条信息互联互通解决方案及共享集装箱一站式解决方案,实现涉铁集装箱运输全流程信息化、智能化、可视化,创新服务模式、提升物流效能。

通过平台把产业链条中的供需双方从线下搬到线上,以集装箱多式联运为依托,引导社会物流回流铁路,提高铁路运营效率,降低全社会物流成本。此外,为践行"交通强国、铁路先行"与"一带一路"的高质量发展需要,平台的开展将有效贯彻国家节能减排、绿色发展的战略意图,更有助于打造国际铁路通道和物流枢纽。

资料来源:http://www.chinawuliu.com.cn/xsyj/202106/18/552201.shtml.

思考与分析:

(1) 什么是多式联运?它具备哪些特点?

(2) 我国铁路多式联运的发展取得了哪些重要成果?如何进一步提升?

**实训演练**

物流企业运输管理调研

(1) 实训目的:通过实训,了解一家物流企业运输管理情况。

(2) 实训内容:通过调研了解物流企业的运输管理,结合该企业的运输管理现状,研究提出合理化运输改进方案,从而达到降低运输成本的目的。

(3) 实训要求:将参加实训的学生分组,在教师指导下进行调研,完成实训报告。

电子商务配送与配送中心管理

➡ 学习目标

知识目标

1. 掌握配送的概念、分类与流程,理解配货方式的选择,掌握配送中心的功能及作业流程,熟悉配送中心分类,了解配送中心的设施;

2. 掌握配送中心选址决策的程序,熟悉配送中心选址的原则以及考虑的因素,了解配送中心选址方法;

3. 掌握配送流程合理化的判断标志,理解配送中心的设计原则,了解未来电子商务与现代物流的发展趋势。

能力目标

1. 能够根据企业物流活动的实际情况,选择适当的配送形式;

2. 能够联系配送与配送中心的知识,简要概述配送中心的基本工作过程。

素养目标

1. 培养配送管理人员的组织协调能力与团队协作意识;

2. 关注电子商务环境背景下配送作业发展态势,聚焦当前配送热点,积极探索未来配送高新科学技术的发展;

3. 弘扬配送管理人员敬业、吃苦耐劳的精神。

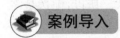 案例导入

易达欢乐送:即时配送崛起之势

易达欢乐送是一站式同城聚合配送服务平台,并对合作伙伴开放独立配送端口,依托大数据＋AI智能,采取聚合和独立配送双模式,其中聚合配送整合数十家主流配送公司,调动全城运力,主要服务于微电商、同城电商以及其他生活服务类配送需求,为线上平台、实体商户、个人提供高效、便捷、省钱、贴心的同城配送服务。

近年来,随着中国城市化进程的加快和新兴生活方式的崛起,以及移动互联网技术的普及,人们逐渐愿意为"省时、省事、省力"支付溢价,消费升级驱动物流升级,即时配送行业应运而生。再加上受疫情影响,大家也都看到了即时配送的便利,即时配送越来越为人们所需要。

据中国物流与采购联合会数据,即时配送行业已经成为物流行业增速最快的细分领域,预计未来五年即时配送行业仍将保持30%以上增速,市场规模将突破2 000亿元。

即时配送服务在新零售概念推行下迅速普及,其通过打通线上线下销售,建立短途物流体系,解决传统配送服务中同城配送的问题,已成为商业发展的必然趋势。

资料来源:https://news.iresearch.cn/yx/2021/06/380779.shtml.

思考与分析:什么是配送? 它与运输有哪些区别?

任务一　配送概述

一、配送的概念及分类

1. 配送的概念

配送(distribution)是指在经济合理区域范围内,根据用户要求,对物品进行拣选、加工、包装、分割、组配等作业,并按时送达指定地点的物流活动。

电子商务
配送概述

(1)配送是物流中一种特殊的、综合的活动形式。配送是特殊的物流,它处于接近用户的那一段流通领域,辐射范围小,是末端物流,因而有其局限性,并不能解决流通领域中的所有问题。但是,配送是一种重要的物流形式,有其战略价值,接近顾客是经营战略至关重要的内容。

配送是一种综合物流形式,几乎包括所有的物流功能要素,是物流的一个缩影或在某个小范围中物流全部活动的体现。配送除集装卸、包装、保管、运输于一身,分拣和拣选也是其标志性作业。

(2)配送是商流与物流的紧密结合。从商流来讲,配送和物流不同之处在于,物流是商物分离的产物,而配送则是商物合一的产物,配送本身就是一种商业形式。虽然配送在具体实施时,也有以商物分离形式实现的,但从配送的发展趋势看,商流与物流越来越紧密地结合是配送成功的重要保障。

(3)配送是"配"和"送"有机结合的一种方式。配送实质是送货,但和一般送货有区别:第一,一般送货可以是一种偶然的行为,而配送却是一种固定的形态,甚至是一种有确定组织、确定渠道,有一套装备和管理力量、技术力量,有一套制度的体制形式。所以,配送是高水平送货形式。第二,配送使"配"和"送"有机结合,利用有效的分拣、配货等理货工作,使送货达到一定的规模,以利用规模优势取得较低的送货成本。如果不进行分拣、配货,有一件运一件,需要一点送一点,这就会大大增加动力的消耗,使送货并不优于取货。所以,追求整个配送的优势,分拣、配货等各项工作是必不可少的。

(4)配送是一种"中转"形式。配送是"中转"型送货,而一般送货尤其从工厂至用户的送货往往是直达型;一般送货是生产什么,有什么送什么,配送则是企业需要什么送什么。所以,要做到需要什么送什么,就必须在一定的中转环节筹集这种需要,从而使配送必然以中转形式出现。当然,从广义上讲,许多人也将非中转型送货纳入配送范围,将配送外延从中转扩大到非中转,仅以"送"为标志来划分配送外延,也是有一定道理的。

(5)配送以用户要求为出发点。配送在其定义中强调"根据用户要求"明确了用户的主导地位。配送是从用户利益出发、按用户要求进行的一种活动,因此,在观念上必须明确"用户第一""质量第一",配送企业的地位是服务地位而不是主导地位,因此不能从本企业利益出发而应从用户利益出发,在满足用户利益基础上取得本企业的利益。

(6) 配送强调合理化。对于配送而言,应当在时间、速度、服务水平、成本、数量等多方面寻求最优。过分强调"按用户要求"是不妥的,用户要求受用户本身的局限,有时会损害自我或双方的利益。对于配送者来讲,必须以"要求"为据,但是不能盲目,应该追求合理性,进而指导用户,实现共同受益的商业原则。

(7) 配送使企业实现"零库存"。企业为保证生产持续进行,依靠库存(经常库存和安全库存)向企业内部的各生产工位供应物品。如果社会供应系统既能承担生产企业的外部供应业务,又能实现上述的内部物资供应,那么企业的"零库存"就能成为可能。理想的配送恰恰具有这种功能,由配送企业进行集中库存,取代原来分散在各个企业的库存,就是配送的最高境界。这一点在物流发达国家和我国一些地区的实践中已得到证明。

2. 配送的分类

经过较长时期的发展,国内外创造出多种形式的配送,以满足不同产品、不同企业、不同流通环境的要求。各种配送形式都有各自的优势,但也有一定的局限性。

1) 按实施配送的节点不同分类

(1) 配送中心配送。组织者是专职配送的配送中心,规模较大,有的配送中心需要储存各种商品,储存量比较大。也有的配送中心专职配送,储存量较小,货源依靠附近的仓库补充。从实施配送较为普遍的国家看,配送中心配送是配送的主体形式,不但在数量上占主要部分,而且是某些小配送单位的总据点,因而发展较快。配送中心配送覆盖面较宽,是大规模配送形式,因此,必须有一套配套的大规模实施配送的设施,如配送中心建筑、路线等,一旦建成便很难改变,灵活机动性较差,投资较高,在实施配送时,难以一下子大量建立配送中心。因此,这种配送形式有一定局限性。

(2) 仓库配送。仓库配送是以一般仓库为据点进行配送的形式。可以是仓库完全改造成配送中心,也可以是以仓库原功能为主并在保持原功能前提下,增加一部分配送职能。其优点是较为容易利用现有条件而不需大量投资。

(3) 商店配送。组织者是商业或物资的门市网点,这些网点主要承担商品的零售,规模一般不大,但经营品种较齐全。除日常零售业务外,还可根据用户的要求将商店经营的品种配齐,或代用户外订、外购一部分本商店平时不经营的商品,和商店经营的品种一起配齐。

2) 按配送商品种类及数量不同分类

(1) 少品种、大批量配送。工业企业需要量较大的商品,单独一个品种或几个品种就可达到较大输送量,可实行整车运输,这种商品往往不需要再与其他搭配,可由专业性很强的配送中心实行这种配送。其特点是配送工作简单,成本较低。

(2) 多品种、少批量配送。多品种、少批量配送是按用户要求,将所需的各种物品(每种需要量不大)配备齐全,凑整装车后,由配送据点送达用户。这种配送作业水平要求高,配送中心设备复杂,配货、送货计划难度大,要有高水平的组织工作保证和配合。

(3) 配套成套配送。配套成套配送是指按企业生产需要,尤其是装配型企业生产需要,将生产每一台(件)所需全部零部件配齐,按生产节奏定时送达生产企业,生产企业随即可将此成套零部件送入生产线装配产品。这种配送方式,配送企业承担了生产企业大部分的供应工作,使生产企业专注于生产。

3) 按配送时间及数量不同分类

(1) 定时配送。定时配送是指按规定时间间隔进行配送,如数天或数小时一次等,每次配送的品种及数量可按计划执行,也可在配送之前以商定的联络方式(如电话、计算机终端输入等)通知配送品种及数量。

(2) 定量配送。定量配送是指按规定的批量在一个指定的时间范围中进行配送。这种方式数量固定,备货工作较为简单,效率较高。

(3) 定时、定量配送。定时、定量配送是指按照规定配送时间和配送数量进行配送。这种方式兼有定时、定量两种方式的优点,但特殊性强,计划难度大,适合采用的对象不多,不是一种普遍的方式。

(4) 定时、定路线配送。定时、定路线配送是指在规定的运行路线上制订到达时间表,按运行时间表进行配送,用户可按规定路线、规定时间接货及提出配送要求。

(5) 即时配送。即时配送是完全按用户突然提出的配送要求的时间和数量进行配送的方式,是一种具有很高的灵活性的配送应急的方式,采用这种配送方式的物品品种可以实现保险储备的零库存,即用即时配送代替保险储备。

4) 按加工程度不同分类

(1) 加工配送。加工配送是一种和流通加工相结合的配送方式,它在配送据点中设置流通加工环节,或是使流通加工中心与配送中心建立在一起。当社会上现成产品不能满足用户需要,或是用户根据其对工艺的要求需要使用经过某种初加工的产品时,可以对产品加工后进行分拣、配货再送货到户。流通加工与配送的结合,使流通加工更具有针对性,配送企业不但可以依靠送货服务、销售经营取得收益,还可以通过加工增值取得收益。

(2) 集疏配送。集疏配送是一种只改变产品数量组成形态而不改变产品本身物理、化学性质的与干线运输相配合的配送方式。例如,大批量进货后以小批量、多批次发货,零星集货后以一定批量送货等。

5) 按配送的组织形式不同分类

(1) 集中配送,又称配送中心配送。集中配送是指由专门从事配送业务的配送中心对多家用户开展配送。配送中心规模大,专业性强,可与用户确定固定的配送关系,实行计划配送。集中配送的品种多、数量大,可以同时对同一线路中的几家用户进行配送。配送经济效益明显,是配送的主要形式。

(2) 共同配送(joint distribution)。共同配送是指由多个企业联合组织实施的配送活动。共同配送有两种情况:一种是由中小型生产企业之间分工合作实行共同配送;另一种是由几个中小型配送中心之间实行共同配送。前者是同一行业或同一地区的中小型生产企业在进行运输量少、效率低的单独配送的情况下,进行联合共同配送,这样不仅减少了企业的配送费用,弥补了配送能力薄弱的企业和地区,而且有利于缓和城市交通拥挤,提高配送车辆的利用率。后者是针对某地区的用户,由于所需物资数量较少,配送车辆利用率低等原因,几个配送企业将用户所需的物资集中起来,共同制订配送计划,实行共同配送。

(3) 分散配送。对少量、零星货物或临时需要货物的配送业务,一般由商业和物资零售(或销售)网点进行分散配送。由于商业和物资零售网点具有分布广、数量多、服务面广的特点,它们比较适合开展对近距离、品种繁多而用量小的货物配送。

二、配送作业目标及流程规范

1. 配送作业目标

配送作业目标包含以下内容。

(1) 仓库和车辆的合理利用。

(2) 门店仓库空间转化为销售空间。

(3) 商品库存的有效控制。

(4) 物流利润的合理挖掘。

(5) 强化门店的销售功能。

2. 配送作业流程规范

配送作业流程(distribution process)是指配送中心进行商品分拣、组配、运送等作业的程序,配送作业流程分解如图 7-1 所示。

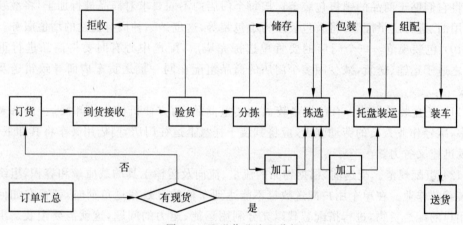

图 7-1 配送作业流程分解

配送作业流程具体包括以下规范。

(1) 订货规范。配送中心根据门店的商品销售情况,在与总部(商品管理中心、业务经理)研究和讨论原有商品的畅销情况、质量情况、供应商服务情况、新商品情况后,确定要购进的具体商品,提前向采购部订货,由采购部确定与供应商的合同关系。如果遇到连锁分店要货且配送中心无现货可发的情况,配送中心应立即通过总部(商品管理中心、采购部)查询供应商,并向供应商发出订单。

(2) 到货接收规范。采购部门发出订单后,供应商根据订货要求组织送货,送货人员应持订单的送货联给配送中心送货,配送中心对送货的供应商及此批送货进行确认。

(3) 验货规范。根据双方的供货合同,对商品数量、质量进行验收。如无问题,进行分拣作业。

(4) 分拣和拣选规范。分拣(sorting)是将物品按品种、出入库先后顺序进行分门别类堆放的作业。拣选(order picking)是按订单或出库单的要求,从储存场所选出物品,并放置在指定地点的作业。分拣和拣选既是配送不同于其他物流形式的有特点的功能要素,也是配送成败的一项重要支持性工作。有了分拣及拣选,就会大幅提高送货服务水平,所以,分拣及拣选是决定整个配送系统水平的关键要素。

（5）订单汇总规范。按配送中心规定，每日在规定时间前，各连锁店必须将自己的要货单通知配送中心，配送中心在当日订货截止点之后，将各店需求订单按商品品名、规格、数量进行汇总。

（6）是否有现货规范。配送中心查询一下现有企业库存系统中是否有所需数量的现货商品，如有则转至拣选，按订单进行选拣或其他相关作业。

（7）拒收规范。在验收中如果发现商品在数量、质量等方面有任何与合同不符的情况，均做详细记录，配送中心拒绝收货，商品由供应商自行处理。

（8）储存规范。为了取得批量进货的折扣，配送中心常常对一些商品采取大批量进货，这些商品必须在配送中心仓库中存储一段时间，以后分批出货。

（9）加工规范。有些商品按供应商与配送中心的协议，要在配送中心完成最后的加工过程，这些加工作业是现代配送中心的增值服务。此外，配送中心在将商品送给连锁店之前要做好上架前的一切准备工作，以利于连锁店的货架陈列。例如，印刷店内条码和价格标签，并将它们贴于商品的销售包装上。按每个门店的不同要求对商品进行加工，将散装商品（如食用油）进行定量灌装，将大包装改为小包装等，这也是一种极有前途的增值服务。

（10）包装规范。一个门店的要货单选拣完毕后，配送中心有时要将商品进行重新包装，使之适于运输、送货，减少因多个门店的商品组配在同一辆送货车内而导致错送及混送等失误。

（11）托盘装运规范。有些批量较大的实重商品，为方便机械化装卸搬运，提高末端作业效率，减轻作业人员的劳动强度，应将其装于托盘上运往门店，门店用叉车将其卸下，整个过程既迅速又省力。

（12）组配规范。配送前，根据物品的流量、流向及运输工具的载质量和容积，组织安排物品装载的作业。在单个用户配送数量不能达到车辆的有效载运负荷时，就存在如何集中不同用户的配送货物，进行搭配装载以充分利用运能、运力的问题，这就需要配装。组配送货和一般送货不同之处在于，通过组配送货可以大幅提高送货水平及降低送货成本，所以，组配也是配送系统中有现代特点的功能要素，是现代配送不同于以往送货的重要区别之处。

（13）装车规范。用托盘承载的商品可用叉车组织装车，否则需要人力组织装车。注意：要按送货的先后顺序装车，先到的放在上面和外面，后到的放在下面和里面，要做到重不压轻。

（14）配送运输规范。配送运输属于运输中的末端运输、支线运输，和一般运输形态主要区别在于，配送运输是较短距离、较小规模、额度较高的运输形式，一般使用汽车作为运输工具。

配送运输与干线运输的另一个区别是，配送运输的路线选择问题是一般干线运输所没有的，干线运输的干线是唯一的运输线，而配送运输由于配送用户多，一般城市交通路线又较复杂，如何组合成最佳路线，如何使配装和路线有效搭配，是配送运输的特点，也是难度较大的工作。

（15）送达服务规范。将配好的货物送达给用户还不算配送工作的完结，这是因为送达货物和用户接货往往还会出现不协调，使配送前功尽弃。因此，要圆满地实现货物的移交，有效、方便地处理相关手续并完成结算，还应讲究卸货地点、卸货方式等。送达服务也是配送独具的特殊性。

配送的一般流程比较规范,但并不是所有的配送都是按照上述流程进行的。不同产品的配送可能有独特之处,如燃料油配送就不存在组配工序,水泥及木材配送又多出了一些流通加工的过程,而流通加工又可能在不同环节出现。

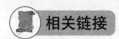 **相关链接**

江苏推动"邮快合作"进村,通过共同配送消除进村盲区

为加快推进快递进村工作,2021年9月,江苏省邮政管理局分别在无锡、南京两次召开快递进村工作企业协调会,组织中通、申通、圆通、韵达4家企业江苏省公司负责人,研究部署推进快递进村工作。

无锡会议上,江苏局对目前全省快递进村工作推进情况进行了通报,要求各企业抓紧时间,认真梳理快递进村盲区,对未通达的建制村实施挂牌销号督办。各企业负责人汇报了本品牌快递进村工作建设情况、具体举措,并就如何组织稳定有效的进村投递进行了交流讨论。南京会议上,省局传达了国家邮政局加快农村寄递物流体系建设宣贯会精神,对加快快递进村建设统一了思想认识,明确了目标任务。

江苏局要求企业要紧紧抓住重点、难点,积极采取邮快、交快、快快合作等方式,实现优势互补、资源共享,开辟进村投递通道。各品牌快递企业已与邮政企业签订了"邮快合作"战略协议,要充分利用邮政企业已建成的农村服务网络,推动农村共同配送和融合发展,逐步消除进村盲区。

下一步,江苏局将牵头组织开展邮快合作试点工作,以市场需求为导向、以合作共赢为基础,力争实现资源配置向节约集约转型、市场竞争向合作共赢转型、单一寄递向综合服务转型,确保尽快实现在全省范围内主要品牌快递服务"村村通达"。

资料来源:https://www.56tim.com/archives/194197.

三、配货方式的选择

配货是配送工作的第一步,根据各个用户的需求情况,首先确定需要配送货物的种类和数量,然后在配送中心将所需货物挑选出来。配货作业有两种基本形式,即摘取方式(又称拣选方式)和播种方式(又称分货方式)。配货时大多是按照入库日期的"先进先出"原则进行。

1. 摘取方式

1)摘取方式的含义

摘取方式是指在配送中心分别为每个用户拣选其所需货物。此方法的特点是配送中心的每种货物的位置是固定的,对于货物类型多、数量少的情况,这种配货方式便于管理和实现现代化。

2)摘取方式配货的流程

进行摘取方式配货时,以出货单为准,每位拣货员按照品类顺序或储位顺序,到每种品类的储位下层的拣货区拣取该出货单内该品类的数量,码放在托盘上,再继续拣取下一个品类,一直到该出货单结束,将拣好的货品与出货单置放于待运区指定的位置后,由出货验放人员接手。摘取方式配货的流程见图7-2。

这种方式好比农夫背个篓子在果园里摘水果,从果园的这一头一路走到另一头,沿途摘取所需要的水果,因此被称为"摘取方式"。

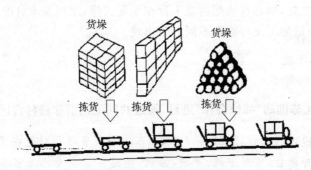

图 7-2　摘取方式配货的流程

3) 摘取方式的优缺点

(1) 摘取方式的优点。以出货单为单位,一人负责一单,出错的机会较少,而且易于追查。有些配送中心以摘取方式进行配货,甚至省略了出货验放的工作,而由拣货员兼任出货验放的工作。

(2) 摘取方式的缺点。作业重复太多,尤其是热销商品,几乎每张出货单都要走一趟仓库,容易在这个地区造成进出交通拥堵、补货不及时等现象。人力负荷重,出货单的品类多,每单项数量少的时候,人力作业的负担很重,每人(拣货员)拣取单数与工作时间成反比。

便利店的配送作业,就是摘取方式配货作业的典范。在国外,便利店将许多商品的物流工作外包出去,自身保留周转率比较高、处理技术层次低的商品品类的配送作业,其他难度较大,如保存期限短的冷藏食品包子、饭团、三明治等,退货率高的报纸、杂志、书籍等,通通外包。其效果反而比自己处理还要好。

2. 播种方式

(1) 播种方式的含义。播种方式是将需配送的同一种货物,从配送中心集中搬运到发货场地,然后根据各用户对该种货物的需求量进行二次分配,就像播种一样。这种方式适用货物易于集中移动且对同一种货物需求量较大的情况。

(2) 播种方式配货的流程。播种方式配货的流程(图 7-3)和摘取方式完全不同,除单一的出货单以外,还需要有各个出库商品品类的总数量。拣货员的工作,先是按照"拣货总表"的品类总量,到指定储位下层的拣货区一次取一类货物。取完一个品类后,拖至待验区,按

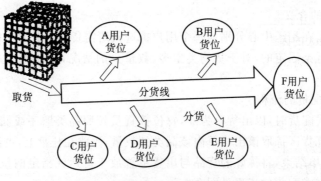

图 7-3　播种方式配货的流程

照出货单的代码（位置编号）将该品类应出货的数量放下。

（3）播种方式的特点。播种方式的配货法需要相当的空间作为待验区，对于仓储空间有限的作业者而言，有一定的困难；而且出货时间必须有一定的间隔（要等到这一批的出货单全部拣完、验完），不能像摘取方式配货那样可以逐单、连续出货。

3. 摘取方式和播种方式的比较

如果出货单数量不多，摘取方式和播种方式的效率与效果没有什么差别。在大量出货的情况下，两种方式的效率比较见表 7-1。比较的前提条件是拣货员与出货验放员数量不变，出货单数量相同。播种方式配货法在误差度上占了明显的优势，而且在大多数情况中，处理时间也比摘取方式节省。如果转换成人力成本来计算，可节省17%～25%的费用或是相当的工时。

表 7-1　摘取方式和播种方式效率比较

商品种类	每种数量	摘取方式		播种方式	
		时间	误差率/%	时间	误差率/%
多	多	100	3.2	65	1.1
	少	100	1.5	85	0.4
少	多	100	2.3	96	0.1
	少	100	0.3	112	0.1

摘取方式配货法在某些情况下，如出货数量少、频率少的商品品种（书籍），品种多、数量少但识别条件多的品种（如成衣），体积小而单价高的品种（化妆品、药品、机械零件），牵涉批号管制且每批数量不一定的品种等，仍然有它的适用性。

任务二　配 送 中 心

一、配送中心设施

1. 建筑物

从装卸货物的效率看，建筑物最好是平房建筑，采用大跨度钢筋混凝土框架结构。而在城市，由于土地紧张和受地价的限制，采用多层建筑的情况较多。对建筑费用影响较大的因素有地面负荷强度、天棚高度、立柱间隔距离等。设施内部配置的保管设备、装卸设备的多少，也对建筑费用有较大的影响。

电子商务配送
中心概述

2. 地面负荷强度

地面负荷强度是由保管货物的种类、比重、货物码垛高度和使用的装卸机械等决定的。一般地面负荷强度规定如下。

（1）平房建筑物。平均每平方米负荷 2.5～3.0t。

（2）多层建筑物。一层，平均每平方米负荷 2.5～3.0t；二层，平均每平方米负荷 2.0～2.5t；三层以上，平均每平方米负荷 1.5～2.0t。多层建筑物，二层以上的地面负荷是指通过建筑物墙体而由地基支撑的负荷。因而，随着建筑物层次的增多，各层地面所承载的能力是逐渐减小的。当然,在确定地面承受能力时,不仅要考虑地面上货物的重量,还要考虑所用机器工具的重量及机械工作时货物短时冲击力。

3. 天花板高度

天花板高度是指在全部装满货物时货物的计划堆放高度,或者说,是在考虑最下层货物所能承受的压力时,堆放货物的高度加上剩余空间的总高度。在有托盘作业时,还要考虑叉车的扬程高度及装卸货物的剩余高度。一般情况下,托盘货物的高度为 1 200～1 700mm,其中 1 300～1 400mm 的高度最多。总之,天花板高度不能一概而论。通常平房建筑的天花板高度为 5.5～7m;多层建筑物的天花板高度多数情况是一层 5.5～6.5m,二层 5～6m,三层 5～5.5m。

天花板高度对于建筑费用的影响很大,因此,事先要充分研究作业的种类和内容,确定好合理的天花板高度。

4. 立柱间隔距离

柱子间隔不当,会使作业效率和保管能力下降。因而要充分研究建筑物的构造及经济性,以求出适宜的柱子间隔距离。一般柱子间隔距离为 7～10m(在建筑物前面可停放大型货车两辆、小型货车三辆)。

5. 建筑物通道

通道是根据搬运方法、车辆出入频度和作业路线等确定的。建筑物内部通道的设置与内部设施的功能、效率、空间使用费等因素有关,所以,应根据货物的品种和批量的大小,以及所选定搬运设备的出入频度和时间间隔等因素,来决定通道的宽度和条数(有单向通道和往返通道两种)。通道配置的方案应在充分比较研究的基础上确定。

通道宽度的标准大致如下:人 0.5m,手推车 1m,叉车(直角装载时)、重型平衡叉车 3.5～4.0m,伸长货叉型叉车 2.5～3.0m,侧面货叉型叉车 1.7～2.0m。

6. 货车停车场

通常各种车辆都必须有停车场,车辆停止时占用的面积如下。

15t 重拖挂车	60m²
10～11.5t 货车	45m²
6～8t 货车	35m²
3～4t 货车	25m²

然而,很多车辆停在一起时,各车之间一般情况下需要有超出通过 1 个人的距离(0.5～1.0m)。如宽 2.5m、长 9m 的 8t 车,与邻车的间隔为 1m 时,其必要的停车空间面积为 $(2.5+1)\times(9+1)=35(m^2)$,它是车体实际投影面积$[2.5\times9=22.5(m^2)]$的 1.56 倍。

另外,日常装卸货物时,所占用的停车空间与上述车辆处于静止状态时不同。为了确保货车装卸作业,应留有必要的侧面通道,或者在货车前方留有一定宽度的通道,使货车作业时可以前进和后退。其标准用下列公式求出。

(1) 与站台或设施成直角停车(纵向)时:

设备前方通道宽度＝车体全长×[1＋车体参数(车体宽＋与邻车距离)]＋α

一般相邻车的间隔距离为 0.5～1m,α 为剩余空间。

(2) 与站台或设施成平行停车(横向),用叉车进行托盘作业时:

车体侧面通道宽度＝车体宽＋叉车直角装载作业时通道宽度＋一个托盘的临时放置空间＋α

二、配送中心的分类

对配送中心的适当划分,可以深化对配送中心的认识,指导物流实践。

1. 按配送中心在供应链中的位置分类

(1) 供应配送中心。供应配送中心是专门为某个或某些用户(如联营商店、联合公司)组织供应的配送中心。例如,为大型连锁超市组织供应的配送中心;代替零件加工厂送货的零件配送中心,使零件加工厂对装配厂的供应合理化。我国上海地区六家造船厂的配送钢板中心,就属于供应型配送中心。

(2) 销售配送中心。销售配送中心是以销售经营为目的,以配送为手段的配送中心。销售配送中心大体有三种类型。

① 生产企业将产品直接销售给消费者的配送中心,在国外,这种类型的配送中心很多。

② 流通企业作为本身经营的一种方式,建立配送中心以扩大销售,我国目前拟建的配送中心大多属于这种类型,国外的例证也很多。

③ 流通企业和生产企业联合的协作性配送中心。

比较国外和我国配送的发展趋向可以看出,都在向以销售配送中心为主的方向发展。

2. 按配送中心辐射范围分类

(1) 城市配送中心。城市配送中心是以城市范围为配送范围的配送中心,由于城市范围一般处于汽车运输的经济里程,这种配送中心可将货物直接配送给最终用户。我国已建的"北京食品配送中心"就属于这种类型。

(2) 区域配送中心。区域配送中心是以较强的辐射能力和库存准备,向省(州)际、全国乃至国际范围的用户配送的配送中心。这种配送中心配送规模较大,一般而言,用户也较多,配送批量也较大,而且,往往是配送给下一级的城市配送中心,也配送给营业所、商店、批发商和企业用户,虽然也从事零星的配送,但不是主体形式。这种类型的配送中心在国外十分普遍,《国外物资管理》杂志曾介绍过的阪神配送中心、马特公司配送中心、蒙克斯帕配送中心等就属于这种类型。

3. 按配送中心发挥功能不同分类

(1) 储存型配送中心。储存型配送中心有较强的储存和保管功能,可以调节市场供求。

(2) 流通型配送中心。流通型配送中心是基本上没有长期储存功能,仅以暂存或随进随出方式进行配货、送货的配送中心。这种配送中心的典型方式是,大量货物整进并按一定批量零出,采用大型分货机,进货时直接进入分货机传送带,分送到各用户货位或直接分送到配送汽车上,货物在配送中心里仅做少许停滞。

(3) 加工型配送中心。这种配送中心行使加工职能,其加工活动主要有分装、改包装、集中下料、套裁,初级加工,组装,剪切,表层处理等。麦当劳、肯德基的配送中心就是提供加工服务后向其连锁店配送的典型。

 相关链接

物流中心和配送中心的区别

1. 从定义上看,物流中心和配送中心是不同的

配送中心是从英文 distribution center 翻译而来的,是指商品集中、出货、保管、包装、加

工、分类、配货、配送的场所或经营主体。配送中心起源于第二次世界大战后,零售业的多店铺化、连锁业及多业态化百货、超市、专卖店等对物流作业的效率化提出了更高要求。原来相互分割、缺乏协作的仓储、运输、批发等传统物流企业无法适应现代物流业发展,专业性的物流配送经营实体——配送中心便应运而生。配送中心有自用型和社会化的两种主要类型,其中,自用型配送中心有的由制造商经营、有的由零售商经营,主要是服务于自己的产品销售或自有商店的供货。社会化的配送中心,也称第三方物流,是由独立于生产商和零售商之外的其他经营者经营的。在现代信息技术手段的支撑下,适应现代物流业专业化、标准化、多功能化发展的要求,一些发达国家的社会化的配送中心近年来发展较快。

物流中心通常是指综合性的物流场所,它既可以具备配送中心的功能,又可以具有货物运输中转功能。此外,从产权上讲,配送中心通常是属于某一企业,即专为某一家或几家企业服务。而物流中心则通常是独立的企业,它提供社会化的物流服务。

2. 物流中心和配送中心的特点不同

物流中心的特点:位置处于物流的中游,是制造厂仓库与配送中心的中间环节,一般离制造厂仓库与配送中心较远,为使运输经济性高,采用大容量汽车或铁路运输和少批次大量的出入库方式。

需要说明的是,仓库、物流中心、配送中心都是自营或代客户保管和运输物品的场所,也可以说是过去各部、各级储运公司,要绝对区分是较困难的,有时它们的业务有明显的交叉性;所谓的多客户、多品种、多频次少量的拣选或大容量汽车或铁路运输和少批次大量的出入库方式等,也是相对而言。

配送中心的特点:其位置处于物流的下游;一般储存物品的品种较多、存储周期短;为使零售店或最终客户不设库或少设库以及不设车队,具有强大的多客户、多品种、多频次少量的拣选和配送功能。

因为多客户、多品种才能实现保管、运输作业的规模化、共同化,节约费用。配送中心一般采用"门到门"的汽车运输,其作业范围较小(20~300km),为本地区的最终客户服务。有时,配送中心还有流通加工的业务,如钢材的定尺加工,食品由大的运输包装改为小的零售包装,饲料由单一饲料改为复合饲料等。

因为两者都有保管和保养物品的功能以及其他相同的功能,只是程度、强弱的不同,此外物流中心和配送中心是由仓库发展、派生而成。因此,有时说仓库也包括物流中心和配送中心,是三者的统称。

物流中心与配送中心的区别,表现在以下五个方面。

(1) 从功能上看,物流中心可单可全,而配送中心较为全面。

(2) 从辐射范围来说,物流中心辐射范围大,而配送中心辐射范围小。

(3) 从在供应链的位置看,物流中心在配送中心的上游,而配送中心在物流中心的下游。

(4) 从物流的特点看,物流中心是少品种、大批量、少供应商,而配送中心多品种、小批量、多供应商。

(5) 从服务的对象看,物流中心通常提供第三方物流服务,而配送中心一般为公司内部服务。

资料来源:https://www.56tim.com/archives/59109.

三、配送中心的作用

（1）降低物流成本。通过在供应商与客户之间设置配送中心，将干线部分的大批量、高效率运输与支线部分的小批量、快速配送结合起来，从而在保证物流服务水平的前提下有效地控制物流成本。

（2）实现库存集约化。将分散在多处的仓库或多处营业仓库中的商品集中存放在配送中心，有利于防止过剩库存和缺货的发生，提高了库存管理水平，有利于维持适当的库存。

（3）通过提高顾客服务水平，促进产品销售。配送中心设置在接近顾客的地方，在接到顾客的订货后提供及时的供货，而且可以一次满足多品种的订货。

（4）有利于把握销售信息。配送中心，作为商品的分销中心、库存中心，通过库存的变化、出库状况直接掌握着各个零售商的销售信息，可以及时反馈到有关部门。

（5）有利于实现商物分离。利用配送中心的各项功能，完成商品从厂商到零售商甚至最终消费者的实体直接转移，按照物流合理化的原则，尽可能减少中间环节，节约物流费用。

四、配送中心的主要功能及作业流程

1. 配送中心的主要功能

（1）集货。为了满足门店"多品种、小批量"的要货和消费者在任何时间都能买到所需商品的要求，配送中心必须从众多的供应商那里按需要的品种较大批量地进货，以备齐所需商品，此即为集货。

（2）储存。利用配送中心的储存功能，可以有效地组织货源，调节商品的生产与消费、进货与销售之间的时间差。配送中心为了保证市场需求的满足，以及配货、流通加工等环节的正常运转，也必须保持一定的库存。这种集中储存，较之商场"前店后库"的分散储存，大幅降低库存总量。由于配送中心按照网点反馈的信息，及时组织货源，始终保持最经济的库存量，从而既保证了门店的要货，将缺货率降到最低点，又减少了流动资金的占用和利息的支付，所以，缩短商品的周转期是配送中获取效益的重要手段之一。

（3）拣选。拣货作业是依据顾客的订货要求或配送中心的送货计划，尽可能迅速、准确地将商品从其储位或其他区域拣取出来，并按一定的方式进行分类、集中、等待配装送货的作业流程。拣货作业的速度和质量不仅对配送中心的作业效率起决定性作用，而且直接影响整个配送中心的信誉和服务水平。因此，迅速、准确地将顾客需要的商品集合起来，并通过分类、配装及时送交顾客，是拣货作业最终的目的及功能。

（4）流通加工。流通加工是为了促进销售、维护产品质量和提高物流效率，而对物品进行的加工。配送中心可根据各商店的不同需求，按照销售批量大小，直接进行集配、分货，可拆包分装、开箱拆零。食品为主的连锁超市配送中心，还增加了食品加工的功能，设有肉、鱼等生鲜食品的切分、洗净、分装等小包装生产流水线，并在流通过程的储存、运输等环节进行温度管理，建造冷藏和冷冻供货系统，直接产生经济效益。

（5）配送运输。与传统运输相比，配送运输通常是在商品集结地——物流节点，完全按照客户对商品种类、规格、品种搭配、数量、时间、送货地点等各项要求，进行分货、集装、合装整车、车辆调度、路线安排的优化等一系列工作，再运送给客户的一种特殊的送货形式。所以，配送运输是发达商品经济的产物，需要现代的交通运输工具和先进的经营管理水平。

（6）信息处理。配送中心有相当完整的信息处理系统，能有效地为整个流通过程的控制、决策和运转提供依据。无论是集货、储存、拣选、流通加工、分拣、配送等一系列物流环节的控制，还是在物流管理和费用、成本、结算方面，均可实现信息共享。而且配送中心与销售商店建立信息直接交流，可及时得到商店的销售信息，有利于合理组织货源，控制最佳库存。同时，还可将销售和库存信息迅速、及时地反馈给制造商，以指导商品生产计划的安排。配送中心成了整个流通过程的信息中枢。

2. 配送中心的作业流程

作业流程一方面包括货物的入库、对入库货物进行检查验收、对库存货物的保管；另一方面是根据客户要求进行货物的拣选、货物的出库、对出库的货物进行捆包以及出货配送店铺送货。在每一个配送作业环节里还包含不同的作业内容。

配送中心作业的完成要依赖于各种机械设备。配送机械设备是实现配送业务的重要手段和技术保证，是建立迅速、安全、正确作业体系的基础。配送中心机械设备主要由装卸搬运设备、输送设备、拣选设备、分货设备等构成。

 相关链接

顺丰在英国设立首个配送中心

2020 年 8 月，普洛斯宣布与顺丰国际在英国北安普敦物流园（G-Park Northampton）签订 8 300 多平方米的租赁协议。这是顺丰在英国设立的第一个配送中心，将成为其不断扩展的海外供应链的一部分。

顺丰西欧负责人表示，顺丰经过充分的考量选择了莫尔顿工业园（Moulton Park），主要基于其优越的地理位置和建筑质量。顺丰会将此处的物流设施用于高价值产品的全国配送，将以非常高的标准进行运营。

普洛斯欧洲业务开发总监表示，顺丰是普洛斯长期合作的全球客户，公司很高兴继续与顺丰扩展合作关系，支持顺丰在英国的业务发展。公司期待在英国及其他地区与顺丰继续拓展合作。

普洛斯北安普敦物流园位于莫尔顿工业园内，共有三个单体物流设施和一个定制物流设施，面积从 5 000m² 到 15 000m² 不等。这些"A"级的高标准物流设施获得英国建筑研究院绿色建筑评估体系（BREEAM）的"优秀"评级，适合快递、第三方物流、零售、快销和制造业等各类客户。莫尔顿工业园是北安普敦郡最成功的工业区之一，已有众多欧洲和英国企业入驻。该地区交通便利，可轻松到达英国各地市场，并能提供技术熟练的劳动力，持续吸引各类企业入驻。

顺丰是普洛斯的长期战略合作伙伴，也是普洛斯在中国最重要的客户之一。迄今为止，普洛斯在中国 30 多个城市为顺丰提供了超过 83 万平方米的现代化、高标准物流设施，支持顺丰持续扩展和完善其在中国乃至全球的供应链网络布局，不断提升物流效率。

除了物流仓储业务方面的全国性合作，双方在企业社会责任领域也开展了深入的合作。普洛斯与顺丰公益基金会携手捐赠资金，帮助贵州省榕江县怎华小学建设新校园，为该校师生创造更好的教学环境。

资料来源：http://www.chinawuliu.com.cn/zixun/202008/21/522550.shtml.

任务三　配送中心的选址决策

一、配送中心选址概述

1. 配送中心选址的概念

配送中心选址是以提高物流系统的经济效益和社会效益为目标,根据供货状况、需求分布、运输条件、自然环境等因素,用系统工程的方法,对配送中心的地理位置进行决策的过程,对物流系统的合理化具有决定性意义。

一个物流系统需要设置多个配送中心时,不仅要确定配送中心的位置,还要对配送中心的数量、规模、服务范围等进行决策,以建立一个服务好、效率高、费用低的物流网络系统为目标,这称为网点布局。

2. 配送中心选址应考虑的因素

影响物流配送中心选址的因素繁多,下面七个方面是评价物流配送中心选址合理与否必须重点考虑的因素。

（1）客户分布。配送中心是为客户服务的,首先要考虑客户分布。对于商业配送中心,其客户主要是超市和零售店,分布在城市内人口较密集的地区,为提高服务水平,同时也考虑其他条件的影响,配送中心通常设置在城市边缘地区。

（2）供应商分布。配送中心靠近供应商,对货源供给的可靠性高,库存可以减少,但供应商一般离需求地比较远,而且比较分散,配送中心靠近客户,对降低运输成本是有利的,因为进货的批量大。

（3）交通条件。交通条件是影响配送成本和物流效率的重要因素,特别是大宗物资的配送。因此配送中心应尽可能靠近交通通道,如高速公路、铁路货运站、港口、空港等。

（4）土地条件（可得性、土地成本）。配送中心需要占用一定数量的土地,用地必须符合国家的土地政策和城市规划;土地成本也是影响物流成本的重要因素。

（5）人力资源因素。配送中心需要不同层次的人员,一般操作属劳动密集型作业形态,用人较多,其工资待遇应与当地工资水平相适应,因此配送中心选址应考虑员工来源和人工成本。

（6）地区或城市规划。配送中心规划属地区或城市规划的一部分,必须符合城市规划的要求,包括布局、用地,以及与其他行业规划的协调。

（7）自然条件。配送中心需要存放货物,自然环境中的湿度、盐分、降雨量、台风、地震、河川等都会产生风险,也会增大物流成本。

3. 配送中心选址原则

配送中心的选址必须在一定的原则下进行,只有遵循并利用这些原则,才能使配送中心的选址更加科学与合理。配送中心选址通常应遵循以下几个原则。

（1）适应性原则。配送中心的选址必须与国家以及省市的区域经济发展方针、政策相适应,与国家物流资源分布和需求分布相适应,与国民经济和社会发展相适应。

（2）协调性原则。配送中心的选址应将国家的物流网络作为一个大系统来考虑,使配送中心的设施设备在地域分布、物流作业生产力、技术水平等方面互相协调。

（3）经济性原则。配送中心在发展过程当中有关选址的费用，主要包括建设费用及经营费用两个部分，配送中心的选址定在市区还是郊区，其未来物流辅助设施的建设规模以及建设费用、物流运输费用等是不同的，选址时应当以总的费用最低作为配送中心选址的经济性原则。

（4）战略性原则。配送中心的选址应具有战略眼光：一是要考虑全局；二是要考虑长远。局部要服从全局，目前利益要服从长远利益，既要考虑目前的实际需要，又要考虑日后发展的可能。

二、配送中心选址决策程序

配送中心选址决策是一个逐步缩小范围、更为具体的选择过程。主要包括以下几个步骤。

（1）收集、整理历史资料。通过对历史资料的收集和整理，可以获得关于物流系统现状的认识，以确定物流配送中心服务对象的需求条件，并初步确定物流配送中心的选址原则。

（2）选定备选地址。在进行物流配送中心位置选择时，首先要根据上述各影响因素进行定性分析和慎重评估，大致确定出几个备选地址。备选地址的选择是否恰当，将直接影响后续对最优方案的确定。

（3）优化备选地址。在备选地址确定后，下一步要做的是更详细考察若干具体地点。

（4）优化结果复查。由于在定量分析中主要考察对选址产生影响的经济性因素，所以当我们直接应用定量模型得出的结果在实际中不一定行得通，这一步骤要把非经济性因素考虑进去，看优化结果是否具有现实可行性。

（5）确定最终方案。如果优化结果通过复查，即可将优化方案作为最终方案。如果没有通过复查，则重新返回第（2）步，进行备选地址刷选、优化备选地址、复查等一系列步骤，直至最终得到结果。

三、配送中心选址决策应用

1. 配送中心选址方法

1) 数值分析法

此类型是利用费用函数求出由配送中心至顾客之间配送成本最小地点的方法。

设有 n 个用户，分布在不同坐标点 (x_i, y_i) 上，现假设配送中心设置在坐标点 (x_0, y_0) 处。

以 e_i 为从配送中心地到顾客 i 的运输费，则运输总额为

$$H = \sum_{i=1}^{n} e_i$$

假设 a_i 为配送中心到顾客 i 每单位运输量、单位距离所需的运输费，w_i 为到客户 i 的运输量；d_i 为配送中心到顾客 i 的直线距离，根据两点间距离公式：

$$d_i = \sqrt{(x_0 - x_i)^2 + (y_0 - y_i)^2}$$

总运输费用 H 为

$$H = \sum_{i=1}^{n} d_i w_i a_i = \sum_{i=1}^{n} a_i w_i [(x_0 - x_i)^2 + (y_0 - y_i)^2]^{\frac{1}{2}}$$

令

$$\frac{\mathrm{d}H}{\mathrm{d}x_0} = 0, \frac{\mathrm{d}H}{\mathrm{d}y_0} = 0$$

求得使 H 为最小值的点 (x_0, y_0)，即为配送中心的地址。

2）重心法

此类型不是参照数值解析法进行计算，而是使用简单的试验器具，求出地址位置的方法。其具体操作方法如下：①在平板上放一幅缩尺地图，并画出顾客 $A, B, \cdots, N$ 所在地点，在各点上分别穿一个孔。②用一定长度的细绳，分别拴上一个小锤。每个小锤的重量比例按顾客需要量换算求得。③把拴有 $A, B, \cdots, N$ 各重锤的线，分别穿过①项中的各对应孔，然后在平板上把各线段集中起来打一个小结。④用手掌把绳结托起，然后让它们自由落体，这样多次反复实验，把落下点比较稳定处作为合适的选址点。

但是，这种方法对于用地的现实性和候选位置点均缺乏全面考虑。例如，最适当的选址点可能是车站、公园等，就是不能实现的解。此时，可以将其最近处作为可以实现的场址点，可以在其附近选定几个现实的候补场址，再把各候补选址点代入前述的数值解析法中，在分析成本的同时进行求解。

3）整数规划法

此类型是分销网络中最终堆存商品的点，包括百货公司、超市、银行分行、救火站、医疗急救中心，这些点的定位决策主要考虑建设费用、建设规模（大小和数量）、当地交通状况、当地商业竞争程度、人口密度等。那么，市区建立多少个超市，如何确立建立区域便成为关键问题。

此类问题是一个整数规划的问题。下例是整数规划中的特例，属于线性规划的 0—1 规划，所求变量均取 0 和 1 两个值。

某公司欲在某市建立超市，经考察在该市 k 个主要消费区建立 m 个超市 $(k \leqslant m)$，总投资 I，考虑条件差异和投资效益，各个备选点的建设投资系数和收入投资系数分别为

$$Q = \{q_i \mid 1 \leqslant i \leqslant m\}, P = \{p_i \mid 1 \leqslant i \leqslant m\}$$

试确定如何决策才能得到最大的利润。

（1）建立目标函数，利润函数可以表示为

$$Z = \max\{Z_i\} = \max\left\{\sum_{i=1}^{m}(q_i - p_i)x_i\right\}$$

（2）约束条件。

各地的投资总额不超过总投资：

$$\sum_{i=1}^{m} p_i x_i \leqslant I$$

各个地区的被选点的数目不同：

$$\sum_{i=1}^{s} x_i \leqslant r \ (0 \leqslant s \leqslant m, 0 \leqslant r \leqslant j, s, r \in \mathbf{N} \ 或 \ 0)$$

m 个被选点中只取 j 个目标点：

$$\sum_{i=1}^{m} x_i = j$$

被选点的取舍，0 表示舍弃不选，1 表示选用：

$$x_i = 0 \text{ 或 } 1$$

（3）用计算机高级语言编程求解和遗传算法求解时，若 j 和 m 较小，而且是 0—1 规划，可以采用可用分析，代入检验法进行分类讨论求最优解。

下面举例说明：在三个主要消费区 A、B、C 建立 4 个超市，且 A、B、C 区各 2 个备选点 A_1、A_2、B_3、B_4、C_5、C_6，在 B、C 区至少设一个，A 区至多设两个，总投资 $I = 18$ 万元，各个备选点 $Q = \{q_i \mid 6,9,4,7.5,5,5.5\}$ 和 $P = \{q_i \mid 5,7,2.5,4,3,3\}$ 万元/年，试确定如何决策。此时问题转化为求最大的 $Z = x_1 + 2x_2 + 1.5x_3 + 3.5x_4 + 2x_5 + 2.5x_6$，由此可得 $Z_{max} = \max\{Z_i\} = 9.5$（万元），选取 $(x_3,x_4,x_5,x_6) = (1,1,1,1)$，即在 A_2、B_4、C_5、C_6 处分别建立一座超市，在满足需求的状况下可取得最大利润。

2. 配送中心选址中的约束条件

配送中心选址决策常见约束条件如下。

（1）资金。资金约束将会影响区位决策，因为不同位置的土地价格差异非常大。

（2）交通运输条件。由于只能选择能够到达用户的运输方式，选址决策必须在此范围内进行。例如，对多数用户而言，公路是唯一能到达的运输方式，则配送中心位置必须在公路交通枢纽或干线附近选址。

（3）通信条件。订单和其他物流信息传递受现有通信条件限制。但是，在中国，电信业发展速度很快，在不远的将来可能就不称其为约束条件。

（4）政府对土地用途的规划。地方政府对使用不同区块的土地有着各种不同的限制。有的地方，配送中心只允许建在政府指定的区域范围内。对化工、燃料等易造成环境污染的物流设施建设，限制就更多。

此外，一些特殊商品的物流中心还受到温度、湿度、雨量等自然因素的约束。

任务四　配送中心管理

一、配送合理化

1. 配送流程合理化

1）合理化的判断标志

对于配送合理化与否的判断，是配送决策系统的重要内容，目前国内外尚无一定的技术经济指标体系和判断方法，按一般认识，以下若干标志是应当纳入的。

（1）库存标志。库存是判断配送合理与否的重要标志。具体指标有以下两个方面。

① 库存总量。库存总量是在一个配送系统中，从分散于各个用户转移给配送中心，配送中心库存数量加上各用户在实行配送后库存量之和应低于实行配送前各用户库存量之和。

此外，从各个用户角度判断，各用户在实行配送前后的库存量比较，也是判断合理与否的标准，若用户数量上升而库存总量下降，也属于一种不合理的现象。

库存总量是一个动态的量，上述比较应当是在一定经营量前提下。在用户生产有发展之后，库存总量的上升则反映了经营的发展，必须扣除这一因素，才能对总量是否下降做出正确判断。

② 库存周转。由于配送企业的调剂作用,以低库存保持高的供应能力,库存周转一般总是快于原来各企业库存周转。

此外,从各个用户角度进行判断,各用户在实行配送前后的库存周转比较,也是判断配送合理与否的标志。

为取得共同比较基准,以上库存标志都以库存储备资金计算,而不以实际物资数量计算。

(2) 资金标志。总体来讲,实行配送应有利于资金占用降低及资金运用的科学化。具体判断标志如下。

① 资金总量。用于资源筹措所占用流动资金的总量,随储备总量的下降及供应方式的改变必然有一个较大的降低。

② 资金周转。从资金运用来讲,由于整个节奏加快,资金充分发挥作用,同样数量的资金,过去需要较长时期才能满足一定供应要求,配送之后,在较短时期内就能达此目的。所以资金周转是否加快,是衡量配送合理与否的标志。

③ 资金投向的改变。资金分散投入还是集中投入,是资金调控能力的重要反映。实行配送后,资金必然应当从分散投入改为集中投入,以增加调控作用。

(3) 成本和效益标志。总效益、宏观效益、微观效益、资源筹措成本都是判断配送合理化的重要标志。对于不同的配送方式,可以有不同的判断侧重点。例如,配送企业、用户都是各自独立的以利润为中心的企业,不但要看配送的总效益,而且要看对社会的宏观效益及两个企业的微观效益,不顾及任何一方,都必然出现不合理。又如,如果配送是由用户集团自己组织的,配送主要强调保证能力和服务性,那么,效益主要从总效益、宏观效益和用户集团企业的微观效益来判断,不必过多顾及配送企业的微观效益。

由于总效益及宏观效益难以计量,在实际判断时,常以按国家政策进行经营,完成国家税收及配送企业、用户的微观效益来判断。

对于配送企业而言(投入确定的情况下),企业利润反映配送合理化程度。

对于用户企业而言,在保证供应水平或提高供应水平(产出一定)前提下,供应成本的降低,反映了配送的合理化程度。

成本及效益对合理化的衡量,还可以具体到储存、运输具体配送环节,使判断更为精细。

(4) 供应保证标志。实行配送,用户的最大担心是供应保证程度降低,这既是一个心态问题,也是承担风险的实际问题。

在配送中,重要的一点是必须提高对用户的供应保证能力,才算合理。供应保证能力可以从以下几个方面进行判断。

① 缺货次数。实行配送后,对各用户来讲,该到货而未到货以致影响用户生产及经营的次数,必须下降才算合理。

② 配送企业集中库存量。对每一个用户来讲,其库存数量所形成的保证供应能力高于配送前单个企业的保证程度,从供应保证来看才算合理。

③ 即时配送的能力及速度。它是用户出现特殊情况的供应保障方式,这一能力必须高于未实行配送前用户紧急进货能力及速度才算合理。

特别需要强调一点,配送企业的供应保障能力是一个科学合理的概念,而不是无限的概念。具体来讲,如果供应保障能力过高,超过了实际的需要,属于不合理,所以追求供应保障能力的合理化也是有限度的。

（5）社会运力节约标志。末端运输是目前运能、运力使用不合理、浪费较大的一个领域，因而人们寄希望于配送来解决这个问题。这也成了配送合理化的重要标志。

运力使用的合理化是依靠送货运力的规划和整个配送系统的合理流程以及它与社会运输系统合理衔接实现的。送货运力的规划是任何配送中心都需要花力气解决的问题，而其他问题有赖于配送及物流系统的合理化，判断起来比较复杂。可以简化判断如下。

① 社会车辆总数减少，而承运量增加为合理。

② 社会车辆空驶减少为合理。

③ 一家一户自提自运减少，社会化运输增加为合理。

（6）整个物流合理化标志。配送必须有利于整个物流系统合理化。例如，是否减少了物流损失；是否发挥了各种物流方式的最优效果；是否有效衔接了干线运输和末端运输；是否不增加实际的物流中转次数；是否采用了先进的技术手段。

物流合理化的问题是配送要解决的大问题，也是衡量配送本身的重要标志。

2）配送合理化可采取的方法

（1）推行一定综合程度的专业化配送。通过采用专业设备、设施及操作程序，取得较好的配送效果并降低配送过分综合化的复杂程度及难度，从而追求配送合理化。

（2）推行加工配送。通过加工和配送相结合，充分利用本来应有的这次中转，而不增加新的中转求得配送合理化。同时，加工借助于配送，加工目的更明确，和用户联系更紧密，更避免了盲目性。这两者有机结合，投入不增加太多却可追求两个优势、两个效益，是配送合理化的重要经验。

（3）推行共同配送。通过共同配送，可以最近的路程、最低的配送成本完成配送，从而追求合理化。

（4）实行送取结合。配送企业与用户建立稳定、密切的协作关系。配送企业不仅成了用户的供应代理人，而且承担用户储存据点，甚至成为产品代销人，在配送时，将用户所需的物资送到，再将该用户生产的产品用同一车运回，这种服务也成了配送中心的配送产品之一，或者作为代存代储，免去了生产企业库存包袱。

（5）推行准时配送系统。准时配送是配送合理化的重要内容。配送做到了准时，用户才有资源把握，可以放心地实施低库存或零库存，可以有效地安排接货的人力、物力，以追求最高效率的工作。另外，保证供应能力，也取决于准时供应。从国外的经验看，准时供应配送系统是现在许多配送企业追求配送合理化的重要手段。

（6）推行即时配送。即时配送是最终解决用户企业担心断供之忧，大幅度提高供应保证能力的重要手段。即时配送是配送企业快速反应能力的具体化，是配送企业能力的体现。

即时配送成本较高，但它是整个配送合理化的重要保证手段。此外，用户实行零库存，即时配送也是重要保证手段。

2. 配送路线优化

为达到高效率配送，做到时间最少、距离最短、成本最低，必然要求选择最佳的配送线路和车辆的综合调度。以下介绍节约里程法。

1）节约里程的基本原理

设 Q 为配送中心，分别向 A 和 B 两个用户配送货物，Q 至 A 和 B 的直线运输距离分别

为 S_1 和 S_2。

最简单方法是分别用两辆汽车对两个用户各自往返送货，则运输总距离为 $S=2(S_1+S_2)$。

若改用一辆车巡回送货（这辆车能承担两个用户的需要量），则运输总距离为 $S=S_1+S_2+S_3$。式中，S_3 为 A、B 之间的运输距离。

两个方案比较，后一个方案比前一个方案节约运输里程：

$$\Delta S=S_1+S_2-S_3$$

2）按节约里程法制订配送计划

当一个配送中心要向多个用户配送，其配送路线和车辆的安排可按相关链接的步骤确定。

 **相关链接**

最优配送方案：节约里程法

配送中心 A 要向 B、C、D、E、F、G 6 个门店配送货物，如图 7-4 所示，它们之间的距离和每一处的配送货物量见图中标注，配送车辆有 2.5t 和 4t 两种，请规划总距离最短的配送方案。

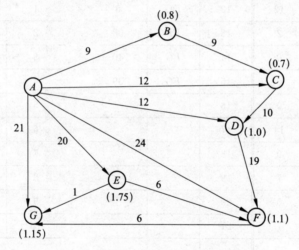

图 7-4　配送中心至各门店的配送状态

（1）计算任意两点间的最短里程，见图 7-5。

A						
9	B					
12	9	C				
12	19	10	D			
20	29	32	25	E		
24	33	29	19	6	F	
21	30	33	25	1	6	G

图 7-5　任意两点间的最短里程

（2）计算节约里程，见图 7-6。

B					
12	C				
2	14	D			
0	0	7	E		
0	7	17	38	F	
0	0	8	40	39	G

图 7-6　配送中心至任意两个门店的节约里程数

（3）将节约里程由大到小排序，见表 7-2。

表 7-2　配送中心至任意两个门店的节约里程数排序

序号	路线	S_{ij}	序号	路线	S_{ij}	序号	路线	S_{ij}
1	BC	12	12	DG	8	1	EG	40
2	BD	2	13	EF	38	2	FG	39
3	BE	0	14	EG	40	3	EF	38
4	BF	0	15	FG	39	4	DF	17
5	BG	0	16			5	CD	14
6	CD	14	17			6	BC	12
7	CE	0	18			7	DG	8
8	CF	7	19			8	CF	7
9	CG	0	20			9	DE	7
10	DE	7	21			10	BD	2
11	DF	17						

（4）安排配送方案，确定配送线路，见图 7-7。

初始方案：对每个客户分别单独派车送货，原路返回。

配送线路：6 条。

配送距离：196km。

配送车辆：2.5t，6 辆。

修正方案 1：按节约里程数大小顺序，同时考虑车辆额定载重和各点需求量的关系，将 EG 连成一条线，得修正方案 1。

配送线路：$A-E-G-A$，剩下客户点单独配送，配送线路 5 条。

节约里程数：40km。

配送距离：196－40＝156（km）

EG 两点的需求量之和为 2.9t，需要 4t 的车 1 辆。

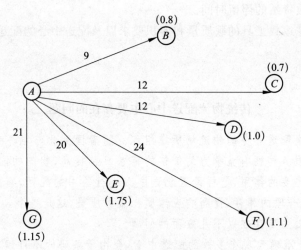

图 7-7 配送中心至各门店配送方案

修正方案 2：在剩余的节约距离里，按由大到小的距离，连接 FG，同时考虑额定载重 4t 与 F 点的需求量，可以把 F 点并入线路 1，这时需要 4t 车辆 1 辆，并得到配送线路 $A-E-G-F-A$。剩下客户点单独配送，配送线路 4 条。

节约里程数：$40+39=79(\text{km})$。

配送距离：$196-79=117(\text{km})$。

此时 $AEGF$ 线路的载重量：$1.15+1.75+1.1=4(\text{t})$。

该车辆已经满负荷，无法加入其他客户点。并且一切与本线路有关的其他客户点的节约里程都不需要考虑。

修正方案 3：在剩余的节约距离里，选择节约里程最大的线路 CD，得到配送线路 $A-C-D-A$，剩余客户点 B 单独配送，配送线路 3 条。

节约里程数：$40+39+14=93(\text{km})$。

配送距离：$196-93=103(\text{km})$。

此时 $ACDA$ 线路的载重量之和为 1.7t，考虑选用 2.5t 车辆 1 辆。

修正方案 4：在剩余的节约距离里，选择节约里程最大的线路 BC，可并入 $ACDA$ 线路，并且 B 点的需求量为 0.8t，刚好可使车辆满负荷运行。

节约里程数：$40+39+14+12=105(\text{km})$。

配送距离：$196-105=91(\text{km})$。

最终配送方案如下。

线路：2 条，$A-E-G-F-A$，$A-B-C-D-A$。

车辆：4t，1 辆，2.5t，1 辆。

3）节约里程法应用原则和注意事项

节约里程法总的原则是约束条件下追求利润最大化。为了使利润最大，可以通过使路程尽量短、运力运用适当、运送准确性高来实现。约束条件也就是应该注意的事项，其具体内容如下。

（1）客户的需要，即客户对配送数量、质量、时间的要求。

（2）应充分考虑交通和道路情况。

（3）充分考虑收货站的停留时间。

（4）应充分考虑运载工具的载质量和容积要求以及配送中心的配送能力。

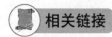 相关链接

传统物流配送中心主要存在的问题

配送中心是从事配送业务的物流场所或组织。随着国际化与电子商务的发展,客户对物流配送的高水平服务和拥有竞争力的价格的需求日益提高,物流的配送中心在整个供应链当中发挥着至关重要的作用,怎样设置配送中心进行集中的配送,有效地组织物流活动,控制物流费用,保持合理的库存,提高响应速度和服务质量,这是一个具体而又复杂的任务。传统的物流配送中心主要存在以下几方面的问题。

（1）存货数量不准确。现在多数的配送中心,会由于条码的不可读和人为的差错,库存的货物数量常常不精确,而且无处可追查,影响整个配送中心的运营。

（2）货物订单不规范。在配送业务的过程中,譬如填写订单很多时候没有正确填写,难以保证配送的地点及正确的数量送到客户那里。

（3）货物损耗严重。在运输和库存的过程中很容易出现货物的损耗,主要原因有放错了位置、货物被偷盗丢失、包装或发运时引起错误。

（4）盘点效率准确率低。货物的盘点业务利用传统的方式效率很低,但是对货物的及时盘点又是十分必要的,为此还花费大量的人力与物力。

（5）劳动力成本增加。劳动力成本现在是一个十分严重的问题,统计表明,整个供应链成本中,劳动力成本的所占比重已经上升到 30%～40%。

资料来源:https://www.56tim.com/archives/38084.

二、配送中心的规划设计

1. 配送中心的设计原则

配送中心一旦建成就很难再改变,所以,在规划设计时,必须切实掌握以下五项基本设计原则。

（1）系统工程原则。配送中心的工作,包括收验货、搬运、储存、装卸、分拣、配货、送货、信息处理以及供应商、连锁商场等店铺的连接等。设计时要考虑各个作业之间的协调均衡,追求整体优化是应该遵守的一个重要原则。

（2）价值工程原则。在激烈的市场竞争中,对配送的准点及时和缺货率低等方面的要求越来越高,在满足服务高质量的同时,又必须考虑物流成本。特别是建造配送中心耗资巨大,必须对建设项目进行可行性研究,并进行多个方案的技术、经济比较,以求最大的企业效益和社会效益。

（3）管理科学化原则。近年来,配送中心均广泛采用电子计算机进行物流管理和信息处理,大幅加速了商品的流转,提高了经济效益和现代化管理水平。同时,要合理地选择、组织、使用各种先进物流机械、自动化设备,以充分发挥配送中心多功能、高效率的特点。

（4）发展原则。规划配送中心时,无论是建筑物、信息处理系统的设计,还是机械设备的选择,都要考虑到有较强的应变能力,以适应物流量扩大、经营范围的拓展。在规划设计

第一期过程时,应将第二期工程纳入总体规划,并充分考虑扩建时的业务工作的需要。

（5）人本原则。配送中心作业地点的设计,实际是人机环境的综合设计,要考虑创造一个良好、舒适的工作环境。

2. 配送中心的规划要素

配送中心的规划要素就是影响配送中心系统规划的基础数据和背景资料,主要包括以下几个方面。

（1）C——customer,是指配送的对象或客户。

（2）I——item,是指配送货品的种类。

（3）Q——quantity,是指货品的配送数量或库存量。

（4）R——route,是指物流通路。

（5）S——service,是指物流服务水平。

（6）T——time,是指物流的交货周期。

（7）C——cost,是指配送货品的价值或建造预算。

配送中心的规划要素具体如下。

1）配送的对象或客户（C）

配送中心的服务对象或客户不同,配送中心的订单形态和出货形态就会有很大不同。例如,为生产线提供 JIT 配送服务的配送中心和为分销商提供服务的配送中心,其分拣作业的计划、订单传输方式、配送过程的组织将会有很大的区别;而同是销售领域的配送中心,面向批发商的配送和面向零售商的配送,其出货量的多少和出货的形态也有很大不同。

2）配送货品的种类（I）

在配送中心所处理的货品品项数差异性非常大,多则上万种,如书籍、医药及汽车零件等配送中心;少则数百种甚至数十种,如制造商型的配送中心。由于品项数的不同,则其复杂性与难度也有所不同。例如,所处理的货品品项数为 10 000 种的配送中心与处理货品品项数为 1 000 种的配送中心是完全不同的,其货品存放的储位安排也完全不同。

另外,配送中心所处理的货品种类不同,其特性也完全不同。例如,目前比较常见的配送货品有食品、日用品、药品、家电产品、服饰、录音带、化妆品、汽车零件及书籍等。它们分别有各自的物品特性,配送中心的厂房及物流设备的选择也完全不同。

3）货品的配送数量或库存量（Q）

这里 Q 包含两个方面的含义:一是配送中心的出货数量;二是配送中心的库存量。

货品的出货数量的多少和随时间变化的趋势会直接影响配送中心的作业能力和设备配置。例如,一些季节性波动、节日的高峰等问题,都会引起出货量的变动。

配送中心的库存量和库存周期将影响配送中心的面积和空间的需求。因此,应对库存量和库存周期进行详细的分析。一般进口型的配送中心因进口船期的原因,必须拥有较长的库存量（2 个月以上）;而流通型的配送中心,则完全不需要考虑库存量,但必须注意分货的空间及效率。

4）物流通路（R）

物流通路与配送中心的规划也有很大的关系,常见的几种通路模式如下。

（1）工厂→配送中心→经销商→零售商→消费者。

（2）工厂→经销商→配送中心→零售商→消费者。

（3）工厂→配送中心→零售店→消费者。

（4）工厂→配送中心→消费者。

因此，规划配送中心之前，首先必须了解物流通路的类型，然后根据配送中心在物流通路中的位置和上下游客户的特点进行规划，才不会造成失败的案例。

5）物流服务水平（S）

一般企业建设配送中心的一个重要目的就是提高企业物流服务水平，但物流服务水平高低恰恰与物流成本成正比，也就是物流服务品质越高则其成本也越高。但是站在客户的立场而言，总是希望以最经济的成本得到最佳的服务。所以原则上物流的服务水准，应该是合理物流成本下的服务品质，也就是物流成本不会比竞争对手高，而物流服务水准比竞争对手高一点。

物流服务水平的主要指标包括订货交货周期、货品缺货率和增值服务能力等。应该针对客户的需求，制订一个合理的服务水准。

6）物流的交货周期（T）

在物流服务品质中，物流的交货周期非常重要，因为交货周期太长或交货不准时都会严重影响零售商的业务，因此交货周期的长短与是否守时，是对物流业者重要的评估项目。

所谓物流的交货周期是指从客户下订单开始到订单处理、库存检查、理货、流通加工、装车及货车配送到达客户的这一段时间。物流的交货周期依厂商的服务水准而不同，可分为2h、12h、24h、2天、3天、1星期送达等几种。同样情况下，物流的交货周期越短，则其成本也会越高。

7）配送货品的价值或建造预算（C）

配送中心在规划时，除考虑以上基本要素外，还应该注意研究配送货品价值和建造预算。

首先，配送货品的价值与物流成本有很密切的关系。因为在物流的成本计算中，往往会计算物流成本所占货品的比例。如果货品的单价高而物流费用比率较低，则客户有能力负担；如果货品的单价低而物流费用比率较高，则客户难以接受。

另外，配送中心的建造费用预算也会直接影响配送中心的规模和自动化水准。没有足够的建设投资，所有理想的规划都是无法实现的。

3. 配送中心规模的确定

配送中心的总体设计是在物流系统设计的基础上进行的。由于配送中心具有收货验货、库存保管、拣选、分拣、流通加工、信息处理及采购组织货源等多种功能，配送中心的总体设计首先要确定总体的规模。进行总体设计时，要根据业务量、业务性质、内容、作业要求确定总体规模。

（1）预测物流量。物流量预测包括历年业务经营的大量原始数据分析，以及根据企业发展的规划和目标进行的预测。在确定配送中心的能力时，要考虑商品的库存周转率、最大库存水平。通常以备齐商品的品种作为前提，根据商品数量的 ABC 分析，做到 A 类商品备齐率为 100%，B 类商品为 95%，C 类商品为 90%，由此来研究、确定配送中心的平均储存量和最大储存量。

（2）确定单位面积的作业量定额。根据规范和经验，可确定单位面积的作业量定额，从而确定各项物流活动所需的作业场所面积。例如,储存型仓库比流通型仓库的保管效率高,即使使用叉车托盘作业,储存型仓库的走道面积占仓库面积的 30％以下,而流通型仓库往往要占 50％。同时,应避免一味追求储存率高,而造成理货场所堵塞、作业混杂等现象,以致无法达到配送中要求周转快、出货迅速的目标。根据实践经验,配送中心各类型作业区的单位面积作业量定额见表 7-3。

表 7-3　配送中心各类型作业区的单位面积作业量定额分布

作业区名称	单位面积作业量	作业区名称	单位面积作业量
收货验货作业区	0.2～0.3	储存保管作业区	0.7～0.9
分拣作业区	0.2～0.3	配送理货作业区	0.2～0.3

一般来说,辅助生产建筑的面积,占配送中心建筑面积的 5％～8％;另外,办公、生活用地面积占配送中心的 5％左右。再考虑作业区的面积,配送中心总的建筑面积便可大体确定。根据城市规划部门对建筑覆盖率和建筑容积率的规定,可基本上估算出配送中心的占地面积。

三、配送中心的退货管理

退货管理是售后服务中的一项任务,如何进行退货处理也是配送中心的一项重要的工作。退货的情况可以分为正常退货和异常退货两种。商品的退货流程可分为返仓流程(配送商品)和返厂流程(直送商品)。

1. 返仓流程

返仓流程如下:门店商品货物返仓申请→计算机室录入并上传总部→订货部审批→信息返回门店→门店整理返仓商品→返仓商品交接→配送中心验收并增加系统库存→数据下发并返还返仓单至门店→计算机室审单冲减门店库存。

返仓的具体操作与要求如下。

(1)门店商品返仓申请。门店商品科填制返仓申请单(一式两联,信息、商品科各一联,内容包括编码、品名、数量、返仓原因)交收货科,收货科交计算机室输单。

(2)计算机室录入并上传总部。计算机室操作员录入并保存返仓申请单,在当天营业结束后随其他数据一起上传总部。

(3)订货部审批。总部数据更新后,订货部相关人员审核返仓申请单,并根据公司的有关规定给予批准,签署意见和批准人姓名。

(4)信息返回门店 。批准后的单据随其他数据一起下发至对应的门店。

(5)门店整理返仓商品。计算机室打印审批后的返仓申请单(一式两联)并交给收货科,收货科交予对应的商品科。商品科根据总部的意见对返仓的商品进行分类整理,将能够返仓的商品进行清点封箱,将数量、编号、商品品名写明在外箱上,然后将实际数量填在对应商品的返仓申请单上,做好返仓准备。

(6)返仓商品交接。下个配送日来货时,收货科要统计出返仓商品总箱数和返仓单的张数,并用一式两联清楚地写明单据总张数、退货商品总箱数、零散商品(不能装箱的商品)的品名及数量,其中贵重商品品种、数量(单价在 100 元以上的商品),配送驾驶员根据退货清单进行核对,核对无误后签字确认,将其中一联装入"单据周转专用袋",另一联由收货科留底。返仓申请单两联均随货同行,所以收货科必须登记返仓申请单号备查。对整车商品或一车装不下的退货,由收货员自带单据跟车到配送交接。如果返仓商品交接不清或没有交接手续,损失商品由收货科长与驾驶员共同承担。

(7) 配送中心验收并增加系统库存。

① 返仓商品到达配送中心的退货组后,驾驶员先将退货清单交给退货组,并与退货组一起当场清点退货总箱数(含不能装箱的商品件数)及单据张数。

② 配送中心退货组再根据返仓申请单验收返仓商品,并填注验收数量和验收人姓名。如果有不符合退货要求需返回门店的商品,则在备注栏上写明原因。

③ 配送计算机室根据验收后的返仓申请单从系统内调出并按实审核,增加配送库存并。

(8) 打印正式的返仓单,返仓单一式两联,第一联配送财务,第二联和返仓申请单的第二联返回门店。将返仓单的数据计算后给门店。

(9) 计算机室审单冲减门店库存。

门店收货科收到返仓单后,必须在当天交门店计算机室做返仓单审核,减少门店库存。

2. 返厂流程

返厂流程如下:理货员填写手工退货单→科长审核并通知供应商退货→门店财务核查供应商余额并签字→收货科核对单、货是否一致→计算机室打印返厂单→凭单退货。

返厂的具体操作与规范如下。

(1) 理货员填写手工退货单。理货员工填写退货单,并详细注明退货原因,属于公司通知清退的商品必须在退货单的备注栏中注明"清退"字样,并且对返厂数量不得随意修改。

(2) 科长审核并通知供应商退货。商品科长审核退货单并通知供应商,供应商在退货单上签字确认。

(3) 门店财务核查供应商余额并签字。商品科长到门店财务核查供应商账目余额,并由财务签字确认。

(4) 收货科核对单、货是否一致。商品科长将审核后的手工退货单与商品一同交收货科,收货科核对签字确认后交计算机室打单。

(5) 计算机室打印返厂单。计算机室审查单据手续齐全后,严格按手工单内容开具计算机返厂单,冲减计算机库存,并将手工及计算机返厂单交收货科;收货科核对两单是否一致,并组织收货员、商品科长、防损员、供应商在计算机返厂单上签字。

(6) 凭单退货。收货科、防损员监督供应商凭财务签字后的手工返厂单及计算机返厂单第三联将退货拿出卖场。

任务五　电子商务中的物流配送

电子商务中的物流配送是指物流配送企业采用网络化的计算机技术和现代化的硬件设备、软件系统及先进的管理手段,针对社会需求,严格、守信用地按用户的订货要求,进行一系列的分类、编配、整理、分工、配货等理货工作,定时、定点、定量地交给没有范围限度的各类用户,满足其对商品的需求。信息化、现代化、社会化的物流配送,也可以说是一种新型的物流配送。

一、电子商务中的物流配送中心

1. 电子商务物流配送中心的特征

根据国内外物流配送业发展情况,在电子商务时代,信息化、现代化、社会化的新型物流配送中心可归纳为以下几个特征。

(1) 物流配送反应速度快。电子商务下,新型物流配送服务提供者对上游、下游的物流配送需求的反应速度越来越快,前置时间越来越短,配送时间越来越短,物流配送速度越来越快,商品周转次数越来越多。

(2) 物流配送功能集成化。新型物流配送着重于将物流与供应链的其他环节进行集成,包括物流渠道与商流渠道的集成、物流渠道之间的集成、物流功能的集成、物流环节与制造环节的集成等。

(3) 物流配送服务系列化。电子商务下,新型物流配送除强调物流配送服务功能的恰当定位与完善化、系列化,除传统的储存、运输、包装、流通加工等服务外,还在外延上扩展至市场调查与预测、采购及订单处理、向下延伸至物流配送咨询、物流配送方案的选择与规划、库存控制策略建议、货款回收与结算、教育培训等增值服务;在内涵上提高了以上服务对决策的支持作用。

(4) 物流配送作业规范化。电子商务下的新型物流配送强调功能作业流程、作业、运作的标准化和程序化,使复杂的作业变成简单的易于推广与考核的运作。

(5) 物流配送目标系统化。新型物流配送从系统角度统筹规划一个公司整体的各种物流配送活动,处理好物流配送活动与商流活动及公司目标之间、物流配送活动与物流配送活动之间的关系,不求单个活动的最优化,但求整体活动的最优化。

(6) 物流配送手段现代化。电子商务下的新型物流配送使用先进的技术、设备与管理为销售提供服务,生产、流通、销售规模越大、范围越广,物流配送技术、设备及管理越现代化。

(7) 物流配送组织网络化。为了保证对产品促销提供快速、全方位的物流支持,新型物流配送要有完善、健全的物流配送网络体系,网络上点与点之间的物流配送活动保持系统性、一致性,这样可以保证整个物流配送网络有最优的库存总水平及库存分布,运输与配送快捷、机动,既能铺开,又能收拢。分散的物流配送单体只有形成网络,才能满足现代生产与流通的需要。

(8) 物流配送经营市场化。新型物流配送的具体经营采用市场机制,无论是企业自己组织物流配送,还是委托社会化物流配送企业承担物流配送任务,都以"服务—成本"的最佳配合为目标。

(9) 物流配送流程自动化。物流配送流程自动化是指运送规格标准、仓储货、货箱排列装卸、搬运等按照自动化标准作业、商品按照最佳路线配送等。

(10) 物流配送管理法制化。宏观上,要有健全的法规、制度和规则;微观上,新型物流配送企业要依法办事,按章行事。

物流配送是流通部门连接生产和消费,使时间和场所产生效益的设施,提高物流配送的运作效率是降低流通成本的关键所在。物流配送又是一项复杂的科学系统工程,涉及生产、批发、电子商务、配送和消费者的整体结构,运作类型也形形色色。考察传统物流配送中的运作类型,对我们设计新型物流配送中心的模式具有重要的借鉴作用。

2. 电子商务物流配送中心的运作类型

(1) 从配送中心的运营主体上看,大致有以下四种类型。

①　以制造商为主体的配送中心。这种配送中心里的商品 100％ 由自己生产制造,用以降低流通费用、提高售后服务质量和及时地将预先配齐的成组元器件运送到规定的加工和装配工位。从商品制造到生产出来后条码和包装的配合等多方面都较易控制,所以按照现代化、自动化的配送中心设计是比较容易的,但不具备社会化的要求。

②　以批发商为主体的配送中心。商品从制造者到消费者手中之间的传统流通有一个环节叫批发。一般是按部门或商品类别的不同,把每个制造厂的商品集中起来,然后以单一品种或搭配向消费地的零售商进行配送。这种配送中心的商品来自各个制造商,它所进行的一项重要的活动是对商品进行汇总和再销售,而它的全部进货和出货都是社会配送的,社会化程度高。

③　以零售业为主体的配进中心。零售商发展到一定规模后,就可以考虑建立自己的配送中心,为专业商品零售店、超市、百货商店、建材商场、粮油食品商店、宾馆饭店等提供服务。社会化程度介于前两者之间。

④　以仓储运输业者为主体的配送中心。这种配送中心最强的是运输配送能力,地理位置优越,如港湾、铁路和公路枢纽,可迅速将到达的货物配送给用户。它提供仓储储位给制造商或供应商,而配送中心的货物仍属于制造商或供应商所有,配送中心只是提供仓储管理和运输配送服务。这种配送中心的现代化程度往往较高。

(2)　从物流配送采用的模式上看,有以下三种主要类型。

①　集货型配送模式。这种模式主要针对上家的采购物流过程进行创新而形成。其上家生产具有相互关联性,下家互相独立,上家对配送中心的储存度明显大于下家,上家相对集中,而下家分散具有相当的需求。同时,这类配送中心也强调其加工功能。此类配送模式适于成品或半成品物资的推销,如汽车配送中心。

②　散货型配送模式。这种模式主要是对下家的供货物流进行优化而形成。上家对配送中心的依存度小于下家,而且配送中心的下家相对集中或有利益共享(如连锁业)。采用此类配送模式的流通企业,其上家竞争激烈,下家需求以多品种、小批量为主要特征,适于原材料或半成品物资配送,如机电产品配送中心。

③　混合型配送模式。这种模式综合了上述两种配送模式的优点,并对商品的流通全过程进行有效控制,有效克服了传统物流的弊端。采用这种配送模式的流通企业,规模较大,具有相当的设备投资,如区域性物流配送中心。在实际流通中,采取多样化经营,降低了经营风险。这种运作模式比较符合新型物流配送的要求(特别是电子商务下的物流配送)。

3. 建立合理的物流配送模式应考虑的因素

(1)　消费者的地区分布。因特网是电子商务的最大信息载体。因特网的物理分布范围正在迅速扩展,但是在电子商务发展的初级阶段,电子商务的销售区域如果分散在因特网所及的所有地区,那样的配送成本是不经济的。一般商务活动的有形销售网点按销售区域来配置,每一个销售点负责一个特定区域的市场。但是电子商务的客户可能在地理分布上是十分分散的,要求送货的地点不集中,而物流网络并没有像因特网那样广的覆盖范围,无法经济合理地组织送货。所以,提供电子商务服务的公司也需要像有形店铺销售一样,要对销售区域进行定位,对消费人群集中的地区提供物流承诺,否则是不经济的。

(2)　商品的品种。不同商品的消费特点及流通特点不同,尤其是物流特点。因此在电子商务发展的初期,不是所有的商品都适合采用电子商务这种形式。正如一个大型百货商店,它不可能经营所有商品,总要确定最适合自己销售的商品,电子商务也一样。为了将某一商品的销售批量累积得更大,就需要筛选商品品种。一般而言,商品如果有明确的包装、质量、数量、价格、储存、保管、运输、验收、安装及使用标准,对储存、运输、装卸等作业无特殊要求,就适合采用电子商务的销售方式。而对于销售批量不大、不易保管或散装货物等则不适合采用电子商务的方式销售。

(3) 配送细节。同有形市场一样,电子商务的物流方案中配送环节是完成物流过程并产生成本的重要环节,需要精心设计配送细节。一个好的配送方案应该考虑库存的可供性、反应速度、送货频率、送货的可靠性等。同时还要设计配套的投诉程序,提供技术支持和订货状况信息等。电子商务公司的成功运作,关键不在于是否有大的配送网络,而在于能否在完成配送服务的同时,保证配送系统高效、低成本地运作。这是一项专业性很强的工作,必须聘请专业人员对系统的配送细节进行精心设计。

二、未来电子商务与现代物流的发展趋势

1. 现代物流是信息流、商流和资金流的相互结合

电子商务的整个运作过程是信息流、商流、资金流和物流的流动过程,其优势体现在信息资源的充分共享和运作方式的高效率上。通过互联网进行商业交易,毕竟是"虚拟"的经济过程,最终的资源配置还需要通过商品实体的转移来实现,否则就不会真正实现信息流、商流和资金流。只有通过物流配送,将商品或服务真正转移到消费者手中,商务活动才能结束,物流实际上是以商流的后续者和服务者的姿态出现,而物流配送效率也就成为客户评价电子商务满意程度的重要指标。

2. 现代物流是电子商务实现服务理念的最终保证

传统的商业运转模式离不开人流、资金流、物流三个流,现在又加入了信息流。电子商务是实现信息流的平台,最终要实现物资从卖方向买方转移,就需要现代物流。电子商务是在互联网平台上谈生意、下订单,方便快捷,需要物流运输安全、快捷、通畅做保证,在电子商务货物交换环节出问题,电子商务信息可以快速解决,但货物交换会出现滞后,所以现代物流是实现电子商务的最终保证和主要环节。

3. 现代物流是电子商务的重要组成部分

电子商务与现代物流的关系用"成也配送,败也配送"来形容毫不夸张。可以说,电子商务是信息传播的保证,而物流则是执行的保证。没有物流,电子商务只能是一张空头支票。同时,电子商务的发展也会对物流产生积极的影响。

(1) 物流是电子商务发展的先决条件。目前我国电子商务刚刚起步,其前期的发展主要是利用资本市场的支持而快速膨胀起来的,表面看市场似乎很繁荣,实际华而不实。互联网在信息流方面有着得天独厚的优势,但我国的电子商务的难点不在互联网内,而是在互联网外。在中国电子商务进程中,人们过分注重了信息流、电子化等这些技术性很强的新生事物,而未清醒地认识到电子商务的出发点和归宿——物流。电子商务交易的绝大多数产品都是有形产品,交易是否成功,很大程度上依赖于实际物流的操作,即能否及时把货物送到顾客手中。而目前物流配送体系的不健全严重阻碍了电子商务的发展,电子商务快速、便捷的优势得不到发挥,成为制约电子商务发展的瓶颈。物流是电子商务发展的基础,是电子商务发展的先决条件,如图 7-8 所示。作为首先提出电子商务概念的美国,物流管理技术早已日臻完善,而作为一个发达国家,需求拉动技术创新,电子商务与现代物流的协同结合就是

为了简化烦琐、耗时的订单等处理过程,加快物流的速度,提高物资的利用率。电子商务的提出最终是为了解决信息流和货币流处理上的烦琐对现代化的物流过程的延缓,进一步提高现代化的物流速度。

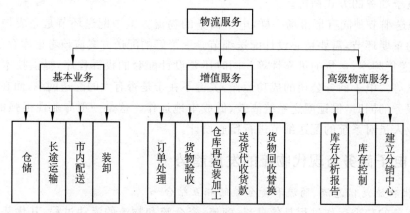

图 7-8   电子商务化的物流服务

(2) 现代物流的发展提高了电子商务的利润率。以现代电子网络为平台的信息流,极大地加快了现代物流信息的传递速度,为客户赢得最宝贵的时间,使货物运输环节、方式科学化和最佳化。以快节奏的商流和先进的信息为基础的现代物流,能够有效地减少流动资金的占压,加速资金周转,充分发挥资本的增值作用,被认为是继企业节约原材料降低物耗、提高劳动生产率之后的又一经济利润增长点,是电子商务的利润源泉。

4. 现代物流业未来发展战略

电子商务时代,由于企业销售范围的扩大,企业和商业销售方式及消费者购买方式的转变,使物流业的发展有了广阔的前景。

(1) 多功能化是现代物流业的发展方向。在电子商务时代,物流发展到集约化阶段,一体化的配送中心不单单提供仓储和运输服务,还必须开展配货、配送和各种提高附加值的流通加工服务项目,也可按客户的需要提供其他服务。现代物流业的发展,使未来的产业分工更加精细,产销分工日趋专业化,大大提高了社会的整体生产力和经济效益,使现代物流业成为整个国民经济活动的中心。

(2) 优质服务是现代物流业追求的目标。在电子商务时代,现代物流业是介于商家和买家之间的第三方,以服务作为第一宗旨。从当前物流的现状来看,物流企业不仅要为本地区服务,而且要进行长距离的服务。因为客户不但希望得到很好的服务,而且希望服务点不是一处,而是多处。因此,如何提高服务的质量便成了物流企业管理的中心课题。首先,在概念上变革,配送中心应更多地考虑“客户要我提供哪些服务”,而不是仅仅考虑“我能为客户提供哪些服务”。其次,物流企业要与货主企业结成战略伙伴关系(或称策略联盟),这样一方面有助于货主企业的产品迅速进入市场,提高竞争力,另一方面则使物流企业有稳定的资源,对物流企业而言,服务质量和服务水平正逐渐成为比价格更为重要的选择因素。

(3) 信息化是现代物流业的发展之路。在电子商务时代,要提供最佳的服务,物流系统必须要有良好的信息处理和传输系统。良好的信息系统能提供及时的信息服务,帮助了解客户在想什么,需要什么,以赢得客户的信赖。在电子商务环境下,由于全球经济的一体化趋势,当前的物流业正向全球化、信息化、一体化发展。商品与生产要素在全球范围内以空前的速度自由流动。EDI 与 Internet 的应用,使物流效率的提高更多地取决于信息管理技术,电子计算机的普遍应用提供了更多的需求和库存信息,提高了信息管理科学化水平,使产品流动更加容易和迅速。物流信息化包括商品代码和数据库的建立,运输网络合理化、销售网络系统化和物流中心管理电子化建设等,目前还有很多工作有待实施。可以说,没有现代化的信息管理,就没有现代化的物流。

▥ 项目小结

　　配送是指在经济合理区域范围内,根据用户要求,对物品进行拣选、加工、包装、分割、组配等作业,并按时送达指定地点的物流活动。对配送中心的适当划分,可以深化对配送中心的认识,指导物流实践。对于配送合理化与否的判断,是配送决策系统的重要内容,主要有如下标志:库存标志、资金标志、供应保证标志、社会运力节约标志等。

思考题

　　1. 什么是配送? 配货作业有哪两种基本形式?
　　2. 配送中心的功能是什么? 作业流程是什么?
　　3. 如何实现配送的合理化?
　　4. 电子商务物流配送中心的特征是什么?

 案例分析

河南省烟草公司驻马店市公司:智能调度实时配送系统

　　随着"数字烟草"战略性目标的制定与发展,卷烟生产的各个环节依靠信息化的建设,极大地提升了工作效率和工作能力,也给现代商业企业建设带来了革命性的变化。驻马店烟草物流公司向信息化改革深入推进,合同实时化、订单碎片化、响应及时化、到货准时化的发展态势,对物流服务的支撑保障作用提出了更高要求。

　　驻马店卷烟物流配送中心占地 100 亩(每亩约 666.67m²),每亩联合工房占地 10 318m²,集卷烟入库、出库、分拣、打码、仓储、装卸等功能于一体。现有正式员工 139 名,自有送货车辆 56 辆,送货线路 56 条,覆盖全市 2 万多商户,全市零售商户覆盖率达到 100%。从城区闹市到偏远乡村,从大型超市到普通小贩,做到送货到户,能够有效解决困扰经销商"最后一公里"难以配送的顽疾。根据"以送定访"的配送模式,执行"今访明送"生产分拣和"三扫一打"工作。卷烟从入库到分拣,首先到货后要进行扫码堆垛,同时通过 RFID 感应识别整托盘入库;每日访销工作结束后,线路优化系统对访销订单进行配送优化与统计。同时组织卷烟出库,完成卷烟出库扫码上报工作。分拣设备按照优化结果按序完成分拣到户及打码到条工作。第二日送货人员通过移动应用查询领货及配送任务,实施送货上门、扫码拍照签收确认。

　　驻马店卷烟物流配送中心遵循《烟草行业计算机网络和信息安全技术与管理规范》的规定,按照国家烟草专卖局"全面覆盖、全面感知、全程控制、全面提升"的物流信息化建设要求,通过先进的物流技术支撑,实现信息化与智能化的物流体系。在已有配送信息系统的基础上进行集成、延伸和拓展,建成具有先进实用、统一完整、安全可靠的调度平台,实现物流

的"全面感知、全面覆盖、全程控制、全面提升"。

　　卷烟物流智能调度实时配送系统是一套结合 GIS 电子地图、线路优化算法及智能配送 App 的综合智能化卷烟物流信息监控系统。系统通过 GIS 系统与商户坐标信息结合对配送区域进行可视化展示、规划、分析,对配送区域进行整体规划全面管理;运用线路优化算法对配送订单数据及商户坐标信息进行实时优化生成最优配送任务;智能配送 App 则通过下载每日配送任务进行配送,配送中实时查看任务及烟包信息,通过坐标位置进行智能导航及多种模式的烟包签收。

　　智能配送 App 在配送过程中烟包签收环节,精准采集商户门头图像信息及坐标信息、签收位置信息、通过后台计算精准锁定商户配送坐标。精准坐标采集功能,是结合了 GPS 与 Wi-Fi、基站多重定位,并采用坐标校验算法,通过比对商户坐标与签收位置信息精准锁定商户坐标位置。送货人员也可通过精准的坐标使用配送智能导航、目标范围内签收等配送工作。

　　线路优化算法以精准的坐标信息为运算基础,建立一套完整的 GIS 电子地理信息配送网络。以线路优化算法为核心,通过对订单处理优化,加载配送策略,结合不同的场景规则、优化规则对每日营销订单数据进行多重优化。同步计算当日订单内商户坐标信息,计算以最优路线、最优时长、最优任务均衡等方式,生成本次配送线路优化结果。本地运算与云计算相结合,高效的运算效率,有效提高了每日配送调度工作的效率。

　　该系统已达到数据管控的实时性。通过监控中心图形化显示,实时查看各个配送车辆的配送情况、配送进度、当前位置、签收状态、签收图像,以及总体配送任务汇总。

　　驻马店卷烟物流配送中心以卷烟物流智能调度实时配送系统为契机,积极探索"跨区域配送＋以送定访"新模式,通过精准坐标采集,完善配送网络,为调整优化配送业务奠定基础。此外,以历史订单数据作为支撑,通过大数据分析手段验证跨区域配送方案。运用线路优化算法,深入资源整合,实现弹性配送,进一步提高配送装载率和配送效率。突破"以销定送"传统工作模式,实现"以送定访"新趋势。依托线路优化结果,积极转变工作理念和方法,紧跟物流配送信息化改革新趋势,变"以销定送"为"以送定访",调整部分零售客户的订货时间和访销安排,以更合理的方式划分区域客户,最大限度地减少可能存在的销售盲点,同时节约物流成本,更高效地服务零售户,有效提升服务品质。

　　资料来源:http://www.chinawuliu.com.cn/xsyj/202104/26/547367.shtml.

　　思考与分析:

　　(1) 驻马店卷烟物流智能调度实时配送系统是如何构建的?

　　(2) "跨区域配送＋以送定访"配送模式具有哪些优势?

物流配送中心管理调研

　　(1) 实训目的:通过实训,了解一个物流配送中心管理情况。

　　(2) 实训内容:通过调研了解物流配送中心管理,结合该配送中心管理的现状,研究是否可以提出合理化配送的改进方案,从而对配送中心的规划进行设计。

　　(3) 实训要求:将参加实训的学生分组,在教师指导下进行调研,完成实训报告。

项目八

电子商务与低碳物流

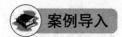 学习目标

知识目标

1. 掌握回收物流、逆向物流与废弃物流的概念,熟悉再生资源回收物流的网络构成,了解逆向物流产生的原因;

2. 掌握低碳物流概念与特征,理解发展低碳物流的微观途径。

能力目标

1. 能结合实际情况,制订符合当前企业逆向物流管理的措施与方案;

2. 能把低碳可持续发展的理念应用于物流工作中。

素养目标

1. 培养良好的职业道德和较强的团队合作精神;

2. 具备一定电子商务环境下低碳物流管理的分析与应用能力。

案例导入

菜鸟物流回收快递箱,共建绿色生态新家园

随着 2021 年 11 月 1 日 00:00 天猫"双 11"第一笔订单付款的完成,快递物流业正式迎来年度高峰。面对天量包裹,推动快递包装绿色循环利用成为菜鸟绿色物流在天猫"双 11"期间践行绿色低碳的另一个重要方向。

为助力低碳"双 11",针对快递包装循环再利用这一绿色物流关键环节,2021 年"双 11",菜鸟联合天猫共同推出 6 万菜鸟驿站发放 750 万枚鸡蛋激励包装回收、1 万菜鸟驿站试点旧包装循环寄件项目,并上线"个人减碳账单"、联合媒体和社会各界共同发起"绿色合伙人"行动,最大范围鼓励和推动快递包装回收,让绿色回收成为一种社会新风尚。

快递包装循环利用需要最广泛层面的社会参与,绿色低碳、绿色回收也理应成为一种新的社会风向。为了推动消费者践行绿色行为,菜鸟近日还推出了一项新功能——消费者可在手淘、菜鸟 App 搜索"快递包装回收"进入天猫"双 11"绿色互动页,除了参与"快递包装回收 全民领鸡蛋"活动,还可查看 2020 年 11 月 1 日以来的个人减碳量,晒出自己的"绿色物流足迹",成为"绿色合伙人"。

据菜鸟绿色负责人牛智敬介绍,绿色回收箱和循环寄件是消费者可接触、参与的两个重

要绿色物流环节,也是实现物流末端绿色自循环的关键所在。2021 年天猫"双 11",消费者既可以通过线下包装回收、扫码参与领蛋;也可通过分享个人碳账单、倡导绿色回收,线上与线下一同推动快递包装的回收和循环再利用。

资料来源:http://k. sina. com. cn/article_2659261621_9e811cb5001013h74. html.

思考与分析:从企业角度分析,回收物流活动的实施有哪些助益?

任务一　再生资源回收物流

一、回收物流、逆向物流与废弃物物流的概念

回收物流(returned logistics)是指退货、返修物品和周转使用的包装容器等从需方返回供方所引发的物流活动。

《物流术语》(GB/T 18354—2021)对逆向物流和废弃物物流分别作了界定。

回收与废弃物
物流

逆向物流是指为恢复物品价值、循环利用或合理处置,对原材料、零部件、在制品及产成品从供应链下游节点向上游节点反向流动。或按特定的渠道或方式归集到指定地点所进行的物流活动,也称反向物流。废弃物物流是指将经济活动或人民生活中失去原有使用价值的物品,根据实际需要进行收集、分类、加工、包装、搬运、储存等,并分送到专门处理场所的物流活动。

由于上述三个概念之间存在交叉重叠,尤其是"逆向物流"和"回收物流"的范围大小问题,没有定论,很容易给研究和实践带来困扰。参考一些专家的意见,我们出于论述条理性的需要,引入广义回收物流和狭义回收物流的提法,对三个概念的内涵边界和相互关系做一个简单界定。如图 8-1 所示,广义的回收物流应涵盖逆向物流、再生资源回收物流和废弃物回收物流三部分。逆向物流是指通常意义上的退货回收物流,它是指下游顾客将不符合订单要求、有质量问题或者未销售完的产品退回上游供应商。逆向物流是现代物流供应链中不可或缺的部分,它与正向物流一起构成循环的物流体系。再生资源回收物流是指将最终顾客所持有的再生资源回收到供应链各节点企业,主要包括回收分拣、储存、拆分处理及处理后可再次使用的材料或没有使用价值要填埋的废弃物等环节,处理后再次使用的材料可以回到包括原供应商在内的原材料需求企业,一般为"开环式"回收物流网络结构,即再生原材料不一定回到初始的生产商而有可能用于其他企业(第三方生产商)的情况。而废弃物回

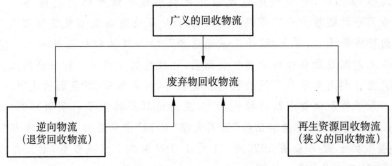

图 8-1　电子商务化的物流服务

收物流是指将经济活动或人民生活中失去原有使用价值，并且以目前的技术水平不可能被再次利用的废弃物，根据实际需要进行收集、分类、加工、包装、搬运、储存，并分送到专门处理场所时形成的物品实体流动。其中，逆向物流、再生资源回收物流将同时包含部分废弃物回收物流的内容。

狭义的回收物流是指再生资源回收物流这一部分的内容，它是指将生活或生产过程中产生的失去原有全部或部分使用价值，但经过一定的加工处理后可再次利用的物品从产生地到再利用地的实体流动过程，以及伴随其中的信息及资金流动过程。

二、再生资源回收物流

1. 再生资源回收物流的特点

（1）再生资源回收物流种类繁多。由于再生资源的产生渠道多、方式复杂，这就决定了再生资源回收物流方式的多样性。生产企业都有可能产生再生资源，企业类型不同，产生的再生资源不同，而且几乎每个生产企业的每一道工序、每一个阶段的生产过程都会产生再生资源。再生资源可能产生于生产领域、流通领域或生活消费领域，涉及任何领域、任何部门、任何个人。

（2）生产性再生资源的回收物流数量大。许多种类再生资源有单独处理数量较大的特点。这就决定了再生资源物流需要消耗较大的物化劳动及活劳动，需要有一个庞大的物流系统来支撑。

（3）再生资源回收物流的多变性。由于回收物流的分散性及消费者对再生资源自由回收政策的滥用，使得回收企业无法控制物品的回收时间与空间，导致了再生资源回收物流的多变性。

（4）供应渠道分散，分销渠道相对集中。与一般商品不同，再生资源的流通渠道是"倒金字塔"结构。再生资源的"生产单位"是海量的，海量生产单位产生的再生资源通过相对少量的流通单位，最终供少数消费单位作为原料进行再生产。一般而言，普通商品的消费单位就是再生资源的生产单位，再生资源的消费单位也在普通商品的生产单位之列。两个过程相互衔接形成"循环经济"的大框架。生产单位众多而消费单位少量的特征，使得再生资源供应渠道分散、消费渠道集中，因此特别需要一个有效的收集系统。

2. 再生资源回收物流的网络构成

再生资源回收物流网络体系可以分为生活性再生资源回收物流网络体系和生产性再生资源回收物流网络体系两种类型。生活性再生资源通常分为四个层级：回收点→回收中心→集散市场→深加工中心（以再生资源为原材料的企业），如图8-2所示。生产性再生资源由于本身特性（量大、相对集中），其网络体系通常分为三个层级：回收中心→集散市场→深加工中心（利用废旧的厂家和加工厂），如图8-3所示。

（1）回收点。回收点是指建立在居民区内或者在企业聚集的地方，专门用于收集居民生活过程或企业生产过程中产生的再生资源的网点，又可叫作回收站点，是再生资源回收物流网络的最低层级，也是最接近消费者的层级，回收点的设置直接影响居民以及企业关于再生资源回收物流的看法，因此，一般情况下要求生活性再生资源回收点做到"日产日清"。因为生产性再生资源一般单次的运输量比较大，可以不通过回收点直接进入再生资源回收物流的上一层级，因此，回收点主要是针对生活性再生资源的回收而建立的。一般按照"便于交售"的原则，城区每1 000～1 500户居民设置一个简易收购站点或固定收购站点，乡、镇每

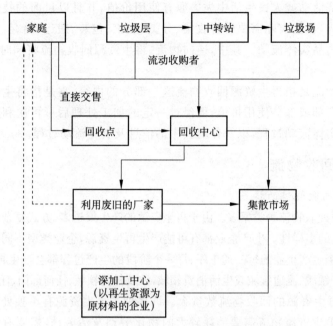

图 8-2　生活性再生资源回收物流流程

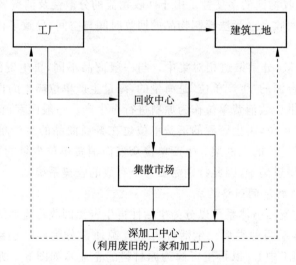

图 8-3　生产性再生资源回收物流流程

1 500～2 000 户居民设置一个简易收购站点或固定收购站点,条件暂不具备的地区可设立流动回收车。回收站点可以是回收公司的社区回收点、街道授权的回收点、物业授权的回收点、社会组织的回收点及流动回收车等形式。

(2) 回收中心。回收中心一般设置在城市的不同区域内,主要负责区域内各回收点所回收的再生资源的汇集、储存、整理等作业,同时也可将生产性再生资源在此汇总、整理、打包。回收中心一般不进行加工作业,因此,一般情况下,不会对环境产生污染。

(3) 集散市场。集散市场一般设置在城郊且交通便利的位置,主要完成再生资源的拆解、分拣及交易环节。再生资源在回收中心整理打包以后,统一运输到集散市场进行初加工,然后进行交易。再生资源经集散市场加工环节后可以直接运输到深加工中心进一步加工,增加产品的附加值;也可直接出售给再生资源需求企业。集散市场一般由再生资源回收物流企业负责建设,然后分包给不同的经营户。集散市场必须配备污水、污油及固废处理系统。

（4）深加工中心。深加工中心一般设置在工业园区或产业园区内,主要是对初加工后的再生资源产品进一步加工,以增加其附加价值,提高再生产品的售价。再生资源回收物流由初加工向深加工发展是再生资源回收利用行业发展的必然趋势,单纯的"买废卖废"企业势必为市场经济所边缘化。深加工中心拥有比集散市场更完备的污水、污油、固废处理系统,由于其通常位于工业园区或产业园区内,可以达到一定的规模效应,从而提高企业效益、降低运营成本,这是产业园区吸引再生资源深加工中心入驻的主要诱因。再生资源回收点、回收中心、集散市场以及深加工中心各层级的主要作业如图 8-4 所示。

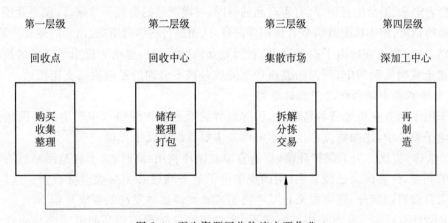

图 8-4　再生资源回收物流主要作业

任务二　电子商务逆向物流

在电子商务环境下,逆向物流是以消费者为导向,以网络信息技术为基础,以产品回收为核心,将产品从消费者手中回收到企业的过程。

一、电子商务与逆向物流

1. 逆向物流成为电子商务的竞争优势

（1）提高顾客满意度,增强企业竞争能力。在传统的商业活动中,投诉退货与维修退回是否有效率是最终顾客所关注的,进而也是评价企业信誉的重要指标。在顾客有可能无法接触到商品实物的网络活动中,逆向物流的可行性与方便性更成为影响顾客购买的重要因素。顾客满意是企业的无形资产,它可以按"乘数效应"向有形资产转化,从而增强企业竞争力。

（2）节省资源,保护环境,塑造良好的企业形象。进入网络经济时代,人们的生活水平和文化素质有了很大提高,环境保护意识也日益增强,为了改善企业的环境行为,在消费者心中赢得良好的声誉,许多企业都采取退货逆向物流战略,以减少产品对环境的污染及资源的浪费。退货逆向物流对产品进行再加工或报废处理,从而实现环保。企业不仅要重视经济效益,还要注重社会效益。

（3）促进企业优化与整合自身管理系统。逆向物流恰好处于企业管理活动的检查和改进两个环节上,承上启下,作用于两端。企业在退货中暴露出的问题,将通过逆向物流信息系统不断传递到管理层,为企业减少退货与维修比例提供参考依据,良好的逆向物流系统还能帮助企业分析退货产品,为产品的改进设计提供反馈信息,使企业可以设计制造特色产品,提高产品竞争力,根除产品隐患。

（4）可观的社会效益和经济效益。企业实施逆向物流可以在最大程度上利用资源,降低企业成本,产品符合环保的要求,可以提高企业产品的竞争力,扩大产品市场份额,获得最大利润。回收所生产、销售的产品,运用专业技术与设备对其进行集中报废销毁或再次回收利用,是企业节省社会资源与保护环境直接和有效的行为,为企业赢得良好的声誉。

（5）借助互联网获取有效信息。在互联网环境下可以通过 E-mail 或销售网站问卷等方式收集消费者信息、退货信息记录、有害产品的召回、过期产品的提醒等数据,以便企业能够及时掌握产品的销售、使用状况及消费者预期等信息,从而进行科学分析,做出相应经营决策。

当然,逆向物流在给电子商务带来"利润处女地"的同时,也给它提出了特殊的挑战。退货的增加造成物流利润中,正向物流所产生的效益被不合理的逆向物流支出抵销。

2. 电子商务中逆向物流产生的原因

由于电子商务在线经营的特殊性,引起退货的原因和传统经营中产生的原因相似但不相同。电子商务中,逆向物流产生的影响因素主要有以下几个方面。

（1）法律、法规。为了保护环境,促进资源的循环利用,同时,为了规范网站行为和保护消费者的利益,许多国家已经立法,明确规定电子商务网站必须采取退货政策。这些法律、法规除来自政府制定外,还可能来自某些协会或者兴趣团体发起的要求规定。

（2）信息不对称。在电子商务模式下,客户往往只能看到商品的电子图片或者电子说明书,从视觉上感知商品,不能全面了解所购商品的特性。当收到商品时,发现实物与在网上看到的不一致,就会导致大量逆向物流。

（3）消费者驱动。消费者在线购物时,购买了自己不想购买的商品而引起的退货,或者消费者收到商品后,希望获得更好的产品型号而引起的退货。另外,零售商或者分销商将手中积压、滞销或者过季的商品退还给供应商而引起的退货。

（4）竞争驱动。商家为了在激烈的市场竞争中吸引更多的消费者,往往会竞相推出各种优惠的退货条件,如"不满意就退货"等。这些优惠措施在方便消费者的同时,也造成了大量的回收物流。

（5）商品本身原因。引起这类退货的原因有商品存在瑕疵或者质量问题,商品接近或超过保质期,在配送过程中产生的损伤商品或错配商品等。

 相关链接

逆向物流管理的五大模式

逆向物流是指商家客户委托第三方物流公司将交寄物品从用户指定所在地送达商家客

户所在地的过程。逆向物流过程由商家客户推动,物流费用采取商家客户与第三方物流公司统一集中结算的方式。整个过程需要商家客户与物流公司双方强大的 ERP 对接系统支持。

(1) 正向物流与逆向物流一体化管理模式。实践中供应链流程往往是双向的,既包括正向物流,也包括逆向物流。逆向物流与正向物流相比,也需要经过运输、加工、库存和配送等环节。大多数企业很关心管理物流的正向部分,对管理逆向物流的投入很有限,当两者发生冲突时,常常会放弃逆向物流。要有效地管理逆向物流,就必须统一规划正向物流与逆向物流,考虑货物的双向流动。大型制造企业可建立自己的逆向物流中心,负责安排废弃产品的收集、分拆、处理、退货等工作。逆向物流系统的主要任务是收集和运送废旧物品及退货。该系统可以建立在原有的传统物流渠道上,也可以另外单独重建,或是将传统物流与回收退货物流系统整合在一起。

(2) 横向结网设立集中返品中心管理模式。集约化处理已成为逆向物流管理的主导方式。目前,外国跨国企业的配送中心都设有专门的退货集中地,逆向物流流程上所有的产品都会被先送到这里,经过分类、处理后,再送到其最终的归属地。一般而言,返品中心的活动与逆向物流资讯系统的指令是一致的。我国除个别大型企业有实力设立自己的集中返品中心外,大部分企业都属于中小型企业,自身没有实力去建立返品中心,因此可以考虑几家合伙的方式建设返品中心。而且我国行业协会在管理逆向物流的过程中,也可以发挥其独特的作用,将类似的很多企业联合起来共同面对逆向物流的问题,从而实现规模效益和技术进步。

(3) 构建供应链集成的逆向物流管理模式。也就是在供应链的网络内构建企业的逆向物流系统。成功的供应链管理确实能使企业在激烈的市场竞争中,明显地提升企业的核心竞争力,无论何时,企业的生存与发展必须依靠供应链上的每个节点,包括其上游供应商和下游顾客,倾听顾客的呼声,满足顾客的退货需求。逆向物流是一个复杂的运动过程,牵涉供应商、制造商、中间商等节点企业和顾客,如果其中有某一节点企业没有处理好退货问题,就会影响供应链的整体绩效,因此企业要实施逆向物流,还必须与供应链上的其他企业合作,建立契约式合作的战略伙伴关系。

(4) 逆向物流外包管理模式。第三方逆向物流已经成为逆向物流发展的趋势。随着大型企业的脚步逐渐向边缘地区延伸,有些销售网络的布局相对分散,企业不利于设立自己的返品中心对逆向物流实行集中管理。出于经济效益的考虑,制造企业可委托从事第三方物流的公司承担逆向物流管理业务。这些公司也由此逐步发展成为以逆向物流管理为主的专业化公司。对于我国大部分中小企业而言,无力投资进行逆向物流系统的建设,第三方逆向物流就显得尤为重要。对于大型企业,为了集中精力形成核心竞争力,也非常有必要将部分或全部逆向物流活动外包。

(5) 逆向物流联盟管理模式。物流联盟是为了达到比单独从事物流活动所取得的更好效果,企业间形成的相互信任、共担风险、共享收益的物流伙伴关系。在现代物流中,是否组建逆向物流联盟,作为企业物流战略的决策之一。选择的联盟厂商,应与本厂商目的相同或相似,且在运输的产品、路线等方面比较接近,同时还应对潜在联盟伙伴的成本状况、长期发展的能力、信誉等进行评估,看其是否能够帮助厂商提高灵活性,并能充分利用运输和仓储的规模经济降低成本。

资料来源:https://www.56tim.com/archives/42154.

二、电子商务逆向物流管理

逆向物流面向终端顾客,代表着企业的经营水准和信誉形象。电子商务逆向物流管理需要从事前和事后两个视角,以预防和减少为基础,同时采用合适的方式高效处理不可避免的逆向物流。

1. 优化网上交易环节,预防或减少逆向物流

为有效降低可避免的逆向物流,在线零售商必须完善和优化在线购物环节,减少逆向物流量,从源头减少退换货现象的发生。

(1) 全面展示在线商品的相关信息,克服信息不对称的弊端。除做到语言描述准确、商品图像清晰、服务项目(标准)完备之外,还应该综合运用平面式、互动式以及 360°全景展示等技术,向顾客全面展示商品的性能、外观、特点等相关信息。

(2) 采取有效措施,避免顾客一时冲动而购买产品。例如,通过网页或产品包装提供详细的退换货说明和政策;在"购买"键旁边创建"取消"键,允许顾客在一定时间内取消自己的订单;提供商品对比功能,使顾客在充分的对比选择过程中,挑选到最满意的商品。

(3) 提供自助式在线补救措施。当顾客有退换货意愿时,可登录退换货系统。系统根据顾客要退的商品和原因,为其提供一些解决问题的有效策略,由顾客自行选择。一般来说,这些策略可以减少 20%～40%的退换货逆向物流。

(4) 增强在线交易的互动性和体验性。对于计算机等特殊的商品,可提供在线自主配置的互动功能;对于服装鞋帽等需要充分体验才能做出购买决定的商品,可创设"网上试衣间"在线体验系统,以帮助顾客挑选自己真正需要的商品。

除此之外,还要注意加强逆向物流的起点控制。企业可以通过对其销售人员进行培训以及建立退换货控制系统,在逆向物流流程的起点入口对有缺陷或无依据的回流商品进行审查,把好逆向物流的入口关。

2. 完善退换货管理体系,提高逆向物流管理效率

对于不可避免的退换货逆向物流,在管理上应实施积极的退换货政策,在操作上要加快退换货的处理速度,并采用合适的返品处理方式。

(1) 实行积极的退换货政策。一方面要制定合理的退货价格,如按原批发价进行全额退款或按批发价打折等方式确定退货价格,使供应商和零售商的总体利益达到最优;另一方面,又要确定最佳的退换货比率,通过采用发货时给予数量折扣或价格折扣,协商确定退换货的比率,以降低退换货逆向物流的不确定性,较好地平衡成本和收益。

(2) 建立逆向物流信息系统。一个成功的逆向物流计划在很大程度上取决于收集有意义的信息,这些信息可以在追踪成本时帮助管理退货过程。逆向物流信息系统还将会由于退货而为公司赢得信用,改进现金流管理;从而挖掘新的利润源,增强客户的满意度。一个有效的逆向物流信息系统应该具备以下功能:①具备对退货信息的归类和分别处理,能够追踪每次退货的原因,并且为最后处理分配一个编码,如设立退货原因代码和处置代码等,实现退货商品的实时跟踪和评估。②建立基于 EDI 系统设计的信息系统,实现制造商和销售商之间退货信息的交流共享,以便双方随时查询到其所需要的信息,提高退货的处理速度,使退货在最短的时间内得以分流,节约大量的库存成本和运输成本。

相关链接

苏宁、菜鸟、京东探索"共享快递包装"新模式，逆向物流是关键

近年来，我国快递业务量呈现出爆发式增长。根据国家邮政局统计，我国快递业务量从2006年的10亿件增长至2021年的1 083亿件。快递业务量的大幅增长，必然会产生大量的快递废弃物。

与此同时，"共享经济"这个新兴经济模式不断渗入人们的生活，如共享单车、共享充电宝、共享雨伞……实践证明，"共享＋"的模式可以将供需双方进行快速匹配，从而提高资源利用率。"快递＋共享"是否可以产生化学反应呢？

"共享快递包装"便是在这一背景下诞生的。"共享快递包装"的重复使用，可以减少一次性包装物的使用，避免产生过多包装废弃物，实现绿色环保。以苏宁为例，一个共享快递盒的成本是25元，使用寿命预计可达1 000次以上，单次使用成本仅为0.025元。共享快递盒的循环重复次数越多，使用成本越低。

对于电商快递企业而言，快件是从电商到消费者。如何从消费者一端实现"共享快递包装"的逆向流转，提高其回收率，是直接影响共享快递盒重复使用率的重要因素。为此，苏宁物流、菜鸟网络、京东物流等在"共享快递包装"的逆向流转方面进行了探索和创新。

苏宁物流可以实现入仓、分拣、包装、配送、回收的全过程循环，回收方式除通过消费者当面签收后由快递员带回外，还采用了在社区、写字楼和商圈的自提柜旁设置共享快递盒回收站，开启了共享快递盒自提柜代收模式。苏宁物流还探索在全国多个城市推广共享快递盒回收车，减少丢失率的同时提高物流履行效率。

菜鸟网络在包装的循环利用方面也做了很多工作。据菜鸟绿色包装技术人员介绍，在B2C模式中，他们与厦门市政府在构建"绿色物流城市"方面进行了落地配合作，采用"循环盒＋生物基塑料袋"的包装方式，对于不能当面签收的快递，将快递内件留给消费者，循环盒由快递员带回。

除了采用自主回收、自建循环回收系统，实现青流循环箱逆向流转外，京东物流还采用了与第三方合作的模式在上海市静安区进行试点研究。回收中由业务员将消费者的箱子收回到站点，再由第三方从站点将箱子回收至京东仓库，除了可以保护消费者个人信息，还可以节省逆向物流成本。

不过，在整个快递物流行业实现"共享快递包装"的全面推广还存在很大挑战：一方面，无论是快递物流企业自主构建循环回收系统，还是采取外包给第三方的回收模式，"共享快递包装"的应用还仅限于自营快递物流体系。对于加盟制快递物流企业而言，物料的使用与回收以加盟企业为主，导致"共享快递包装"在加盟制快递物流体系内实现有效的回收和流转较为困难。另一方面，目前市场上使用的"共享快递包装"的共享还停留在企业内部的循环使用，并没有达到真正意义上的全行业共享。

"共享快递包装"作为一种绿色包装，有助于促进经济社会发展，如何在快递物流领域有效实现资源优化配置，促进企业降本增效，实现真正意义上的"共享"，是摆在市场各主体面前的一项艰巨而又紧迫的任务。通过研究，对"共享快递包装"的推广提出以下一些建议。

一是搭建快递物流行业的"滴滴"平台。滴滴通过提供一个专业用车平台接入社会车

辆,从而形成一种服务新生态。如果在快递物流行业构建类似于"滴滴"的运营平台,接入"共享快递包装"这种社会化产品,实现对不同企业之间共享快递盒的统一管理和运营,可以合理优化社会资源,提高快递物流行业包装物资源的利用率。

同时,快递物流领域的"滴滴"运营平台还可以在保障用户信息安全的基础上,通过技术创新实现对"共享快递包装"统一跟踪和追溯,有助于实现统一回收、处理和再次使用,并减少"共享快递包装"的丢失率。

二是构建逆向物流标准体系。逆向物流是循环经济的基础与核心。目前,企业对逆向物流的运营、管理和技术水平差异很大,导致大量物资没有得到很好的循环利用。众所周知,标准化是资源合理利用、节约能源和节约原材料的有效途径,因此需要尽快在快递物流领域开展逆向物流标准化工作的研究。

"共享快递包装"是实现逆向物流的实物载体,为将来实现资源信息互通共享、提高运输转运效率等打好基础,需要对其规格、尺寸、质量等产品性能进行标准化。

三是全面推广,使"共享快递包装"共享到位。"共享快递包装"的全面推行,工程量浩大,具体实施需要全社会共同参与。从国家层面而言,在对绿色物流、绿色包装顶层设计进行不断优化的同时,还需配套一定的惩罚和鼓励措施,对在"共享快递包装"应用领域取得优异成绩的企业给予政策扶持。对于企业而言,"共享快递包装"的推广需要快递物流企业的全面协同。

行业内有能力的企业应积极参与推广示范项目,通过以点带面、点面结合的模式,逐渐形成可复制、可推广的经验。而消费者是否配合是影响逆向物流的一个关键因素,对参与逆向物流的消费者给予一定的激励才能逐步换取消费者对于"共享快递包装"的认同和支持。

资料来源:https://www.56tim.com/archives/21204.

（3）建立集中退货中心（CRCS）。集中退货中心（CRCS）是一个逆向物流渠道上的所有产品的集中设施,这些退货在 CRCS 进行分类、处理,然后被装运到它们的下一个目的地。CRCS 的运用使得快速高效地处理退货成为可能,它不仅有效改进退货处理,而且降低了库存水平、改进了库存周转,在处理过程中,还形成了目标一致、富有经验的专业团队,并且改善最终的绩效。目前,已经有越来越多的零售商和制造商开始意识到它的价值。与传统退换货流程相比,基于第三方的集中退货中心不需要自己建立退换货仓库,顾客也不必将退换货商品运到在线商家,能够大幅减少运输费用,缩短退换货周期,提高退换货效率。

（4）做好返品的再处理工作。对于缺乏最新功能,但可以使用的商品,应及时入库,以备更新后再次使用;对于尚处在保修期的返回商品,要在比较维修和新建成本的基础上,进行直接调换或集中整修后另行销售;对于返回的状态良好的零部件,要整理入库供维修使用,也可通过二手零部件销售渠道进行处理;对质量、包装状态良好的返回商品,应及时进行再次销售。

 相关链接

逆向物流的价值

逆向物流能够为企业及供应链带来经济价值和环境效益,其作用主要体现在以下几个

方面。

1. 改善和提高顾客价值，增强企业战略竞争优势

逆向物流管理可以改善和提高顾客价值，增强企业战略竞争优势。市场环境的巨大变化已经戏剧性地改变了企业的经营哲学，企业开始从"以产品为中心"转变为"以顾客为中心"。在当今买方市场的经济环境下，企业竞争优势归根结底产生于企业客户创造的价值，顾客价值是决定企业生存和发展的关键因素。对于顾客来说，逆向物流的成功运作能够确保不符合订单要求的产品及时退货，保证有质量问题的商品能够及时被召回，增加其对企业的信任感。相对于其他企业而言，这种企业在市场上就具有更为有利的竞争优势。

2. 完善企业质量管理体系，提升管理水平

现代企业的质量管理很多属于一个闭环式活动，包括计划、实施、检查、改进，逆向物流恰好处于检查和改进两个环节上，承上启下，作用于两端。企业在退货中暴露出的质量问题，将通过逆向物流信息系统不断传递到管理层，管理者可以在事前不断改进质量管理体系，以根除产品隐患。从某种意义上来说，产品与服务的质量是取信于顾客的决定性因素。产品质量和服务质量的提高是永无止境的，只有不断改进和创新企业质量管理体系，才能满足市场需求，为客户创造价值，并最终实现企业价值。

3. 降低企业成本，创造成本优势

随着对物流研究的深入，成本过高的问题日益受到关注。有数据显示，美国的物流成本占 GDP 的比重不到 10%，而我国物流成本约占 GDP 的 20%。可以说，物流成本居高不下不仅影响了我国企业和产品的竞争力，甚至在宏观层面上影响了国民经济的总体运行水平。减少物料耗费，提高物料利用率，是企业控制物流成本的重点，也是企业增效的重要手段之一。但传统的物料管理模式将关注的焦点放在企业生产体系内的物料使用上，忽视了企业生产体系外废旧产品及物料的有效利用，造成了大量可重复使用资源的浪费和闲置。由于废旧产品回收价格低、来源充足，对这些产品进行回购加工可大幅度降低企业的成本。另外，如果退货占企业销售量的比例较大，若能较好地控制逆向物流系统，也可以提高企业对退货的重新利用率，极大地降低成本，提高收益率。

4. 改善企业的环境行为，塑造企业形象

随着人们生活水平和文化素质的提高，环境意识日益增强，消费观念发生了巨大变化，顾客对环境的期望值越来越高。另外，由于不可再生资源的稀缺以及对环境污染日益加重，各国都制定了相应的环境保护法规，为企业的环境行为规定了一个约束性标准。企业的环境业绩已成为评价企业运营绩效的重要指标。为了改善企业的环境行为，提高企业在公众中的形象，许多企业纷纷采取逆向物流战略，以减少产品对环境的污染及资源的消耗。

资料来源：https://www.56tim.com/archives/56709.

任务三　低　碳　物　流

一、低碳物流概念的提出

低碳物流是"低碳经济"和"物流"的交集。随着全球气候的变暖，人类的生存和发展环境日益恶化，促使人们越来越关注"低碳经济"的发展。以"低

绿色物流

能耗、低污染、低排放"为基础,全球化的"低碳革命"正在兴起,低碳的概念日益深入人心。2010年《政府工作报告》中指出,要努力建设以低碳排放为特征的产业体系和消费模式,积极参与应对气候变化国际合作,推动全球应对气候变化取得新进展。这既是兑现我国在哥本哈根气候大会上的郑重承诺,又是我国建设生态文明、实现可持续发展的迫切需要。低碳经济是指在可持续发展理念指导下,通过技术创新、产业转型、新能源开发等手段,改变能源结构,尽可能减少煤炭、石油等高碳能源消耗,减少二氧化碳等温室气体排放,达到经济社会发展与生态环境保护双赢的一种经济发展形态。低碳经济的实质是提高能源利用效率和创建清洁能源结构,核心是技术创新、制度创新和发展观的改变。

低碳经济变革渗透到物流系统内,"低碳物流"的概念开始受到关注。目前还没有关于低碳物流的统一定义,其中有代表性的观点包括:低碳物流(Low carbon Logistics)是以应对全球气候变化为背景,以科学发展观、低碳经济、物流管理等理论为基础,以节能减排、低碳发展为基本要求,抑制物流活动对环境的污染,减少资源消耗,利用先进技术规划并实施低碳物流活动。低碳物流应是物流作业环节和物流管理全过程的低碳化,其内涵体现为绿色加高效。

根据实施低碳物流的不同主体,即政府、企业和住户,低碳物流可以分为三个不同的层面:低碳社会物流、低碳企业物流和低碳住户物流。这三个层面分别关注不同的问题:以政府为主实施的为低碳社会物流;以企业为主实施的为低碳企业物流;以住户或个人为主实施的为低碳住户物流。我们主要关注低碳企业物流。

绿色物流是和低碳物流紧密相关的概念,但绿色物流的内涵和外延要大于低碳物流。根据《物流术语》(GB/T 18354—2021)的定义,绿色物流是指通过充分利用物流资源、采用先进的物流技术,合理规划和实施运输、储存、装卸、搬运、包装、流通加工、配送、信息处理等物流活动,降低物流活动对环境影响的过程。

二、低碳物流的特征

1. 多目标性

低碳物流系统有一个明确的目的,那就是运用先进的物流技术和管理理念,以减少资源消耗,降低污染物排放,使物流不对环境造成危害。低碳物流的多目标性体现在企业的物流活动要顺应可持续发展的战略目标要求,注重对生态环境的保护和对资源的节约,注重经济与生态的协调发展,以低能耗、低污染、低排放为基础,追求企业经济效益、消费者利益、社会效益与生态环境效益四个目标的统一。

2. 双向性

由于早期人们对效益认识的局限性,使物流各职能相互各自为政,因而传统物流造成了效率低下、资源浪费、污染严重的局面。这是与低碳经济模式相抵触的,低碳物流系统有两种流向渠道构成:一种是通过生产—流通—消费途径,满足消费者的需要,这是物流流向的主渠道,称为正向低碳物流;另一种是合理处置物流衍生物所产生的物流流向渠道,如回收、分拣、净化、提纯、商业或维修退回、包装等再加工、再利用和废弃物处理等,故称为逆向低碳物流。

3. 整体性

低碳物流系统展示了在低碳物流的实现过程中,从技术到一般服务层所应具备的完整的运作基础。传统的物流系统侧重于运输等具体的物流操作层面。而绿色物流系统则在其中强化了基础服务平台，同时又注重各个子系统之间的相互衔接、相互联系、相互依赖、相互作用和相互制约，从而构成一个有机的整体。这种变化使物流的实质并没有发生改变，但在物品流通传递过程的一些环节所依附的技术发生了变化，因此也相应地改变了物流的形式。

4. 效益背反性

所谓效益背反是指一个部门的高成本会因另一个部门成本的降低或效益的提高而相互抵销的这种相关活动之间的相互作用关系。换言之，效益背反的原理体现的是一方利益的追求要以牺牲另一方的利益为代价的相互排斥的状态。例如，在低碳物流系统中，减少碳排放的选择降低了环境成本，但必然以低碳技术的投入增加作为代价。

任务四　回收与低碳物流在实践中的应用

一、发展低碳物流的微观途径

要实现低碳物流，重点应该从作业环节入手，力争在每个环节实现低碳化。低碳物流作业环节主要包括低碳运输、低碳仓储、低碳流通加工、低碳包装、废弃物回收等，如图 8-5 所示。

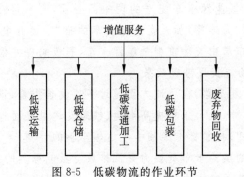

图 8-5　低碳物流的作业环节

1. 低碳运输

众所周知，运输过程中车辆的燃油消耗和尾气排放，是造成环境污染的主要原因之一。运输易燃、易爆、化学品等危险原材料或产品也可能引起爆炸、泄漏等事故。低碳物流首先要对货运网点、配送中心的设置做合理布局，同时缩短路线和降低车辆空载概率，实现节约燃料和减少排放的目标。其主要做法如下。

（1）共同配送。几个中小型配送中心联合起来，分工合作对某一地区客户的企业进行配送，它主要是指对某一地区的企业所需要物品数量较少而使用车辆不满载、配送车辆利用率不高等情况。

（2）灵活的运输方式。灵活的运输方式是指吸取铁路、汽车、船舶、飞机等基本运输方式的长处，把它们有机地结合起来，实行多环节、多区段、多运输工具相互衔接进行商品运输的一种方式。这种方式能够克服单个运输方式固有的缺陷，从而在整体上大幅提高了运输过程的效率和资源消耗。

另外，还可以通过改进内燃机技术、减少燃料消耗或者使用燃气等清洁燃料替换石油，进一步提高能效。在运输过程中,还应当防止泄漏问题,以免对周围环境造成严重污染。

 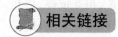 **相关链接**

太太乐深化绿色物流行动,以低碳运输奔赴理想生活

我国向国际社会宣布 2030 年前实现碳达峰、2060 年前碳中和的目标,是我国积极应对全球气候变暖做出的重大战略决策,彰显了为推动疫情后世界经济绿色复苏作出更大贡献的大国担当。作为调味品行业的佼佼者和推动者之一,太太乐与雀巢集团一起做出 2050 年将彻底实现净零碳排放的坚定承诺,并致力于在原材料、生产、物流、消费等每个环节都做到更低碳、更环保、更高效,为实现这一承诺提供重要支撑。

优化运输方式 多维并进落实低碳环保

太太乐一直积极倡导绿色物流,同时优化运输方式,提升装载率。2022 年,太太乐持续聚焦绿色物流方面的创新实践,与同位于上海江桥的重塑科技合作,在 2 月 24 日正式引进氢能源汽车,该车将作为上海市内运输的轻型氢能源卡车进行网点配送。氢能源卡车相比同吨位燃油卡车,除节能环保的优势外,在驾驶感、舒适度、低噪声等方面同样具有更加良好的表现。

太太乐作为试点启用氢能源卡车配送的调味品企业,未来将在 10 多个全国重点城市(如成都、上海、天津、沈阳、大连等)加大新能源汽车的推广,提升电能车在区域配送中短途线路的使用比例,并持续布局中长途重型氢能源卡车,积极响应并倡导绿色物流。

项目稳步推进 绿色物流获得可观效果

太太乐坚持低碳化发展道路,在物流方面通过多项改善措施,正向低碳物流的目标稳步迈进。除使用氢能源汽车外,太太乐在提高海运、铁路发运量方面也制定了明确的目标。首先是制订了淘汰欧Ⅳ(国四)排放标准柴油卡车运输车辆的计划,太太乐预计在 2022 年 9 月底前,逐步完成欧Ⅳ以下的柴油卡车更换为更低排放与氢能源车的替换工作。

同时,太太乐通过改善运输方式、优化运输线路、提升装载率方面推行切实可行的三大措施,在 2021 年共减少超过 265.69t 的碳排放量,有效减少了资源消耗与环境污染。

构建低碳生态 共筑美好未来

创立于 1988 年的太太乐至今已有三十余载,太太乐始终贯彻"让生活更美好"的企业使命,开发创造更多、更好的产品带给消费者。在"低碳化、环保化"的现阶段,太太乐积极拓展产业布局,从技术创新、产业拓展、产品规划、市场化机制等方面加速创新改革,不断优化运输方式,与国家同频共振,为实现经济、社会、生态的利益共赢和可持续发展而努力,太太乐亦将实现企业自身与社会共同的可持续发展大计。

资料来源:https://news.iresearch.cn/yx/2022/03/422314.shtml.

2. 低碳仓储

低碳仓储即仓库要布局合理,以节约运输成本。

(1)仓库布局过于密集,会增加运输的次数,从而增加资源消耗;布局过于松散,则会降低运输的效率,增加车辆空载的概率。这两种做法都会大幅增加运输成本。

(2)仓库建设还要充分考虑仓库建设对所在地环境的影响。例如,易爆易燃和化学制

品的储存仓库不能建在居民区或离居民区太近;有害物质不能建在重要水源附近等。

（3）在新建物流中心时,还应该考虑旧有的物流设施,以免建立了新的物流设施,就放弃旧的物流设施,浪费基础设施。

3. 低碳流通加工

流通加工是指物品在从生产地到使用地过程中,根据需要施加包装、分割、计量、分拣、组装、价格贴付、标签贴付、商品检验等简单作业的总称。低碳流通加工主要包括两个方面的措施:一是变消费者加工为专业集中加工,以规模作业方式提高资源利用效率,减少环境污染,如饮食服务业对食品进行集中加工,以减少家庭分散烹调所带来的能源和空气污染;二是集中处理消费品加工中产生的边角废料,以减少消费者分散加工所造成的废弃物的污染,如流通部门对蔬菜集中加工,可减少居民分散加工、垃圾丢放及相应的环境治理问题。

4. 低碳包装

包装是商品营销的一个重要手段,但大量的包装材料在使用一次后就被消费者遗弃,从而造成环境问题。我国现在比较严重的白色污染问题,就是因为大量使用了不可降解的塑料包装引起的。

低碳包装主要是指采用环保材料、提高材料利用率等的包装。例如,要促进生产部门尽量采用由可降解材料制成的包装;在流通过程中,应采取可折叠式的包装,并建立适当的包装回收制度。

（1）包装模数化。确定包装基础尺寸的标准,即包装模数化。包装模数标准确定以后,各种进入流通领域的产品便需要按模数规定的尺寸包装。模数化包装利于小包装的集合,利用集装箱及托盘装箱、装盘。包装模数如能和仓库设施、运输设施尺寸模数统一化,也利于运输和保管,从而实现物流系统的合理化。

（2）包装的大型化和集装化。包装的大型化和集装化有利于物流系统在装卸、搬迁、保管、运输等过程的机械化,加快这些环节的作业速度,有利于减少单位包装,节约包装材料和包装费用,有利于保护货体,如采用集装箱、集装袋、托盘等集装方式。

（3）包装多次、反复使用和废弃包装的处理。采用通用包装,不用专门安排回返使用;采用周转包装,可多次反复使用,如饮料、啤酒瓶等;梯级利用,一次使用后的包装物,用毕转做他用或简单处理后转做他用;对废弃包装物经再生处理,转化为其他用途或制作新材料。

（4）开发新的包装材料和包装器具。其发展趋势是包装物的高功能化,用较少的材料实现多种包装功能。

5. 废弃物回收

从环境的角度看,今后大量生产、大量消费的结果必然导致大量废弃物的产生,尽管国内已经采取了许多措施加速废弃物的处理并控制废弃物物流,但是,由于目前处理设施、技术、人力的不足,导致可处理能力有限,待处理的废弃物数量巨大,使得废弃物处理困难,如近年来大量的不可降解包装造成的污染。大量废弃物的出现对社会产生了严重的消极影响,而且会引发社会资源的枯竭以及自然资源的恶化。因此,发展低碳物流必须考虑废弃物方面的物流。

废弃物回收形成废弃物物流,是指将经济活动中失去原有的使用价值的物品,根据实际需要进行收集、分类、加工、包装、搬运、储存,并分送到专门处理场所时形成的物品实体流动。废弃物物流的作用:无视对象物的价值或对象物没有再利用价值,仅从环境保护出发,将其焚化化学处理或运到特定地点堆放、掩埋。降低废弃物物流,需要实现资源的再使用(回收处理后再使用)、再利用(处理后转化为新的原材料使用),为此应建立一个包括生产、流通、消费的废弃物回收利用系统。

二、发展低碳物流的宏观思路

1. 普及低碳观念

现阶段,人们对于低碳经济还比较陌生。因此,要促进我国物流行业健康发展,首先就要普及全民的低碳生活观念,使全社会都能认识到低碳在经济可持续发展中的重要地位,从而积极主动地推进低碳物流的发展。政府一方面可以通过国民素质教育提高公民的低碳意识;另一方面也可以通过报刊、电视、网络等各种媒体向公众宣传低碳生活的重要性,提供有益的信息进行引导,使低碳生活理念逐渐得到普及。

其次,更重要的一点是培养企业经营者低碳经济的理念,包括提供低碳产品、低碳包装等。同时,也是非常关键的一个环节是保证商品在流通过程中的低碳化,从而要培养物流企业经营者承担社会责任的意识,使其在运输和仓储等活动中主动减少废气排放、噪声污染和交通阻塞等问题,让其意识到,只有同时实现经济效益、社会效益和生态效益,才能实现企业的长远发展。通过消费者的低碳消费舆论迫使相关企业实施低碳物流管理,同时也使大量消费过的物资通过正确途径返回再处理,加强物资的循环利用。

2. 完善相关政策法规

在经济快速发展的同时,我国还先后制定和修订了《中国应对气候变化国家方案》《中华人民共和国节约能源法》《中华人民共和国可再生能源法》《中华人民共和国循环经济促进法》《中华人民共和国清洁生产促进法》《中华人民共和国森林法》《中华人民共和国草原法》和《民用建筑节能条例》等一系列法律、法规,把法律、法规作为应对气候变化的重要手段。2021年9月21日,国家主席习近平在北京以视频方式出席第七十六届联合国大会一般性辩论,提出"中国将大力支持发展中国家能源绿色低碳发展,不再新建境外煤电项目",进一步强调了我国践行"碳中和"政策的决心。

中国积极推进节能减排,物流作为国民经济发展的支柱产业之一,也正在加速向低碳、绿色方向转型,用现代科技手段,构建绿色供应链流通体系,实现绿色、高效的智慧物流发展。在数字经济时代,物流行业向低碳、绿色转型,运用互联网和大数据技术,构建物流信息化和数字化水平,实现线上智能化、自动化作业,数字化运营,提升运作效率,降低能耗,是众多企业的选择。物流源以"科技物流,物流科技"为理念,以环保、绿色为核心,致力于为物流上下游企业提供专业的物流高效信息协同平台、数字化、无纸化等解决方案,把控物流订单管理、在途运输、异常监控和对账结算等作业全流程,提升物流运行效率,降低能耗和碳排放,同时节约纸张成本。

3. 逐步开发低碳技术

低碳物流的实现最终要依靠先进的低碳技术,2010年《政府工作报告》中提出,要加快转变经济发展方式,调整优化经济结构,强调大力开发低碳技术,积极发展新能源和可再生能源,提出要努力建设以低碳排放为特征的产业体系。少数高端物流企业应在政府的大力协助下,以清洁发展为目标,以科技进步为手段,积极自主研发低碳能源核心技术,通过与发达国家相关企业合作,引进低碳技术领域的创新思维,配合清洁能源方面的专业知识,开发新型低碳技术,并将这些新型技术应用在物流领域中,从而推进低碳物流的实现。

4. 整合物流有效资源

现阶段,我国物流企业大多规模偏小,较小的经营规模成为现有的物流企业发展的重要制约因素,影响了企业经营效率的提高。在经济社会高速发展的趋势下,物流企业走规模化发展的道路将是企业的需求和企业自身发展的一种必然趋势。规模经营使得物流企业的平均单位经营成本大幅降低,企业的竞争优势得到加强,企业的核心竞争力提高。通过整合现有资源,优化资源配置,能够提高资源利用率,减少资源消耗和浪费。所以,在当前阶段,通过整合现有物流资源,优化资源配置,提高资源利用率,减少资源消耗和浪费,是当前首要任务,也是企业做大做强的必经之路。只有这样,企业才有时间和精力投入低碳技术的研发中,逐步将低碳物流的发展纳入日程,这正是社会可持续发展所提倡的,也是我国发展低碳物流亟待逾越的障碍。

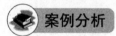

项目小结

在电子商务环境下,逆向物流是以消费者为导向,以网络信息技术为基础,以产品回收为核心,将产品从消费者手中回收到企业的过程。电子商务逆向物流管理需要从事前和事后两个视角,以预防和减少为基础,同时采用合适的方式高效处理不可避免的逆向物流。低碳物流是"低碳经济"和"物流"的交集。要实现低碳物流,重点应该从低碳物流的作业环节入手,力争在每个环节实现低碳化。低碳物流作业环节主要包括低碳运输、低碳仓储、低碳流通加工、低碳包装、废弃物回收等。

思考题

1. 什么是回收物流、逆向物流与废弃物流?
2. 电子商务中逆向物流产生的原因是什么?
3. 低碳物流的特征是什么?
4. 低碳物流作业环节主要包括什么?

案例分析

绿色低碳变"废"为宝,顺丰推出"箱"伴计划

居住于广州越秀区的吴女士是一位购物达人,但是"买买买"的背后,不断堆积的快递纸箱也变成了她的难题。当作垃圾扔掉有些不环保,留起来又占用空间。

最近,她收到了一个有些特别的快递包裹,这个快递纸箱的内侧设计了示意线条,按照提示把快递箱拆开平铺,沿着示意线裁开,很快就制作出了一个置物架。"我觉得很有意思!快递纸箱变废为宝,被再次利用,自己可以动手参与践行环保。"吴女士收到的快递纸箱来自顺丰,这种特别的纸箱是顺丰推出的"'箱'伴计划"其中的一个举措。据悉,顺丰在全国大中城市共投放了数十万个限定版创意纸箱,激发用户动手对旧纸箱进行改造,传递变"废"为宝的环保理念。

顺丰于2020年推出的一项名为"'箱'伴计划,'益'起纸造美好"的活动。为敦煌研究院的敦煌湿巾定制了可进行二次创作改造的快递包装盒,同时联合5位艺术设计师进行打样,

对用过的快递纸箱进行再创作及二次利用。通过这些创意纸箱的改造案例的展示,激发用户动手对旧纸箱进行改造,传递变"废"为宝的环保理念。

2021年,顺丰"箱"伴计划从案例展示升级为在城市落地,10月底开始,顺丰在上海、广州、深圳等城市投放了数十万个限定版顺丰创意纸箱。用户收到快递拆箱后,把用完的快递箱拆开平铺,沿着示意线条裁剪拼接,就能让纸箱资源利用、变废为宝,变成生活中的实用好物(置物架、笔筒、电子设备支架三件套)。

顺丰围绕"绿色物流低碳生活"的环保主题,通过科技创新,将绿色理念贯穿在快件全流程,从包装、运输到转运,从各个环节提升自身的资源利用率,降低碳排放和能源消耗,践行环保社会责任,促进社会可持续发展。

在绿色包装方面,顺丰研发了包含标准循环箱、集装容器、循环文件封等循环快递容器,通过搭建顺丰循环运营平台进行数据管理,积极联合各利益相关方打造快递包装循环生态圈。2021年9月,顺丰投入社会使用的循环产品总计2 900万个,总循环次数2.9亿次。其中,顺丰标准循环箱共计循环2 210万次。顺丰启动"丰景计划"对包装进行技术改造,打造减量化快递绿色包装。自启动计划以来,累计实现节省原纸约6.6万吨,节省塑料约1.6万吨,合计减少碳排放约17.5万吨。

在绿色运输方面,顺丰持续对新能源物流车进行投放,已投入超过1.8万辆;此外,顺丰也在探索天然气车辆的推广应用。同时,积极响应国家"公转铁"号召,减少干线车辆发货并增加铁快班列发货量。也注重打造低能耗高效率"绿色机队",引进747/757/767等满载情况下燃料效率更高、每吨载重每小时油耗更低的大型货机,采取截弯取直、二次放行等一系列措施,持续降低飞机能耗。

在绿色转运方面,顺丰积极打造绿色产业园,降低快递中转对环境的污染,合理进行仓库空间布局等方面的提升,促进快递中转效率与节能效益的提高。同时积极加强可再生能源利用,开展可再生能源计划,减少温室气体的排放。顺丰在合适的场地推进屋顶分布式光伏建设,加大清洁能源电力引入,新一期项目新增约10万平方米。

顺丰不仅关注自身运营中的碳排放管理,也希望绿色价值延展至供应链,倡导并携手上下游的伙伴和客户,成为"零碳路上的合作伙伴"。

2021年11月下旬,顺丰已试点上线绿色能量平台,消费者通过绿色低碳行为如使用环保包装等获得"绿色能量",用这些能量可以兑换环保礼品、优惠券等权益,携手消费者共创低碳生活。

为推动员工绿色生活,实现个人碳中和,顺丰上线了"顺丰森林"的应用。顺丰志愿者可以在应用内测算一定时间内直接或间接产生的温室气体排放总量,通过植树造林的形式,抵销自身产生的二氧化碳排放量,实现二氧化碳"零排放"。截至2021年10月,已有26 000多人参与"顺丰森林"线上活动,累计4 800多人线上领养树苗15 000多棵。顺丰自2020年在河北邯郸种植第一个顺丰碳中和林之后,一直在不断地提升员工碳中和素养,创新推动碳中和工作,通过顺丰森林微应用的线上化推广让低碳渗入企业文化,影响更多人参与碳中和,共创人类可持续未来。

2021年6月5日世界环境日,顺丰发布了业内首份"碳目标白皮书2021",提出拟在2021年基础上,在2030年实现自身碳效率提升55%,实现每个快件包裹的碳足迹降低70%,打造气候友好型快递。未来,顺丰将坚持以科技创新,持续提升自身资源利用效率,减少各业务环节的碳排放,并期待与合作伙伴一道,通过科技赋能推动行业绿色转型升级,共同承担保护地球家园的责任。

资料来源:https://baijiahao.baidu.com/s? id=1718643874442132499&wfr=spider&for=pc.

思考与分析:

(1) 顺丰低碳绿色物流是如何推行的?

(2) 低碳物流的实现方式有哪些?

(3) 假如你是企业物流的管理者,如何协调低碳物流成本与收益之间的矛盾?

实训演练

某市场低碳物流方案调研

(1) 实训目的:通过实训,了解某市物流行业情况,提出低碳物流方案。

(2) 实训内容:通过调研,了解某市物流行业现状,了解什么是低碳物流,以及低碳物流产生的背景,结合某市物流行业现状,提出低碳物流方案。

(3) 实训要求:将参加实训的学生分组,在教师指导下进行调研,完成实训报告。

电子商务供应链管理

学习目标

知识目标

1. 掌握供应链管理的概念、特点、目标与原则，理解供应链设计的步骤与指标体系，了解供应链管理五大挑战与风险管理；

2. 掌握快速反应（QR）与高效客户反应（ECR）策略以及对比分析，熟悉准时生产方式（JIT）核心思想；

3. 掌握物料需求计划、制造资源计划、企业资源计划概念，理解物料需求计划特点，了解制造资源计划的发展方向与企业资源计划核心思想。

能力目标

1. 能够结合供应链设计的原则、内容和策略，绘制供应链结构模型图；

2. 能够运用电子商务技术解决传统环境下供应链运作存在的问题。

素养目标

1. 培养良好的团队协作精神和敬业精神；

2. 强化自学、理解与表达能力以及综合运用知识从事供应链管理较复杂程度工作的能力。

 案例导入

顺丰助力医药供应链新发展

截至 2021 年 9 月 18 日，我国累计报告新冠疫苗接种人数超过 11 亿，接种人数占全国总人口的 78%，接种总剂次和覆盖人数均居全球首位，人群覆盖率位居全球前列。新冠疫苗接种工作的顺利推进，离不开强大的医药冷运供应链支持，依靠科技赋能全面提升运营效率与质量，一些物流企业深度参与疫苗运输，成功化疫情挑战为机遇，有力保障了人民健康安全的同时，自身也取得了重大的发展突破。

顺丰致力于为药品厂家、流通企业、疫苗厂家、各级疾控中心、医院和连锁药店等医药产业链上各类型企业，提供质量安全、经营合规、科技领先的仓储物流和供应链服务。目前，顺丰医药已为赛诺菲、拜耳、哈药集团、华润三九等国内外知名药企，以及中生集团、智飞集团、广东省疾控、上海疾控等疫苗厂家和疾控中心提供了优质的仓储、运输和全程质量追溯等服

务。顺丰医药已与全国诸多疫苗生产企业中的22家建立了合作关系,疫苗配送范围已经覆盖全国34个省市、自治区逾2 000家疾控中心,占全国疾控中心的60%。

在整个疫苗运输领域,顺丰医药深入研究,基于临床与上市两大阶段细化了14个整体供应链场景,以此为基础并结合国家对于医药服务质量安全性的要求,打造国内疫苗运输解决方案,建立了"四个100%":保证疫苗运输过程中的操作人员、司机100%为顺丰自有;保证储存、运输疫苗的仓库、车辆100%为顺丰自有,且按照国家GSP规范标准要求验证合格;保证疫苗配送过程100%顺丰运营,杜绝业务转嫁外包;保证100%全程温度监控疫苗。

此外,顺丰医药还针对设备管理建立了16类精细化的管理规范,针对运营管理细化了32个环节,并制定了9项应急机制及12项项目保障措施,以端到端的全方位专业人才及专项服务团队保障疫苗的运输。在入围第一批运输重点联系企业后,顺丰医药还利用物联网、区块链等科技全面赋能疫苗运输,以智能化可视化强监控及可追溯的科技医药服务平台,形成完整的疫苗全程追溯闭环体系,确保疫苗不流失、不出现质量问题。

同时,基于顺丰自主研发的OTMS(医药版)系统,实现订单、运输、仓储、结算等业务环节闭环,满足医药行业对于路由轨迹信息可视、温湿度可视、预警报警、物联网、结算功能相关的要求,构建端到端的一体化供应链管理体系,提升医药物流研发及系统服务能力,推进医药行业数智化升级。

我国一贯主张深化疫苗国际合作,截至2021年9月,中国已经向100多个国家和国际组织提供了12亿剂疫苗和原液。我国的对外疫苗援助、中国生物医药走出国门,都离不开冷链物流企业的支持,像顺丰这样能够充分利用自身航空运力及全球供应链网络的优势的企业,值得期待。

资料来源:https://baijiahao.baidu.com/s? id=1715393139377188085&wfr=spider&for=pc.

思考与分析:医药供应链由哪些结构主体组成?

任务一　供应链管理概述

一、供应链管理的概念

供应链管理是在满足服务水平需要的同时,为使系统成本最小而采用的把供应商、制造商、仓库和商店有效地结合成一体来生产商品,并把正确数量的商品在正确的时间配送到正确地点的一套方法。

《物流术语》(GB/T 18354—2021)规定:供应链管理(supply chain management,SCM)是指从供应链整体目标出发,对供应链中采购、生产、销售各环节的商流、物流、信息流及资金流进行统一计划、组织、协调、控制的活动和过程。

供应链及供应链管理概述

我国学者单汩源在其《供应链管理及其应用研究》中提出:供应链是借助网络技术,将分布在不同地区的供应链合作伙伴,在较大区域范围内进行集成,力图通过各个组织之间相互的责任分担、利益共享等机制来共同获得收益。

著名学者马士华在其《供应链管理》中认为供应链比较确切的定义应为:供应链是围绕核心企业,通过对信息流、物流、资金流的控制,从采购原材料开始,制成中间产品以及最终产品,最后由销售网络把产品送到消费者手中的将供应商、制造商、分销商、零售商、直到最终用户连成一个整体的功能网链结构模式。

美国物流管理协会:以提高企业个体和供应链整体的长期绩效为目标,对特定企业内部跨职能部门边界的运作和在供应链成员中跨企业边界的运作进行战术控制的问题。

从供应链管理的实践看,供应链管理的主要目标是缩短产品完成时间,使生产更加贴近实时需求,减少采购、库存、运输等环节的成本,也就是从时间和成本两个方面使产品增值或增加顾客价值,从而增强企业的竞争力。

时间对两方面目标都有着重要的影响:对于服务水平,最重要的是对市场需求的响应速度,即对需求的响应时间;对于成本来说,时间的延长会导致各种运作成本的升高,例如存储成本、产品滞销的损失等。加强时间管理,可以实现在服务水平与运作成本两个方面的同时优化。

运用集成化管理思想,从系统的观点出发,改进服务、缩短时间、提高品质与减少库存、降低成本是可以兼得的。

二、供应链管理的内容

1. 供应链管理涉及的主要领域

除以上所讲的三种"流"外,从管理职能的角度来看还有战略性供应商和用户伙伴关系管理;供应链产品需求预测和计划;全球节点企业的定位、设备和生产的集成化计划、跟踪和控制;企业内部与企业之间物料供应与需求管理;基于供应链管理的产品设计与制造管理;基于供应链的用户服务和运输、库存、包装等管理;企业之间资金流管理(汇率、成本等问题)等。

2. 供应链管理涉及的主要问题

供应链管理涉及的主要问题:随机性问题;供应链结构性问题;供应链全球化问题;协调机制问题。

3. 供应链管理的运营机制

通过供应链管理的合作机制、决策机制、激励机制和自律机制等来实现满足顾客需求、使顾客满意以及留住顾客等功能目标,从而实现供应链管理的最终目标:社会目标(满足社会就业需求)、经济目标(创造最佳利益)和环境目标(保持生态与环境平衡)的合一。

三、供应链管理的特点

供应链管理的特点:以客户为中心;强调物流、资金流、信息流的集成;强调伙伴之间的合作;强调一体化的精细管理;注重信息技术的集成应用;更加关注物流企业的参与;注重供应链的动态优化管理。

供应链管理把供应链中的所有节点企业看作一个整体,供应链管理涵盖整个从供应商到最终用户的采购、制造、分销零售等职能领域过程。它强调和依赖战略管理,最关键的是采用集成的思想和办法,而不是各个环节的简单链接,具有更高的目标,通过管理库存和合作关系达到更高水平的服务。

四、供应链管理的目标

为了满足客户需求,用系统的观点对供应链中的物流、信息流、资金流进行设计、规划、控制与优化,即行驶通常管理的职能,进行计划组织协调与控制,以寻求建立供产销以及客户之间的战略合作伙伴关系,最大限度地减少内耗与浪费,实现供应链整体效率的最优化,并保证供应链中的成员取得相应的绩效和利益的整个过程。其目标是使公司和包括最终客户在整个供应链网络的竞争力和盈利能力实现最大化。

五、供应链管理的原则

1. 系统性原则

敏捷供应链是对参与供应链中的相关实体之间的物流、信息流、资金流进行计划、协调与控制,提高供应链中所有相关过程的运作效率和所有环节的确定性,在最大化整体效益的前提下实现各实体或局部效益的最大化或满意化。因此,必须坚持系统性原则,将供应链看成是一个有机联系的整体,运用系统工程的理论与方法,管理与优化供应链中的物流、信息流、资金流,达到整体效率及效益提高、成本降低、资源配置合理的目标。

2. 信息共享原则

在敏捷供应链中,对物流及资金流进行有效的控制依赖于正确、及时的相关信息,预见并降低供应链中各环节的不确定性。形成供应链信息集成平台,为供应链企业之间的信息交流提供共享窗口和交流渠道,同时保证供应链同步化计划的实现,实现按照客户需要订单驱动生产组织方式,降低整条供应链的库存量。

3. 敏捷性原则

敏捷供应链处于竞争、合作、动态的市场环境中,市场存在不可预测性,快速响应市场变化是敏捷供应链的要求。因此,必须坚持敏捷性原则,从供应链的结构、管理与运作方式、组织机制等方面提高供应链的敏捷性。

4. 组织虚拟性原则

由于市场的变化和不可预测性,要求有效运作的企业组织具有灵活的动态性,根据市场的需要及时对企业组织结构进行调整或重组。

5. 利益协调原则

企业或企业联盟的各种行为都是围绕价值最大化这个最终目标展开的,敏捷供应链管理的内在机制在于各成员利益的协同一致,没有共赢的利益协同机制,就会使参与实体的目标偏离整个供应链的目标。因此,必须坚持利益协同性原则,根据相关实体的特征、信誉等级、核心竞争力等因素,在实体间建立适当的协作关系,明确各自的责任义务与利益,使供应链中的相关实体在共赢的利益基础上,平等合作,取长补短,互惠互利。

 相关链接

助推经济发展:迎接供应链物流新未来

在"立足新发展阶段、贯彻新发展理念、构建新发展格局、推动高质量发展"目标的指引下,我国产业发展必将在空间布局、运行模式、主体关系等层面发生重大变革。

为支撑和服务构建以国内大循环为主体、国内国际双循环相互促进的新发展格局,为加快经济高质量发展,"十四五"时期,我国将在实施扩大内需战略、推动产业链供应链现代化、加快农业农村现代化、推动区域协调发展、建设现代流通体系、改善人民生活品质等一系列

方面,发挥物流供应链串接产业链、推动产业融合发展的重要作用,物流供应链将迎来重大的发展机遇。要求物流加快转型升级、构建网络服务体系、提升运行质量、在供需适配中扩大发展规模,各类物流企业主体应积极响应,共同迎接美好的供应链物流新未来。

构建"通道＋枢纽＋网络"的现代物流运行体系,物流供应链服务将从企业供应链管理层面走上要素组织的前台。要发挥物流供应链在整合资源,推动物流基础设施资源优化组合和合理布局中的组织作用,通过集约高效的供应链物流组织,打造高效物流服务运作平台,提高物流资源利用效率,通过促进运输服务网络联通,推动物流干支配运作网络的有机衔接和畅通运行,在"大循环""双循环"经济运行中加快物流国内国际网络衔接和重构,提高物流网络化、集约化、规模化运行质量,促进物流降本增效方式与路径变革。

培育发展创新赋能的现代物流经济,物流供应链既是手段又是发展目标。要发挥物流供应链串接产业链对经济要素的聚集引领作用,培育和建设综合性辐射能力强的现代物流枢纽,尤其是国家物流枢纽的布局和建设,大力发展枢纽经济。要积极通过物流供应链服务创新驱动要素组织变革,推动物流自身及物流与制造业、农业等产业融合发展。

要加快物流特色发展,创新物流业态和模式,应用现代信息智能技术,加快培育城市新物流经济。

要推动物流供应链服务区域产业分工合作,加密物流通道流量和推动双向物流平衡,加快发展区域间通道经济。培育分工协同的物流市场主体体系,既支撑现代物流运行体系建设,又营造互利合作的企业发展生态。

要优化市场竞争环境,建立良好的各类企业分工合作关系,创新企业诚信发展监管模式,维护和引导企业有序竞争。

要鼓励企业技术进步,以技术能力和环境维护物流供应链体系的建设,推动企业创新发展。要引导企业在设施空间布局方式、企业合作发展模式和业务合作关系等多个层面转型升级,为提高物流供应链的整体发展质量和水平奠定基础。

要加大开放力度,加快国内国际物流网络衔接和服务对接,实现国内国际物流一体化发展,以强大的"大循环"供应链物流引领国际物流服务升级,加快培育国际供应链服务拓展能力。

构建新发展格局下的物流供应链,必然成为我国物流体系现代化的重要推力和发展任务,物流供应链构建和物流企业发展,必须着眼于打通生产、分配、流通、消费等国民经济循环中的物流服务堵点和梗阻,把握好转型升级和补短板主攻方向,实现物流供应链在国内、国际两个循环运行层面的大规模、高质量、新组织的历史性变革,以技术创新、业态创新、模式创新为根本,抓住物流供应链难得的重大发展机遇,迎接物流供应链创新发展的春天。

资料来源:https://www.56tim.com/archives/191969.

任务二　供应链设计与管理

一、供应链的设计

1. 供应链设计的内容

(1) 供应链成员及合作伙伴选择。供应链中一级级叠加起来的成员总数可能会很大,所以这样的供应链是非常复杂的。

（2）网络结构设计。供应链网络结构主要由供应链成员、网络结构变量和供应链间工序连接方式三方面组成。

（3）供应链运行基本规则。供应链运行基本规则主要内容包括协调机制、信息开放与交互方式、生产物流的计划与控制体系、库存的总体布局、资金结算方式、争议解决机制等。

2. 供应链设计的步骤

（1）分析核心企业的现状。

（2）分析核心企业所处的市场竞争环境。

（3）明确供应链设计的目标。

（4）分析组成供应链的各类资源要素。

（5）提出供应链的设计框架。

（6）评价供应链设计方案的可行性。

（7）调整新的供应链。

（8）检验已产生的供应链。

（9）比较新旧供应链。

（10）完成供应链的运行。

3. 供应链设计的评价指标

供应链设计的评价指标包括：①柔性；②稳定；③协调；④简洁；⑤集成。

二、供应链管理者角色

供应链管理者角色在许多公司称为供应链管理的理念，描述为物流管理或配送管理可能更加准确。同样，供应链经理等职位实际上相当于物流经理（负责物流计划）或配送经理（负责实际货品搬运和存储）。其实供应链管理的含义不仅局限于其字面的意思。它其中一个关键任务是同时关注内部问题以及外在业务范围。

供应链管理的目的就是管理与上游供应商和下游客户的关系，以更低的供应链总体成本为最终市场提供卓越价值。

目前，许多公司将越来越多的运作外包出去。因此，他们对供应商和服务商的依存度越来越高。同样，公司在多渠道营销和配送领域涉足越深，就越需要与中间商密切合作。

跨界管理（又称"扩展企业"）所产生的影响越来越显著。最大的挑战是实现供应链端对端管理所需要的管理技能和能力。

采用供应链管理理念对于企业组织结构有着关键影响。几个世纪以来，企业一直采用基于"劳动分工"的组织逻辑，即各项活动在相关职能或部门内进行。虽然这种职能化组织理念可确保资源有效利用，但是，却过度注重于内部，可能造成"孤岛"思维。这类企业还可能无法快速响应客户需求，因此，对市场变化反应迟钝。

另外，能快速应对客户需求变化的公司往往更加注重于"流程"管理。所谓流程，就是面向市场，为客户创造价值的横向系列化活动。根据定义，流程具有跨部门特点，可通过跨部门团队进行最佳管理。

简而言之，就是要求企业从内向型"纵向"结构转换为外向型"横向"结构。

横向组织结构具有多项突出特点：①面向市场；②流程化组织；③基于跨部门团队；

④以顾客核心基准为导向。

横向组织结构的特点在于关注流程,而非关注职能。由于客户价值是通过流程创造和交付的,因此以一体化方式进行流程管理,即通过跨部门团队进行流程管理变得十分重要。跨部门团队由来自各职能部门的专员组成,由整合负责人牵头,其职责就是领导团队实现公司的市场化目标。在这种组织结构中,各级管理人员必须具备与原来不同的技能。

整合负责人应具备哪些技能和能力?公认的模型就是"T型经理"理念。T型经理要具有特定的职能专长(代表T字的竖),同时应深入了解端对端供应链流程中发生的各类活动(代表T字的横)。

比如,流程管理负责人可能具有库存管理相关的背景,也就是其职能专长。要成为成功的整合负责人,他还应了解所有能将订单转化为现金的活动。为此,他必须熟悉相关的信息系统技术、成本核算工具(如活动化成本核算等)以及合理的计划框架[如销售与运营计划(S&OP)等]。而且,供应链整合负责人还必须善于识别和管理造成供应链复杂的因素。要取得更加好的效果,他还须熟悉业务流程再造、六西格玛技术等技能。总而言之,他必须熟悉供应商关系管理和客户关系管理当中的最新思维。这确实是一项大挑战!

通过以上的分析,我们可以发现,目前很少有人能全面满足这些要求,成为一位成功的供应链整合负责人。

显而易见,供应链整合负责人所需的技能和能力不能仅凭耳濡目染或者经验而获得,而必须接受相关管理课程的培训。可喜的是,目前越来越多的商学院及其他教育机构开始提供相关的高级课程。不过,鉴于当前的经济形势,许多公司削减了培训预算,结果,他们面临的风险是供应链技能差距会越来越大。而对于接受过相关教育培训的人士来说,目前是他们开始供应链管理职业生涯的黄金时期。

三、供应链管理五大挑战

为了适应供应链管理的发展,必须从与生产产品有关的第一层供应商开始,环环相扣,直到货物到达最终用户手中,真正按"链"的特性改造企业业务流程,使各个节点企业都具有处理物流和信息流的运作方式的自组织和自适应能力。因此,目前供应链管理过程中所遭遇到的挑战主要来自以下五个方面。

(1) 供应链管理系统的设计。怎样将制造商、供应商和分销商有机集成起来,使之成为相互关联的整体,是供应链管理系统设计要解决的主要问题。其中与供应链管理联系最密切的是关于生产系统设计问题。传统上,有关生产系统的设计主要考虑的是制造企业的内部环境,侧重点放在生产系统的可制造性、质量保证能力、生产率、可服务性等方面,而对企业外部因素考虑甚少。在供应链管理的影响下,对产品制造过程的影响不仅要考虑企业内部生产要素的影响,而且要考虑供应链对产品成本和服务的影响。供应链管理的出现,扩大了原有的企业生产系统设计范畴,把影响生产系统运行的因素延伸到企业外部,与供应链上的所有企业都联系起来了,因而供应链管理系统设计就成了构造企业系统的一个重要方面。

(2) 贯穿供应链的分布数据库的信息集成。对供应链的有效控制要求集中协调不同企业的关键数据。所谓关键数据,是指订货预测、库存状态、缺货情况、生产计划、运输安排、在途物资等数据。为便于管理人员迅速、准确地获得各种信息,应该充分利用电子数据交换(EDI)、internet等技术手段实现供应链的分布数据库信息集成,达到订单的电子接收与发送,共享多位置库存控制、批量和系列号跟踪、周期盘点等重要信息。

(3) 集成的生产计划与控制支持系统。供应链上任何一个企业的生产计划与库存控制决策都会影响整个供应链上其他各个企业的决策。各企业节点都不是孤立的,因此要研究协调决策方法和相应的支持系统。运用系统论、协同论、精细生产等理论与方法,研究适应于供应链管理(SCM)的生产计划与控制模式和支持系统。

(4) 组织系统重构。现行企业的组织机构都是基于职能部门专业化的,基本上可适应现行制造业企业管理模式的要求,但不一定能适应供应链管理,因而必须研究基于 SCM 的流程重构问题。为了使供应链上的不同企业、在不同地域的多个部门协同工作以取得整个系统最优的效果,必须根据供应链的特点优化运作流程,进行企业重构,确定出相应的 SCM 组织系统的构成要素及应采取的结构形式。

(5) 研究适合我国企业的供应链绩效评价系统。SCM 不同于单个企业管理,因而其绩效评价和激励系统也应不同。新的组织与激励系统的设计必须与新的绩效评价系统相一致。

总之,要从实用的角度出发,以计算机集成制造技术、网络技术、EDI、Internet、Intranet 为基础,以系统论、柔性理论、协同论、精细生产、敏捷制造、集成理论、企业重构等为指导,利用现有技术建立 SCM 的支持系统,更好地服务于企业竞争的需求。

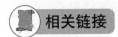 相关链接

中小企业供应链管理发展趋势

以企业规模来分类,中国有将近90%的企业可称为中小企业,而这些中小企业的管理现状都非常落后,特别是在中国企业界提出不久的供应链管理。供应链管理理念在中国企业管理中年龄非常轻,21世纪初,华为、联想等大型企业开始提出供应链管理的理念,经过10年的发展与探索,供应链管理理念逐步在制造型企业中传播开来,越来越多的企业家开始重视供应链模块的管理,开始引入供应链管理咨询,试图从中获取更多的利益,以客户为中心的供应链体系的打造,增加企业的核心竞争力。

当前,供应链管理在中国中小企业的管理中水平绝对是初级的、表层的,中国的企业家、职业经理人极少是从供应链领域起步发展的,对供应链的认识具有片段性与局限性,无法对供应链进行正确合理的定位,无法做到统筹协调管理企业供应链,只能"摸着石头过河",在供应链管理与发展的关键节点上有"听天由命"的味道。那么中小企业的供应链管理未来的趋势如何呢? 中国的中小企业供应链管理到底应该如何做呢? 益邦供应链的顾问根据多年对中小企业供应链管理的辅导经验认为,目前,中小企业的供应链应重点把握好未来几年的发展趋势,根据自己企业产品与业务的特点,制定相应的策略与方案,管理好自己的供应链,使之成为企业的核心竞争力。

1. 完成供应链在中小企业中的正确定位

中小企业在开始注重供应链的发展与管理后,大部分企业家将其定位为一个满足交付的成本中心,其实,在企业漫长的供应链发展过程中,处在不同阶段、不同规模的企业供应链定位异常重要,这决定了组织结构配置、资源配置、供应链目标等。

在企业的微、小阶段,供应链应该定位为交付中心,其目的是实现客户订单的交付,供应

链的所有环节都应以正确的交付为目标；在企业的中级阶段，供应链定位需应有转变，为了将来供应链的集成与将供应链作为企业的核心竞争力，需将供应链定位为企业的利润中心，以供应链的利润贡献度作为关键考核指标（KPI）运作；同时，利润中心的定位，为未来企业扩张的供应链配置做了铺垫。

2. 快速渗透供应链管理理念

当前，在中小企业的管理中，供应链的管理理念非常薄弱，甚至有部分企业尚未开始意识到供应链管理的重要性，企业在中小规模阶段，需要企业高层充分重视，快速渗透，让全公司意识到供应链管理的重要性。只有公司上下在意识上的重视，方能改变当前中国中小企业供应链管理的现状。益邦供应链管理顾问在经历众多中小企业的供应链变革之后认为，绝大部分中小企业供应链管理落后、固步不前的一个重要原因是企业的意识不足，意识问题没有改变与解决，供应链管理难有作为。

3. 以客户为中心打造供应链

中小企业都处在供应链的基础建设阶段，如何打造供应链，打造一个什么样的供应链，都成为供应链建设初期的主要议题。供应链管理的直接目标是在正确的时间将正确的产品与服务交付到正确的地点，为客户所接受；终极目标是为企业赢取利润。不管是直接目标还是终极目标，都是为了保证客户在产品与服务获取方面的满意，因此，以客户为中心打造与配置供应链，将是中小企业供应链发展的一个重要趋势。

4. 继续保持快速反应高柔性的特点

中小企业的供应链有着非常明显的特点，那就是反应快速、柔性高，很多小企业都是以快速交付、能应付交付的波峰波谷、高柔性的特点从规模比他们大很多的企业手中抢得订单以延续企业生命。快速反应是指接到客户订单后能迅速（比竞争对手更短的时间）地完成交付；柔性高是指供应链能从容地应付客户在量与交期上的巨大波动，能很好地应付交付的波峰波谷，也不至于使自身处在一个高风险的状态。这些特点是很多上规模的企业很难具备的交付特征，也是很多客户在选择供应商时重点考量的因素，中小企业不能失去这个赖以生存与扩张的优势，在企业规模扩大的同时，继续保持这些难得的特征是未来发展的一个重要趋势。

5. 先流程再IT

我们在供应链的变革中遇到很多这样的现象：企业家为了迅速提高管理的水平，寄希望于IT系统的上线实施，通过IT的实施改善流程提高管理水平，众多的案例证明这是一个错误的理念，IT系统是将管理者的方法与流程固化、信息化的一个工具，本身不具备控制与管理的能力。任何IT系统的上线均需要先梳理内部管理流程、步骤、方法，再通过IT系统固化，方便使用者的操作。如前面提到的通过IT优化管理是一种本末倒置的做法，中小企业在供应链管理中需要充分认识到这一点的重要性，把握好这个因果关系，才不至于使管理处于混乱，才不至于使实施后的IT系统无所适从。

供应链管理是一个巨大的工程，需要有详细的规划与提前设计，这就需要企业管理者对供应链的发展趋势有正确的把握，益邦供应链顾问通过长期对中小企业供应链进行辅导，总结出以上几点未来供应链管理发展趋势，希望对后来者有所帮助；同时，供应链管理从业者也要充分结合自己企业产品特点与业务特点把握好管理与发展趋势，制订适应于自身供应链的计划与方案，支撑供应链成为企业的核心竞争力。

资料来源：http://www.chinawuliu.com.cn/zixun/201902/27/338743.shtml.

四、供应链风险管理

供应链风险管理的实施战略就是要解决一个企业在具体实施供应链管理方式时所依据的方法论和策略，避免走弯路或出现失误。

（1）在企业内外同时采取有力措施。从企业内部来说，主要是发扬团队的合作精神。从外部来说，合作的概念已经发展到以前竞争对手之间的合作。

（2）充分发挥信息的作用。因为市场在急剧变化，所以最主要的是掌握用户需求的变化和在竞争中知己知彼。

（3）供应链企业的组成和工作。从竞争走向合作，从相互保密走向信息交流，实际上会给企业带来更大利益。

案例：如果市场上出现一个新的机遇，譬如看准了半年后推出某种新型计算机必能畅销，于是几家本来是竞争对手的大计算机公司，可能立即组成一种合作关系。A 公司开发的主机性能好，B 公司的软件开发能力强，C 公司的外围设备有特色和很好的声誉，各家都发挥自己的优势共同开发，就能迅速占领市场。完成这次合作以后，各家还是各自独立的公司。这种方式就是"敏捷制造"。实施敏捷制造的基础是全国乃至全球的通信网络，在网上了解到有专长的合作伙伴，在网络通信中确定合作关系，又通过网络用并行工程的做法实现快速和高质量的新产品开发。

（4）计算机技术和人工智能技术的广泛应用。计算机辅助设计、辅助制造、计算机仿真与建模分析技术都应在敏捷企业中加以应用。

（5）方法论的指导。所谓方法论，就是在实现某一目标，完成某一项大工程时所需要使用的一整套方法的集合。实现全企业的整体集成是一项十分复杂的任务。对每一时期每一项具体任务，都应该有明确的规定和指导方法，这些方法的集合就叫"集成方法论"。

（6）标准和法规的作用。目前产品和生产过程的各种标准还不统一，而未来的制造业的产品变异又非常突出，如果没有标准，不论对国家、企业、企业之间的合作，还是对用户都非常不利。

五、供应链管理的主要业务流程

供应链管理是协调各职能领域形成一体化管理，而传统的职能部门一般都倾向于维持自己的职能优势，这样的组织结构阻碍了供应链一体化的发展与成功。因此，供应链管理的关键在于从管理个别职能到把不同的职能活动整合成供应链关键业务过程的转变。其主要关键业务流程如下：

（1）客户关系管理；

（2）需求管理；

（3）订单履行；

（4）生产（制造流程）管理；

（5）采购管理；

（6）产品开发和商业化；

（7）回收。

任务三　供应链管理策略

一、准时制

准时生产方式(just in time,JIT)是日本丰田汽车公司在 20 世纪 60 年代实行的一种生产方式,1973 年以后,这种方式对日本丰田汽车公司渡过第一次能源危机起到了突出的作用,后引起其他国家生产企业的重视,并逐渐在欧洲和美国的日资企业及当地企业中推行开来,现在这一方式与源自日本的其他生产、流通方式一起被西方企业称为"日本化模式",其中,日本生产、流通企业的物流模式对欧美的物流产生了重要影响,近年来,JIT 不仅作为一种生产方式,也作为一种通用管理模式在物流、电子商务等领域得到推行。

在 20 世纪中叶,整个汽车市场进入了一个市场需求多样化的新阶段,而且对质量的要求也越来越高,随之给制造业提出了新课题,即如何有效地组织多品种小批量生产?否则,生产过剩所引起的只是设备、人员、非必须费用等一系列的浪费,从而影响企业的竞争能力乃至生存。在这种历史背景下,1953 年,日本丰田公司的副总裁大野耐一综合了单件生产和批量生产的特点和优点,创造了一种在多品种小批量混合生产条件下高质量、低消耗的生产方式(即准时生产)。JIT 指的是将必要的零件以必要的数量在必要的时间送到生产线,并且只将所需要的零件、只以所需要的数量、只在正好需要的时间送到生产。这是为适应 20 世纪 60 年代消费需要变得多样化、个性化而建立的一种生产体系以及为此生产体系服务的物流体系。

在 JIT 生产方式倡导以前,世界汽车生产企业包括丰田公司均采取福特式的"总动员生产方式",即一半时间人员和设备、流水线等待零件,另一半时间等零件一运到,全体人员总动员,紧急生产产品。这种方式造成了生产过程中的物流不合理现象,尤以库存积压和短缺为特征,生产线或者不开机,或者开机后就大量生产,这种模式导致了严重的资源浪费。丰田公司的 JIT 采取的是多品种少批量、短周期的生产方式,实现了消除库存,优化生产物流,减少浪费的目的。

准时生产方式基本思想可概括为"在需要的时候,按需要的量生产所需的产品",也就是通过生产的计划和控制及库存的管理,追求一种无库存,或库存达到最小的生产系统。准时生产方式的核心是追求一种无库存的生产系统,或使库存达到最小的生产系统。为此开发了包括"看板"在内的一系列具体方法,并逐渐形成了一套独具特色的生产经营体系。

JIT 生产方式以准时生产为出发点,首先暴露出生产过量和其他方面的浪费,然后对设备、人员等进行淘汰、调整,达到降低成本、简化计划和提高控制的目的。在生产现场控制技术方面,JIT 的基本原则是在正确的时间,生产正确数量的零件或产品,即时生产。它将传统生产过程中前道工序向后道工序送货,改为后道工序根据"看板"向前道工序取货,看板系统是 JIT 生产现场控制技术的核心,但 JIT 不仅是看板管理。

二、快速反应

快速反应(quick response,QR)是供应链管理中的术语。物流企业面对多品种、小批量的买方市场,不是储备了"产品",而是准备了各种"要素",在用户提出要求时,能以最快速度抽取"要素"，及时"组装"，提供所需服务或产品。通过共享信息资源，建立一个快速供应体系来实现销售额增长，以达到顾客服务的最大化及库存量、商品缺货、商品风险和减价最小化的目的。

成功进行 QR 活动的条件如下。

(1) 改变传统的经营方式，革新企业的经营意识和组织。

(2) 开发和应用现代信息处理技术。

(3) 与供应链各方建立(战略)伙伴关系。

(4) 改变传统的企业商业信息保密的做法，将销售信息、库存信息、成本信息等与合作伙伴交流分享，并在此基础上要求各方在一起发现问题，分析问题和解决问题。

(5) 供应方必须缩短生产周期，降低商品库存。

在应用 QR 系统后，销售额大幅提升，商品周转率大幅提高，需求误差大幅下降。这里需要指出的是，虽然应用 QR 的初衷是对抗进口商品，但是，实际上并没有出现这样的结果。相反，随着竞争的全球化和企业经营的全球化，系统管理迅速在各国企业界扩展。现在，方法成为零售商实现竞争优势的工具。同时随着零售商和供应商结成战略联盟。竞争方式也从企业与企业之间的竞争转变为战略联盟与战略联盟之间的竞争。

三、高效客户反应

1. 高效客户反应的定义

高效客户反应(efficient customer responses，ECR)是 1992 年从美国食品杂货业发展起来的一种供应链管理策略。20 世纪 90 年代初，日本食品加工和日用品加工开始模仿美国服装业的"快速反应"，并形成自己的体系，称为"有效客户反应"。

ECR 欧洲执行董事会的定义："ECR 是一种通过制造商、批发商和零售商各自经济活动的整合，以最低的成本，最快、最好地实现消费者需求的流通模式。"ECR 强调供应商和零售商的合作，尤其在企业间竞争加剧和需求多样化发展的今天，产销之间迫切需要建立相互信赖、相互促进的协作关系，通过现代化的信息和手段，协调彼此的生产、经营和物流管理活动，进而在最短的时间内应对客户需求变化。

以最低的成本，最快、最好地实现消费者需求的流通模式。ECR 强调供应商和零售商的合作，尤其在企业间竞争加剧和需求多样化发展的今天，产销之间迫切需要建立相互信赖、相互促进的协作关系，通过现代化的信息和手段，协调彼此的生产、经营和物流管理活动，进而在最短的时间内应对客户的需求变化。

ECR 是零售企业满足顾客需求的解决方案和核心技术，目标是最高效地满足消费者不断增长、多样化的需求。只有更好地满足消费者的需求，零售商、分销商和制造商才能生存和发展，才更有竞争能力。

ECR 是流通供应链上各个企业以业务伙伴方式紧密合作，了解消费者需求，建立一个以消费者需求为基础和具有快速反应能力的系统。

ECR 以提高消费者价值、提高整个供应链的运作效率、降低整个系统的成本为目标，从而提高企业竞争能力。

ECR 是 20 世纪 80 年代随着零售企业的发展壮大、竞争的不断激烈、消费者权利增大和信息技术的发展而发展起来的。

ECR 的两个主要原则是消费者为核心和合作。持续的商业成功靠的是提供给消费者的产品与服务持续满足和超过他们的需求与期望。此外，最大化的消费者价值只有在供应链上的公司手连手克服妨碍效率的障碍。

ECR 的最终目标是分销商和供应商组成联盟一起为消费者最大的满意度以及最低成本而努力，建立一个敏捷的消费者驱动的系统，实现精确的信息流和高效的实物流在整个供应链内的有序流动。

ECR 在四个领域里的主要实践是指供应、需求、使能技术和整合。

ECR 构建商业，减少成本和增加消费者价值。对任何人特别是消费者是一个三赢的事，因为它能在正确的时间、正确的地点、正确的价格上得到更好、更新鲜的产品。

2. 高效客户反应系统产生的背景

ECR 的产生可归结于 20 世纪商业竞争的加剧和信息技术的发展。20 世纪 80 年代特别是到 90 年代以后，美国日杂百货业零售商和生产厂家的交易关系由生产厂家占据支配地位，转换为零售商占主导地位，在供应链内部，零售商和生产厂家为取得供应链主导权，为商家品牌(PB)和厂家品牌(NB)占据零售店铺货架空间的份额展开激烈的竞争，使得供应链各个环节间的成本不断转移，供应链整体成本上升。

从零售商的角度来看，新的零售业态如仓储商店、折扣店大量涌现，日杂百货业的竞争更趋激烈，他们开始寻找新的管理方法。从生产商角度来看，为了获得销售渠道，直接或间接降价，牺牲了厂家自身利益。生产商希望与零售商结成更为紧密地联盟，对双方都有利。

另外，从消费者的角度来看，过度竞争忽视消费者需求：高质量、新鲜、服务好和合理价格。许多企业通过诱导型广告和促销来吸引消费者转移品牌。可见 ECR 产生的背景是要求从消费者的需求出发，提供满足消费者需求的商品和服务。

为此，美国食品市场营销协会(Food Marketing Institute)联合 COCA-COLA、P&G、KSA 公司对供应链进行调查、总结、分析，得到改进供应链管理的详细报告，提出了 ECR 的概念体系，被零售商和制造商采用，广泛应用于实践。

而在当今中国，制造商和零售商为渠道费用而激烈争执，零售业中工商关系日趋恶化，消费者利益日趋受到损害。ECR 是真正实现以消费者为核心，转变制造商与零售商买卖、对立统一的关系，实现供应与需求一整套流程转变方法的有效途径，目前逐渐被制造商和零售商重视。

3. 高效客户反应系统的特点

(1) 高效客户反应系统重视采用新的技术、新方法。首先，ECR 系统采用了先进的信息技术，在生产企业与流通企业之间开发了一种利用计算机技术的自动订货系统(CAO)。CAO 系统通常与电子收款系统 (POS)结合使用，利用 POS 系统提供的商品销售信息把有关订货要求自动传向配送中心，由该中心自动发货，这样就可能使零售企业的库存降至为零状态，并减少了从订货至交货的周期，提高了商品鲜度，减少了商品破损率。还可使生产商以最快捷的方式得到自己的商品在市场是否适销对路的信息。

其次，ECR 系统还采用了两种新的管理技术和方法，即种类管理和空间管理。种类管理的基本思想是不从特定品种的商品出发，而是从某一种类的总体上考虑收益率最大化。就软饮料而言，不考虑其品牌，而是从软饮料这一大类上考虑库存、柜台面积等要素，按照投资收益率最大比原则去安排品种结构。其中有些品种能赢得购买力，另外一些品种能保证商品收益,通过相互组合既满足了顾客需要,又提高了店铺的经营效益。空间管理是指促使商品布局,柜台设置最优化。过去许多零售商也注意到此类问题,不同点在于 ECR 系统的空间管理是与种类管理相结合的,通过两者的结合实现单位销售面积的销售额和毛利额的提高,因而可以取得更大的效果。

(2) 高效客户反应系统建立了稳定的伙伴关系。在传统的商品供应体制上,生产者、批发商、零售商联系不紧密或相互之间较为紧密,发生的每一次订货都有很大的随机性,这就造成生产与销售之间商品流动的极不稳定性,增加了商品的供应成本。而 ECR 系统恰恰克服了这些缺点,在生产者、批发商、零售商之间建立了一个连续的、闭合式的供应体系。改变了相互敌视的心理,使他们结成了相对稳定的伙伴关系,克服了商业交易中的钩心斗角,实现了共存共荣,是一种新型的产销同盟和产销合作形式。

(3) 高效客户反应系统实现了非文书化。高效客户反应系统充分利用了信息处理技术,使产购销各环节的信息传递实现了非文书化。无论是企业内部的传票处理,还是企业之间的订货单、价格变更、出产通知等文书都通过计算机之间的数字交换(EOI)进行自动处理。由于利用了电子数据交换、生产企业在出产的同时,就可以把出产的内容电传给进货方,作为进货方的零售企业只要在货物运到后扫描集运架或商品上的电码就可以完成入库验收等处理工作。由于全面采用了电子数据交换,可以根据出产明细自动地处理入库,从而使处理时间近似为零,这对于迅速补充商品,提高预测精度,大幅降低成本起了很大作用。

4. 高效客户反应系统的三个重要战略

高效客户反应系统包括零售业的三个重要战略:顾客导向的零售模式(消费者价值模型)、品类管理和供应链管理。

(1) 顾客导向的零售模式(消费者价值模型)。通过商圈购买者调查、竞争对手调查、市场消费趋势研究,确定目标顾客群,了解自己的强项、弱项和机会,确定自己的定位和特色,构建核心竞争力;围绕顾客群选择商品组合、经营的品类,确定品类的定义和品类在商店经营承担的不同角色;确定商店的经营策略和战术(定价、促销、新品引进、补货等),制订业务指标衡量标准、业务发展计划。

(2) 品类管理。把品类作为战略业务单位来管理,着重于通过满足消费者需求来提高生意结果的流程。品类管理是以数据为决策依据,不断满足消费者的过程。品类管理是零售业精细化管理之本。主要战术是高效的商品组合、高效的货架管理、高效的新品引进、高效定价和促销、高效的补货。

(3) 供应链管理。建立全程供应链管理的流程和规范,制定供应链管理指标;利用先进的信息技术和物流技术缩短供应链,减少人工失误,提高供应链的可靠性和快速反应能力;通过规范化、标准化管理,提高供应链的数据准确率和及时性;建立零售商与供应商数据交换机制,共同管理供应链,最大限度地降低库存和缺货率,降低物流成本。

只有全面实施品类管理和供应链管理,才能实现 ECR,给消费者带来更多的价值,取得竞争优势。

5. 高效客户反应系统的四大要素

(1) 快速产品引进(efficient product introductions)。最有效地开发新产品,实施产品的生产计划,以降低成本。

(2) 快速商店分类(efficient store assortment)。通过第二次包装等手段,提高货物的分销效率,使库存及商店空间的使用率最优化。

(3) 快速促销(efficient promotion)。提高仓储、运输、管理和生产效率,减少预先购买,供应商库存及仓储费用,使贸易和促销的整个系统效率最高。

(4) 快速补充(efficient replenishment)。包括电子数据交换(EDI),以需求为导向的自动连续补充和计算机辅助订货,使补充系统的时间和成本最优化。

6. 实施高效客户反应的原则

要实施ECR,首先应联合整个供应链所涉及的供应商、分销商及零售商,改善供应链中的业务流程,使其最合理有效;其次,再以较低的成本,使这些业务流程自动化,以进一步降低供应链的成本和时间。这样才能满足客户对产品和信息的需求,即给客户提供最优质的产品和适时准确的信息。ECR的实施原则包括以下五个方面。

(1) 以较少的成本,不断致力于向食品杂货供应链客户提供产品性能更优、质量更好、花色品种更多、现货服务更好以及更加便利的服务。

(2) ECR必须有相关的商业巨头的带动。该商业巨头决心通过互利双赢的经营联盟来代替传统的输赢关系,达到获利目的。

(3) 必须利用准确、适时的信息以支持有效的市场、生产及后勤决策。这些信息将以EDI的方式在贸易伙伴之间自由流动,它将影响以计算机信息为基础的系统信息的有效利用。

(4) 产品必须随其不断增值的过程,从生产到包装,直至流进最终客户的购物篮中,以确保客户能随时获得所需产品。

(5) 必须采用共同、一致的工作业绩考核和奖励机制,它着眼于系统整体的效益(即通过减少开支、降低库存以及更好的资产利用来创造更高的价值),明确可能的收益(例如,增加收入和利润)并且公平地分配这些收益。

四、快速反应(QR)与高效客户反应(ECR)比较

1. 快速反应与高效客户反应各自的优势

两者比较,QR对于零售企业有很重要的作用,因为企业需要对市场上流行的产品有所了解,然后针对自身企业的需要,做出相应的反应。而ECR对于第三方物流有很重要的作用,大多数的物流企业所重视客户的反馈信息,针对客户的要求对自己的企业做相应的改变。

实施QR的优势:①销售额的大幅度增加。应用QR系统可以降低经营成本,从而能降低销售价格,增加销售。②商品周转率的大幅提高。应用QR系统可以减少商品库存量,并保证畅销商品的正常库存量,加快商品周转。③需求预测误差大幅减少。

ECR是一种观念,不是一种新技术。它重新检讨上、中、下游企业之间生产、物流、销售的流程,其主要目的在于消除整个供应链运作流程中没有为消费者加值的成本,将供给推动的"push"(推)式系统,转变成更有效率的需求拉动的"pull"(拉)式系统,并将这些效率化的成果回馈给消费者,期望能以更快、更好、更经济的方式把商品送到消费者的手中,满足消费者的需求。因此,ECR的实施重点包括需求面的品类管理改善、供给面的物流配送方式改进等。

目前,ECR的推广对象以快速移转消费产品(FMCG)及食品杂货为主,而其实施重点包括需求面的品类管理改善、供给面的物流配送方式的改进等,未来,我们期望ECR概念能够推广到其他产业体系。

2. 快速反应与高效客户反应的差异

QR 的主要目标是对客户的需求做出快速反应,是提高零售业中的一般商品和纺织品的设计制造和流通效率。QR 早期的成功使它得到了广泛应用。当前许多大的零售商和供应商都在其经营业务中采用了 QR 的思想和技术。对普通店铺来说,重点是补货和订货的速度,目的是最大限度地消除缺货,并且只在商品需求时才去采购。

QR 的成功引起了其他行业零售商的注意,1993 年 1 月食品和超市行业的零售商也提出了类似的战略。ECR 是杂货业供应商和销售商为消除系统中不必要的成本和费用,给客户带来更大的效益而进行密切合作的一种策略。对于食品行业(ECR)来说,改革的重点是效率和成本。ECR 是由食品和超市行业的零售商提出的战略,由于很多供应商既为普通饭店服务又为超市服务,所以 ECR 的采用比 QR 要快。

QR 主要用于普通商品,ECR 主要用于干货商品,它们重要的差别在于商品的特征,不是商品表面的物理差异,而是指商品的价值,周转率和品种上的本质差异。服装业经营的产品多属创新型产品,QR 所实施的对象是创新型产品,如普通商品(如服装)的单品数量非常多,产品生命周期短、季节性强库存周转慢、存货削价幅度大、毛利高;杂货业和食品行业经营的产品多数是功能性产品,ECR 所实施的对象是功能型产品,如食品的单品数量少,商品单价低、周转快,而且消费者很容易判断店铺的差异,所以超市通常以低毛利有效地经营。由于所处的环境不同,改革的重点也是为了应对不同的挑战。

3. 快速反应与高效客户反应的共同特征

(1) 共同的外部变化。实施 QR 和 ECR 的主要行业受到两种重要的外部变化的影响。一是经济增长速度的放慢加速了竞争,因为零售商必须生存并保持客户的忠诚度。二是零售商和供应商之间发生了变化。在引入 QR、ECR 之前,供应商和零售商之间往往缺乏信任感,不能满足客户真正的需求。

(2) 共同的威胁。对于零售商来说,威胁主要来自大型综合超市、廉价店、仓储俱乐部和折扣店等新型零售形式,他们采用新的低成本进货渠道。这些新的竞争者把精力集中在每日低价、绝对的净价采购及快速的库存周转等策略上。对于供应商来说,压力来自品牌商品的快速增长,这些商品威胁了他们的市场份额。

(3) 共同的目标和策略。以最低的成本向消费者提供他们真正想要的商品,整个系统高效率运行。它们都重视供应链的核心业务,对业务进行重新设计,以消除资源的浪费。但 QR 解决的是补货问题,而 ECR 注重的是过量库存问题。

4. 不同供应链快速反应与高效客户反应策略的选择

对于功能型产品应当侧重于降低物流成本,采用有效性供应链,实施有效客户反应(ECR)策略。从提高商品供应的效率入手,与上游供应商和制造商之间利用现代信息技术建立相互协调的供应模式。零售商总部利用 POS 系统提供的商品销售信息,以及对销售量的预测,利用计算机辅助订货系统向供应商订货,并由供应商或区域配送中心向各零售商店提供即时补货,拉动制造商进行产品生产,形成销售和配送的同步运转,共享物流设施和仓库资源,降低配送成本,最大限度地减少生产流通环节可能产生的各种浪费。

对于创新型产品应当侧重于降低商流成本,采用反应性供应链,实施快速反应(QR)策略。对于反应性供应链而言,市场的调节成本是绝对重要的,而实物成本是相对次要的。从提高顾客响应的速度出发,与供应链各方建立战略伙伴关系和合作机制,采用 EDI 电子数据交换技术实现供应链各节点企业的分工协作和信息共享,缩短商品的设计和生产周期,实施 JIT 生产方式,进行多品种、中小批量生产和高频度、小批量配送,降低供应链的库存水平,迅速满足顾客的个性化和定制化需求,提高整个供应链的反应能力。

5. 快速反应与高效客户反应的发展趋势

到货满足率低和库存量高是目前整个供应链体系所面临的一对矛盾,涉及整个供应链的各个环节。为了实现对供应链的有效运作和管理,以及对市场变化的科学预测和快速反应,一种面向供应链的策略 CPFR(collaborative planning, fore-casting and replenishment)联合计划、预测与补货应运而生,并逐渐成为供应链管理中一个热门的研究问题。

从本质上来说,有效客户反应是快速反应在食品行业中的创新,是快速反应发展的第二阶段。目前快速反应已发展至第三阶段,即合作计划预测与补给 CPFR。CPFR 适用于所有的行业,覆盖整个供应链的合作过程。CPFR 提供了一整套工作流程,该流程以提高消费者价值为共同目标,通过供应链上企业的相互协作,共享标准化信息,制订有的放矢的计划,开展精确的市场预测,有效地管理库存,根据需求动态及时补货,以提高整个供应链的业绩和效率。CPFR 既是一种理念,又是一系列活动和过程,它帮助合作伙伴建立准确预测和高效的补货计划,使得在高水平的服务上扩大销售并降低库存。CPFR 以消费者为中心,面向价值链的成功运作,强调合作贸易伙伴共同负责开发单一、共享的消费者需求预测系统,并由这个系统驱动整个价值链计划,与贸易伙伴承诺共享预测,并在消除供应过程约束上共担风险。

为实现对供应链的有效运作和管理,以及对市场变化的科学预测和快速反应,一种面向供应链的策略——合作计划、预测与补给是近年来出现的供应链管理的一个新模式,越来越受到人们的重视和企业的实践应用。应用供应链管理 QR 与 ECR 两种策略以实现提升供应链的整体反应速度,降低供应链的运行成本。

任务四　供应链管理在实践中的应用

一、物料需求计划

1. 物料需求计划的定义

物料需求计划(material requirement planning,MRP)是指根据产品结构各层次物品的从属和数量关系,以每个物品为计划对象,以完工时期为时间基准倒排计划,按提前期长短区别各个物品下达计划时间的先后顺序,是一种工业制造企业内物资计划管理模式。MRP 是根据市场需求预测和顾客订单制订产品的生产计划,然后基于产品生成进度计划,组成产品的材料结构表和库存状况,通过计算机计算物料的需求量和需求时间,从而确定材料的加工进度和订货日程的一种实用技术。

电子商务
供应链管理

其主要内容包括客户需求管理、产品生产计划、原材料计划及库存记录。其中客户需求管理包括客户订单管理及销售预测,将实际的客户订单数与科学的客户需求预测相结合,即能得出客户需要什么以及需求多少。

物料需求计划(MRP)是一种推式体系,根据预测和客户订单安排生产计划。因此,MRP 基于天生不精确的预测建立计划,"推动"物料经过生产流程。也就是说,传统 MRP

方法依靠物料运动经过功能导向的工作中心或生产线(而非精益单元),这种方法是为最大化效率和大批量生产来降低单位成本而设计。计划、调度并管理生产以满足实际和预测的需求组合。生产订单出自主生产计划(MPS),然后经由 MRP 计划出的订单被"推"向工厂车间及库存。

2. 物料需求计划的特点

(1) 需求的相关性。在流通企业中,各种需求往往是独立的。而在生产系统中,需求具有相关性。例如,根据订单确定了所需产品的数量之后,由新产品结构文件 BOM 即可推算出各种零部件和原材料的数量,这种根据逻辑关系推算出来的物料数量称为相关需求。不但品种数量有相关性,需求时间与生产工艺过程的决定也是相关的。

(2) 需求的确定性。MRP 的需求都是根据主生产进度计划、产品结构文件和库存文件精确计算出来的,品种、数量和需求时间都有严格要求,不可改变。

(3) 计划的复杂性。MRP 要根据主产品的生产计划、产品结构文件、库存文件、生产时间和采购时间,把主产品的所有零部件需要数量、时间、先后关系等准确计算出来。当产品结构复杂,零部件数量特别多时,其计算工作量非常庞大,人力根本不能胜任,必须依靠计算机实施这项工程。

3. 制订物料需求计划前必须具备的基本数据

第一项数据是主生产计划,它指明了在某一计划时间段内应生产出的各种产品和备件,它是物料需求计划制订的一个最重要的数据来源。

第二项数据是物料清单(BOM),它指明了物料之间的结构关系,以及每种物料需求的数量,它是物料需求计划系统中最为基础的数据。

第三项数据是库存记录,它把每个物料品目的现有库存量和计划接受量的实际状态反映出来。

第四项数据是提前期,它决定着每种物料何时开工、何时完工。

应该说,这四项数据都是至关重要、缺一不可的。缺少其中任何一项或任何一项中的数据不完整,物料需求计划的制订都将是不准确的。因此,在制订物料需求计划之前,这四项数据都必须先完整地建立好,而且保证是绝对可靠的、可执行的数据。

二、制造资源计划

制造资源计划简称 MRP-Ⅱ,是 manufacturing resource planning 的英文缩写,是在物料需求计划上发展出的一种规划方法和辅助软件。它是以物料需求计划 MRP(materials requirements planning)为核心,覆盖企业生产活动所有领域、有效利用资源的生产管理思想和方法的人-机应用系统。

自 18 世纪产业革命以来,手工业作坊迅速向工厂生产的方向发展,出现了制造业。随后,几乎所有的企业所追求的基本运营目标都是要以最少的资金投入而获得最大的利润。追求这一目标的结果使制造业产生了诸多的问题,为了解决这些问题,20 世纪 60 年代,人们在计算机上实现了"物料需求计划",它主要用于库存控制。可在数周内拟定零件需求的详细报告,用来补充订货及调整原有的订货,以满足生产变化的需求。到了 20 世纪 70 年代,为了及时调整需求和计划,出现了具有反馈功能的闭环 MRP(close MRP),把财务子系统和生产子系统结合为一体,采用计划-执行-反馈的管理逻辑,有效地对生产各项资源进行规划和控制。20 世纪 80 年代末,人们又将生产活动中的主要环节销售、财务、成本、工程技术等与闭环 MRP 集成为一个系统,成为管理整个企业的一种综合性的制订计划的工具。它可在周密的计划下有效地利用各种制造资源,控制资金占用,缩短生产周期,降低成本,实现企业整体优化,以最佳的产品和服务占领市场。采用 MRP-Ⅱ之后,一般可在以下方面取得明显的效果:库存资金降低 15%～40%;资金周转次数提高 50%～200%;库存盘点误差率降低到 1%～2%;短缺件减少 60%～80%;劳动生产率提高 5%～15%;加班工作量减少 10%～30%;按期交货率达 90%～98%;成本下降 7%～12%;采购费用降低 5%左右;利润增加 5%～10%等。此外,可使管理人员从复杂的事务中解脱出来,真正把精力放在提高管理水平上,去解决管理中的实质性问题。

目前,全球制造业为实现柔性制造、占领世界市场,取得高回报率所建立的计算机化管理信息系统越来越多地选用了 MRP-Ⅱ软件。根据调查,预测未来世界上将有更多制造业企业采用这种先进的管理方式。我国在 20 世纪 80 年代初开始接触 MRP-Ⅱ。近年来,它越来越受到我国政府部门和企业界的高度重视,其应用范围已从最初的机械电子等装配型企业扩展到流程加工型企业,如制药、食品、化工、烟草等行业,一些应用 MRP-Ⅱ较早的企业已开始获益。现在,越来越多的企业认识到需要在企业中建立起符合国际规范的管理模式,借助于现代化的管理手段,不断提高自身的管理水平。

制造资源计划是一种出现于 20 世纪 70 年代末期的,以企业资源优化配置,确保企业连续、均衡地生产,实现信息流、物流与资金流的有机集成和提高企业整体水平为目标,以计划与控制为主线,面向企业产、供、销、财的现代企业管理思想和方法。

20 世纪 90 年代后,世界经济格局发生了重大的变化,制造业企业所面临的共同问题是更加激烈的市场竞争,在竞争中技术因素变得越来越重要,如果企业丧失了技术优势,就必定会丧失其竞争优势,因此,谋求技术优势是现代制造业企业生存的需要。一方面,制造业企业发现仅靠自己企业的资源不可能有效地参与市场竞争,而必须把制造过程的有关各方如供应商、客户、制造工厂、分销网络等纳入一个紧密的供应链中,才能有效地安排企业的产、供、销;另一方面,在一些企业中是"多品种小批量生产",和"大批量生产"两种情况并存,需要不同的方法来制订计划。因此,许多制造业已感觉到现有的企业经营管理模式需要进一步改革,传统的 MRP-Ⅱ无法满足企业去利用一切市场资源快速高效地进行生产经营,需要新一代的 MRP-Ⅱ来满足他们的需求。

MRP-Ⅱ的发展方向大致有以下几种。

1. MRP-Ⅲ

MRP-Ⅲ是由 MRP-Ⅱ与 JIT 的混合加上专家系统(ES)、并行工程(CE)和承担该系统运行的管理人员融为一体而成。

MRP-Ⅲ是由 MRP-Ⅱ、JIT、CE、ES 及管理人员组成。在该系统中,各部分在不同的生产阶段上发挥各自的特长:MRP-Ⅱ用来执行长期计划编制;JIT 用来控制短期计划的实施,可支持混合方式的制造环境,可兼顾"多品种小批量生产"和"大批量生产"两种生产类型,提高企业的应变能力和市场竞争水平;在拥有大量专家知识和经验的程序系统控制下,辅助决策一些有规可循的问题;而对随机可能发生的意外情况和战略性问题,通过人-机交互干预系统工作,采用先进的并行工程技术,是为了使工程设计、工艺设计、工程管理、生产制造等各个阶段都能按照工程组织的内部有机联系,恰当地相互配合,以求最大限度地压缩各阶段的提前期,从而使各方面的工作同时并进,大幅缩短产品生产周期,提高生产率、产品质量和服务水平,增强企业竞争优势。

2. 分布式 DMRP-Ⅱ

分布式 DMRP-Ⅱ是一种自下而上的生产管理方式。传统的 MRP-Ⅱ是一种自上而下的过程,其重大的缺陷之一是提前期静态。它将企业划分为拥有高度自主权的单元,各单元和数据库建立各自的 MRP-Ⅱ系统,并有一个 MRP-Ⅱ负责把订单分派给各个单元,每个单元可以动态地根据其现有能力和负荷进行安排,而系统整体的提前期则由各生产单元的负荷情况动态地确定,因此均衡分担了负荷,增强了灵活性,有效地解决了传统 MRP-Ⅱ中提前期静态和对能力变化的不敏感性。

3. 精益生产 LP

精益生产 LP(lean production)是在 MRP-Ⅱ基础上融入先进的制造技术,如 JIT、TQM(全面质量管理)和按客户要求制造等,是美国麻省理工学院在研究和归纳总结日本汽车制造业本田的先进的生产方式后提出的一种企业生产组织与管理模式。其特点是除去企业各环节中一切无用的东西,即每一员工及岗位的安排原则就是必须增值,否则一律撤除。

三、企业资源计划

企业资源计划(enterprise resource planning,ERP)是在 MRP-Ⅱ的基础上扩展了管理范围,给出了新的结构,把客户需求和企业内部的制造活动以及供应商的制造资源整合在一起,体现了完全按用户需求制造的思想。

ERP 的基本思想是将制造企业的制造流程看作是一个紧密连接的供应链,其中包括供应商、制造工厂、分销网络和客户;将企业内部划分成几个相互协同作业的支持集团,如财务、市场、销售、质量、工程等,还包括竞争对手的监视管理。在 ERP 中,许多经典的MRP-Ⅱ功能子系统变得更加灵活,例如,作业流程将和能力计划集成起来,以便使 MRP-Ⅱ增加实时特征,减少作业批量和转换时间;物料单/配方管理系统将按成组技术的思想组合,当缺料时可以简便地进行制造。ERP 强调企业的事前控制能力,它为企业提供了对质量、适应变化、客户满意、效绩等关键问题的实时分析能力。它还为计划员提供多种模拟功能和财务决策支持系统,使之能对每天将要发生的情况进行分析,而不像 MRP-Ⅱ那样只能作月度分析。这样,财务的计划系统将不断地接收来自制造过程、分析系统和交叉功能子系统的信息,可正确快速地做出决策;生产管理则在管理事务级集成处理的基础上给管理者更强的事中控制能力,如通过计划的及时滚动,保证计划的顺利执行、通过财务系统来监控生产制造过程等。ERP 在计算机技术上的要求主要是软件方面,它要求具有图形用户界面(GUI)、关系数据库结构、客户机/服务器体系、面向对象技术、开放和可移植性、第四代语言(4GL)和 CASE 工具等,这对传统的 MRP-Ⅱ系统的改进是一种革命性的。因此,人们把 MRP 到 MRP-Ⅱ称为功能和技术上的发展,而把 MRP-Ⅱ到 ERP 称为一场革命。

 **相关链接**

联想电子商务供应链管理案例

在易观商业解决方案公司开展研究的过程中,联想电子商务在供应链方面的运营与管理为易观留下了深刻的印象,因此易观商业解决方案公司将联想作为电子商务运营方面的案例予以研究。

联想从 2008 年正式发展电子商务以来,在 2009 年取得了处理订单超过 8 万件,平均日订单处理量为 200 件左右,销售总额超过 4 亿元人民币的良好业绩,最小订货量为 1 台,同时供应链成本持续降低,在运营后期配送成本低于每订单价格的 1‰,通常每单的供应链成本为 30~40 元,根据地区有所区别,但是仍然低于业界 2‰的平均水平。

当电子商务零售年订单额达到万量级之后,供应链通常面临严峻的考验。行业研究表明,随着订单的增加,仓储、打包和配送成本并不像通常想象的按照线性上升,而是呈阶梯状上升,即物流成本将在订单量达到某个拐点后,快速上升至一个平台然后随之平稳,在订单达到另外一个新高之后又快速上升。如何降低物流成本在订单临界点的快速提升对于电子商务网站运营的影响,是电子商务运营过程中面临的巨大挑战。

多数电子商务企业在市场份额快速提升的阶段都会面临物流配送方面的困惑,特别是大多数电子商务从业者缺乏传统行业的物流建设和维护经验,这种经验和知识的欠缺导致物流本身的特点对企业经营的影响更加明显。

联想电子商务运营部门将供应链管理外包,通过与第三方物流商紧密合作,将自己不擅长的物流工作交给专业机构,而自身则专注于电子商务中的营销和客户运营,有效地补充了自身物流能力的不足,为联想电子商务的突出表现奠定了基础。

尽管采用第三方物流可以通过专业分工来提升物流配送效率,进而有效地降低电子商务企业在物流管理方面的风险,控制物流成本,但是其中带来的对物流商的管理和质量控制的难题,一直困扰着各大电子商务运营商。京东、卓越和当当等大型电子商务运营商均在近期表示要投入大量经费进入物流建设;同时,德意志银行等资本市场也对存在物流设施的电子商务运营商表示了更多的偏爱。但是,联想的成功,向市场提供了另外一种开展电子商务的物流选择。

联想在物流方面的特点主要有以下三点。

(1) 充分利用联想原有的物流体系:由于联想以及主要合作分销伙伴神州数码现有的供应链体系已经非常成熟,因此充分利用现有的资源开展电子商务是其最优的选择。同时,由于神州数码自身的定位是整合 IT 服务提供商,并不是单纯的分销商,因此联想电子商务的业务模式与神州数码的业务并不冲突。

对于大多数传统企业来讲,现有的物流渠道体系已经成熟,如何高效地利用现有体系为自己的电子商务服务,可以帮助其快速降低,甚至迈过电子商务的物流门槛。

(2) 物流方备货模式:通过物流服务提供商根据每月预测向联想的工厂提交订单,由物流服务商备货,降低联想的资金压力,并且最大限度地利用物流商对于供应链的经验和知识,保证供应链体系的柔性化。同时,联想还致力于将整个供应链流程电子化,使客户端的信息快速反馈到供应链后端。

物流方备货是一种对于电子商务运营商来说非常有优势的模式,这种模式要求电子商务运营商在供应链中具有相当强势的地位,并不是每个运营商都有这种能力。但是,联想在供应链管理的过程中,充分利用前端数据,并且通过电子商务的手段将前端数据快速传递给生产商,保证了供应链的高效率,也值得其他传统厂家学习。

(3) 仓储和配送的细节优化:联想在保证客户体验和提升物流效率的平衡两大方面进

行了大量的工作,包括要求对在售的主要型号都有一定备货,以及配送速度方面的要求等。最终联想电子商务在达到了平均订单送达时间 36h 以内,每单物流成本小于 1% 的佳绩。

联想电子商务的供应链管理与联想电子商务自身资源和能力有一定的相关性,但是联想在其供应链管理中的创新和努力,使其成为采用第三方物流的电子商务运营商中的佼佼者。

资料来源:www.56beijing.org.

项目小结

供应链管理是在满足服务水平需要的同时,为了使系统成本最小而采用的把供应商、制造商、仓库和商店有效地结合一体来生产商品,并把正确数量的商品在正确的时间配送到正确地点的一套方法。供应链管理是协调各职能领域形成一体化管理,而传统的职能部门一般都倾向于维持自己的职能优势,这样的组织结构阻碍了供应链一体化的发展与成功。因此,供应链管理的关键在于从管理个别职能到把不同的职能活动整合成供应链关键业务过程的转变。

思考题

1. 什么是供应链管理? 供应链管理的原则是什么?
2. 供应链设计的内容是什么? 供应链管理的主要业务流程是什么?
3. 供应链管理的策略是什么?
4. 什么是物料需求计划和企业资源计划?

 案例分析

京东物流 30 亿元收购跨越速运,打通供应链上下游

2020 年 8 月 14 日,京东集团宣布,其子公司京东物流将以 30 亿元,收购在中国从事限时速运服务的现代化综合速运企业跨越速运集团有限公司(下称跨越速运),双方将共建面向未来的智能供应链服务生态。

跨越速运是一家成立于 2007 年,主营"限时速运"服务的大型现代化综合速运企业,拥有国家最高级别的 5A 级物流企业资质,曾位列《2019 胡润全球独角兽榜》第 84 位。

跨越速运产品涵盖当天达、次日达、隔日达三大时效产品,以及生鲜冷链、跨越整车、陆运件、同城(省内)当日、同城(省内)次日等特色服务模式,在北京、上海、天津、浙江、江苏、福建等二十几个省(自治区、直辖市)均设有公司,服务网络遍布全国 500 多个城市。

截至 2020 年 5 月,跨越速运共拥有 12 架全货运包机,日均航空货量超 2 000t,在华南地区占据 70% 的腹舱资源,可以实现全国各大机场全天候、24h 不间断的航空货运服务。2017 年,其珠三角-长三角夜航包机运速可达到跨省 6h。

对于此次成功牵手京东,跨越速运董事长胡海建表示,跨越速运将充分发挥自身在航空时效、智能科技和定制化物流等方面的优势,与京东物流一道共同推进社会供应链基础设施的升级进化。

据悉,此次预计交易将于 2020 年第三季度完成。京东物流此番与跨越速运的强强联

合,势必对中国当前物流市场的竞争格局产生巨大影响。从业务上看,跨越速运的航空资源、干线网络、品牌口碑、客户基础和销售能力,正是京东物流在构建供应链基础设施上,所需要的"空中补给"和扩大B端市场的战略补充。而京东物流完善的电商渠道、多元化的物流产品及末端配送能力,恰好为跨越速运打通供应链下游最后一公里、实现"门到门"服务补齐了关键的一块拼图,以系统性的业务资源支持跨越速运打开新的潜力市场。

十余年来,京东物流不仅打造出层次丰富的物流网络,也形成了开放和领先的智能供应链服务系统。目前,京东物流的基础设施已遍布全国,大件和中小件网络已实现中国内地行政区县几乎100%覆盖,自营配送服务覆盖了全国99%的人口,90%区县可以实现24h到达。京东物流首席执行官王振辉表示,与跨越速运的合作将加强京东物流的一体化供应链管理,推进技术创新和加快扩展向第三方商户提供的服务。

资料来源:https://www.56tim.com/archives/161002.

思考与分析:

(1) 京东物流收购跨越速运,打通供应链上下游,"上下游"指的是什么?

(2) 如何进一步强化京东物流在供应链企业之间的合作?

(3) 京东物流在供应链运营管理活动中,会遇到哪些风险,应如何有效应对?

实训演练

某企业供应链管理情况调研

(1) 实训目的:通过实训,了解某企业供应链管理情况。

(2) 实训内容:调查以某企业(原材料供应、制造加工、批发零售、物流服务等)为节点企业的供应链管理情况。包括:①企业简介,如企业发展历程、核心产品、核心优势、在供应链中的地位等情况。②企业所在供应链简介,如其他节点简介、供应链在市场中的竞争力和地位、主要竞争对手。③供应链中的伙伴关系描述。④供应链中的采购特点、策略及供应商的管理。⑤供应链的库存管理。⑥其他情况介绍。

(3) 实训要求:将参加实训的学生分组,在教师指导下进行调研,完成实训报告。

电子商务与第三方物流

学习目标

知识目标

1. 掌握第三方物流的概念以及服务的范围,熟悉第三方物流与传统物流委托的区别,了解第三方物流的产生原因;

2. 掌握第三方物流的模式分类及发展优势,理解我国企业目前选择第三方物流的主要标准;

3. 掌握电子商务下第三方物流的新特点,了解第三方物流与电子商务配送的关系。

能力目标

1. 能根据第三方物流与电子商务的关系,有效开展电子商务环境下的第三方物流运作等;

2. 能进行第三方物流服务项目洽谈,开展第三方物流服务项目招投标,选择与评估第三方物流服务供应商等。

素养目标

1. 调动学生学习的积极性、主动性,发挥学生在学习中的主体作用,使学生的个性得以充分发展;

2. 善于协调业务中的人际关系,具备分析问题和解决问题的能力。

 案例导入

电商难题:第三方物流还是自建物流

电子商务使网上购物成为一股热潮,作为中间环节的物流业迅速崛起。然而,与发达国家的物流业相比,中国的物流业水平仍然很低,尚未摆脱传统仓储和运输的老套路,在企业和消费者对服务质量日益苛刻的当下,物流企业显得有些力不从心。随着电商数量逐渐增多、规模逐渐庞大,有能力的电商企业是选择自主筹建物流,还是继续委托第三方物流企业,成为其迫切需要考虑的难题。

可以说,物流与电商向来是相互依存的关系,彼此都不能少了对方。但存在的主要矛盾是,目前电子商务发展势头强劲,需要成熟的物流服务与之匹配,而现阶段的物流并不能达到这种要求。事实上,中国第三方物流的发展状况喜忧参半。据调查,未来几年,中国第三

方物流企业数量将以每年 16%～25% 的速度递增,尤其是民营物流企业,前途不可限量。但整个物流行业信息化程度低,从业人员素质有待提升。此外,更多的物流企业规模大多是500 人以下的中小型企业,500 人以上的大型企业仅占 13%,这就造成物流覆盖区域小,物流资源利用率低、服务质量参差不齐等问题。总体满意度较高的是邮政 EMS 和顺丰速运这样的大型企业。这个调查暴露出我国物流行业各环节发展不同步的现象,物流企业主要的精力仍然放在受理和揽收这样的前端环节,忽视后期的服务。

电商选择第三方物流,自然兼顾到价格与服务质量,但是像顺丰这样投递速度快、服务水平高的大型企业,费用相对较高。而价格低廉的中小企业,速度与质量都得不到保证,经常出现商品丢失现象,遇到节假日电商打折促销,物流压力加大,爆仓时有发生。第三方物流企业的服务水平不均衡,给电商的选择带来更大困难,实际上,面对消费者的投诉,电商也是有苦难言。

这种情况下,很多实力雄厚的电商选择自建物流,京东、亚马逊、凡客诚品都有自己的运输团队,这些自建物流的服务质量确实要比第三方物流高一个档次,相信网购过的人会有体验。电商自建物流,一方面方便了消费者,为企业带来了良好声誉;另一方面,随之而来的巨额投资成为横亘在电商面前的难题,建立一个完善的物流团队,动辄几十上百亿,根本不是一般电商所能负担的。再者,即使投入了资金,如果不能妥善解决管理问题,同样会影响整个企业的运行。一个完善的物流系统需要长时间的经营运作,以商品经营为主要业务的电商能否成功经营一个物流团队,这点还需时间来验证。现在看来,第三方物流的成熟尚需时间,电商要不要自建物流,甚至像京东一样,将企业内部物流社会化运作,还有待进一步的研究。

资料来源:http://lcn2000.com/wlnews/6208.html.

思考与分析:电子商务企业是否应该自建第三方物流?

任务一　第三方物流概述

一、第三方物流的产生

随着信息技术的发展和经济的全球化,越来越多的产品在世界范围内流通、生产、销售和消费,物流活动日益庞大和复杂,而第一、二方物流的组织和经营方式已不能完全满足社会需要;同时,为参与世界性竞争,企业必须确定核心竞争力,加强供应链管理,降低物流成本,把不属于核心业务的物流活动外包出去。于是,第三方物流应运而生。

第三方物流的
产生及概念

我国最早的理论研究之一是第三方物流的模式与运作。第三方物流的服务包括设计物流系统、EDI 能力、报表管理、货物集运、选择承运人及货代人、海关代理、信息管理、仓储、咨询、运费支付、运费谈判等。由于服务业的方式一般是与企业签订一定期限的物流服务合同,所以有人称第三方物流为合同契约物流(contract logistics)。

第三方物流内部构成一般分为两类:资产基础供应商和非资产基础供应商。资产基础供应商有自己的运输工具和仓库,通常实实在在地进行物流操作。而非资产基础供应商则是管理公司,不拥有资产或租赁资产,他们提供人力资源和先进的物流管理系统,为顾客提供专业物流服务。

二、第三方物流的概念

第三方物流是指生产经营企业为集中精力搞好主业,把原来属于自己处理的物流活动,以合同方式委托给专业物流服务企业,同时通过信息系统与物流企业保持密切联系,以达到对物流全程管理控制的一种物流运作与管理方式。第三方物流是相对"第一方"发货人和"第二方"收货人而言的,是由第三方物流企业来承担企业物流活动的一种物流形态。3PL既不属于第一方,也不属于第二方,而是通过与第一方或第二方的合作来提供其专业化的物流服务,它不拥有商品,不参与商品的买卖,而是为客户提供以合同为约束、以结盟为基础的、系列化、个性化、信息化的物流代理服务。

广义的第三方物流可定义为两者的结合,第三方物流因其所具有的专业化、规模化等优势在分担企业风险、降低经营成本、提高企业竞争力、加快物流产业的形成和再造等方面发挥了巨大作用,已成为 21 世纪物流发展的主流。

狭义的第三方物流是指能够提供现代化的、系统的物流服务的第三方的物流活动。

三、第三方物流与传统物流委托的异同

传统物流委托只是将企业物流活动的一部分,主要是物流作业活动,如货物运输、货物保管交由外部的物流企业去做,而库存管理、物流系统设计等物流管理活动以及一部分企业内部物流活动仍然保留在本企业。物流企业是站在自己物流业务经营的角度,接受货主企业的业务委托,以费用加利润的方式定价,收取服务费。提供系统服务的物流企业也是以使用本企业的物流设施,推销本企业的经营业务为前提,而并非是以货主企业物流合理化为目的来设计物流系统。

第三方物流企业是站在货主的立场上,以货主企业的物流合理化为设计物流系统运营的目标。而且,第三方物流企业不一定要有物流作业能力,也就是说可以没有物流设施和运输工具,不直接从事运输、保管等作业活动,只是负责物流系统设计并对物流系统运营承担责任。具体的作业活动可以采取对外委托的方式由专业的运输、仓库企业等去完成。而且即使第三方物流企业拥有物流设施,也会将使用本企业设施的比例控制在较低范围内,以保证向货主企业提供最适宜的物流服务。第三方物流企业的经营效益直接同货主企业的物流效率、物流服务水平及物流效果紧密联系在一起。现代物流是伴随社会化大生产进程产生和发展的,随着科学技术的进步、贸易范围的扩大,其功能也在不断拓展,服务领域不断延伸,因此现代物流的发展呈现出一体化、网络化、智能化、专业化、社会化、国际化等趋势。

现代物流业存在于国民经济体系之中,但又具有区别于其他产业门类的独特产业特性,它是一个复合产业,依附于其他产业,具有明显的外部性等,这些产业特性必然使物流业的发展有着个性化的独特趋势。随着产业环境、服务对象以及产业自身的发展变化,现代物流正呈现出许多新的发展趋势。

1. 产业布局:新的物流中心伴随产业转移而兴起

现代物流这种先进的管理模式首先是从经济较为发达的地区发展起来的。在这些地区,随着产业规模的扩大、分工的细化,要求物资在生产、流通和消费环节之间更为顺畅地流转。在需求的引导下,现代物流逐渐发展、成熟起来,一些大的物流中心也在这些地区逐渐形成。

但是,产业的积聚也使这些地区的土地、原材料、劳动力等生产成本不断上升,资源约束也日益凸现,于是大批产业特别是对原材料、劳动力投入量较大的制造业开始从这些地区转移出来,而承接这些产业的基本都是经济相对欠发达,拥有大量廉价原材料和劳动力的地区。

　　以制造业为主的这些转移产业生成的物流量巨大,对物流服务需求旺盛,因此,产业的转移必然引起物流中心的转移。海运是国际物流最主要的载体,20世纪90年代以前,全球的大型港口主要集中于欧洲和北美,但近年来亚洲港口以令人惊讶的速度成长起来,如今,全球最繁忙的集装箱港和远洋班轮航线都集中于亚洲和太平洋地区,这些港口绝大多数都是具有综合物流功能的第三代港口。这些地区以港口为核心,整合其他运输方式,拓展各种物流服务功能,成为新兴的国际物流中心,这些物流中心又通过国际航线的延伸和信息的交汇构筑了覆盖全球的物流网络。

　　由于国际的产业转移是发生在国与国之间的,发达国家转移出来的产业首先落户于发展中国家区位条件相对较好、物流环境相对完善的地区,而这些地区会因为承接了转移产业而使经济发展加速,同时其本地产业也依靠外来资金和技术的注入而迅速成长起来。因此,发展中国家的经济发达地区其产业达到饱和所经历的时间一般要比发达国家短,由此也加速了产业二次转移的进程,即从发展中国家的经济发达地区转向相对落后地区。伴随产业的二次转移,新的物流中心又会在承接产业二次转移的地区兴起。

　　2. 产业分工:物流产业由水平分工转向垂直分工

　　物流业是一个复合产业,它是在运输、仓储、包装、加工等多个传统产业的基础上整合发展而来的,因此,过去物流产业内部分工一般是水平横向的,即按照功能进行划分,而物流供应商也是运输企业、仓储企业、配送企业、装卸公司等这些具有单一功能的传统物流企业。但是,随着现代物流理念的发展,整合了各种物流服务功能的现代物流服务模式也应运而生,并且逐渐取代了传统物流服务模式的主体地位。物流服务主体也由功能单一的运输、仓储等传统物流企业,发展到具备运输、仓储、配送、加工等多种服务功能的综合物流企业,物流产业水平分工的界限变得越来越模糊。

　　与此同时,物流需求时间与空间跨度的不断加大促使物流网络不断扩展,物流服务范围不断扩大,而"门到门""JIT"等物流服务理念的产生又要求不断提高物流服务的专业化水平和运作精度。在这种情况下,很少有物流供应商能够在构建覆盖全球物流网络的同时,又在所有网点建立起综合各种功能的物流服务企业,再加上不同国家物流市场准入条件的限制,物流企业独立建立纵向的经营链条难度很大。因此,物流产业只能依靠垂直分工来整合和完善整个系统,形成国际物流、区域物流、国内物流乃至地区物流的垂直层次结构。如今,许多跨国物流集团与当地物流企业之间就已经建立起这种垂直纵向分工关系,这些大的集团布设了覆盖全球的物流网络,但在许多物流节点上都采用或部分采用向当地物流企业购买服务的方式开展物流活动。这种垂直产业分工模式既降低了大集团开辟新市场的门槛和风险,也充分利用了当地资源,拓展了小企业的生存空间,是双赢之举,也有利于物流产业的健康发展。

　　3. 运营模式:物流管理与设施"软""硬"分离

　　最原始的物流形态是企业自办物流,即生产和销售企业自己拥有运输工具、仓库堆场、装卸机械等物流设施设备,并且这些设施一般只为本企业服务。随着物流业的发展,出现了企业间的联合配送,之后又出现了第三方物流,物流开始走向社会化,物流服务供应商和服务对象逐渐分离。但由于第三方物流企业一般都拥有一定数量的物流硬件设施设备,因此,这个阶段物流产业还维持着硬件设施与软件管理一体化的状态。

现代物流的进一步发展产生了第四方、第五方物流，即专门提供物流方案和进行物流人才培训的企业或机构。虽然这些划分方法在学术界还有争论，但是应该看到，那些不依托或者不完全依托物流硬件设施设备的物流服务提供者或参与者在产业内开始涌现，并且其市场份额在逐渐扩大。这种类型的物流服务供应商本身不拥有物流设施设备，但它们会为所服务的企业制订完整的物流方案，然后利用社会物流资源实现方案。还有一些第三方物流企业也在向这一方向发展，它们保持甚至减少自有物流设施设备的规模，与此同时整合社会物流资源服务于自身，也就是变"拥有"物流硬件为"控制"物流硬件。

物流产业内"软"的管理、设计与"硬"的设施、设备相分离，使产业分工更加明晰，提高了服务的专业化程度和服务水平，并且能够加速市场发育和产业升级，这一物流产业新的发展趋势在未来会更加明显。

4. 产业驱动力：物流的经济效益与社会环境效益趋于一致

传统物流业发展模式将物流作为一个相对独立的系统，这样就使物流具有明显的外部成本与外部效益。在传统发展模式下，物流产业对资源占用、能源消耗只需付出极低的价格，对环境污染的补偿十分有限，甚至无须补偿，这就造成了物流产业的外部成本；而物流企业通过采用先进技术手段、设施设备提高物流效率和服务质量，节约了资源，并保护了环境，企业加大了内部的成本投入，但获益的是物流服务对象和全体社会成员，如果在无序竞争的状态下，物流企业得不到合理的补偿和回报，这就造成了外部效益。物流业的成本与效益独立于社会、环境系统之外，而企业具有逐利性，因此必然以牺牲社会利益为代价追求自身经济效益的最大化。

但是，现代物流理念已经意识到物流业是一个独立地位较弱的产业，它不能独立地创造价值，而是依附于其他产业创造附加值，物流服务的提供者和接受者之间由竞争关系转变为合作关系，成为利益共同体，这样物流服务提供者就必须充分考虑服务对象的需求和利益。此外，现代物流始终追求系统的整体效益最大化，而这个系统不仅限于各个功能组成的内部系统，而是涉及由物流连接的整个供应链系统及所在的社会和自然环境大系统。伴随"绿色物流"理念在全球的推广，高消耗、高污染的传统物流业发展模式将受到限制或付出高昂成本，同时，"服务更好"而不是"价格更低"的物流企业将在市场中获得更加有利的竞争地位和更加合理的回报，物流业的外部成本与外部效益都将逐渐内部化。现代物流理念的进化推动产业发展模式的转变，产业回报与社会、环境效益将在共同的利益基础上推动现代物流业健康、快速、持续发展。

四、第三方物流发展的推动因素

中小工业企业在国家"放小""扶小"政策指导下，进行改制和新机制规范运作的改变，国家对中小工业企业的信贷金融政策，以及引导中小企业调整、改革和发展的主要措施，市场竞争、社会的发展变化都将成为影响中小企业的外部环境因素。但是，中小工业企业第三方物流业长期采用"大而全""小而全"的生产模式和经营观念，物流活动及组织管理呈现分割和封闭状况，必定对第三方物流的发展产生内在的重要影响，在我国推动第三方物流发展的主要因素包括以下几个方面。

（1）观念的影响。中小工业企业一般实行单一的生产管理，企业经营范围封闭，缺乏进入市场和社会的一体化模式,习惯于传统的企业储运方式,重生产、轻储运,难以形成现代物流管理思想,对第三方物流存在认识上、观念上的障碍,是影响第三方物流发展的根本因素。

(2) 结构的影响。中小企业量大面广,总规模不小,但组织和产业结构不合理,低水平重复建设、重复投入,在相当多行业形成产品供大于求、结构性过剩,普遍存在产业关联度较低,缺乏社会化、专业化分工协作,是影响第三方物流发展的重要因素。

(3) 技术的因素。虽然信息产业给中小企业注入了大量高新技术,但资源与技术构成不合理,普遍存在设施设备老化,物流技术水平低,难以适应现代化专业物流发展的需要,是影响第三方物流发展的主要因素。

(4) 管理的因素。大多数中小工业企业在较大程度上缺乏较为科学的内部管理制度,缺乏管理组织能力在生产管理上处于混乱状态,在组织经营上处于无序状态。产前没有市场调研,没有严格的成本核算;产中没有生产控制,没有营销策略;产后没有售后服务,是制约第三方物流发展的基础因素。

(5) 人才的因素。中小企业普遍存在员工素质低,知识构成不合理,人才匮乏,缺乏创新能力的情况,是制约第三方物流发展的核心因素。

五、第三方物流的服务内容

1. 运输服务

第三方物流运输服务包括以下内容。

(1) 汽车运输。主要指整车货物的陆路运输,以长途汽车运输为主。

(2) 拼装运输。也称 LTL 运输,指不满一个货运汽车的零散货物运输,往往涉及不同发货人的拼装运输。

(3) 专一承运。运输工具专门为一个客户使用的运输形式,也称合同运输。

(4) 多式联运。一项货物运输业务同时涉及海运、陆运、空运或其中两种以上的运输方式。

(5) 水运。沿海、内河、远洋等水上运输。

(6) 铁路运输。

(7) 包裹。小件的运输,其特点是实效性强,可能涉及空运、汽运、铁路等各种运输方式。

(8) 设备。专门提供运输设备的服务。

(9) 司机。出租职业司机的物流服务。

(10) 车队。提供车队管理服务。

2. 仓储服务

第三方物流仓储服务包括以下内容。

(1) 越库。越库英文为 cross docking,是现代第三方物流仓储服务应用最多的服务形式,指货物仅在仓库交叉分装,基本没有停留过程的行为,越库的实现,不仅需要高效率的仓储操作技术,更需要发达的物流信息管理技术。

(2) 上门收货服务。收货并入仓储存。

(3) 每次包装及组装。货物在仓储环节的包装服务和进一步的打码、重新包装等。

(4) 完善。生产流程中没有完成的部分生产过程在仓储环节中进一步完善的行为。

(5) 分货管理。按不同的客户分类、分组储存和管理。

（6）存货及管理。以存货数量管理为主体的仓储服务，仓储的同时，依据销售数据，对提供存货数量预测、监督、调整的服务。

（7）位置服务。按照销售分布或生产分布对仓储或配送中心的位置进行咨询、设计、选址的服务。

3. 特别服务

第三方物流特别服务包括以下内容。

（1）逆向物流。也称反向物流，指产品回收、更换、处置等物流过程。

（2）直接配送到商店。产品从工厂到零售商店的过程。

（3）进出口清关。代理进出口报关，缮制单证等服务。

（4）ISO 认证。物流企业或相关国际质量标准的认证服务。

（5）直接送货到家。上门送货到家庭的服务。

4. 国际互联网服务

第三方物流国际互联网服务包括以下内容。

（1）搜寻或跟踪。利用互联网等技术手段，对物流过程中的货物、车辆进行实时搜索、跟踪。

（2）电子商务。基于网络的交易、信息服务等商务行为。

（3）电子执行。用互联网、EDI 电子数据交换等方式实现的物流操作过程。

（4）通信管理。物流通信的网上管理和电子信息管理。

（5）电子供应链。将整个供应链过程在互联网上进行管理的物流过程。

5. 技术服务

第三方物流的技术服务包括以下内容。

（1）EDI。电子数据交换。

（2）信息系统。为客户建立物流信息系统的服务。

（3）企业互联网系统。为企业提供互联网设计、技术的服务。

（4）卫星通信。

相关链接

"第三方"势力抢滩药品配送，医药物流市场硝烟正起

近年来，医药物流领域竞争日趋激烈，中国邮政、顺丰、京东、DHL（德国敦豪航空货运公司）等第三方物流相继介入药品配送业务，医药流通企业独占江湖的时代一去不复返。中国医药商业协会副秘书长表示，医药流通具有特殊性，第三方物流加入，在激发市场活力的同时，也会面临不小的挑战。

中国邮政是最早加入医药配送领域的物流机构之一。2006 年，宁夏实施药品招标采购"三统一"政策，其药品配送便指定由宁夏邮政中邮物流公司和宁夏医药集团总公司承担。随后几年，中国邮政又相继在甘肃、内蒙古、安徽等地"试水"药品配送。自 2014 年起，顺丰先后成立了医药物流事业部和冷运事业部，其旗下顺丰医药供应链有限公司又与怡康集团签订合作协议，拟成立西北医药供应链合资公司；2017 年 8 月，DHL 与上海医药达成战略合作；2018 年 4 月，京东医药物流与安徽华源医药在安徽太和华源物流园区签署医药云仓

合作协议。

随着越来越多的第三方物流企业的加入，医药流通业内人士纷纷表示对原有医药配送企业的担忧：第三方物流企业涌入，无疑将对原有医药配送企业产生巨大冲击。目前，国内医药流通行业除国药、华润、上海医药、九州通4家龙头企业外，其余绝大部分是中小型企业。这些中小型企业资金力量薄弱，很难建立起强大的医药物流服务体系，不得不依靠第三方物流企业进行托管。

第三方物流企业参与医药配送，无论是配送时效、覆盖范围，还是物流运作效率，均有着传统医药流通企业不能比拟的优势。上海医药集团有限公司旗下华氏大药房副总经理坦言，目前中国邮政的网络优势在国内无人能望其项背。尤其是一些农村、乡镇地区的药品配送，即使是配送范围覆盖全国的四大龙头企业，有时候也还得与中国邮政合作才能完成。

有专家认为，目前第三方物流的入局对大的医药流通企业的冲击力尚有限。因为像顺丰、邮政这样的"跨界"企业，受制于专业化能力不足问题，在硬件设施、管理系统以及专业人才方面均面临挑战。事实上，在第三方物流努力开拓医药配送业务的同时，传统行业巨头们也在深耕细作：国药、上海医药、九州通等加速布局基层市场，发力打通药品配送"最后一公里"，以期形成较高的行业壁垒。

第三方物流企业显然已开始在专业化方面发力。目前，顺丰医药已取得GSP认证及第三方物流许可，并规划建设7个自营医药仓，其中4个已经落地；京东医药物流已在山东、湖南、河北、安徽等地开展业务，与国药集团、红运堂、华潍药业、福康药业、广林药业合作，可提供符合GSP要求的商品验收、入库、存储、养护、出库、配送等服务。但专业化人才缺乏依然是第三方物流企业的一大软肋。目前医药物流人才多集中在传统医药商业企业。业内专家提醒，第三方物流企业要想在医药流通领域有所斩获，必须加紧吸纳储备专业人才。

资料来源：http://www.chinawuliu.com.cn/zixun/201805/09/330959.shtml.

任务二　第三方物流的发展模式

一、第三方物流的模式分类

根据第三方物流企业整合资源和提供服务的方式不同，可以将第三方物流企业运作模式归纳为八种。前两种模式是理论模式，不仅难以实现，而且意义也不是很大；后六种是比较典型的第三方物流企业运作模式，它们将继续在物流社会化系统中发挥重要作用。

1. 理论模式一

此类第三方物流企业的主要特点是规模庞大，网络体系遍布全国甚至全球，拥有先进的物流装备、强大的信息管理能力和高水平的物流人才，可以同时为多个行业的客户提供高集成度的物流服务。由于高端的物流服务涉及对客户的几种物流功能甚至是整个供应链的整合，需要个性化定制，因此第三方物流企业参与客户营运的程度很深，投入较大。当客户分布在多个不同行业时，由于不同行业对一体化物流服务的要求有很大差异，第三方物流企业拥有的经验与资源无法在不同行业的客户之间共享，会导致运作成本很高，第三方物流企业也难以形成核心专长。因此，尽管拥有大量的资产，同时为多个行业提供高集成度的物流服务也是很困难的，因此采用这种模式的第三方物流企业几乎不存在。一些世界著名的物流企业都有各自擅长的领域,如 TNT 的物流业务主要集中在电子、快速消费品、物流三大领域,三井物产则以钢铁物流而闻名,Ryder 是世界著名的汽车物流服务商。

2. 理论模式二

此类第三方物流企业基本上不进行固定资产的投资,而是通过强大的信息管理能力和组织协调能力来整合社会资源(如其他的第三方物流企业、技术供应商、管理咨询顾问等),为多个行业的企业提供高集成度的物流服务。同样,由于服务需要个性化定制而且物流企业的精力有限,这种高集成度的服务很难大规模运作,而且无资产的物流企业操作起来更加复杂。

3. 综合物流模式

综合物流模式的特点是第三方物流企业拥有大量的固定资产,为少数行业提供高集成度的服务,它与第一种模式的区别在于其业务范围集中在自己擅长的领域。国际上许多著名的物流公司都采用这种运作模式,国内一些大型的物流企业也开始提供这种服务。例如某物流公司为 IBM、美能达等公司提供全球采购与生产配送服务,他们将运输、储存、报关、精确配送、信息服务和资金结算等多项职能整合在一起,使世界各地的物流在到港后 24h 内即可通过配送中心送达位于不同地区的生产线上,保证其在零库存状态下进行正常生产。一些从大型生产制造企业中剥离出来的第三方物流企业由于有自己的网络和营销渠道专长,也集中面向专长的行业提供高集成度物流服务。值得注意的是,由于提供高集成度的物流服务参与客户内部运营的程度较深,为了更好地实施物流管理,同时也为了降低客户完全外包物流的巨大风险,一种常见的操作方式是第三方物流企业与客户共同投资新的物流公司,由这个公司专门为该客户提供一体化的物流服务。在国内,这种形式已经出现。

4. 综合代理模式

综合代理模式的特点是第三方物流企业不进行固定资产投资,对公司内部及具有互补性的服务提供商所拥有的不同资源、能力、技术进行整合和管理,为少数行业提供高集成度的一体化供应链服务,它与理论模式二的区别是其业务范围集中在自己的核心领域。综合代理模式体现了第四方物流的思想,采用这种运作模式的物流企业实际上就是一个供应链的集成商。目前在我国,重复建设使得许多物流资源非常分散但总体却过剩,物流网络和设备利用率不高,物流服务的质量有所欠缺,缺乏有效的物流管理者。采用综合代理的物流运作模式,不仅降低了大规模投资的风险,而且可以有效地整合社会资源,提高全社会的物流运作效率,现阶段在我国很值得推广。但是底层物流市场的极度不规范也使整合社会资源的难度很大,目前这种模式也还处于概念和探索阶段。

5. 功能物流模式

功能物流模式的特点是第三方物流企业使用自有资产为多个行业的客户提供低集成度的物流服务。这类第三方物流企业对客户提供的服务功能很单一,大量提供运输、仓储服务,一般不涉及物流的整合与管理等较高端的服务。由于仓库、车队等资源可以共享,因此企业能同时为较大范围的客户服务,实现规模效益。功能物流模式是目前我国第三方物流企业运作的一种主要模式,许多以传统运输、仓储为基础的大中型企业,以及一些新兴的民营物流公司,都属于这种模式。目前这些企业纷纷在传统业务的基础上拓展更全面的综合物流功能,如提供一些增值服务和物流过程管理等,但是物流服务的集成度还不是很高。从国内的物流市场来看,由于客户企业仍倾向于外包部分功能性的物流活动而不是全部物流,因此定位在低集成度上仍然有很大的空间,功能物流模式仍将是主要的物流服务形式。采用功能物流模式的第三方物流企业应该不断加强自身的运作能力,在强化核心能力的基础上,可逐步拓展服务的种类,提升服务层次,向综合物流模式发展。

6. 功能代理模式

功能代理模式的第三方物流企业与功能物流模式一样,也是为多个行业的客户提供低集成度的服务,只不过是通过委托他人操作来提供服务,自身不进行固定资产投资。这类企业一般由货代类企业经过业务拓展转变而来,客户分布比较广泛,服务层次相对较低,但它具有较强的管理整合社会公共资源能力,能够充分利用闲置的社会资源,使其在效益方面产生乘数效应,一般取得物流项目的总承包后整合社会资源再进行二次外包。这类企业对固定设备、设施的投资少,以其业务灵活,服务范围广和服务种类多等优势方面使其他企业难以与之竞争。采用功能代理模式的物流企业一方面可以通过不断提升代理服务的集成度向综合代理模式拓展;另一方面也可以通过与工商企业结盟增加资产的专有性,向更深层次的第三方物流企业方向发展。

7. 集中物流模式

集中物流模式的特点是第三方物流企业拥有一定的资产和范围较广的物流网络,在某个领域提供集成度较低的物流服务。由于不同领域客户的物流需求千差万别,当一个物流企业能力有限时,他们就可以采取这种集中战略,力求在一个细分市场上做精做强。例如,同样是以铁路为基础的物流公司,某铁路快运公司是在全国范围内提供小件货物的快递服务,而另一物流公司则是提供大宗货物的长距离运输。由于在特定领域有自己的特色,这种第三方物流企业运作模式也是需要重点培育和发展的。

8. 缝隙物流模式

缝隙物流模式的特点是第三方物流企业拥有较少的固定资产甚至没有固定资产,以局部市场为对象,将特定的物流服务集中于特定顾客层。这种模式非常适合一些从事流通业务的中小型物流公司,特别是一些伴随电子商务发展起来的小型物流企业。上海某物流公司,针对许多大型物流企业在城市末段物流配送网络上比较薄弱的情况,以健全的网络和规范化的操作模式专门为客户做城区内门到门的小件货物配送,由于找到了市场的"空白",这家公司的业务量正在快速上涨。采用缝隙物流运作模式的第三方物流企业应该充分发挥自己在特定服务领域的优势,积极提高服务水平,实现物流服务的差异化和成本最小化。

二、第三方物流与客户的关系

1. 利益一体化是第三方物流企业的利润基础

与传统的运输服务相比,第三方物流公司的利润来源与客户的利益是一致的,而不是矛盾的,并不是一方多赚一分钱,另一方就少赚一分钱的传统交易方式。所以,与运输企业相比,第三方物流服务的利润来源不是运输、仓储费用等直接收入,不是以客户的成本性支出为代价的,而是与客户一起在物流领域创造的新价值。为客户节约的物流成本越多,利润率就越高,这与传统的经营方式有本质的不同。对于物流成本,是指物流总成本,而不是指功能成本最低化。

2. 第三方物流是客户的战略投资人和风险承担者

第三方物流公司追求的不是短期的经济效益,更确切地说,它是以一种投资人的身份为客户服务的,这是它身为战略同盟者的一个典型特点。所以,第三方物流服务本身就是一种长期投资。这种投资的收益很大程度上取决于客户业务量的增长,这就形成了双方利益一体化的基础。同时,随着各国资本市场的发展,法人企业作为战略投资人已经成为一类重要的资本市场投资主体,在业务关系上的紧密性为第三方物流企业与客户在资本市场上的合作创造了条件,双方在股权、资本上的融合将更加紧密,第三方物流战略投资人的性质将更加明显。

3. 第三方物流是客户的战略同盟者

第三方物流企业不是一般的货运公司,也不是单纯的速递公司,在物流领域扮演的是客户的战略同盟者的角色。在服务内容上,它为客户提供的不是一次性的运输或配送服务,而是一种具有长期契约性质的综合物流服务,最终职能是保证客户物流体系的高效运作和不断优化供应链管理。

第三方物流的业务深深地触及客户企业销售计划、库存管理、订货计划、生产计划等整个生产经营过程中,远远超越了与客户一般意义上的买卖关系,而且是紧密地结合在一体,形成了一种战略合作伙伴关系。从长远看,第三方物流的服务领域还将进一步扩展,甚至会成为客户销售体系的一部分。它的生存与发展必将与客户企业的命运紧密地联系在一起。在西方的物流理论中非常强调“关系营销”,也就是说,一个企业的迅速发展光靠自身的资源、力量是远远不够的,必须寻找战略合作伙伴,通过同盟的力量获得竞争优势。而第三方物流扮演的就是这种同盟者的角色,与客户形成的是相互依赖的市场共生关系。

第三方服务的用户与提供者之间的战略联盟、物流伙伴关系均要求彼此更多的信息公开,打破传统的业务关系束缚,从“基于交易上”的业务关系变更为一体的、长期的“伙伴关系”。

通过对第三方物流的优势分析,我们可以清楚地发现电子商务这种全新物流模式将给第三方物流发展带来无限的市场潜力与发展机遇,但同样带来了压力和挑战。由于我国第三方物流的发展时间比较短,处于传统与电子商务三方物流之间,与国外相比不太成熟,与国外大型物流企业相比竞争力较弱,特别是现在我国已经加入 WTO,大量外资物流企业将长驱直入,中国物流企业将面对前所未有的竞争压力,在此情况下,我国物流企业应把握机会,迎接挑战,使我国物流业走向国际化、全球化。

三、第三方物流与企业物流模式的选择

1. 第三方物流成为现代物流管理的主流模式

物流外协第三方,即通常所说的第三方物流(third-party logistics,3PL 或 TPL)是由相对“第一方”发货人和“第二方”收货人而言的第三方专业企业来承担企业物流活动的一种物流形态。它通过与第一方或第二方的合作来提供专业化的物流服务,它不拥有商品,不参与商品买卖,而是为顾客提供以合同约束、结盟为基础的、系列化、个性化、信息化的物流代理服务。包括设计物流系统、EDI 能力、报表管理、货物集运、选择承运人、货代人、海关代理、信息管理、仓储、咨询、运费支付和谈判等。20 世纪 80 年代以来,欧美国家的物流已不再作为工商企业直接管理的活动,常从外部物流专业公司中采购物流服务。例如,1992 年对全球 500 家最大制造商物流主管的调查表明,37％的企业采用第三方物流服务。1997 年,主要的英国零售商已控制了 94％的工程配送(从配送中心到商店),其中将近 47％的配送是外协的。在美国的一些主要市场上,3PL 的利用率已经达到 73％,还有 16％的企业研究未来3PL 的利用。此外,在国际物流方面也有物流服务外协的趋势。据荷兰国际配送协会(HIDC)的调查表明:2/3 的美国、日本、韩国等国家的欧洲配送中心是由第三方物流公司管

理的。据中国仓储协会最近的一次调查发现,我国目前工业企业的物流活动中,全部委托第三方代理的占被调查企业的52%,45.3%的企业正在寻找新的物流代理商。由此可以看出,物流外协(outsourcing)已成为各个国家企业物流管理的主流模式。

2. 企业物流模式的选择

企业物流模式主要有自营物流和第三方物流等。企业在进行物流决策时,应根据自己的需要和资源条件,综合考虑以下主要因素,慎重选择物流模式,以提高企业的市场竞争力。

(1) 物流对企业成功的影响度和企业对物流的管理能力。物流对企业成功的重要度高,企业处理物流的能力相对较低,则采用第三方物流;物流对企业成功的重要度较低,同时企业处理物流的能力也低,则外购物流服务;物流对企业成功重要度很高,且企业处理物流能力也高,则自营物流。

(2) 企业对物流控制力要求。越是竞争激烈的产业,企业越是要强化对供应和分销渠道的控制,此时企业应该自营物流。一般来说,主机厂或最终产品制造商对渠道或供应链过程的控制力比较强,往往选择自营物流,即作为龙头企业来组织全过程的物流活动和制定物流服务标准。

(3) 企业产品自身的物流特点。对于大宗工业品原料的回运或鲜活产品的分销,则应利用相对固定的专业物流服务供应商和短渠道物流;对全球市场的分销,宜采用地区性的专业物流公司提供支援;对产品线单一的或为主机厂做配套的企业,则应在龙头企业统一下自营物流;对于技术性较强的物流服务(如口岸物流服务),企业应采用委托代理的方式;对非标准设备的制造商来说,企业自营虽有利可图,但还是应该交给专业物流服务公司去做。

(4) 企业规模和实力。一般来说,大中型企业由于实力较雄厚,有能力建立自己的物流系统,制订合适的物流需求计划,保证物流服务的质量。另外,还可以利用过剩的物流网络资源拓展外部业务(为别的企业提供物流服务)。而小企业则受人员、资金和管理资源的限制,物流管理效率难以提高。此时,企业为把资源用于主要的核心业务上,就适宜把物流管理交给第三方专业物流代理公司。如实力雄厚的麦当劳公司,每天必须把汉堡等保鲜食品运往中国各地,为保证供货的准确及时,就组建了自己的货运公司。

(5) 物流系统总成本。在选择是自营还是物流外协时,必须弄清两种模式物流系统总成本的情况。计算公式为

$$物流系统总成本=总运输成本+库存维持费用+批量成本+总固定仓储费用$$
$$+总变动仓储费用+订单处理和信息费用+顾客服务费用$$

这些成本之间存在着二律背反现象:减少仓库数量时,可降低保管费用,但会带来运输距离和次数的增加,从而导致运输费用增加。如果运输费用的增加部分超过保管费用的减少部分,总的物流成本反而增大。所以,在选择和设计物流系统时,要对物流系统的总成本加以论证,最后选择成本最小的物流系统。

(6) 第三方物流的客户服务能力。在选择物流模式时,考虑成本尽管很重要,但第三方物流为本企业及企业顾客提供服务的能力是选择物流服务至关重要的。也就是说,第三方物流在满足对原材料及时需求的能力和可靠性的同时,对零售商和最终顾客不断变化的需求的反应能力等方面应该作为首要的因素来考虑。

(7) 自用资产和非自用资产第三方物流的选择。自拥资产第三方,是指有自己的运输工具和仓库,从事实实在在物流操作的专业物流公司。他们有较大的规模,雄厚的客户基

础,到位的系统。专业化程度较高,灵活性受到一定限制。非自拥资产第三方,是指不拥有硬件设施或只租赁运输工具等少量资产,他们主要从事物流系统设计、库存管理和物流信息管理等职能,而将货物运输和仓储保管等具体作业活动由别的物流企业承担,但对系统运营承担责任的物流管理公司。这类公司运作灵活,能适当调整服务内容,可以自由混合、调配供应商。管理费用较低。企业应根据自己的要求对两种模式加以选择和利用。

四、第三方物流的利与弊

在当今竞争日趋激化和社会分工日益细化的大背景下,物流外协具有明显的优越性,具体表现在以下几个方面。

(1) 企业集中精力于核心业务。由于任何企业的资源都是有限的,很难成为业务上面面俱到的专家。为此,企业应把自己的主要资源集中于擅长的主业,而把物流等辅助功能留给物流公司。如美国通用汽车的萨顿工厂通过与赖德专业物流公司的合作,取得良好的效益。萨顿集中于汽车制造,而赖德管理萨顿的物流事务。赖德接洽供应商,将零部件运到位于田纳西州的萨顿工厂,同时将成品汽车运到经销商那里。萨顿使用电子数据交换(EDI)进行订购,并将信息发送给赖德。赖德从分布在美国、加拿大和墨西哥等国家的 300 个不同的供应商那里进行所有必要的小批量采购,并使用特殊的决策支持系统软件来有效地规划路线,使运输成本最小化。

(2) 灵活运用新技术,实现以信息换库存,降低成本。当科学技术日益进步时,专业的第三方物流供应商能不断地更新信息技术和设备,而普通的单个制造公司通常一时难以更新自己的资源或技能;不同的零售商可能有不同的、不断变化的配送和信息技术需求,此时,第三方物流公司能以一种快速、更具成本优势的方式满足这些需求,而这些服务通常都是制造商一家难以做到的。同样,第三方物流供应商还可以满足一家企业的潜在顾客需求的能力,从而使企业能够接洽到零售商。如美国赖德专业物流公司向一家床垫制造商西蒙斯公司(Simmons)提供一种新技术,使得后者彻底改变了自己的经营方式。在合作前,西蒙斯公司在每一个制造厂储存了 20 000～50 000 个床垫来适时满足客户的时尚需求。合作后,赖德在西蒙斯的制造厂安排一个现场物流经理。当订单到达时,该物流经理使用特殊的软件来设计一个把床垫发送给客户的优化顺序和路线。随后,这一物流计划被发送到工厂,在那里按照确切的数量、款式和顺序制造床垫,并全部及时发送。该项物流合作从根本降低了西蒙斯公司对库存的需求。

(3) 减少固定资产投资,加快资本周转。企业自建物流需要投入大量的资金购买物流设备,建设仓库和信息网络等专业物流设备。这些资源对于缺乏资金的企业(特别是中小企业)来说是一个沉重的负担。而如果使用第三方物流公司不仅减少设施的投资,还解放了仓库和车队方面的资金占用,加快了资金周转。

(4) 提供灵活多样的顾客服务,为顾客创造更多的价值。原材料需求客户需要快速补充货源,原材料供应商可结合就近区域仓库,通过第三方物流的仓储服务,迅速满足客户需求,完全没必要建造新设施或长期租赁而调拨资金在经营上受限制。终端产品供应商利用第三方物流可以向终端客户提供更多样的服务,如提供本企业一时不能满足客户要求的暂时缺货、短时的仓储管理等服务,为顾客带来更多的附加价值,提高顾客满意度。

当然,与自营物流相比较,第三方物流在为企业提供上述便利的同时,也会给企业带来诸多不利。主要包括：企业不能直接控制物流职能；不能保证供货的准确和及时；不能保证顾客服务的质量和维护与顾客的长期关系；企业将放弃对物流专业技术的开发等。例如，企业在使用第三方物流时，第三方物流公司的员工经常与企业的客户发生交往，此时，第三方物流公司会通过在运输工具上喷涂自己的标志或让公司员工穿着统一服饰等方式来提升在顾客心目中的整体形象，从而取代企业的地位。

五、我国企业目前选择第三方物流的主要标准及步骤

1. 主要标准

从以下六个方面建立一级评价指标。

(1) 规模实力。企业规模的大小是人们判断一个企业的营运能力和竞争实力强弱的最直接的衡量标准。人们往往对规模较大的企业给予更多的信任，因此对企业的规模实力的判断将直接影响企业对物流服务供应商的选择。

(2) 定价水平。物流企业的定价依据是物流价格＝成本＋利润＋税金。从定价的高低可以看出第三方物流企业对于物流成本的控制水平，也可以从侧面反映出该企业的物流技术能力。在被选企业的各方面水平实力相当时，企业的定价水平即成为物流需求企业对备选企业进行选择的唯一标准。

(3) 技术水平。物流技术是指物流活动中所采用的自然科学与社会科学方面的理论、方法，以及设施、设备、装置与工艺的总称。物流技术可概括为硬技术和软技术两个方面。物流硬技术是指组织物资实物流动所涉及的各种机械设备、运输工具、场站设施及服务于物流的电子计算机、通信网络设备等方面的技术。物流软技术是指组成高效率的物流系统而使用的系统工程技术、价值工程技术、配送技术等。物流技术水平的高低是实现物流效率高低的一个重要因素，是物流企业核心竞争力的体现。

(4) 服务水平。物流服务是指物流供应方通过对运输、储存、装卸、搬运、包装、流通加工、配送和信息管理等基本功能的组织与管理来满足客户物流需求的行为。物流服务包含两方面内容：一是传统的物流服务，在这个物流过程中，物流供应方向顾客提供的服务水平是影响顾客购买和连续购买客户企业产品的关键因素，这是影响物流需求方选择的绝对因素；二是信息化建设，通过使用先进信息技术使供应商、生产企业、客户、物流服务公司之间能够实现信息的实时共享，从而保证整个市场渠道顺畅。根据物流需求方对服务要求的不同，这是影响物流需求方选择的相对因素。

(5) 管理水平。物流管理包括三个方面的内容：对物流活动诸要素的管理，包括运输、储存等环节的管理；对物流系统诸要素的管理，即对其中人、财、物、设备、方法和信息六大要素的管理；对物流活动中具体职能的管理，主要包括物流计划、质量、技术、经济等职能的管理。物流企业的管理水平的高低直接影响着企业运营的系统性和科学性，是企业竞争力高低的决定因素。

(6) 社会评价。以上五个指标是物流需求方企业对备选企业的正面了解，获得的数据或资料大多源于企业内部，有存在水分的可能性。而社会评价是物流需求方企业对备选企业的侧面了解。主要通过其他企业的客户满意度和对备选企业的信誉评价来反映其物流水平和诚信度，其评价结果是备选企业难以控制和改变的，使得整个评价体系更为完善、真实。

2. 选择步骤

要成功地选择合适的第三方物流,可归纳为以下五个步骤。

(1) 物流外包需求分析,这是制定外包策略的基础。在决定是否选择第三方物流服务时,首先应该对企业本身的物流过程进行分析,以确定当前的优势和存在的问题,从而明确物流外包活动的必要性与可行性。由于大多数第三方物流决策对企业目标的实现关系重大,所以通常需要对物流外包的需求分析花费较长时间。

(2) 确立物流外包目标。确立物流外包目标是选择第三方物流服务供应商的指南,首先应该根据企业的物流服务需求的特点确定选择的目标体系,并能有效地抓住几个关键目标,这也是后面企业对第三方物流服务供应商绩效考核的主要依据。

(3) 制定物流服务供应商的评价准则。在选择物流服务供应商时,首先必须制定科学、合理的评估标准。目前企业在选择物流服务供应商时,主要从物流服务的质量、成本、效率与可靠性等方面考虑。此外,由于第三方物流服务供应商与企业是长期的战略伙伴关系,因此,在考核第三方物流供应商时,企业也非常关注降低风险和提高服务能力的指标,如经营管理水平、财务状况、运作柔性、客户服务能力和发展能力。

(4) 物流服务供应商的综合评价与选择。有效的评价方法是正确选择第三方物流服务供应商的前提,应该采用合理、有效的评价方法进行综合评价,才能保证选择结果的科学性。根据评价准则初步选出符合条件的候选供应商,注意控制在可管理的数量之内,然后采用科学、有效的方法,如层次分析法、模糊综合评判法、仿真等方法进行综合分析评价,通过这些评价方法可以确定两三家分值靠前的供应商。要确定最终的第三方物流服务供应商,还需要注意企业与供应商的共同参与,以保证所获取数据及资料的正确性、可靠性,并对物流服务供应商进行实地考察。最后对各供应商提供的方案进行比较权衡,从而做出最终的选择。

(5) 关系的实施。经过对供应商的考核评价,并做出选择后,双方应就有关方面起草并签订合同,建立长期的战略合作伙伴关系。

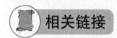 相关链接

第三方物流的作用:推动供应链的更多“牵手”

第三方物流是现代社会经济发展的产物,也是物流行业不断进化中的一个优秀的结晶。可以说,第三方物流的作用众多,对于供应链上的企业而言意义重大。

(1) 使企业可以集中精力发展主业。第三方物流的加入,使企业能够实现资源优化配置,将有限的人力、财力集中于核心业务,进行重点研究,发展基本技术,开发出新产品参与世界竞争。

(2) 提升企业形象。第三方物流提供者与顾客不是竞争对手,而是战略伙伴,他们为顾客着想,通过全球性的信息网络使顾客的供应链管理完全透明化;第三方物流提供者是物流专家,他们利用完备的设施和训练有素的员工对整个供应链实现完全的控制,减少物流的复杂性;他们通过遍布全球的运送网络和服务提供者(分承包方)大幅缩短了交货期,帮助顾客改进服务,树立自己的品牌形象。

(3) 为企业节省费用,减少资本积压。如果是企业发展自己的物流,购买车辆、建立仓库,配备发货设施、包装器械等就是一笔巨大的投资,当然,要提高自己物流的技术水平又是

另一种开销。而专业的第三方物流提供者，利用规模生产的专业优势和成本优势，通过提高各环节能力的利用率实现费用节省，使企业能从分离费用结构中获益。

（4）为企业减少库存。企业不能承担多种原材料和产品库存的无限增长，尤其是高价值的部件要被及时送往装配点，实现零库存，以保证库存的最小量。第三方物流提供者借助精心策划的物流计划和适时运送手段，最大限度地减少库存，改善了企业的现金流量，实现成本优势。

第三方物流企业通过其掌握的物流系统开发设计能力、信息技术能力，成为建立企业之间物流系统网络的组织者，完成个别企业，特别是中小企业无法实现的工作。货主企业采用第三方物流方式对于提高企业经营效率起到了重要作用。同时，其通过"量体裁衣"式的设计，制订出以顾客为导向，低成本、高效率的物流方案，使顾客在同行者中脱颖而出，为企业在竞争中取胜创造了更多有利的条件。

资料来源：https://www.56tim.com/archives/51672.

任务三　第三方物流与电子商务的关系

一、电子商务下第三方物流的新特点

1. 第三方物流供应商的特色

第三方物流作为一种先进的物流模式，在社会分工中扮演着重要的角色，越来越多的企业与第三方物流供应商合作。第三方物流供应商在发展中也形成了自己鲜明的特色，具体表现在以下几个方面。

第三方物流与电子商务的关系

（1）关系契约化。第三方物流是通过契约形式来规范物流经营者与客户企业之间关系的。物流经营者根据契约规定的要求，提供多功能、全方位一体化物流服务，并以契约来管理所有提供的物流服务活动及过程。第三方物流是用合同方式建立起来的物流服务者与用户之间的关系，因此，使用起来非常灵活。

（2）服务个性化。首先，不同的客户存在不同的物流服务需求，第三方物流需要根据不同的客户在企业形象、业务流程、产品特征、顾客需求特征竞争需要等方面的不同需求，提供针对性强的个性化物流服务和增值服务。这表明物流服务理论从"产品营销"发展到"市场营销"阶段。个性化的物流服务，在一定程度上反映了个性化营销的物流需要。其次，第三方物流供应商也因为市场竞争、物流资源、物流能力的影响需要形成核心业务，不断强化所提供物流服务的个性化和特色化，以增强物流市场竞争能力。

（3）服务专业化。第三方物流能提供仓储、运输、订单处理、售后服务、产品回收、报关等十几项物流服务。从物流设计、物流操作过程、物流技术工具、物流设施到物流管理，必须体现专门化和专业水平，这既是物流消费者的需要，也是第三方物流自身发展的基本要求。

（4）信息网络化。信息技术是第三方物流发展的基础，具体表现为物流信息的商品化、物流信息收集的数据化和代码化、物流信息处理的电子化和自动化、物流信息传递的标准化和实时化、物流信息储存的数字化等。借助现代信息技术，物流系统的各个环节之间得以快速、准确地传递信息，实现全方位的交流和协作；物流企业得以和客户进行有效的沟通，更好地满足客户的动态需求。

（5）管理系统化。第三方应具有系统化的物流功能，是第三方物流产生和发展的基本要求，第三方物流需要建立现代管理系统才能满足运行和发展的基本要求。第三方物流企业能够从系统角度，提供现代化、一体化的物流服务。即可以向客户提供包括供应链物流在内的全程物流服务和特定的、定制化服务的物流活动。

（6）价值增值化。从为客户创造价值的角度出发，TPL 提供的服务不是一般性物流服务，而是具有增值性的现代化物流活动。包括设计物流系统、EDI 能力、报表管理、货物集运、选择承运人、货代人、海关代理、信息管理、仓储、咨询、运费支付和谈判等。

（7）合作联盟化。第三方物流与客户是长期化的战略合作关系。第三方物流不是提供临时性的物流服务，其实现的物流功能也不是一项或几项独立简单的物流功能，如运输企业提供运输服务，仓储企业提供仓储服务；第三方物流供应商是以提高客户企业经营效率、实现与客户共同发展为目标，根据合同条款向物流需求方提供长期的复杂多功能、全方位的物流服务。第三方物流更加强调在供应链上的诸节点之间植入"优势互补、利益共享"的共生关系。也就是说，一个企业的迅速发展光靠自身的资源、力量是远远不够的，也未必最科学、最经济。因此，企业必须寻找战略合作伙伴，通过联盟的力量获得竞争优势，第三方物流供应商与客户之间将形成重要的战略联盟伙伴。

第三方物流服务者与需求方是战略联盟关系，不是简单利益对立的交易双方。其利润来源不是运费、仓储费等直接收入，不是以物流需求企业的成本支出为代价的，而是来源于物流总成本的降低而创造的新价值，这种新价值是第三方物流与客户共同分享的，也就是我们强调的双赢战略。

21 世纪是信息的时代，效率必将成为这个时代的主旋律之一。由物流网络系统、物流作业系统和物流信息系统组成的第三方物流系统所追求的目标将是更低成本、更高质量、更快响应。

2. 第三方物流的四个特征

电子商务下第三方物流业的形成对物流资源合理配置、物流成本下降、物流效率提高具有极为重要的意义，在发展过程中第三方物流业务特征也越来越明显。电子商务环境下第三方物流主要表现出以下四个特征。

（1）以合同导向的物流服务。第三方物流企业可以管理整个物流过程或者选择几项物流服务项目，如订单管理、库存管理、运价谈判、选择承运人等。工商企业在选择第三方物流业务服务时一般都签订专门的合同，规定服务项目和目标，并且包括一定的惩罚措施，一部分企业还制定了一定的激励条款。

（2）新型客户关系的物流服务。企业选择第三方物流服务的动机有降低成本、提高核心竞争力、寻求增值服务等，各类企业与第三方物流企业合作的方式有整体外包供应链物流业务、聘请物流公司来管理运作企业自有物流资产设备等多种形式。虽然形式各异，但是本质上是合作双方为了共同的战略目标，在信息共享的条件下，共同制订物流解决方案，其业务深深触及客户企业销售计划、库存管理、订货计划、生产计划等整个生产经营过程，远远超越与客户一般意义上的买卖关系，而是紧密地结合成一体，形成了一种战略伙伴关系。

（3）新型第三方物流企业拉动模式转换。由于行业性质、产品特点、市场状态等方面不同，传统的第三方物流业务所提供的运输、仓储等基础性服务已远远不能满足目前工商企业的需要，促使当今的第三方物流企业的经营理念从供给推动模式向需求拉动模式转换，第三方物流企业正在努力采用"一企一策"的方式为工商企业提供特殊的、个性化的专属服务。

（4）以信息技术为基础的物流服务。信息技术的发展是第三方物流业务发展的必要条件，信息共享是第三方物流企业与工商企业成功合作的关键。许多信息技术，如 GIS（地理信息系统）、GPS（全球卫星定位系统）、EDI（电子数据交换）、Bar Code（条码制）等实现了数据快速准确的传递，使企业之间的及时协调、合作成为可能，并促使 MRP、ERP、DRP 等物流计划方法的产生和发展，提高了第三方物流业务服务水平。

3. 电子商务环境下第三方物流企业发展策略

电子商务是商业实体利用网络和电子信息技术进行各项商业贸易活动。它通过互联网来传播信息，实现客户与企业之间信息的沟通，从而提高贸易效率。对于电子商务中的信息流、商流和资金流的处理，通过互联网可以顺利地实现。但是物流则不同，物流是指物流实体的流通，正是物流自身的特点决定了它不可能像信息流、商流和资金流那样依靠互联网来解决。要发展电子商务，首先要提高物流水平。物流是电子商务的组成部分，也是电子商务顺利开展的重要保证，物流水平的高低直接影响电子商务实现程度的高低。物流信息化发展的方向应当是通过信息技术的使用，有效形成生产商、第三方物流和需求方的有机的供应链关系，从而降低整个商务活动的物流成本和交易成本，并最终使产品的设计生产更好地满足各方面的要求。基于此，针对我国目前第三方物流信息化发展中存在的问题，未来电子商务下第三方物流战略是以客户需求为导向，以供应链信息化管理为重点，以数据交换平台为支撑，带动企业管理信息化，物流运作信息化，大力发展以 B2B 为主的电子商务，全面提升第三方物流信息化整体水平。

完善的信息系统对第三方物流企业提高自身的业务能力有重要作用。企业应加大完善信息系统的力度，引进先进的信息系统设备及技术，同时构建能与电子商务企业信息共享的信息平台，对物流各环节能够进行有效的控制和全程管理以及实时跟踪，实现对第三方物流全过程的可视化，进一步提升客户服务质量。

（1）加强物流商业智能。物流商业智能的优势是将第三方物流现有的数据转化为可操作的知识，通过整合历史信息数据，从多个角度和层面对数据展开深层次的分析、处理，为决策者提供相应的决策依据，提高决策效率和水平。因此，无论运输管理、仓储管理、增强供应链可见性、供需预测还是在衡量公司关键运营指标等方面，物流商业智能都大有可为。从建立物流商业智能系统的技术角度来看，所需要的技术主要包括：①数据仓库技术。物流商业智能系统的核心是解决物流应用问题，通过把数据处理技术与商务规则相结合以提高物流企业的利润，减少物流运作风险。②数据挖掘技术。通常采用机器自动识别的方式，应用分类模型、关联模型、顺序模型及聚簇模型等模型，从大量的数据中发现隐藏的规律或关系。③联机分析处理。主要通过多位的方式对数据进行分析、查询和报表处理。针对用户当前及历史数据进行分析、辅助领导决策。

（2）推动物流系统仿真。系统仿真技术作为系统分析、优化的有效工具已广泛应用于各类复杂物流系统的规划设计、系统优化、方案比较、流程运作控制等领域。在现代物流行业，国外许多的物流配送中心设计、自动化仓储系统和物料搬运系统等工程设计中也都开始应用仿真技术作为有效实用的辅助设计手段。第三方物流要大力发展物流系统仿真技术，建立并运行模型来进行多方案，量化比较，从而找到技术性和经济性的最佳结合点，这在复杂物流系统设计中具有较强的实用价值。另外，对于物流实验室的仿真研究可以模拟物流系统运作的全过程，不仅可以用于与高校合作科研，也可以使公司内部管理人员和员工更加了解物流企业的运营规律。

（3）完善物流信息平台。通过物流信息平台的建设，第三方物流不仅可以整合各物流信息系统的信息资源，完成各系统之间的数据交换，实现信息共享。还可以整合社会物流资源，加强物流企业与上下游企业之间的合作，提供相关物流服务。另外，物流信息平台的建设，可以为电子商务提供很好的物流服务，从而促进电子商务的发展，并形成一个与电子商务系统高度集成的统一平台。

（4）发展供应链物流管理。随着 SCM、CRM、EAI 管理理论的发展和成熟，可以引用先进的集成供应链管理思想，将公司的信息系统和供应链中商业伙伴的信息系统在 Internet/Intranet/Extranet 的基础上集成在一起，形成整个供应链 B2B 甚至"协同商务"的新的商业模式，供应链中的每个成员都能够依据基于整个供应链的正确信息来协同各自的物流运作。从而实现精确、实时、动态的绿色物流，达到物流运作业务全面信息化。

（5）培养综合型人才，提高服务水准。加强物流管理人员物流业务知识培训，提高物流管理运作水平是发展我国现代物流的重要工作内容。今后，物流人才培养应围绕现代物流发展目标，拓展用人渠道，强化员工培训和继续教育，重视培养"复合型"人才，逐步形成一支高级的经营管理人才队伍，进一步适应我国现代物流管理需要。同时，对现有的业务流程、资源进行战略重组，建立物流业务新机制，形成具有特色的物流服务品牌和经营理念。要开发现代信息技术，建立起基于互联网的电子商务网站。首先企业要适应电子商务环境，能够进入"网上社会"中。如果联网上社会都进不去，何以谈得上利用电子商务环境条件呢？现在互联网已经被别人建立了起来，一个有魅力的网上环境资源已经存在，就看我们能不能利用上它。要利用它，就必须建立起自己的企业内部网，开发企业管理信息系统，建立企业自己的电子商务网站，并连接到互联网上。这样我们就可以利用互联网资源，进入网上社会，充分利用电子商务环境的有利条件进行网上运作，为企业自身的发展服务。

二、第三方物流与电子商务配送的关系

1. 现代物流中的配送

现代物流中的配送是电子商务中的重要电子商务中的任何一笔交易，都包含着信息流、商流、资金流、物流。前三种流的处理都可以通过计算机和网络通信设备实现。但物流作为四流中最为特殊的一种，则是物质实体的流动过程。所以，现代物流配送对实现电子商务的保证。只有实现合理化、现代化的物流配送，才能降低配送成本，优化库存结构，减少资金占压、缩短生产日期，保障电子商务的高效进行。

2. 电子商务是推动现代物流配送发展的重要力量

（1）电子商务是现代物流的基础。网络时代所造就的电子商务给人类带来一场深刻的革命，特别是这场革命所引致的产业大重组把现代物流产业替代前所未有的高度。虽然电子商务本身不能实现最终的物流，但他以一种最直接的方式指导物的流量、流向和物流时间。它在促进物流发展趋势的同时，也从中促进了物流的发展。

（2）电子商务是现代物流信息处理的平台。物流的特性决定了物流与信息流之间有着天然的密不可分的关系。信息作为物流的重要组成要素，为物流的正常运转、管理、决策以及制定战略提供了不可缺少的依据。为提高物流效率，要求信息流保持通畅，并准确反馈物流各个环节运作所需要的信息。另外，信息技术不断进步为信息及时大规模传递创造了条

件,促进物流能力和效率的提高。

(3) 我国电子商务和物流配送关系的现状。首先,电子商务中的物流配送基础设施尚不够完善,设施之间的配套性和兼容性缺乏统一的标准体系。其次,部分电子商务企业配送管理水平较低,配送管理水平与信息系统效率的高低直接影响到电子商务企业的运作效率和客户服务质量。最后,对电商与物流复合型专业技术人才需求较大,导致人才与岗位需求不均衡。为有效解决电子商务与物流配送瓶颈的根本问题,未来需进一步增强电商与配送基础设施的投入,优化信息共享平台系统,提高电子商务与物流配送整体运作流程的可视性与高效性。

3. 物流是电子商务发展的瓶颈

电子商务的物流瓶颈问题是在网上实现商流活动之后,没有一个有效的社会物流配送系统对事物的转移提供低成本的、适时的、适量的转移服务,配送的成本过高、速度过慢是偶尔涉足电子商务的买方最为不满的问题。

物流瓶颈问题可以从两方面去认识。

(1) 互联网无法解决物流问题。在这种情况下,未来的流通时间和流通成本,绝大部分被物流占有,因此,物流对未来的经济发展会起到非常大的决定和制约作用。

(2) 物流本身发展的滞后。网络经济,电子商务的迅猛发展势头,会加剧物流瓶颈的作用,这个问题从表面上看是我国物流服务问题,其背后的原因,是我国为物流服务运行的物流平台不能满足发展的要求。

4. 我国电子商务与物流企业之间共存发展的差异性

在管理水平上,电子商务公司的领导者具有较高的知识与管理水平,对公司的配送也较为严格;而物流企业大多数是在传统的储运企业上发展起来的,有些管理模式甚至还停留在计划经济的水平上,因此,物流企业要尽快提高管理水平,以适应市场经济,网络经济的需要,要考虑适应不同档次客户的要求。提高管理以适应电子商务公司高标准的要求。

目前电子商务公司与配送企业签订的协议很少,这样不利于物流企业制订长远的投资与服务计划,短期协作制约物流企业对配送体系的投入和采用新技术热情,不利于降低配送成本。

5. 如何协调电子商务与物流配送的关系

(1) 加强物流基础设施建设,制定物流产业发展政策。现代物流体系建立的前提是先进的物流基础设施,因而政府应统筹规划,建立以重要经济区域、中心城市、沿海港口城市为依托的,与我国经济发展水平相适应的现代物流网络系统,继续加大物流基础设施的投资力度,促进我国物流业的发展和整体水平的提高。为有准备地引导和促进我国物流业的发展,政府还应制定规范的物流产业发展政策,以形成良好的制度环境。

(2) 大力发展第三方物流,避免资源重复与浪费。电子商务企业通常都缺乏足够的资金、经历和专业技能去建立大规模的现代物流配送体系。因此,最理想的方法就是采用第三方物流模式(即把物流外包交与第三方)。而对于电子商务企业,可以充分利用第三方物流的配送服务体系,将有限的资金和精力用于电子商务网络建设。因此,必须大力发展第三方物流。

(3) 建立物流公共信息平台,发展第四方物流。由于信息的绝对数量增加,信息发生地点,处理地点,传达对象,分散在广大地区,而物流与信息要同时进行流动,因此要迅速反映物流信息,就必须建立现代化的物流信息管理平台,对物流信息进行收集、加工、整理,以便于对物流过程进行控制、预测和决策。建立在 Internet 上的物流公共信息平台,可让所有用户输入的资料都直接进入数据库,以便进行各种各样的数据处理。所有用户都可以在这个平台上互动式经营,物流公共信息平台整合了社会资源,解决了物流信息充分共享、社会物流资源充分利用的问题。

（4）加快物流产业标准化、规范化进程。物流业的标准化和规范化,对于物流企业来说可以提高企业内部管理效率,降低成本,提高服务质量;对于消费者来说,标准化和规范化的物流与服务有利于增强消费者的信任及购买信心。这样才能建立一个高效率、低成本,极具竞争力的物流体系,为我国企业及电子商务的发展服务。

（5）电子商务与物流配送必须共同合作。通过制度创新充分挖掘和利用现有物流配送体系的资源优势,通过网络组织创新,使它们同电子商务过程中的物流环节联合起来,形成有效的竞争与合作,对加速我国电子商务的建设与发展将是一个巨大的支持,电子商务的成本优势也将得到真正的实现与发挥。

三、电子商务为第三方物流的发展搭建信息业务平台

电子商务的运作过程包含四种基本的流,即信息流、商流、资金流和物流。其中,物流是四流中最为特殊和必不可少的,没有物流业的相伴发展,电子商务的优势就会大打折扣。尤其是第三方物流,电子商务只有以此为支点,才能实现发展上的成功跳跃。电子商务将物流业提升到了前所未有的高度,为其提供了空前的发展机遇;电子商务极高的运行效率需要高效的物流运作与之相配套,第三方物流成为满足企业电子商务配送需求的首选;电子商务赋予第三方物流新的特点。电子商务的发展给全球物流业带来新的变化,使现代第三方物流具备了信息化、自动化、网络化和个性化的新特点。

1. 电子商务为物流业开辟了一个全新的市场

电子商务出现以前,除了企业对企业的销售活动,如 B2B 需要进行大批量的运输储存等物流活动以外,大部分的零售业务,如 B2C、C2C 基本上都是面对面销售和货物自提,大部分商品都不需要通过物流公司送货。电子商务出现以后,在网上做生意,必然要求在网下搞配送,否则,网上的电子交易就不可能真正完成,这就将大量零售贸易也纳入物流市场,大幅增加了物流需求量和流通量。在电子商务的环境条件下,残酷的市场竞争使得大部分企业不可能自营物流活动,而要聚精会神抓主业,把非核心的物流业务外包,物流外包业务的快速增长促进了第三方物流的发展。第三方物流企业集成各电子商务经营者的外包物流业务,进行规模化、集约化运作,互利共赢,提高效益。伴随着电子商务的发展,大量电子交易的出现,物流外包量的增长,第三方物流市场将会越来越大。

2. 电子商务给第三方物流提供了新的技术

电子商务信息技术全方位地渗透到物流管理领域,为第三方物流提供了较高的技术保证与信息沟通的渠道。电子商务环境下第三方物流企业的业务运营流程包括与客户签订物流业务合同,获取业务订单,组织物资的进货、入库、储存保管、出库、运输配送、资金结算等。整个过程应当充分利用电子商务环境的特点和优势,进行科学高效的组织和策划。企业要充分利用电子商务环境的特点,充分利用网络资源,扩大市场和经营规模,提高工作效率和自身的核心竞争力,从而达到提高经济效益的目的。

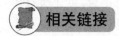 相关链接

第三方物流有利整合"一带一路"

一带一路倡议约占全球总面积的 41.3%；惠及 46.7 亿人口。从地缘经济而言，"丝绸之路经济带"贯穿东亚、中亚及西亚的大陆区块；"21 世纪海上丝绸之路"则连接主要沿海港口城市，并且不断向东亚、南亚、中东等地延伸，此举改变欧亚大陆区域发展版图，区域之间的互联互通，产业转移将有利于中国大陆经济转型升级以及强化物流运筹国际化。

欧亚大陆区域经济发展存在两段高、中间低的空间格局，东亚、欧洲经济发展势头较好，而中亚、中东地区经济增长相对缓慢；产业分工协作不合理，彼此之间具有较强的互补性，一带一路所涉及的 65 个国家中，发展中国家居多，基础设施建设水平普遍较差。

一带一路大多沿线国家尚处在工业化初期阶段，不少国家的经济高度依赖能源、矿产等资源型行业，相关国有企业将率先在工程基建、建筑建材、交通运输、旅游餐饮等领域，带动对沿线国家的产品、设备、劳务和投资的输出，但仍必须通过国际贸易和海外直接投资等方式形成对特定地区行业的深入了解。

沿线区域内基础设施的互联互通有利于双边贸易及投资量扩张，因贸易投资量的扩张将带来物流量的扩大，使一带一路的沿线区域海陆空基础设施成为重中之重，而为物流运筹国际化途径创造了两项有利基础：一是电力、公路、港口、铁道等基础设施，有机会成为中国对外工程承包企业在沿线国家经营的优势来源，工程承包项目的持续增长，将拉动工程物流市场提供新的成长空间；其次，伴随着区域互联互通的建设快速成长，中国与一带一路沿线国家的海运将增加新的航线及班次，陆水联运通道将不断地打通，而一带一路区域内的航空货运的规模将不断地扩张，包含集装箱运输、散杂货运输及航空货代业务等国际物流将快速成长。

然而，中国物流运输业目前缺乏具备国际竞争力的大型物流企业，且物流业者本身也缺乏深入的合作与交流，无法提供企业出口至海外市场降低物流成本及提高价值的后盾，加上中国物流业行为单一且服务标准并不一致，成为物流业无法迅速国际化的制约。笔者建议强化出口产品的竞争优势，突破中国物流业国际化能力尚浅的困境，通过"第三方物流"（3PL）机制，强化国有企业出口及投资一带一路沿线国家之余，也可提供高水平的物流服务外包，减少企业对物流设施的投资，克服内部劳动力效率不高等问题。

资料来源：http://www.chinawuliu.com.cn/zixun/201703/24/320023.shtml.

任务四　第三方物流在实践中的应用

一、B2B 电子商务企业如何选择合作物流企业

1. 选择原则

B2B 电子商务模式是电子商务企业的主流模式，参与 B2B 电子商务的企业一般都具备完善的企业运营系统，对合作物流企业的选择应遵循以下原则。

（1）完备、简洁性原则。评价指标体系应能全面、准确地反映第三方物流供应商的各个方面情况，并且能将各个评价指标与系统的总体目标有机地联系起来，组成一个层次分明的

整体,以便全面反映评价对象的优劣。在第三方物流供应商信息尽量充分的前提下,所选指标数目应尽可能少,简洁明了,各指标之间不应有强相关性,不应出现过多的信息包容和涵盖而使指标内涵重叠。

(2)客观、可比性原则。指标筛选过程中应尽可能不受主观因素的影响,定性指标受主观影响较大,易产生理解偏差,而定量指标易于量化和度量,所以应尽可能选用可量化的指标。指标体系中的数据来源要真实可靠以保证评价结果的真实性和可比性。

(3)可重构、可扩充性原则。评价指标体系不仅要有数量上的变化,而且要有指标内容上的变化,用户可以根据不同的要求对指标体系进行修改、增加和删除,并根据具体情况将评价指标体系进一步具体化。

(4)简明科学性原则。评价指标体系的大小也必须适宜,即指标体系的设置应有一定的科学性。如果指标体系过大、指标层次过多、指标过细,势必将评价者的注意力吸引到细小的问题上;而指标体系过小、指标层次过少、指标过粗,又不能充分反映第三方物流供应商的水平。

(5)可操作性原则。评价指标体系应具有可操作性,以提高评价结果的实用价值。除上述建立一般评价指标体系的原则外,这里还必须注意体现物流供应自身的特点:一是第三方物流为物流需求者提供物流服务,因此选择的第三方物流供应商的指标体系需要体现第三方物流的服务性特点,即服务水平、服务质量是核心因素;二是第三方物流供应商与生产经营企业之间是一种合同导向的战略联盟关系,因此第三方物流供应商必须与生产经营企业之间具有战略兼容性,联盟关系的稳定性也是非常重要的因素。

2. 选择模式

B2B 电子商务企业通常可选以下五种物流模式。

(1)采用邮政特快专递(EMS)服务的物流模式。实现电子商务的企业或商家从网站或虚拟网站上获得消费者的购物清单和家庭地址等信息,然后到附近的邮局办理特快专递手续将商品寄出,消费者收到邮局的取货通知,到所在地邮局将商品取回,或由邮递员直接将商品送到顾客家中。

(2)物流联盟模式。物流联盟是制造业、销售企业、物流企业基于正式的相互协议而建立的一种物流合作关系,参与联盟的企业汇集、交换或统一物流资源以谋取共同利益,同时,合作企业仍保持各自的独立性。生产加工商、电商营销平台、物流配送企业共同建立产业发展联盟的目的是取得比单独从事物流活动更好的效果,在企业间形成了相互信任、共担风险、共享收益的物流伙伴关系。此外,物流联盟的各个组成企业明确自身在整个物流联盟中的优势及担当的角色,减少内部的对抗和冲突,分工明晰,使企业把注意力都集中在提供客户指定的服务上,从而提高竞争能力和效率,满足企业跨地区、全方位物流服务的要求。

(3)网站自建配送的物流模式。企业或网站在各地的网民密集地区设置自己的配送点,在获得消费者的购物信息后,由配送点的人员将商品为消费者送货上门。这种物流模式可以满足消费者的"即购即得"购物心理需求。但它也存在如下的问题:首先是配送点的布局、人员的配备数量、商品的库存量等很难合理地确定。其次,由于要满足用户的即时需求,对配送时效有严格的要求。很显然,高配送费用需要更大的商品配送规模。

(4)借助第三方物流企业的模式。第三方物流就是电子商务主体将一部分或全部物流活动委托给外部的专业物流公司来完成。物流公司本身不拥有商品,而是与企业或商家签订合作协定或结成合作联盟。采用这种物流管理方式,送达消费者的时间比前述两种方式都要快,而且服务是专业化的、多功能的和全方位的。但是如果送货量太小,送货费用一般比 EMS 服务还要高。这种管理模式要求专业物流公司在基础设施、人员素质、信息系统等方面加强建设。

(5)网站与传统商业结合的模式。传统商业特别是连锁经营商业具有得天独厚的资源优势,丰富合理的商品种类、高附加值的服务、高效的配送体系等,这些正是电子商务主体所欠缺的。电子商务与传统连锁经营的结合能够充分发挥两者的优势,实现资源共享,优势互补。

二、B2C 电子商务企业如何选择合作物流企业

物流首先是一种服务,企业建设物流系统的目的首先是实现企业的战略,所以企业发展物流必须确立物流规划与管理对企业总体战略的协助作用。同时,企业现代物流的发展必须建设两大平台和两大系统,即基础设施平台和信息平台,信息网络系统和物流配送系统。在进行企业物流规划管理最初,必须进行企业资源能力的分析,充分利用过去和现在的渠道、设施以及其他各种资源来完善企业的总体战略,并以最少的成本和最快的方式建设两大平台和两大系统。

1. 物流经营层:通过顾客服务建立战略方向

物流活动存在的唯一目的是要向内部和外部顾客提供及时准确的交货,无论交货是出于何种动机或目的,接受服务的顾客始终是形成物流需求的核心与动力。所以,顾客服务是制定物流战略的关键。而且要执行一项营销战略,必须考察企业在与争取顾客和保持顾客有关的过程中的所有活动,而物流活动就是这些关键能力之一,可以被开发成核心战略。在某种程度上,企业一旦将其竞争优势建立在物流能力上,它就具有难以重复再现的特色。

2. 物流结构层:物流系统的结构部分

这部分包括渠道设计和设施的网络战略,企业的物流系统首先应该满足顾客的服务需求,而物流系统的渠道结构和设施网络结构提供了满足这些需求的物质基础。物流渠道设计包括确定为达到期望的服务水平而需执行的活动与职能,以及渠道中的哪些成员将执行它们。渠道体系设计需要在渠道目标的制定,渠道长度和宽度的评价,市场、产品、企业及中间商因素的研究,渠道成员的选择及职责,渠道合作等方面认真分析与判断,因为体系一旦实施,常常无法轻易地改变。随着顾客需求变化和竞争者的自我调整,渠道战略必须再评价,以维持或增强市场地位。

企业物流设施的网络战略要解决的问题有设施的功能、成本、数量、地点、服务对象、存货类型及数量、运输选择、管理运作方式(自营或向第三方外筹)等。网络战略必须与渠道战略以一种给顾客价值最大化的方式进行整合。涉及和 3PL 提供商的合作,物流网络可能会变得更为复杂,也比传统网络更加灵活,因此,对现有的仓储业务、库存配置方针、运输管理业务、管理程序、人员组织和体系等进行革新是明智之举。在动态的、竞争的市场环境中,也需要不断地修正设施网络以适应供求基本结构变化。

物流职能层:尤其是运输、仓储和物料管理,物流战略规划职能主要是对企业物流作业管理进行分析与优化。运输分析包括承运人选择、运输合理化、货物集并、装载计划、路线确定及安排、车辆管理、回程运输或承运绩效评定等方面的考虑;仓储方面的考虑包括设施布置、货物装卸搬运技术选择、生产效率、安全、规章制度的执行等;在物料管理中,分析可以着重于预测、库存控制、生产进度计划和采购上的最佳运作与提高。

物流执行层：企业物流战略规划与管理的最后一层为执行层，包括支持物流的信息系统、指导日常物流运作的方针与程序、设施设备的配置及维护以及组织与人员问题。其中，物流信息系统和组织结构设计是最重要的内容。

物流信息系统是一体化物流思想的实现手段和现代物流作业的支柱。没有先进的信息系统，企业将无法有效地管理成本、提供优良的顾客服务和获得物流运作的高绩效。当今企业要保持竞争力，必须把信息基础结构的作用延伸到包括需求计划、管理控制、决策分析等方面，并将信息的可得性、准确性、及时性、灵活性、应变性等特点结合到一起，还要注意与渠道成员之间的连接。

组织一体化、供应链整合、虚拟组织、动态联盟、战略联盟、战略伙伴、企业流程再造、敏捷制造等发生在组织管理领域的变革，需要以全新的思维认识企业，同时，物流管理也要对变革做出积极的反应。一个整合的、高效的组织对成功的物流绩效是重要的。一体化的物流管理并不意味着将分散于各职能部门中的物流活动集中起来，单一的组织结构并非对所有的企业都是适宜的，关键在于物流活动之间的协调配合，要避免各职能部门追求局部物流绩效的最大化。

三、C2C 交易卖家如何选择快递服务提供商

C2C 电子商务企业要选择适当的第三方物流供应商，应该建立一个综合的评价体系结构系统，进行全面的评价。借鉴国内外学者的研究以及随着消费多样化、生产流通高效化时代的到来，企业对物流服务的需求也越来越高，物流服务是现代物流今后发展的重要趋势。第三方物流供应商为物流需求者提供的不是产品，而是一种服务，因此选择的第三方物流供应商的指标体系需要体现第三方物流的服务性特点，即服务水平、服务质量是核心因素。

另外，由于第三方物流供应商与物流需求主体之间是一种双赢的战略关系，其相互依赖程度高，物流需求主体与第三方物流供应商之间的关系破裂将对物流需求主体造成非常大的损失。第三方物流供应商必须与物流需求主体具有战略兼容性，能够与物流需求者形成稳定的战略合作关系，即联盟关系稳定性也是非常重要的因素。

同时第三方物流供应商的实力也是很重要的。第三方物流供应商不仅是需求企业的战略投资者，也是企业风险的承担者。它需要在仓储设备、信息技术等方面根据客户企业的特点和行业状况提供专用化的投资，才能提供个性化的服务。物流技术是第三方物流技术的核心技术和竞争力，它的水平高低直接决定着该企业在市场上的生存和发展。

选择一个企业作为自己的合作伙伴，不仅要查看它的过去，还要考虑它的发展潜力。企业的发展潜力主要是考虑企业以后的发展前景，是否长期与该第三方物流供应商进行合作，因为长期稳定的协作关系可以减少建立关系的成本，并且又相互了解和信任，可以提高整个供应链系统运行的柔性和可靠性。最后，物流需求者选择第三方物流供应商除考虑对方的实力、高质量、联盟关系的稳定性和发展潜力外，价格也是一个不容忽视的因素。C2C 电子商务多、小、散的特点，依靠自身的力量，无力解决其交易过程中的物流问题，因此必须依赖第三方的物流企业。目前，我国的物流快递业处于三雄并立——外资公司大而强，民营物流多且活，邮政速递网络好，各有优势，C2C 电子商务存在着多种物流模式可供选择。

项目小结

　　第三方物流是指生产经营企业为集中精力搞好主业,把原来属于自己处理的物流活动,以合同方式委托给专业物流服务企业,同时通过信息系统与物流企业保持密切联系,以达到对物流全程管理控制的一种物流运作与管理方式。第三方物流作为一种先进的物流模式,在社会分工中扮演着重要的角色,越来越多的企业与第三方物流供应商合作。电子商务赋予第三方物流新的特点。电子商务的发展给全球物流业带来新的变化,使现代第三方物流具备了信息化、自动化、网络化和个性化的新特点。

思考题

　　1. 什么是第三方物流? 第三方物流与传统物流委托的异同是什么?
　　2. 电子商务下第三方物流的新特点是什么?
　　3. B2C 电子商务企业如何选择合作物流企业。

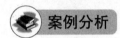

青岛啤酒:外包物流保持新鲜

　　青啤人常说:"我们要像送鲜花一样送啤酒,把最新鲜的啤酒以最快的速度、最低的成本让消费者品尝。"为了这一目标,2002 年 4 月,青岛啤酒股份有限公司与香港招商局共同出资 200 万元组建了青岛啤酒招商物流有限公司,该公司将通过青啤优良的物流资产和招商物流先进的物流管理经验,全权负责青啤的物流业务,提升青啤的输送速度。

　　业内人士指出,这一合作,对青啤而言,实际是将物流业务外包,这是国企中第一个吃螃蟹的人;对招商物流而言,该项目是第三方物流服务的典型案例,在合作形式、合作技术上都具有挑战性。

　　双方协议,组建公司除拥有招商局专业物流管理经验和青岛啤酒优质的物流资产以外,还拥有基于 ORACLE 的 ERP 系统和基于 SAP 的物流操作系统提供信息平台支持。青岛啤酒招商物流有限公司两年内由青岛啤酒公司持股 51%,两年后由招商局物流公司持股 51%。

　　招商物流与青啤的合作初期,招商物流首先对青啤的公路运输业务进行试运营。由于此前青啤自营运输业务,拥有许多物流固定资产,如车辆、仓库等。因此在试运营期间,招商物流通过融资租赁的方式,租用青啤的车辆及仓库,以折旧抵租金,同时输出管理,以整体规划、区域分包的一体化供应链来提升青啤的输送速度。

　　青岛啤酒招商物流有限公司自运营以来,青岛啤酒在物流效率的提升、成本的降低、服务水平的提高等方面成效显著。据透露,青岛啤酒运送成本每个月下降了 100 万元,青啤车队司机的月收入也拉开了档次,最大的时候相差达 3 500 元。

　　此外,与招商物流的合作,使青岛啤酒固化在物流上的资产得以盘活。据悉,自 1997 年开始,青岛啤酒公司就开始进行物流提速的投资,先后在 4 年间共斥资 4 000 多万元进口大型运输车辆 40 余部,以保证向全国客户按时供货。但是青啤并不具备优势的自营运输业务,这支车队每年有近 800 万元的潜亏,早在两年之前,青啤就有了物流外包的意图。

　　因此,在国内企业大多热衷于自建物流体系,很少向外寻求物流服务的时候,青啤却将物流从主业中剥离,在招商物流的配合下,小心却又决然地迈出了一步。青岛啤酒招商物流有限公司定位于做国内优秀的第三方和第四方物流服务商,也是招商物流在山东布下的一个节点,希望以它来敲开华东地区物流市场的大门,其目标是三年内成为山东及周边区乃至北方的标志性物流企业。青啤是它开路的急先锋,而"青啤模式"则是招商物流开拓国内市场的一把利刃。

资料来源:http://www.chinawuliu.com.cn/xsyj/201806/28/332435.shtml.

思考与分析:

(1) 物流外包对于青岛啤酒股份有限公司的发展带来了哪些优势?

(2) 企业物流业务外包模式在运营管理过程中存在什么样的风险?

(3) 如何进一步强化青啤与招商物流之间的有效合作?

 **实训演练**

电子商务下第三方物流企业情况调研

(1) 实训目的:通过实训,了解电子商务下第三方物流企业的情况。

(2) 实训内容:在电子商务的蓬勃发展下,调查某一第三方物流企业的发展状况及呈现的新特点,对其新要求。

(3) 实训要求:将参加实训的学生分组,在教师指导下进行调研,完成实训报告。

参 考 文 献

[1] 康善招．中国电子商务发展问题研究[D]．福建：福建师范大学,2002.

[2] 曹博．陕西省农产品冷链物流发展问题及对策分析[J]．辽宁农业科学,2019(6):67-69.

[3] 白东蕊,岳云康．电子商务概论[M].4 版．北京：人民邮电出版社,2019.

[4] 李琳．电子商务环境下物流配送中若干优化问题的研究[D]．沈阳：东北大学,2010.

[5] 朱琴．生鲜农产品冷链物流发展问题及其对策分析[J]．对外经贸,2019(3):39-40.

[6] 李涛．生鲜农产品冷链物流发展问题分析及其对策探讨[J]．现代营销(学苑版),2019(1):94.

[7] 杨梦祎．生鲜农产品冷链物流发展问题分析及其对策探讨[J]．现代营销(学苑版),2019(1):98.

[8] 刘鸿娆．我国冷链物流发展问题及对策分析[J]．纳税,2018(36):170-171.

[9] 牛涛．关于生鲜农产品冷链物流发展问题分析及其对策探讨[J]．中外企业家,2018(35):73.

[10] 刘桓,高志坚．电子商务基础与应用[M].3 版．北京：人民邮电出版社,2017.

[11] 王华新,赵雨．电子商务基础与应用(慕课版)[M].3 版．北京：人民邮电出版社,2021.

[12] 邹霞．智能物流设施与设备[M]．北京：电子工业出版社,2020.

[13] 吴砚峰．物流信息技术[M].4 版．北京：高等教育出版社,2021.

[14] 潘杰明．电子商务物流网络优化策略研究[D]．吉林：吉林大学,2016.

[15] 冯席席．电子商务物流配送中心选址研究[D]．天津：天津科技大学,2017.

[16] 冯斌．电子商务环境下 A 物流公司发展战略研究[D]．昆明：云南大学,2016.

[17] 王晓平．电子商务与现代物流[M]．北京：首都经济贸易大学出版社,2021.

[18] 朱孟高．电子商务物流管理[M]．北京：电子工业出版社,2020.

[19] 陈雄寅．现代物流基础学习指导[M]．北京：电子工业出版社,2020.

[20] 姜方桃,邱小平．物流信息系统[M]．西安：西安电子科技大学出版社,2019.

[21] 周方．生鲜电商冷链物流及其发展[J]．食品研究与开发,2022,43(4):230.

[22] 谢蕊蕊．我国生鲜农产品冷链物流"最先一公里"发展探讨[J]．商业经济研究,2022(2):114-117.

[23] 吴谢玲．数字经济时代物流业高质量发展问题研究[J]．商业经济研究,2022(2):134-136.

[24] 田聪．电子商务模式下江苏水果冷链物流配送探究[J]．食品研究与开发,2022(2):10005-10006.

[25] 陆勇．浅谈企业绿色物流和供应链管理模式的探讨[J]．环境工程,2022(1):10040.

[26] 汪小龙,唐建荣．农村电商物流布局与农村居民消费——基于农村淘宝的跟踪[J]．商业经济研究,
      2021(23):77-81.

[27] 薄亮．共享经济背景下区域物流供应链体系构建与资源配置[J]．商业经济研究,2021(23):101-104.

[28] 邱琳,洪金珠．我国电子商务发展的物流驱动因素分析[J]．商业经济研究,2021(18):111-114.

[29] 郭忠亭,魏中京,高建宁．消费者需求导向下电子商务物流配送体系优化策略[J]．商业经济研究,
      2021(17):93-96.

[30] 李琴,潘文军．生鲜产品电子商务与物流配送协同化平台构建[J]．商业经济研究,2021(16):90-93.

[31] 刘佳宁,王海娟．电商视域下家具企业物流"外包模式"解析[J]．林产工业,2021(8):105-107.